旅游服务与管理专业“十三五”规划系列教材
国家示范院校专业建设项目成果

中国旅游地理

ZHONGGUO LVYOU DILI

主编 刘葆
副主编 黄瑞皎 张静

旅游地理学是随着现代旅游业蓬勃发展而兴起的一门新兴学科，人类旅游活动是人类社会中一个非常复杂的社会现象，这一现象是由三大要素构成：即活动的主体——旅游者；活动的客体——旅游资源和旅游环境条件；以及二者之间的媒介——旅游业。

中国商业出版社

图书在版编目(CIP)数据

中国旅游地理/刘葆主编. -北京:中国商业出版社,
2016.11
ISBN 978-7-5044-7615-9

Ⅰ.①中… Ⅱ. ①刘… Ⅲ.①旅游地理学-中国-高
等职业教育-教材 Ⅳ.①F592.99

中国版本图书馆 CIP 数据核字(2012)第 046854 号

责任编辑:张新壮

中国商业出版社出版发行
010-63180647 www.c-cbook.com
(100053 北京广安门内报国寺1号)
新华书店总店北京发行所经销
涿州市华建印刷有限公司印刷
* * * * *
开本:787×1092 毫米 1/16 印张:17.5 字数:290 千字
2016 年 11 月第 1 版 2016 年 11 月第 1 次印刷
* * * *
定价:35.00 元
(如有印装质量问题可更换)

总序

随着中国经济发展的日新月异，人们的生活方式和生活观念也在悄然发生变化，在工作之余，越来越多的人们也把休闲旅游度假作为一种时尚。同时，人们也认识到，通过休闲旅游不仅可以让人身心放松，还可以增加见识，增长知识。正可谓："行万里路，读万卷书"。因此，未来我国更加需要大量旅游服务管理专业人才来为人们进行专业引导和服务，旅游市场大有可为。

放眼世界，各国旅游业经历了持续快速的发展，旅游业已成了世界上最大规模的产业，越来越多的旅游目的地对旅游者开放，使旅游业成为了世界经济发展的重要推动力。即使在国际金融危机爆发的大背景下，旅游业虽然受到一定重创，但该产业产值仍占全球GDP9.4个百分点，为世界提供了2.35亿个工作岗位。世界每11.8个工作中，就有1个是旅游业提供。就全世界范围而言，旅游业已成为世界上最重要的绿色产业之一。长远看，旅游在推动世界经济发展中保持领先的角色。同时在保障就业和消除贫困方面，旅游业必定有更大贡献。

再就我国旅游业来看，虽然起步较晚，但发展迅猛。为此国家旅游局又修订并出台新的旅游法律法规。2009年底，国家出台《国务院关于加快发展旅游业的意见》(国发[2009]41号)，将旅游业定为全国战略支柱产业。2010年上海世博会上，每天接待游客达45万人次，足以证明旅游业之成就。再者，旅游业是关联性很强的产业，直接或间接带动相关联的产业和部门多达100多个，其产业关联效应明显。目前全国已有20多个省区市都把旅游定为支柱产业来优先重点发展。相信，有政府的重视将使旅游业在国民经济增长和社会和谐发展方面扮演更加重要的角色。因此，我们特邀请全国部分旅游院校的领导和专家，齐聚北京，针对当前旅游业的发展和人才培养方面进行了研讨，从而组织编写了本套教材。

本教材编写主要突出以下几个特点：

1. 针对性

本套教材针对当前旅游从业人员的特点，安排教材内容和体系，采取课堂教学和实际操作、校外指导相结合的教学方式，从而使授者易教，学者易学。

2. 实用性

本套教材在编写之初以“必需”、“实用”为宗旨，既参考以前出版的教材内容进行“取舍”，又参考教育部教学大纲及国家旅游局导游资格考试的新标准，设置各科内容，使学生通过系统学习以后，在掌握基础知识同时还能在工作中发挥实际作用。

3. 创新性

本套教材的内容编排上，在总结专家学者经验的基础上，吸收和借鉴如德国的双元制教学模式、澳大利亚的TAEF模式、加拿大的CBE教学模式、瑞士的旅游酒店管理教学模式等国外先进的教学模式进行编写，打破传统教材从概念到概念的写法。同时本套教材都配备PPT课件，以方便课堂教学。

诚然，本系列教材是示范院校教育教材改革与创新的阶段性成果，难免有不足之处，恳请广大专家、读者提出宝贵意见，以便日后修订时使之不断完善。

旅游服务管理专业教材编委会

2016年11月

编写说明

本教材共十五章，编写题纲由刘葆拟定。具体分工为第一、二、九、十二章由安徽财贸职业学院刘葆老师编写，第三、四、五、十一、十五章由徐州技师学院黄瑞皎老师编写，第六、七、八、十、十三、十四章由山东理工职业学院张静老师编写。最后，由刘葆对全书进行总纂。本书由刘葆担任主编，黄瑞皎、张静为副主编。

本书主要介绍了中国旅游资源地理、旅游的影响和可持续发展战略、中国旅游资源地理区划、东北文化旅游区、京津冀文化旅游区、巴楚文化旅游区、中原文化旅游区、华东文化旅游区、西南民族风情旅游区、岭南文化旅游区、西北文化旅游区、蒙古族文化旅游区、青藏文化旅游区、港澳台旅游区等内容。在本书编写过程中，参考了大量的文献，并得到了许多专家、教授的热心指导与关注。此外，还吸收了许多网上专家学者的观点，在此，谨向支持和帮助我们的老师、前辈及有关文献的作者和网站表示最诚挚的谢意！

由于我们的学术水平有限，本书难免有不当之处，恳请读者批评指正，以便再版时修改完善。

编者

2016 年 11 月

△目 录

△ 第一章

绪　论

◎ 学习目标：

1. 知识目标：掌握旅游地理研究对象、学习的主要方法等内容
   了解旅游地理学科发展情况、性质；
2. 能力目标：培养学生运用介绍的学习方法贯穿本课程的学习全过程。
3. 重　　点：掌握旅游地理学概念

第一节　旅游地理学简介

一、旅游地理学的概念及学科性质

当人类旅游活动进入“大众旅游时代”，旅游成为人类的经济活动，旅游业成为重要的现代服务业，甚至发展成为某个国家（区域）的支柱产业之一，旅游活动对人类社会经济活动以及赖以生存的自然环境产生越来越明显的影响时，许多地理学家以高度的社会责任感，运用地理学的理论与方法，对这一人类社会现象进行分析研究。研究人类旅游活动产生、发展及分布的时空规律，分析其与地理环境之间的联系与制约关系，以及对人类社会经济的影响，并在此基础上形成和发展了旅游地理学。

（一）旅游地理学的概念

旅游地理学是研究人类旅游活动与地理环境、社会经济发展之间关系的学科。

旅游者的旅游动机是旅游活动的根本内在依据，旅游动机首先取决于旅游客源地与旅游目的地之间的地理差异及空间关系，从而旅游者将旅游动机转变成为旅游行为。旅游地理学又是一门研究地理环境与人类关系的科学，旅游地理学是地理学中人文地理学的分支。

旅游地理学是随着现代旅游业蓬勃发展而兴起的一门新兴学科，人类旅游活动是人类社会中一个非常复杂的社会现象，这一现象是由三大要素构成：即活动的主体——旅游者；活动的客体——旅游资源和旅游环境条件；以及二者之间的媒介——旅游业。人类旅游活动是旅游地理学研究的对象；旅游活动与地理环境、社会经济发展之间关系是旅游地理学研究的重点；促进旅游业及社会经济的科学发展是旅游地理学研究的最终目的。旅游地理同其它旅游学科一样，其学科体系、学科理论还不成熟，尚在不断发展和构建中。

（二）旅游地理学学科性质

随着旅游产业的不断发展，出现了很多与此相关的应用性学科，旅游地理学就是其中迅速发展的一个方向，这些应用性学科成为旅游从业人员具备必要的知识素养。目前，旅游地理学

已经成为人文地理学中最活跃的领域之一，是一门实用性很强的应用学科。

作为参与旅游产业研究和开发的学科，旅游地理学是一个需要多种学科知识的积累、综合性强、涉及面相当广的学科。不仅同地理学的许多分支关系密切，而且与社会学、民俗学、考古学、历史学、建筑学、园林学、经济学等彼此渗透，因此它又是一门多学科交叉的边缘学科，并以其独特的研究角度给地理学的进一步发展注入了生机和活力，同时也为旅游学科的建立和发展作出了自己的贡献。

二、旅游地理学研究的基本内容

旅游地理学所研究的主要内容有：旅游的起因及其地理背景；旅游者的地域分布和移动规律及其形成原因；旅游资源的分类、评价、保护和开发利用论证；旅游区（点）布局和建设规划；旅游区划和旅游路线设计；旅游业发展对地域经济综合体形成的影响；各类旅游地图的编制及使用；旅游影响和旅游可持续发展研究等。

第二节　中国旅游地理简介

一、中国旅游地理学的形成和发展

我国旅游地理学的研究起步于改革开放以后，这在时间上明显的落后于国外同行。30 多年来，我国旅游地理研究和教学队伍不断壮大，先后发表了一批关于旅游地理学、中国旅游地理以及旅游开发等方面的专著和文章，并出版了一些普及性的读物。1988 年，中国地理学会在人文地理专业委员会下设旅游地理组，这说明旅游地理学研究在我国地理科学领域中开始占有了一定的位置。

旅游地理学在上世纪 90 年代进入了第二个发展阶段，它以适应从计划经济转向市场经济的社会变革为总体特征。中国大陆经济体制改革步伐的加快和旅游业本身的迅速转型，对旅游地理研究和人才教育的进步起到了强有力的推动作用。地方旅游开发和管理的需要，使旅游地理学家对自己的研究计划和教学内容不断进行修正，朝着适应社会需求的方向发展。

经过一代人的努力，旅游地理学已成为一门相对独立的学科，在整个地理学领域中逐渐确定了其应有的地位，并开始受到广泛的重视。中国国家自然科学基金资助了近 10 项面上项目，并于 1997 年起资助 1 项“九五”重点项目研究，标志着旅游地理学在基础研究方面已经得到学术界的认同。

中国地理学会目前已正式成立有旅游地理专业委员会，标志着旅游地理学在学术组织中已经得到机构保障。同时旅游地理学家以自己独特的优势和开拓精神，在促进本学科自身不断发展的同时，也积极参与、渗透进入其他相邻旅游学科，其中如中国旅游协会区域旅游和生态旅游两个专业委员会；中国区域科学协会区域旅游开发专业委员会是其中尤为活跃的学术组织。

中国旅游地理学界是走在世界同行前列的国家之一。旅游地理学作为一门新兴的分支学科能如此迅速发展，取得骄人的成绩，其经验是：

第一，旅游地理学界始终把握住了旅游地理学为国民经济服务的主攻方向，充分发挥了旅游地理学的应用性特点，紧扣我国旅游开发和建设这个主题，主动承担多种不同层次、不同类型的科研任务，完成了大量有较高实用价值的科研报告，对我国旅游业发展作出了重要贡献，提高了旅游地理学的地位。地理学的旅游应用研究拓展，也促进了地理学本身的建设和发展。

第二，旅游地理学界一直把旅游开发实践和理论总结置于重要的地位，积极投身于旅游开发实践中，注意进行多学科、跨学科的合成研究，注重将理论知识转化为现实的生产力。在实践中发展起来的并通过实践检验的许多理论创见，为旅游地理学的持续发展奠定了比较坚实的基础。

第三，实践造就了一大批旅游地理专业人才，老一辈旅游地理学家的提携和扶持促进了年青学者的成长，促使旅游地理学界能够比较快地形成了一个包括学术带头人和骨干力量在内的老中青梯形队伍结构。

二、中国旅游地理学习的主要方法

（一）图表法

图表法是中国旅游地理学学习的“常规武器”，中国旅游自然风光、人文风景、世界遗产等图表非常生动、直观、形象，包含大量信息，图表的利用可以极大提高学习效率，做到“事半功倍”。

（二）对比分析法

俗话来说，就是运用两件（或两件以上）性质比较相近的事物来做比较，通过比较得出两件（或两件以上）事物的相同点和不同点，这样的对照比较就是对比分析。有比较才有鉴别，区域旅游发展都会有自身的优势与特色，这些必须通过对比分析来获得。需要提醒的是对比分析不仅采取纵向对比，还应该横向对比。譬如，我国入境游客不能总跟改革开放前比较，还应跟现在的世界旅游大国入境游客比较，这样才能够认识国际旅游发展的差距。

（三）综合分析与主导原则法

旅游是综合性很强的产业，涉及面广，影响旅游业发展的因素很多，区域旅游发展要进行综合分析，找到作用与影响最大的主导因素，并以此为依据制定区域旅游特征、特色。譬如，新疆完善和提升以“丝绸之路”文化为核心的旅游产品体系，推进产业合理布局，逐步形成大旅游、大市场、大产业的发展格局。

（四）实地考察法

实地考察法是一种在教育中普遍采用的研究方法，是旅游地理学传统的学习方法之一。俗话说“百闻不如一见”，亲身参加旅游实地考察活动，不仅增强了感性认识，加深印象，而且会有自己深刻的体验与理论升华。

小资料：2009年大陆居民赴台旅游实现预期目标

中新网2010年01月21日电，国家旅游局网站20日刊发海旅会新闻发言人就大陆居民赴台旅游有关谈话。谈话指出，2009年，大陆居民赴台旅游人数累计达60.61万人次，实现了全年60万人次的预期目标。

一年多来，大陆游客为台湾带去了约11.6亿美元的直接收益，给台湾旅游业及旅游关联产业带来了实实在在的收益，正所谓“一业兴而百业旺”。由于旅游产业关联度大、综合性强，还带动了台湾相关产业和行业的发展，增加了社会就业。既拉动了岛内经济，又惠及了民生。实践证明，开放大陆居民赴台旅游，已成为两岸之间相互往来、加深了解、增强感情，实现双向合作、互利双赢的重要途径。

◆复习思考题:

1. 名词解释:旅游地理学、旅游业

2. 简答:

(1)旅游地理研究对象是什么?其学科性质是什么?

(2)旅游地理学习的主要方法有哪些?

△ 第二章

中国旅游资源地理

◎ **学习目标**:掌握中国自然、人文旅游资源的分类和代表性景点及其空间地理分布;
理解中国各类自然、人文旅游资源的基本特征及其旅游价值;
了解中国各类人文旅游资源形成沿革及其文化内涵。

小知识:"中国丹霞"申遗成功

2010年8月1日,中国河南登封"天地之中"历史建筑群列入世界文化遗产。3日,中国丹霞被列入世界自然遗产。至此,包括文化遗产、自然遗产在内的中国世界遗产地数量增加到40个。其中,贵州赤水、福建泰宁、湖南莨山、广东丹霞山、江西龙虎山、浙江江郎山六大丹霞地貌,以六地"捆绑"形式共同命名申遗的"中国丹霞"被正式列入《世界遗产名录》。从上可以看出,以我国丹霞地貌为代表的旅游资源分布具有明显的地域性。

第一节 旅游资源与地理环境

地理环境是人类生存和发展的空间和物质前提,人类旅游活动依赖于环境又影响和改变环境。地理环境具有客观存在的双重性:一方面作为"环境"存在,另一方面同时作为"资源"存在,对于旅游业在某种意义上说,地理环境的"环境"、"资源"是二位一体的。我国地域辽阔,历史悠久,地理环境复杂多样,具有丰富多样的旅游资源。

一、中国旅游资源所处的地理环境

1. 地理位置优越,疆域辽阔

我国地处亚欧大陆的东南部(亚洲东部),太平洋西岸,是一个海陆兼备的国家。最北端:位于东八区,北纬53度33分,黑龙江省的漠河以北的黑龙江主航道的中心线上;最南端:位于东八区,北纬3度52分,南沙群岛的曾母暗沙(八仙暗沙和立地暗沙在曾母暗沙西南,是南海未曾正式公布的地名。虽然它们比曾母暗沙更靠南,但一般认为曾母暗沙是中国最南端)。最西端:位于东五区,东经73度40分,一般认为是新疆维吾尔自治区位于乌兹别里山口的乌恰县(真正的西至点在帕米尔高原上,在中国、吉尔吉斯斯坦、塔吉克斯坦三国交界处略南的一座雪山上);最东端:位于东九区,东经135度2分30秒,黑龙江和乌苏里江交汇处的黑瞎子岛。陆地面积约960万平方千米。陆上疆界长达22800多千米,与14个国家为邻。东邻朝鲜;南邻越南、老挝、缅甸;西南同印度、不丹、尼泊尔、巴基斯坦和阿富汗接界;东北毗邻俄罗斯;西北邻塔吉克斯坦、吉尔吉斯斯坦和哈萨克斯坦等国;北接蒙古。

大陆海岸线北起中、朝交界的鸭绿江口,南至中、越交界的北伦河口,长约18000千米。内海和近海有渤海、黄海、东海和南海,总面积470万平方千米。海上邻国,东有日本,东南有菲律宾、印度尼西亚、文莱、马来西亚和新加坡。东部沿海有广阔的大陆架。海上分布6500多个岛屿。大陆架蕴藏着丰富的石油和天然气资源。

大陆沿岸形成许多天然良港等。这些对我国发展对外贸易,发展海洋经济以及巩固海防均有重要战略意义,现在已成为我国改革开放的前沿,是我国目前经济最繁荣的地带。我国西北内陆伸入亚洲腹地,从古至今一直是我国陆上和中亚、西亚、欧洲连接的桥梁,对我国古代经济发展,东西方政治、经济、文化交流起过巨大作用。

辽阔的疆域、多样的自然环境造就了丰富多彩的旅游资源。

2. 地貌的基本特征

我国境内不仅有构造地貌、河流地貌、海岸地貌、冰川地貌、冻土、风成地貌,还有在一定气候条件下,反映特殊岩性的岩溶地貌和黄土地貌。中国地貌种类的多样、典型,是世界其它国家难以相比的。

(1)地势西高东低,呈阶梯状下降

我国大陆西高东低,自西向东形成三大阶梯下降。第一级阶梯是青藏高原,高原面海拔多在4000~5000米,其上耸峙多座海拔超出7000米,甚至8000米的山峰,享有"世界屋脊"之称。第二阶梯是青藏高原的北缘与东缘到大兴安岭、太行山、巫山、雪峰山之间,包括了若干高原和盆地,盆地底部高低不一,高原面海拔多在1000~2000米。第三级阶梯是更东的低山丘陵和大平原,山丘海拔多在千米以下,平原一般不超过200米,包括东北平原、华北平原、长江中下游平原、辽东丘陵、山东丘陵、东南丘陵。这一级阶梯也包括沿海大陆架,其水深通常在200米以内。

这样的地势使大河东流,两大阶梯交界处,蕴藏着丰富的水能资源,使我国成为世界上可利用水能资源最丰富的国家。这样的地势还有利于来自太平洋的暖湿空气进入我国内陆,地势逐渐抬升、有利于水汽凝结、成云致雨。

(2)地貌类型丰富,以山地为主

山地、高原、盆地、平原和丘陵等动态地貌在我国均有大面积分布。五大基本类型中,以山地和高原的面积最广,分别占全国面积的33%和26%;其次是盆地,占19%;丘陵和平原占的比例都较少,分别为10%和12%。在以上五种常态地貌中,山地面积在国土中占的比例最大,约占全国总面积的1/3。

此外,在我国独特的自然地理环境演变过程中,还发育众多特殊的地貌类型,这些地貌成因各不相同,属于成因地貌。如:火山地貌、喀斯特地貌、冰川地貌、红层地貌、风沙地貌和海岸地貌等,是世界上地貌旅游资源最丰富的国家之一。

3. 气候的基本特点

气候被认为是一项重要的自然资源,也是开发旅游活动的重要条件之一。我国幅员辽阔,地形复杂,位于亚欧大陆东部,太平洋西岸,气候独具特征。

(1)大陆性季风气候明显

大陆性季风气候是我国气候的显著特征。主要表现在下列几个方面:①冬夏风向更替明显。冬季气流来自高纬度大陆,吹偏北风,寒冷干燥;夏季气流来源于低纬度海洋,吹偏南风,暖热湿润。②气温年较差和日较差较大。与世界同纬度其它地区,特别与亚欧大陆西岸相比,我国冬季气温很低，夏季气温较高。日较差也较大。③降水地区分布和季节分配不均匀。年降水量自东南沿海向西北内陆逐渐减少。东南沿海一带，年降水量在1600毫米以上，台湾山脉东坡和喜马拉雅山南坡超过2000毫米。西北内陆的年降水量一般在200毫米以下，塔里木盆地尚不足50毫米。在季节分配上，主要集中在夏季半年，一般占全年降水量的一半以上，而冬季降水占全年降水量多在10%以下。降水年际变化很大，多雨的江南，年降水变率一般在10%～15%，而降水稀少的北部和西北内陆区，年降水变率高达30%以上。这与海洋性气候年降水的季节分配较均匀、降水变率较小，形成了鲜明的对照。

(2)气候类型复杂多样

我国纵跨纬度近50°，接着温度的不同，从北到南，包括寒温带、中温带、暖温带、亚热带、热带和赤道带等6个温度带和一个特殊的青藏高寒区。接着水分条件（干湿状况）从东南向西北依次出现湿润、亚湿润、亚干旱和干旱四种不同的干湿地区。不同的温度带和干湿地区相互交织。我国南岭以南的雷州半岛、海南岛和南海诸岛，以及台湾和云南南部等地，全年无冬，四时皆夏，高温多雨，终年苍翠。中部和江淮流域，冬季虽然较冷，但并无严寒，而夏季炎热多雨，气候温暖湿润，四季分明。最北的黑龙江省，夏季短促温凉，冬季严寒漫长。贺兰山以西的广大西北内陆，距海遥远，降水稀少，气候干燥，冬寒夏热，气温变化剧烈，大陆性气候特色非常显著。由于地理环境的巨大差异，如距海远近、地形高低、山脉屏障及走向等，又可分为高山气候、高原气候、盆地气候、森林气候、草原气候和荒漠气候等多种气候类型。我国山多而高，气候的垂直分异，更增加了气候类型的复杂多样性。我国西南高山峡谷区，从谷底到山顶可以看到从湿热气候到永久积雪和冰川悬挂的高寒气候，真可谓“一山有四季，十里不同天”。

二、中国旅游资源的总体特点

1.旅游资源的概念与分类

旅游资源的概念，在不同的文献和著作中，有着不同的含义。以《中国旅游资源普查规范》对旅游资源的定义比较确切和规范：“所谓旅游资源是指：自然界和人类社会，凡能对旅游者有吸引力，能激发旅游者的旅游动机，具备一定旅游功能和价值，可以为旅游业开发利用，并能产生经济效益、社会效益和环境效益的事物和因素”。

目前对旅游资源的分类，较为普遍的是从旅游资源属性的角度，将其分为自然旅游资源和人文旅游资源两大类型。而现实生活中，有很多是自然和人文两类资源的有机结合、紧密伴生的景观——即混合型旅游资源，这种旅游资源既有迷人的自然景色，又是文物古迹荟萃之地，是深受旅游者欢迎的一类旅游资源。

自然旅游资源是指地球表面自然存在的各种地理要素，它从地球出现就存在，并随着地表自然变迁而变化，具体说，它是由地球的大气圈、山川、河流、海洋、岩层、土壤、植被和动物等自然界物质组成的。它也是人文景观形成的物质基础。

人文旅游资源是人类文化与自然景物结合的表现，是人类创造的景观。它不仅受自然环境的影响，而且更多地受社会经济、政治、文化以及人类自身的制约。因此，构成人文旅游资源的类型比较复杂，既包括有形的旅游资源，也包括无形的旅游资源。

2.旅游资源为中国十大资源之一

中华人民共和国全国人民代表大会环境与资源保护全国委员会出版的《中国资源》一书指出，我国有十大资源即土地资源、水资源、矿产资源、能源资源、气候资源、森林资源、草地资源、物种资源、海洋资源和旅游资源。报告认为，中国旅游资源在全球具有明显优势，有巨大吸引力。我国国土广袤，山川锦绣，历史悠久，民族众多，在漫长的历史中和辽阔的国土上，形成了无比丰厚的旅游资源，为我国旅游业的发展提供了雄厚的潜力。

3. 中国旅游资源的特征

(1)多样性

旅游资源是一个内涵非常广泛的集合概念。从旅游资源的类型来看，旅游资源包括自然、人文两大类别，我国是世界上旅游资源最丰富的国家之一，自然、人文旅游资源种类繁多，类型多样，具备各种功能。

此外，旅游资源的表现形式也是多样的：它可以是自然的，也可以是人文的；可以是历史的，也可以是当代的；可以是有形的，也可以是无形的。总之，多样性是由客观世界的复杂性决定的，也决定了人们旅游动机的多样性。

(2)定向性

旅游资源的理论核心是吸引力因素。但就某项具体的旅游资源而言，它可能对某些旅游者具有很大的吸引力，而对另外一些旅游者则无多大吸引力或根本没有吸引力。因此，任何一项旅游资源都有吸引力定向的特点，即只能吸引旅游市场中的某部分旅游者，而不可能对全部旅游市场具有同样大的吸引力。

(3)唯一性

独具特色的旅游资源具有特殊的使用价值，尤其珍贵的文物是不能再生和替代的特殊资源，因而也就具有唯一性，如埃及金字塔、中国万里长城、巴黎艾菲尔铁塔、悉尼歌剧院等，都是如此。当然，在现代经济和技术条件下，在异地仿建这些建筑并非不可能，但是仿制品脱离了历史和环境，从而也就失去了原有的意义和魅力。

(4)变化性

人类历史是发展变化的，因此不同时代就有不同的历史遗存。随着社会的进步，人们的兴趣、需求以及时尚潮流也在发生变化，因此，人文旅游资源也会得到不断的创造和补充，而自然旅游资源也会因旅游经营者的深入开拓而不断被开发、利用。因此，旅游资源会不断发展和变化，这也是旅游的内容和形式不断丰富和变化的原因之一。

第二节　中国自然旅游资源

一、地质地貌旅游资源

(一)地质旅游资源

地质旅游资源包括典型地质构造、标准地质剖面、古生物化石点、自然灾害遗迹等。

江西庐山、云南石林、安徽黄山、湖南张家界、河南云台山、河南嵩山、广东丹霞山和黑龙江五大连池8个中国地质景观成为首批世界地质公园。

阅读材料：广东丹霞山地质公园

丹霞山地质公园位于广东省韶关市东北的仁化、曲江两县交界地带，总面积290平方千米。世界上由红色陆相砂砾岩构成的以赤壁丹崖为特色的一类地貌均被称为丹霞地貌，丹霞山便是这一类特殊地貌的命名地。

这里以“赤壁丹崖”为主要特征，丹霞山整体为红层峰林式结构，有大小石峰、石堡、石墙、石柱380多座，主峰巴寨海拔618米，大多山峰在300~400米之间，高低参差、错落有致、形态各异、气象万千。丹霞山由红色砂砾岩构成，以赤壁丹崖为特色，看去似赤城层层，云霞片片，古人取“色如渥丹，灿若明霞”之意，称之为丹霞山。丹霞山又称“中国红石公园”，自古为岭南第一奇山。各种形态、组合的丹霞地貌若千年石堡。丹霞的山石拟人拟物、拟兽拟禽，宛如雕塑大师的一尊尊艺术杰作，但却无一不是出于大自然的鬼斧神工。丹霞盆地蕴育于晚古生代，形成和发展于中生代，被改造于新生代，其地质历史包含了从地槽——地台——地台活化（地洼）等三个阶段的完整旋回。构成丹霞地貌的物质基础是形成于距今约7至9千万年前的晚白垩世的红色河湖相砂砾岩。在距今约6500万年前，本地区受构造运动的影响，产生许多断层和节理，同时也使整个丹霞盆地变为剥蚀地区。在距今约2300万年开始的喜马拉雅运动使得本地区迅速抬升。在漫长的岁月中，间歇性的抬升作用使得本地区的地貌发生了翻天覆地的变化，地质作用将本地区塑造得秀丽多姿。除了美不胜收的自然风貌外，尚有保存完好的生态环境和片状分布的山顶、山谷原始生态群落及古树名木和野生动物。丹霞山开发历史悠久，人文景观颇为丰富。丹霞山附近很久以前就有先民居住生息，丹霞盆地西南缘还有著名的马坝人（尼尔德特人）头骨化石遗迹，是研究早期智人的重要线索。同时在狮子岩的石峡文化遗址，是距今6000年前的新石器时代晚期的古人类文化遗存。在这里，从古到今流传着许多奇闻逸事和民间传说，女娲造人补天，舜帝登韶石奏韶乐等等，既是一段段历史佳话，又影响了一方文化，这一切吸引着无数海内外游客纷至沓来。

阅读材料：朝阳古生物化石地质公园

朝阳古生物化石地质公园位于辽宁西部的朝阳市，总面积2300平方千米，主要地质遗迹面积207平方千米。主要地质遗迹为古生物化石、含化石地层、地质构造。地质公园由上河首古生物化石园区、四合屯古生物化石园区、凌源大杖子园区（均为著名的“热河生物群”化石的主要产地）、AAA级的凤凰山园区及槐树洞风景区组成。

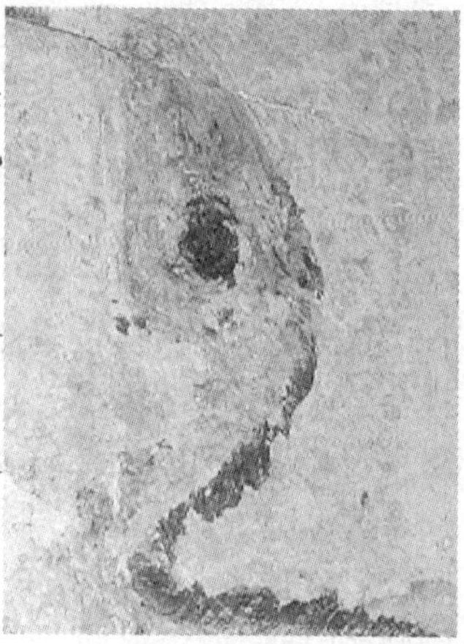

中生代古生物化石丰富、多样，迄今为止已发现了最早的鸟类和开花的植物，朝阳因此被誉为“第一只鸟飞起的地方，第一朵花绽放的地方”，在国际上具有独特性、完整性、稀有性，是世界级的古生物化石宝库，具有极其重要的科学研究价值。

园区内人文古迹丰富多彩，曾是燕辽时代的佛教圣地，有迄今为止东北地区有记载的最早的佛教寺院、有牛河梁红山文化遗址，其中出土有女神像、玉猪龙、女神庙、积石冢和祭坛遗址等，它的发现将中华文明史提前了一千多年。地质公园集人文、历史、风景名胜和地质遗迹于一身，是理想的休闲、旅游及科普教育基地。

（二）地貌旅游资源

地貌是自然旅游资源最重要的组成部分，是各类自然风景资源形成的基础。在现实生活中，基本地貌有山地、高原、丘陵、平原、盆地，我国在以上五种基本地貌的基础上，由于各地岩性不同，又加上气候、流水等自然要素对地表雕刻作用的程度不一，又发育了大面积的岩溶、丹霞、流水、海岸、冰川、火山等地貌，它们形态独特，景观奇异，具有很高的地貌旅游价值。

1. 名山

中国是世界上最早将山岳作为风景资源开发及旅游观光的国家。名山泛指有较高知名度的山，一般是经过历史筛选淘汰、约定俗成，为社会所公认的山。名山有自然风光秀丽、生态环境优良、景物景观奇特、地方特色鲜明的特点，具有极强的文化、科学、经济价值，可供游人攀登、探险、科考、欣赏、游览。

我国是个多山的国家，山地面积占国土面积的69%，山地人口占全国总人口的56%。山地是我国的资源宝库和江河源头，集中了全国90%的林地、84%的森林蓄积量、77%的草场、76%的湖泊、98%的水能，其景观千差万别，在旅游活动中，发挥各自的优势与作用，主要分为体育探险登山旅游和风景观赏登山旅游。著名山脉有喜马拉雅山、唐古拉山、天山、祁连山、贡嘎山、云南梅里、玉龙雪山、长白山等。

(1)五岳

五岳是我国五大名山的总称，是以中原地区为中心，居于东、西、南、北、中方位的五座大山。东岳山东泰山、西岳陕西华山、中岳河南嵩山、北岳山西恒山、南岳湖南衡山是名山的代表，其海拔在我国名山中并非最高，但它们各有特点，清代学者魏源在《衡山吟》中概括为“恒山如行，岱山如坐，华山如立，嵩山如卧，惟南岳独如飞”。五岳始于汉武帝，至汉宣帝确定泰山为东岳、华山为西岳、嵩山为中岳、安徽天柱山为南岳、河北大茂山为北岳。隋文帝改衡山为南岳，明代改恒山为北岳。在我国众多的名山中，五岳是历史最悠久的五座名山，五岳的神圣和显赫地位，关键是“岳”之名由帝王封赐，是古代帝王登基后举行盛大的封禅(shan)大礼之地。封禅是一项政治色彩很浓的祭祀活动，天子到“岳”之山顶筑台燔火祭天为封，到“岳”之山麓祭地为禅。天以高为尊、地以厚为德，增高以报天，附基以报地。相传夏、商、周三代君王就有封禅活动，但秦始皇始有正式记载，秦始皇是我国第一个实行封禅大典的皇帝。

(2)宗教名山

宗教名山是带有宗教色彩的名山。佛教四大名山是山西五台山、四川峨眉山、浙江普陀山、安徽九华山，并被附会为文殊、普贤、观音、地藏四大菩萨的道场，宣扬文殊的大智、普贤的大行、观音的大悲、地藏的大愿，因为这四座名山香火最盛，故知名度最高。佛教其他名山还有浙江天台山、云南鸡足山、福建鼓山、辽宁千山等。道教名山主要有湖北武当山、四川青城山、江西龙虎山、安徽齐云山、山东崂山、江西三清山、甘肃崆峒山等。

(3)风景名山

风景名山以优美的自然风光、良好的生态环境、奇特的地貌造型、稀有的动植物资源，成为社会公认的佼佼者，具有极高的审美价值。著名的主要有安徽黄山、天柱山、湖南武陵源、台湾阿里山、江西庐山、浙江雁荡山等。

黄山位于安徽南部，兼有泰山之雄伟、华山之险峻、衡山之云雾、庐山之飞瀑、峨眉之奇秀。明代徐霞客评价“五岳归来不看山，黄山归来不看岳”。黄山素以“云海、奇松、怪石、温泉”四绝驰名中外。

九寨沟位于四川阿坝州，景观以3个沟118个五颜六色的海子为代表，包括5滩12瀑与9寨12峰联合组成的高山河谷自然景观，周边雪峰林立、原始森林遍布，加之藏族的木楼、经幡等人文景观，被誉为“美丽的童话世界”。

地貌是长期的地球内力地质作用和外力地质作用的塑造结果。内力地质作用既发生于地表，也发生于地球内部。外力地质作用是因地球外部能产生的，外力地质作用可分成水的地质作用、风的地质作用和海洋的地质作用等，各种地貌具有独特的旅游吸引力。

2. 典型地貌景观

（1）花岗岩地貌景观

花岗岩在自然界分布广泛，属酸性侵入的岩浆岩。一般为肉红色和灰白色，质地坚硬、节理发育、层状剥离明显。花岗岩矿物成分复杂，岩块棱角处接触大气面积大，最易风化成球状，称球状风化，其地形称石蛋地形。地壳强烈上升地带可形成高大挺拔的花岗岩山地，而缓慢隆起区长期剥蚀则易形成花岗岩低山丘陵。

著名的花岗岩山地有黄山、华山、衡山、九华山、天台山、三清山等。花岗岩断块山地具有雄险浑厚、粗犷质朴、线条简洁、形体大方的特点，像一幅浓墨的山水画。著名的花岗岩低山丘陵有浙江普陀山、厦门鼓浪屿、泉州清源山、天津蓟县盘山等。花岗岩经长期风化，山地高度较小、地形起伏和缓，多浑圆小丘和拟人化石蛋地形。花岗岩球状风化景观主要指造型奇特的怪石形体，著名的景观地有鼓浪屿的日光岩、泉州灵山的风动石、黄山的仙桃石等。

（2）岩溶地貌景观

岩溶地貌又称喀斯特地貌。岩溶作用是指地表水和地下水对可溶性岩石的破坏和改造作用。在碳酸盐类岩石（包括石灰岩、白云岩等）地区，主要由于地表、地下水的溶融以及外力的崩坍、搬移作用形成的地貌称岩溶地貌。由于岩溶作用沿石灰岩节理面和断层面向下溶蚀发育，因此岩石具有线条曲折柔和、造型真实感强，其地面景观具有玲珑精细、清秀俊逸、深邃奇特的特点。

我国碳酸盐类岩石面积约有130万平方千米，约占全国总面积的14%，加之长期以来气候温暖湿润，所以岩溶地貌十分发育，是世界岩溶面积最大的国家。因气候和岩性的差异，各地岩溶地貌发育程度相差大，或以地面奇峰为主，或以地下溶洞见长，或以泉水为特色。我国有不少地区由于岩溶地貌发育典型而形成著名风景区。我国岩溶地貌面积大、分布广、类型全，广西、贵州和云南东部是世界岩溶地貌分布最典型的集中区，也是世界上面积最大的岩溶风光区。

地表岩溶景观主要包括溶沟、石芽、石林、岩溶漏斗、落水洞、天坑、岩溶洼地、岩溶盆地、干谷、盲谷、峰丛、峰林、孤峰等，最有观赏价值的景观主要是石林、峰丛、峰林、孤峰和天坑。

石林：地表水沿可溶性岩坡面流动，溶蚀侵蚀的凹槽为溶沟，溶沟之间残存的石脊突起称石芽，大型的石芽称石林。石林高度较大，呈柱状、锥状、塔状、笋状、剑状、菌状等。昆明市石林县的石林是中国四大自然奇观之一，相对高度一般为20米、最高达50米，景观十分秀美，是世界上最具多样性的石林喀斯特形态。

峰林、峰丛、孤峰：岩溶区形成的山峰，按形态特征分峰林、峰丛和孤峰。峰林是指山峰的基部分离或微微相连的石灰岩山峰。峰丛是山峰基部相连的峰林，相对高差一般为200～300米。孤峰是孤立的碳酸盐岩石山峰，相对高数十米至百余米。桂林山水是指桂林到阳朔沿漓江一线的风光，两岸以峰丛和峰林为主，其间有孤峰点缀。

天坑：天坑是一种特殊的岩溶地貌，是地下暗河长期溶蚀和冲蚀碳酸盐岩层，而引起岩层及地下大厅垮塌的地质奇观。我国是世界上天坑规模最大和数量最多的国家，重庆奉节小寨天坑是世界迄今发现的最大天坑，被誉为“天下第一坑”。坑口直径622米，坑底直径522米，最大深度662米，坑底有一条巨大暗河，暗河的水来自一条称之为“地缝”的神秘峡谷，最窄处仅2米，是世界最典型的“一线天”峡谷景观。

地下岩溶地貌景观主要包括地下河、地下溶洞和洞穴化学堆积物。地下河指地下水沿可溶性岩层面、节理和断层等裂隙溶蚀侵蚀，扩大而形成的地下水排泄通道。溶洞是指地下水沿可溶性岩的裂隙溶蚀侵蚀，扩大而成的地下空间。地下岩溶最有观赏价值的是洞穴化学堆积物，主要有石钟乳、石笋、石柱、石幔等。

石钟乳、石笋、石柱、石幔：石钟乳是指悬挂于洞顶的倒锥状碳酸钙沉积；石笋是指由洞底向上增高的锥状、塔状、盘状等碳酸钙沉积，形如竹笋；石柱是指石钟乳和石笋相对生长，二者相接形成的柱状碳酸钙沉积；石幔是指薄层水从洞顶或洞壁裂隙中漫流流出，产生的片状、波状、褶状沉积，形如帷幔。

我国著名的溶洞景观有贵州织金洞、桂林芦笛岩、江苏宜兴善卷洞、浙江桐庐瑶琳仙境、北京石花洞、辽宁本溪水洞、江西龙宫洞等。

(3)丹霞地貌景观

丹霞地貌是指由巨厚的红色砂岩，在内外重力作用下形成的以赤壁丹崖为特色的特殊地貌，以广东韶关仁化丹霞山最为典型。丹霞山因“色渥如丹、灿若明霞”而得名，又称中国红石公园。我国地质学家将这一类地貌命名为“丹霞地貌”，并被国际学术界采用。丹霞的成因是侏罗纪和第三纪时气候干热，干湿季明显，沉积物富含氧化铁和氧化铝，由于富集程度差异，岩层出现紫红、绛红、浅红等色彩；此外红层固结程度较差，易风化崩塌形成崩崖峭壁，加之岩石钙质胶结物易溶于水，造成岩石分离。在上述综合因素下，形成顶平身陡的方山、石墙、石峰、石柱等丹崖赤壁地形。丹霞地貌具有奇险、奔放、绚丽、热烈的景观特点。著名的丹霞景观有福建武夷山、广东丹霞山、浙江江郎山、江西龙虎山、安徽齐云山等。

(4)熔岩地貌景观

熔岩地貌是指地下岩浆喷发或溢流于地表冷凝后形成的各种地貌的总称。

流纹岩景观：流纹岩是典型的酸性喷出岩，多灰白、粉红、浅紫、浅绿等色，常具流纹构造，垂直节理发育，线条轮廓曲折多变，造型景观富于变幻。景观特点是山峰形体多变、河流切割幽深、崖壁色彩斑斓。著名景观地有浙江雁荡山、天目山、西湖宝石山等。其中雁荡山有“造型地貌博物馆”之称，雁荡山三绝是灵峰、灵岩、大龙湫。在雁荡山观赏同一景点，不同时间、不同角度其景观各不相同，如雁荡山灵峰，又称合掌峰、夫妻峰、展旗峰、双乳峰、观音峰等。

玄武岩景观：玄武岩是基性喷出岩，一般呈黑色和灰黑色，风化后多呈黄褐色和灰绿色。因流动性大，常具气孔。由于喷发后迅速冷凝，冷凝收缩时产生大量原生节理，呈六方柱状，形成拟人拟物景观。著名景观地有五大连池、峨眉山顶、长白山、湛江硇洲岛等。五大连池有“火山地质博物馆”之称，条条石龙是玄武岩顺坡流动的熔岩流，因流动时表面冷凝，但内部仍继续涌流，故形成麻花状、绳状、蛇状、木排状、熔洞等景观。峨眉山山顶覆盖大面积玄武岩，山顶的舍身崖绝壁是世界最著名的金顶佛光观景地。

(5)石英砂岩地貌景观

石英砂岩呈白色,砂质纯净,质坚而脆,垂直节理发育,风化后可呈灰白、褐黄、黄白色,岩层厚度大、产状平缓,节理裂隙扩展,可形成百米以上的柱峰,其峰林景观不同于丹霞景观。具有线条粗犷、层理清晰、棱角明显、节奏感强的特点。张家界砂岩厚度大、岩层平缓,新构造上升强烈,水系沿节理及断层强烈下切,因此形成为方山(黄石寨、腰子寨等)和棋盘式沟谷(溪流几乎均呈直角转向)相互组合的高大砂岩峰林。另外砂岩中页岩夹层抗风化弱,在差异风化作用下,使峰柱表面节节凹进,呈现出金鞭岩、定海神针、南天一柱等奇特景观,使张家界成为世界上最典型的石英砂岩峰林峡谷地貌,景区内有形态各异的数千座岩峰。

(6)变质岩地貌景观

变质岩质地坚硬、棱角分明,具有山体浑厚雄健、峥嵘苍劲的特点。著名的变质岩景观地主要有山东泰山、云南苍山、山西五台山等。泰山古称岱山,在古生代前是长期沉降海槽,沉积物厚达万米,经太古代至元古代三次构造运动,伴有岩浆侵入,形成深变质泰山杂岩。后长期剥蚀夷平,古生代在泰山群基底上堆积上千米沉积岩,中生代燕山运动塑造了泰山轮廓,喜马拉雅运动泰山沿断层上升形成雄伟的断块山。泰山在上升过程中,风化剥蚀了古生代地层,露出了泰山深变质杂岩基底,因此我们可见各种片麻岩、混合岩、混合花岗岩组成的泰山群变质岩名山。苍山又称点苍山,位于云南大理洱海西岸。苍山岩石由前古生代沉积岩变质而成,由片岩、片麻岩、大理岩组成。喜马拉雅运动苍山地区大幅度掀升断裂,形成苍山和洱海,溪水切割苍山在山前形成洪冲积扇。

(7)黄土地貌

我国黄土地貌分布之广,发育之典型举世罕见。黄土主要分布在太行山以西乌鞘岭以东,秦岭以北、长城以南的黄土高原,黄土覆盖层厚度一般在 100 ~ 120 米。黄土的成因,一般认为主要是由风力从西北广大沙漠地区搬运而来的第四纪堆积物,其结构疏松,具有多孔性和垂直节理,透水性强,易被雨水冲刷和流水切割,形成梁、峁、塬、柱等地貌景观。区内沟壑十分发育,密度大,沟谷地貌和谷间地貌广泛分布,地表被切割得支离破碎,水土流失总量每年为 16 亿吨,是黄河下游形成"悬河"和洪水泥沙灾害的主要根源,水土流失之重为世界所罕见。

黄土高原沟壑纵横,支离破碎,是个"疯神捏就"的世界,"千沟万壑"是其典型的地貌景观。但对旅游而言,黄土高原以它粗犷、豪放的高原面貌,壮观、奇特的土柱"峰丛"以及独具一格的黄土窑洞和民俗吸引着游客。

3. 其它地貌景观

(1)冰川地貌景观

冰川地貌景观主要指冰川侵蚀和堆积作用形成的地貌景观。高山及高纬度地区年均温度 0℃以下,降雪积累大于消融,地表积雪逐年增厚,经一系列物理变化形成冰川冰,冰川冰在自身重力及压力作用下缓慢流动形成冰川。雪线指多年平均终年积雪的下限高度。

雪线以上地貌景观:雪线以上的地貌景观主要有角峰、刃脊和冰斗,他们相互依存从不分离。冰斗是位于冰川源头的围椅状洼地,三面为陡峭岩壁,一面向下坡开口。刃脊是指两个冰斗相邻的岭脊或冰斗、冰川谷之间的山脊,形态呈刀背状。角峰是指不同方向的几个冰斗后壁后退,交汇构成的棱角状山峰。

雪线以下地貌景观:雪线以下的地貌景观主要有冰川谷、羊背石、终碛堤、冰瀑、冰洞、冰桥、冰塔林等。羊背石是指冰蚀作用形成的石质小丘,犹如羊群匐伏在冰川谷中。终碛堤是指冰川补给和消融相对平衡,冰川前缘长期停留在某一位置,上游搬运的物质在前端形成的弧形垄状地形。在差别消融影响下,冰川有冰面河和冰内河、冰瀑、冰洞、冰杯、冰桥、冰湖、冰蘑菇、冰塔林、冰钟乳等。

冰川旅游和登山探险科考旅游:中国是一个多山的国家,而且多高山、极高山,是世界上冰川旅游和登山探险科考旅游最重要的资源国和旅游国,被誉为"世界最大的高山公园国"。我国规定海拔3500~5000米为高山,5000米以上为极高山。极高山为探险科考胜地,主要分布于青藏高原及新疆。对外开放的著名冰川风景区有:贡嘎山海螺沟冰川、天山一号冰川、嘉峪关七一冰川、云南玉龙雪山等。海螺沟冰川森林公园是我国第一个国家级冰川森林公园,位于四川甘孜泸定县境内。冰川长15千米,冰川延伸至森林之中,长达6千米,形成世界低纬度罕见的冰川与原始森林共存的奇景;冰川瀑布宽500~1100米、落差1080米,是我国最大的冰瀑布,居世界第二位;海螺沟内有3处温泉,冰川、温泉、森林共生,实属世界罕见。

(2)荒漠地貌景观

大漠戈壁,人迹罕至,自古以来就充满神奇色彩。随着全球知识性、健身性、探险性旅游的大趋势,荒漠旅游越来越受到人们的青睐。

雅丹景观:雅丹源于维吾尔语,意为有陡壁的小丘序列。雅丹也称风蚀垄槽,是指巨厚的湖相沉积层,经风蚀作用形成的一系列平行的垅岗和风蚀沟槽的相间排列。新疆罗布泊的雅丹景观,面积达3000平方千米,长数百米至数千米,高10多米,排列有序的土阜岗丘鳞次栉比,如柱、塔、台、伞,似狮、虎、龙、城,迤逦起伏,十分雄伟壮观。克拉玛依乌尔禾雅丹也十分著名,大风狂吼时犹如神鬼哭嚎,故又称魔鬼城。

沙漠、戈壁景观:沙漠是指地面覆盖大量流沙、发育各种沙丘的荒漠,也称沙质荒漠。我国开放的沙漠景观地主要有阳关沙漠森林公园、玉门关古遗址、敦煌鸣沙山月牙泉、内蒙古伊克昭盟响沙湾、宁夏沙坡头、吐鲁番艾丁湖和火焰山等。

戈壁也称砾漠:我国习惯上把岩漠归入砾漠之中,为区别砾漠,岩漠特称石质戈壁(岩漠指干旱区各种风蚀地貌的基岩裸露区)。砾漠指砾石组成的石质荒漠,为区别石质戈壁,特称砾石戈壁。我国戈壁景观地主要有哈密以南辽阔的噶顺戈壁、准噶尔盆地东部的诺明戈壁、哈密火焰山的山麓戈壁。

(3)海岸地貌景观

海岸地貌景观是指在海岸地带,由波浪、潮汐、海流等海洋动力作用所形成的地貌景观。最具观赏价值的主要是岩石海岸、生物海岸,其次是砂质堆积海岸。我国杭州湾以北,除山东半岛、辽东半岛为山地丘陵海岸外,均为海岸线平直、海岸带宽平的平原海岸;杭州湾以南,主要为海岸线曲折、海蚀地形复杂的山地丘陵海岸。此外,北回归线以南部分海区还发育有红树林和珊瑚礁海岸。

海蚀地貌景观:海蚀有冲蚀和磨蚀作用。冲蚀作用是指波浪水体的巨大压力冲击海岸,同时使岩体节理裂隙中的空气受到压迫,使岩石受到强烈的破坏。磨蚀作用是指海水携带破坏性的岩石碎块及砂砾石，对海底进行研磨，并对海蚀崖基部进行刻蚀。海蚀景观主要有海蚀崖、海蚀穴、海蚀柱、海蚀蘑菇、海蚀拱桥（海穹）等。海蚀崖是海边高出海面的基岩陡崖。海蚀穴是海蚀崖坡脚处由波浪侵蚀形成的凹槽。海蚀柱是海蚀平台上残留的突出岩柱，多由坚硬的岩脉组成。海蚀拱桥是海岸岬角两侧同时受两个方向的波浪作用，使发育相向的海蚀穴被蚀穿呈拱门状。景观地主要有山东半岛、辽东半岛、杭州湾以南的山地丘陵海岸和岛屿沿岸。

生物海岸景观包括：

红树林海岸：红树林是热带、亚热带海岸潮间带特有的胎萌木本植物群落，素有"海上森林"之称，是国家级重点保护的珍稀植物，是最富多样性、高生产力海洋生态系统，也是鸟类的天堂。主要分布于广东、广西、台湾、福建、海南的港湾和河口。

海南的红树林以琼山、文昌为最，其中琼山市的东寨港红树林保护区是游人去得最多的景区之一。东寨港位于琼山市东北部，距海口 32 千米，距美兰机场仅 10 千米，而且公路交通条件很好，来此观光旅游络绎不断。

珊瑚礁海岸：主要分布在热带、亚热带浅海，珊瑚是低等腔肠动物，珊瑚虫分泌石灰质形成骨骼，是国家级重点保护的珍稀动物。造礁珊瑚对水温、盐度、水深和光照等有较严格的要求，一般生活于水温 20℃ ~30℃、盐度 27% ~40%、水深 0 ~50 米、海水洁净、阳光充足、水流活跃的海区，多固着基岩生长。景观地有台湾沿岸、雷州半岛西南、海南岛及南海诸岛沿岸。

阅读材料：海南东寨港红树林保护区

海南东寨港红树林保护区绵延 50 千米，面积 4000 多公顷，是中国建立的第一个红树林保护区。红树林是热带、亚热带滨海泥滩上特有的常绿灌木或乔木的植物群落，其大部分树种属于红树科，生态学上通称为红树林，是能生长于海水中的绿色植物。世界上红树有 23 科 81 种，海南有 23 科，41 种。红树林是热带海岸的重要标志之一，能防浪护岸，又是鱼虾繁衍栖息的理想场所，具有重要经济价值、药用价值、观赏价值。

来到东寨港，站在海岸上远远眺望，只见广袤无垠的绿海中，显露出一顶顶青翠的树冠。这些红树林长得枝繁叶茂，高低有致，色彩层次分明。退潮的时候，整片树林的树干亭亭玉立，风姿绰约，宛如一道永不凋萎的绿色长城，在海中巍然屹立。涨潮时，红树林休浴在温馨的海水之中，只有青翠的树冠在微风中飘荡，活像浮在海上的绿洲。若乘坐游船，顺着宽约 50 米的沟漕行进，可以清楚地看见每棵树头的四周都长着数十条扭曲的气根，达一米方圆，交叉地插入淤泥之中，形似鸡笼，当地人叫它"鸡笼罩"。红树的气根，其状令人惊叹！有的如龙头猴首，活灵活现；有的像神话中仙翁，老态龙钟，颇具诗情画意。观看红树林景观最佳时间是大海涨潮以后，划上一只小船驶入红树林区。四周全是一丛丛形态奇特而秀丽的绿树冠，中间是一长条迂回曲折的林间水道。涌动的海潮推着船儿沿水道悠然荡漾，忽左忽右，游人只见蓝海水和绿树冠，感觉到神奇的魅力像红树丛中的雾一样团团涌过来，弥漫海面。在林中，可以看到或听到林中 159 种候鸟和留鸟，如白鹭、海鸥、水鸭，甚至黑脸琵鹭等，这里是海南最佳的观鸟区。除了海鸟，在滩涂地带，你还可以看到招潮蟹。俗称"走马灵蟹"，当潮水将上涨时，它们会举起艳丽的大螯以示欢迎，故名"招潮蟹"。招潮蟹拇指头大小，双眼长在长柄顶端，跑得非常快，会筑火山型的洞口；蟹壳和步足为褐色，雄蟹的大螯一大一小，呈橘红色，雌蟹的两螯一般大。招潮蟹喜欢栖息在红树林滩涂地潮间带区，成为东寨港红树林保护区一道移动的风景。

海积沙滩海岸景观：海积沙滩主要由泥沙横向和泥沙纵向运动堆积而成。泥沙横向运动可形成水下沙堤、离岸堤、潟湖和沿岸堤，泥沙纵向运动可形成三角滩、剪状沙咀、连岛坝、拦湾坝和潟湖，这两种运动组合形成海积沙滩。主要集中于河北昌黎一带的黄金海岸以及山地丘陵岬角海岸两侧的海湾，但前者较宽广，后者较狭窄。昌黎黄金海岸是我国第一个国家级海洋自然保护区，主要保护海岸自然景观及海区生态环境，包括沙丘、沙堤、海水、潟湖、林带和沿岸生态系统。该地砂质海岸长达26.8千米，具有沙细、滩缓、水清、潮平、沙丘蜿蜒起伏的特点，有我国最大的海岸沙丘和七里海潟湖，在我国和世界都极为罕见。

(4)火山地貌

火山地貌是因火山活动形成的地貌。火山的喷发奇景，休眠火山的圆锥形体动人的风姿和熔岩流构成的奇异微地貌形态，都是十分引人的旅游资源。我国邻近环太平洋火山地震带和地中海——喜马拉雅地震带，是一个多火山、多地震的国家。我国共有火山800余座，大多为死火山和休眠火山，集中分布在东北、云南和台湾等地。

我国第一个火山自然保护区——五大连池火山群座落在黑龙江省五大连池市北部，小兴安岭西南侧，在火山群环抱之中。风景区包括14座玄武岩火山锥，5个串珠状堰塞湖和一块熔岩台地。1720年曾有一次较大的火山喷发，涌出的岩浆把附近的小白河堵截成5段，形成5个相互毗连的火山堰塞湖泊，宛如一串珠碟玉盘。火山锥体优美，附近熔岩微地貌丰富，且还保留着当年熔岩流动时呈现的各种态势，如海龟，似蟒蛇，如波浪，似石塔等等，因而被誉为"火山博物馆"。此外，区内多矿泉，其中以药泉山附近的最为著名，属冷矿泉水，水温在2℃～5℃，因有奇特的理疗作用，被称为"神泉"、"圣水"，用于医疗保健已有100多年的历史，五大连池现已成为北方综合疗养胜地。

二、气象气候与天象旅游资源

"气象"是大气中的冷热、干湿、风、云、雨、雪、霜、雾、雷电等各种物理现象和物理过程的总称；"气候"是指整个地球或其中某一个地区一年或一段时期的气象状况的多年特点，例如，"春城"昆明四季如春。"天象"是古代对天空发生的各种自然现象的泛称，现代通常指发生在地球大气层外的(如日食)现象。大气中的光象，主要指阳光和月光，包括朝霞、旭日、夕阳、蜃景、海火、虹、晕、华、峨嵋光、北极光等，此外，"西昌月"、"三潭印月"、"月照松林"等月光景色，都是具有极高的观赏价值。

阅读材料：黄山云海

云海是黄山第一奇观，黄山自古就有黄海之称。黄山的四绝中，首推的就是云海了，由此可见，云海是装扮这个"人间仙境"的神奇美容师。山以海名，谁曰不奇？奇妙之处，就在似海非海，山峰云雾相幻化，意象万千，想象更是万万千千！按地理分布，黄山可分为五个海域：莲花峰、天都峰以南为南海，也称前海；玉屏峰的文殊台就是观前海的最佳处，云围雾绕，高低沉浮，"自然彩笔来天地，画出东南四五峰"。狮子峰、始信峰以北为北海，又称后海。狮子峰顶与清凉台，既是观云海的佳处，也是观日出的极好所在。空气环流，瞬息万变，曙日初照，浮光跃金，更是艳丽不可方物。白鹅岭东为东海，于东海门迎风伫立，可一览云海缥缈。丹霞峰、飞来峰西边为西海，理想观赏点乃排云亭，烟霞夕照，神为之移。光明顶前为天海，位于前、后、东、西四海中间，海拔1800米，地势平坦，云雾从足底升起，云天一色，故以"天海"名之。若是登临黄山三大主峰(莲花、天都、光明顶)，则全部五海，可纵览无遗。

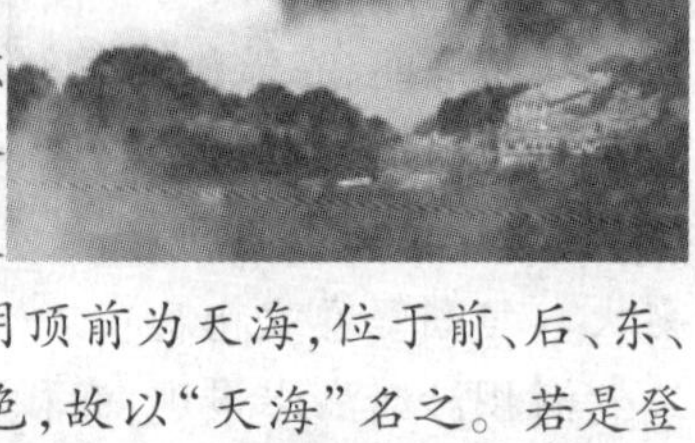

（一）云霞

云既能造景，又能育景。云霞为日出和日落时阳光透过云层的一种天气现象，主要有朝霞和晚霞。它们绚丽多彩、光芒四射，伴随着旭日东升和夕阳西下，情景交融，美不胜收。高山和海边是观赏日出、日落和云霞景观最为理想的地点。著名的云霞景观有“骊山晚照”、“金台夕照”等；泰山岱顶四大奇观的“云海玉盘”、峨嵋山十景之一的“罗峰晴云”、九华山十景之一的“莲峰云海”、鸡公山十大奇景之一的“晴晨云海”、黄山的“云海”、庐山云雾景等。

（二）佛光、蜃景

佛光、蜃景是大气中光的折射现象所构成的奇幻景观。

1、佛光

佛光，古称“光相”，是光的自然现象，日光成一定角度照射在云层上产生的衍射现象。阳光照射观测者形成的人影一直投射到云雾幕上，观测者便可看到自己的影子。阳光又照射到影子附近的云雾滴上，云雾滴对阳光产生散射、衍射，形成以太阳与观测者的连线的延长线为中心的一圈圈彩色光环。

在峨眉山上出现这种自然奇观，又和佛教传入山中的历史密切相关。自公元63年发现以来，不仅具有1900多年的悠久历史，并以世界奇观名驰中外。

峨眉山金顶、庐山小天池、泰山岱顶、黄山莲花峰等地都是有名的观赏佛光佳地。

2、蜃景

蜃楼即海市蜃楼，平静的海面、大江江面、湖面、雪原、沙漠或戈壁等地方，偶尔会在空中或“地下”出现高大楼台、城廓、树木等幻景，称海市蜃楼。我国山东蓬莱海面上常出现这种幻景，古人归因于蛟龙之属的蜃，吐气而成楼台城廓，因而得名。海市蜃楼是光线在铅直方向密度不同的气层中，经过折射造成的结果。常分为上现、下现和侧现海市蜃楼。使远处景物显示在半空中或地面上的奇异幻景。海市蜃楼经常发生在沿海，在沙漠偶尔也可见到。

我国山东蓬莱县，常可见到渤海的庙岛群岛幻景，素有“海市蜃楼”之称。

（三）日食、月食

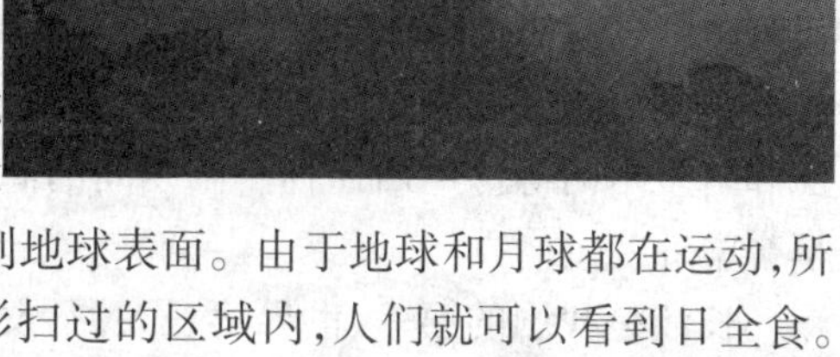

日食是在同一直线上的太阳、月亮和地球之间，月亮把太阳光挡住，致使地球上的局部地方，即使是白天，也看不到太阳或只看到残缺的太阳。太阳完全被遮住称为日全食，遮住部分称为日偏食。

而月食，是在同一直线上的地球把太阳光遮住，致使在晴朗的夜空，月亮也变得黑黑的。同样月食也分月全食和月偏食。

日全食、月全食是罕见的事情，大约每一年半就在世界的某个地方发生一次。当发生日食时，月球正运行在地球和太阳中间，月球椭圆形的影子投影到地球表面。由于地球和月球都在运动，所以月球的影子以很快的速度扫过地球表面。在投影扫过的区域内，人们就可以看到日全食。扫过的这片长条形区域成为全食带。由于全食带很窄，一般仅有200千米左右，所以对于在地球上某一特定区域的人们来说，要约300年才能见到一次日全食。

在我国古代的时候，由于人们不了解月食的形成原因，迷信地认为发生月食是将要有大的灾难，因此古时人们把月食叫做“天狗吃月亮”。现在我们知道，日食和月食都是光的直线传播规律的一个自然的现象。

(四)极光

极光是由于太阳风进入地球磁场,在地球南北两极附近地区的高空出现的彩色发光现象。一般呈带状、弧状、幕状或放射状。

极光被视为自然界中最漂亮的奇观之一。如果我们乘着宇宙飞船,越过地球的南北极上空,从遥远的太空向地球望去,会见到围绕地球磁极存在一个闪闪发亮的光环,这个环就叫做极光卵。由于它们向太阳的一边有点被压扁,而背太阳的一边却稍稍被拉伸,因而呈现出卵一样的形状。极光卵处在连续不断的变化之中,时明时暗,时而向赤道方向伸展,时而又向极点方向收缩。处在午夜部分的光环显得最宽最明亮。长期观测统计结果表明,极光最经常出现的地方是在南北磁纬度67度附近的两个环带状区域内,分别称作南极光区和北极光区。

三、水体旅游资源

“山无水不活,水无山不媚”,“因山而峻,因水而秀”。这充分体现了水的魅力。水作为一项重要的旅游资源,是构景的基本要素,海洋和陆地水各有特色。水体的形、态、声、色、光、影及其组合具有独特的美学。使水景成为最富吸引力的水景旅游资源。

水体是最富有吸引力的康乐型自然旅游资源。人们最喜欢玩水,玩水的方式和水的各种形态都是旅游的项目。

水体对其它自然旅游资源的形成有深刻影响,水对地貌、气候、生物都有非常大的影响。水的存在形式有:海洋、湖泊、河流、涌泉、瀑布、冰川、积雪、云雾、地下水、生物水等等。水的旅游吸引力有:水形、水声、水味、水影、水态等。

水是生命的源泉,作为人类与自然界关系中最具有特殊的亲和力的水往往是旅游活动的兴奋中心。

(一)河流旅游资源

河流的旅游价值在于其特殊的观光旅游,在观光的基础上在一些合适的地方开展漂流、游泳等探险与康乐度假旅游。

我国河流其中流域面积超过1000平方千米的河流1500多条;大小河川的总长度达42万千米。长度超过1000千米的有长江及其支流雅砻江、嘉陵江、沅江、大渡河、乌江和汉水;黑龙江及其支流嫩江和松花江;珠江及其支流郁江;还有黄河、淮河、辽河、怒江、澜沧江、雅鲁藏布江和塔里木河等。广西桂林—阳朔间的漓江;武夷山中的九曲溪;京杭大运河和新安江等也都享誉中外。

长江是我国的第一、世界第三大河,发源于唐古拉山的各拉丹冬雪山,全长6300千米,流过11个省市。长江景观独特,著名的长江三峡是世界上最大峡谷之一,瞿塘峡雄险,巫峡奇异壮丽,西陵峡险滩流急等均闻名中外,是我国著名的水上游览线;

长江沿岸历史悠久,沿线有许多名胜古迹,是三国、楚汉、吴越的文化旅游线;

长江两岸名城很多,如山城重庆、武汉、黄石、九江、安庆、铜陵、芜湖、马鞍山、南京、张家

港、上海等众多城市,形成以上海浦东新区为龙头的“长江经济带”;

长江沿线有许多美丽的传说:神女峰、屈原、昭君等;

长江沿线有三峡水电枢纽、葛洲坝、黄鹤楼、武汉长江大桥、南京长江大桥、芜湖长江大桥等人文景观。

小资料:长江三峡工程

长江三峡工程是当今世界最大的水利枢纽工程,是一项具有防洪、发电、航运等巨大综合效益的工程。它建成后,不仅可以大大提高长江中下游的防洪能力,而且能为华中、华东、四川等地提供大量电力,还可使万吨级航队从武汉直达重庆,极大地改善长江的航运条件。

三峡工程的十个世界之最:

——世界防洪效益最为显著的水利工程。三峡水库总库容393亿立方米,防洪库容221.5亿立方米,水库调洪可消减洪峰流量达2.7至3.3万立方米每秒,能有效调控制长江上游洪水,增强长江中下游抗洪能力。

——世界最大的电站。三峡水电站总装机1820万千瓦,年发电量846.8亿千瓦时。

——世界建筑规模最大的水利工程。三峡大坝坝轴线全长2309.47米,泄流坝段长483米,水电站机组70万千瓦×26台,双线5级船闸和升船机,无论单项、总体都是世界建筑规模最大的水利工程。

——世界工程量最大的水利工程。三峡工程主体建筑土石方挖填量约1.34亿立方米,混凝土浇筑量2794万立方米,钢筋46.30万吨。

——世界施工难度最大的水利工程。三峡工程2000年混凝土浇筑量为548.17万立方米,月浇筑量最高达55万立方米,创造了混凝土浇筑的世界记录。

——施工期流量最大的水利工程。三峡工程截流流量为9010立方米每秒,施工导流最大洪峰流量79000立方米每秒。

——世界泄洪能力最大的泄洪闸。三峡工程泄洪闸最大泄洪能力为10.25万立方米每秒。

——世界级数最多、总水头最高的内河船闸。三峡工程的双线五级船闸,总水头113米。

——世界规模最大、难度最高的升船机。三峡工程升船机有效尺寸为120×18×3.5米,最大升程113米,船箱带水重量达11800吨,过船吨位3000吨。

——世界水库移民最多、工作最为艰巨的移民建设工程。三峡工程水库动态移民最终可达113万人。

(二)湖泊旅游资源

湖泊是水域中最能体现相对表态的形、影、光、色审美特征的水体。湖区往往是陆地上最重要的旅游活动区之一。我国的湖泊主要分布于青藏高原、蒙新地区、东部平原、东北地区及云贵高原五大湖区。我国天然湖泊面积在1平方千米以上的有2800多个。除天然湖泊外,还有数以万计的人工水库。其中以风光著名的有太湖、鄱阳湖、洞庭湖、滇池、巢湖、洪泽湖、青海湖、洱海和东北的长白山天池、镜泊湖、五大连池、台湾的日月潭和杭州的西湖等等。人工水库则有密云水库、新安江水库、太平湖等,以及著名园林中的昆明湖、福海、南海、北海和避暑山庄中的塞湖等。

我国湖泊按照成因分类:

构造湖:因断层沉陷积水形成,形态狭长,水体较深,如洱海、滇池。

火山口湖：火山口积水而成，一般较深。长白山天池是松花江之源，因为它所处的位置高，水面海拔达2150米，所以被称为“天池”。长白山天池平均水深204米，据说中心深处达373米。在天池周围环绕着16座山峰，天池犹如是镶在群峰之中的一块碧玉，天池蓄水20亿立方米，是一个巨大的天然水库，天池的水一是来自大自然降水，也就是靠雨水和雪水，二是地下泉水。天池湖水深幽清澈，像一块瑰丽的碧玉镶嵌在群山环绕之中，使人如临仙境。

堰塞湖：山崩、火山、泥石流等堵塞河道而成。在东北分布较多，如镜泊湖。

河迹湖：河流改道或堵塞而形成的湖泊，是自然的调节器。鄱阳湖、洪泽湖、洞庭湖、太湖、巢湖等都是河迹湖，这一些湖泊也是自然和人文旅游资源的交会点。

冰川、风蚀湖：由冰川和风蚀形成。如甘肃敦煌著名的月牙泉。

人工湖：如浙江千岛湖、安徽太平湖等。

我国的湖泊是重要的湿地，有丰富的鱼虾、飞禽、莲藕等动植物资源，具有极高的生态价值，垂钓、亲水、戏水、观鸟等也是旅游开发重要的自然旅游资源。

湖北洪湖景区以自然景物为主，以水、莲、鱼、鸟和渔家民俗等为赏玩对象，以泛舟、垂钓、采莲、观鸭（鸟）为主要赏玩内容，四季皆可接纳游人，其中蓝田生态旅游风景区已被评定为国家4A级风景区。

（三）泉水旅游资源

我国许多城市以泉水闻名，如泉城济南。地下水的天然露头称为泉。我国是多泉的国家，仅温泉就有2600多处，居世界首位，而且分布广泛。按泉水的温度分类，泉水可分为冷泉（20℃以下）、温泉（20 ℃～37℃）、热泉（高于37℃）、沸泉（超过当地水沸点的泉）。按泉水的矿化程度又可分为淡水泉和矿泉两类。

泉水审美的根本，就在于其经过地下循环所形成的特殊水质及永恒动势。清纯美、声色美、味觉美、触感美、动态美、人文美是涌泉审美的基本特征。

“春寒赐浴华清池，温泉水滑洗凝脂”。温泉终年具有舒适的沐浴、游泳与保健等康乐度假旅游功能。温泉是受火山与岩浆等地热活动的影响，由地下水经过深度循环出露地表而形成。我国由于环太平洋与喜马拉雅两大地震带，使得地热资源非常丰富。主要分布于东南的广东、福建、台湾三省和西南的云南、西藏二省（区）。

我国著名的温泉主要有：陕西临潼华清池、广东从化、云南安定、广西象州、湖北应城、南京汤山、贵州息峰、重庆南、北温泉、北京小汤山、辽宁汤岗子、安徽黄山温泉、台湾关子岭、四重溪、北投、阳明山温泉等等。

此外，我国著名的名泉有镇江“天下第一泉”——中泠泉、无锡“天下第二泉”——惠泉、济南的趵突泉、珍珠泉、杭州虎跑泉、北京玉泉、上饶陆羽泉、合肥廉泉等；酿酒的名泉有贵州赤水河两岸的清泉（茅台酒）、四川金鱼泉（五粮液）、玉妃泉（剑南春）、安徽亳州古井廉泉（古井贡酒）、青岛崂山矿泉（青岛啤酒）等。

阅读材料：合肥古井——廉泉

廉泉井为包公生前所挖，原本井上无亭，系只为满足家庭用水的一口普通之井。由于包公一生清正廉明，后人敬仰包公，故赋予了包公个人及家庭之物许多神秘的传说。传说廉泉井水清官好人喝了无事，而赃官、不肖子孙喝了都会头痛、闹肚子。明朝人在修建包公祠时，在井上加盖了亭子，称井为“廉泉”，亭为“廉泉亭”。从此井亭作为一“景”留存至今。

光绪二十八年（公元1902年）李鸿章侄孙李国蘅撰写了一篇《香花墩井亭记》，曰：“闻昔有太守来谒祠，启开汲饮，忽头痛，复堙如故。是说也，余窃疑。命从人开井汲泉，煮茗自饮，味寒而香烈，饮毕无异，目而笑谓诸曰：井为廉泉，不廉者饮此头痛欤！”

廉泉的井沿上，布满一条条深深的凹痕，为井绳长期磨擦所致。正对井口的亭子顶端中央，雕有一块圆形彩绘木质浮雕龙像。雕龙倒映井内，随着井水的晃动，好似龙影在舞，颇有游龙戏水之景趣，故人们又称廉泉井为“六角龙井”。

（四）瀑布旅游资源

瀑布在地质学上叫跌水，即河水在流经断层、凹陷等地区时垂直地跌落。形成瀑布的原因很多，主要原因是：组成河床底部的岩石软硬程度不一致，被河水冲击侵蚀得厉害，形成陡坎，坚硬的岩石则相对悬垂起来，河水流到这里，便飞泻而下，形成了瀑布。也可以说，河水在河道中奔流，遇到河床的陡坎时，便跌下来，形成了瀑布。除此之外，还有因山崩、断层、熔岩堵塞、冰川等作用，形成瀑布的。

唐代大诗人李白的一首名诗：“日照香炉生紫烟，遥看瀑布挂前川，飞流直下三千尺，疑是银河落九天”。生动而形象地描绘了庐山瀑布的雄伟壮观。

我国有许多著名的瀑布，像位于陕晋交界的黄河壶口瀑布、贵州省的黄果树瀑布、安徽省黄山的九龙瀑布、人字瀑、江西庐山三叠泉、香炉峰瀑布、黑龙江省牡丹江上镜伯湖吊水楼瀑布、浙江省雁荡山马鞍岭西的大龙湫瀑布、山东崂山的龙潭瀑布、云南最大最壮观的大叠水瀑布、广西西隆的冷水瀑布、九寨沟瀑布群（主要有诺日朗瀑布、树正瀑布和珍珠滩瀑布组成，此外还有若树正群海间的梯瀑群等无数小瀑布）等。这些瀑布均以其独特、壮美的气势，吸引着古今中外的许许多多游客，也由此产生了不少赞美瀑布的名篇佳作。

（五）特殊的河口涌潮景观

我国历史上，最著名的涌潮有三处：山东青州涌潮、广陵涛和钱塘江潮。以钱塘江大潮最著名，其形成是受天文和地理（包括河口形状、河床地貌、水文、气候等）因素综合的影响。“八月十八潮，壮观天下无。”这是北宋大诗人苏东坡咏赞钱塘秋潮的千古名句。千百年来，钱塘江以其奇特卓绝的江潮，不知倾倒了多少游人看客。

每年的农历八月十八前后，是观潮的最佳时节。这期间，秋阳朗照，金风宜人，钱塘江口的海塘上，游客群集，兴致盎然，争睹奇景。观赏钱塘秋潮，有三个最佳位置。

海宁县盐官镇东南的一段海塘为第一佳点。这里的潮势最盛，且以齐列一线为特色，故有“海宁宝塔一线潮”之誉。潮头初临时，天边闪现出一条横贯江面的白练，伴之以隆隆的声响，酷似天边闷雷滚动。潮头由远而近，飞驰而来。宛若一群洁白的天鹅排成一线，万头攒动，振翅飞来。潮头推拥，鸣声渐强，顷刻间，白练似的潮峰奔来眼前，耸起一面三四米高的水墙直立于江面，倾涛泻浪，喷珠溅玉，势如万马奔腾。潮涌至海塘，更掀起高 9 米的潮峰，果然“滔天浊浪排空来，翻江倒海山为摧！”这一簇簇声吞万籁的放射形水花，其景壮观，其力无穷，据说有一年，曾把一只一吨多重的“镇海雄师”冲出 100 多米远。当潮涌激起巨大回响之后，潮水又坦然飞逝而去。有人这样写道：“潮来溅雪俗浮天，潮去奔雷又寂然”，十分确切地描绘了潮来潮往的壮观景象。

第二个观潮佳点是盐官镇东 8 千米的八堡，可以观赏到潮头相撞的奇景。海潮涨入江口之后，因为南北两岸地势不同，潮流速度南快北慢，潮头渐渐分为两段。进展神速的南段称为南潮；迟迟不前的北段潮头，在北岸观潮者看来，是来自东方，故称东潮。当南潮扑向南岸被荡回来,调头向北涌去,恰与姗姗来迟的东潮撞个满怀。霎时间,一声巨响,好似山崩地裂,满江耸起千座雪峰,着实令人怵目惊心!

第三个观潮佳点是盐官镇西12千米的老盐仓,可以欣赏到"返(回)头潮"。这里,有一道高9米、长650米的"丁字坝"直插江心,宛如一只力挽狂澜的巨臂。潮水至此,气势已经稍减,但冲到丁字坝头,仍如万头雄狮惊吼跃起,激浪千重。随即潮头转,返窜向塘岸,直向塘顶观潮的人们扑来。

四、生物旅游资源

生物资源中,具有旅游利用价值,能吸引游客为旅游业所利用,并产生经济、社会效益的部分,称为生物旅游资源。世界各国将原始或次生的植物群落及繁衍其中的动物群划为自然保护区,并确定为生态旅游地。

(一)生物景观类型

1. 植物群落

(1)森林群落

中国有世界植物基因库之称。我国地理纬度南北跨度大,森林群落的水平地带类型丰富,几乎具有北半球全部森林类型。我国又受世界最大的两个季风系统,即东亚季风和南亚季风影响,而青藏高原的崛起更强化了这种反差,因此森林群落垂直地带类型十分丰富,是世界山地垂直自然带最齐全、最完整的地方。

全国林地分为8大类型:寒温带针叶林带、温带针阔叶混交林带、暖温带落叶阔叶林带、北部亚热带常绿落叶阔叶混交林带、中部和南部亚热带常绿落叶阔叶林带、热带季雨林和雨林带、青藏高原东部暗针叶林带以及甘新山地针叶林带。

(2)草原群落

草原是内陆半干旱半湿润气候条件下所特有的一种自然生态系统类型。以旱生多年生禾草占绝对优势,多栖居善于奔驰或穴洞生活的哺乳动物。世界上的草原可分为温带草原与热带草原两大类。典型的热带草原群落及动物群在非洲,而典型的温带草原群落及动物群在中国。

我国内蒙古草原由东向西,随着降水的减少,先后出现草甸草原、典型草原(又称真草原、干草原)和荒漠草原三种不同类型。草甸草原处于草原向森林过渡地段,是草原群落中喜湿润类型,草原植被茂盛,是湖沼鲜花与牛马羊群的组合景观;典型草原为典型半干旱大陆性气候,旱生丛生禾草占绝对优势,为天然放牧牧场,是一望无际低草鲜花与羊群的组合景观;荒漠草原是草原最干旱地区,植被低矮稀疏,也是良好牧场。

(3)湿地群落

湿地是许多野生生物的栖息地和滋生地,对于保护生物多样性,特别是禽类的生息和迁徙有重要作用,也是观鸟的最佳地。湿地群落主要以芦苇、菖蒲、荷花等挺水性、浮水性和沉水性的植物为代表。

中国湿地面积约6594万公顷(不包括江河、池塘等),占世界湿地的10%,居亚洲第一、世界第四位。其中天然湿地约为2594万公顷,包括沼泽约1197万公顷,天然湖泊约910万公顷,潮间带滩涂约217万公顷,浅海水域270万公顷;人工湿地约4000万公顷,包括水库水面约200万公顷,稻田约3800万公顷。

2. 植物景观

植物具有美、特、稀、韵的特征,使之成为自然界最有吸引力的旅游资源之一。有的植物有较高美学观赏价值,故成为观赏植物;有的植物因世界上极其稀少,成为珍稀植物;有的植物是人们的某一精神的象征,因此称为风韵植物。

观赏植物中,最具有美学价值的是植物的器官及其特征。包括植物的茎、叶、花和果,也包括植物生长过程中的体形和轮廓。根据植物器官及特征可分为观花植物、观果植物、观叶植物、观树形植物。

(1)珍稀植物

珍稀植物是指原生地天然生长的珍贵植物,及原生地天然生长并具有重要经济、科学研究、文化价值的濒危和稀有植物。银杏、银杉、水杉、金钱松、水松、台湾杉、红豆杉、珙桐、鹅掌楸等都是我国特有的珍稀树种,我国珍稀树种水杉、银杏、鹅掌楸被列为世界三大"活化石"植物。

(2)古树名木

古树是指树龄在100年以上的树木,名木是指国内外稀有的以及具有历史价值和纪念意义及重要科研价值的树木。(右图为黄山迎客松)

古树分为一级和二级。凡树龄在300年以上的称为一级古树;其余为二级古树。一级古树由省、自治区、直辖市人民政府确认,报国务院建设行政主管部门备案;二级古树由城市人民政府确认,直辖市以外的城市报省、自治区建设行政主管部门备案。古树应登记、编号,并建立档案,设立标志。标志红牌为一级、绿牌为二级。

著名的古树名木有北京天坛九龙柏、潭柘寺古银杏、戒台寺五大古松、黄帝陵轩辕柏、泰山五大夫松、孔庙孔子桧等。曲阜孔林是我国最大的古树园,北京是我国古树名木最多的城市。

(3)风韵植物

指植物的意境和寓意。许多花草树木都寓有一定的含义和意境,如茫茫的大草原使人胸怀开阔,林中小径和竹林使人有超凡脱俗之感。风韵植物有叶之风韵、花之风韵、果之风韵、树之风韵。

叶之风韵有松、柏寓坚贞,松、竹寓高洁等;花之风韵有白菊寓真实、紫丁香寓初恋、百合花寓纯洁等;果之风韵有红豆寓思慕、桃李寓门生等;树之风韵有柳寓依恋等。植物组合之风韵有园中三杰的玫瑰、蔷薇、月季,花草四雅的兰草、菊花、水仙、菖蒲等。

我国竹类资源丰富,竹子冬不凋萎,秀丽俊俏,古人曰:"宁可食无肉,不可居无竹"。洞庭湖君山的"斑竹",棵棵如滴泪血。笋竹低萎成丛,点缀园景,增添野趣。成都望江楼公园有锦竹、人面竹、佛肚竹、方竹等100余种,十分典雅,为一著名的"竹子公园"。

(4)花卉

花是人类最好的朋友,具有直观美和潜在美。花以特有的风韵吸引人们并赋予深刻的寓意,使花成为人格化的自然。我国名贵花卉近600种,其中牡丹、芍药、月季、菊花、兰花、莲花、海棠、山茶花、水仙、梅花是我国著名的十大名花。

花是植物最美的部分,花色、花姿、花香、花韵是人们观赏的主要对象,牡丹(见下图)以它那硕大而艳丽,雍容华贵的花姿夺得花卉之冠,被誉为"花中之王、国色天香"。河南洛阳、山东荷泽是我国著名的牡丹之乡。洛阳牡丹享誉国内外,除了花美外,还与神话有关,相传唐朝武则天除夕因喝醉酒,令天下百花盛开,唯独牡丹抗旨,被武则天贬到洛阳,因此,洛阳牡丹又披上一层神话色彩。

山茶花花大而艳丽，花期长，并有白、黄、红等各种颜色，主要分布在我国南方地区，尤以云南的山茶花最为著名。

梅花芳香素洁，秀丽多姿，有很高的观赏价值。梅花盆景更是我国的传统技艺。梅花广泛分布于长江流域，余杭超山，无锡梅园，苏州邓慰，武汉东湖梅岭，自古以盛产梅花而闻名遐迩，是我国著名的四大赏梅胜地。此外，西湖的孤山，灵峰，南京的梅山，上海的淀山湖畔也是探梅佳地。

水仙花芳香，茎叶清秀，亦称“凌波仙子”。在严冬季节，它是室内观赏的名花。以福建漳州所产的“水仙”最为著名。此外，还有被誉为“花中西施”的杜鹃花，自古闻名的“花相”芍药花，“出污泥而不染”的荷花以及千姿百态的菊花等等。

3. 动物景观

(1)珍稀动物

国家重点保护的野生动物有两个特点，一是数量稀少，甚至濒危；二是珍贵程度高。属于中国特产稀有或濒于灭绝的野生动物，列为国家一级保护野生动物；属于数量较少或有濒于灭绝危险的野生动物，列为国家二级保护野生动物。1988 年 12 月 10 日国务院批准的《国家重点保护野生动物名录》，共列入 573 种野生动物，其中国家一级保护的陆生、水生野生动物分别为 97 种、13 种；国家二级保护的陆生、水生野生动物分别为 238 种、35 种。国家一级保护动物主要有：大熊猫、金丝猴、白鳍豚、白唇鹿、扬子鳄、丹顶鹤、朱鹮、亚洲象、东北虎、华南虎、藏羚羊、麋鹿等，其中大熊猫、金丝猴、白鳍豚、白唇鹿被称为四大国宝。

(2)迁飞动物

为繁殖、捕食及寻找更舒适环境，许多动物群体有季节性迁移的本能，某一物种、某一时段可形成极具规模的空间胜景。迁飞动物主要指随季节变化，在空中长途迁飞的鸟类和昆虫。昆明的红嘴鸥、鄱阳湖的鹤群、扎龙的丹顶鹤、青海湖鸟岛的鸟类等，都是旅游胜景。

(3)观赏动物

动物是大自然的精灵，最充满活力，其形、态、声、色及珍稀性均具观赏价值。形主要指动物的形体特征，态主要指动物的行为动作，声主要指动物口中发出的声音，色主要指动物适应生存环境的保护色，因此可分为观形动物、观色动物、观态动物、听声动物。

(二)自然保护区

《中华人民共和国自然保护区条例》第二条定义的“自然保护区”为“对有代表性的自然生态系统、珍稀濒危野生动植物物种的天然集中分布区、有特殊意义的自然遗迹等保护对象所在的陆地、陆地水体或者海域，依法划出一定面积予以特殊保护和管理的区域”。

自然保护区是近代人类为保护生态环境和自然资源，面对生态破坏挑战的一大创举，是人类进步文明的象征。中国是世界自然资源和生物多样性最丰富的国家之一，中国生物多样性保护对世界生物多样性保护具有十分重要的意义。目前中国 70% 的陆地生态系统种类、80% 的野生动物和 60% 的高等植物，特别是国家重点保护的珍稀濒危动植物绝大多数都在自然保护区里得到较好的保护。

我国第一个自然保护区是 1956 年建于广东肇庆的鼎湖山自然保护区。2000 年 8 月建立的三江源自然保护区则是新近建立的自然保护区之一，它也是中国面积最大(总面积 31.6 万平方千米）、海拔最高（平均海拔4000多米）、生物多样性最集中的保护区。该保护区地处青藏高原腹地，位于长江、黄河和澜沧江的源头地区。截止到2007年8月，国家级保护区为303个。四川的卧龙和九寨沟、吉林的长白山、广东的鼎湖山、甘肃白水江等26处自然保护区，被联合国教科文组织列为“世界生物圈保护区”。

值得一提的是四川卧龙保护区，卧龙自然保护区以“熊猫之乡”、“宝贵的生物基因库”、“天然动植物园”享誉中外，地处于邛崃山脉东麓，青藏高原向四川盆地过渡地带的高山峡谷区，5000米以上的高山就有101座，最高峰四姑娘山海拔6250米。沟内最低海拔1150米，相对高差5100米。这里峰峦重叠、云雾缭绕，原始森林、次生灌木林、箭竹林郁郁葱葱。保护区内有各种植物三、四千种，有水杉，珙桐等珍贵植物；有各种兽类50多种，鸟类300多种，属国家保护的珍贵动物就达29种。

卧龙是动物“活化石”大熊猫生存和繁衍后代理想的地区。这里地势较高而湿润，十分适宜大熊猫的主要食物——箭竹和桦桔竹的生长。卧龙自然保护区已列为联合国国际生物圈保护区，设有大熊猫研究中心和大熊猫野外生态观察站。

第三节　中国人文旅游资源

一、历史古迹旅游资源

我国是一个有五千年历史的文明古国，在漫长的历史长河中，勤劳智慧的各族人民创造了中华文化，给我们留下丰富的历史文化遗产。这宝贵的财富为我们发展中国特色的人文旅游奠定了坚实的基础。

（一）古文化遗址

云南元谋县发掘的“元谋人”化石所代表的早期猿人，是目前所知的我国最早的居民。距今有170多万年；其它还有湖北长阳土家族自治县的“长阳人”，距今有20～30万年；内蒙古伊克昭盟地区的“河套人”，距今有5万年等。

1. 周口店北京人遗址

周口店北京人遗址位于北京市西南房山区周口店镇龙骨山北部，1921年至1927年，考古学家先后三次在“北京人”洞穴遗址外发现三枚人类牙齿化石，1929年，又发现了北京人头盖骨化石，以及人工制作的工具和用火遗迹，遂成为震惊世界的重大考古发现。1930年在周口店遗址还发现距今约2万年前的山顶洞人化石和文化遗物。迄今为止，考古学家们已经发掘出代表40多个尸体的头盖骨、下颌骨、牙齿等化石和丰富的石器、骨器、角器与用火遗迹。

北京人洞穴堆积层厚40多米，根据对北京人骨骼化石、石器、用火遗迹等方面的研究，考古学家们认为北京人大约生活在距今70万年到20万年。北京人已经懂得用火和吃熟食，用火主要取于自然，知道保护火种，火的使用完备了人的特征。北京人遗址是世界上材料最丰富、最有价值的旧石器时代早期的人类遗址。

2. 大窑遗址

大窑遗址位于呼和浩特市东郊，1973年发现。分布着由太古代花岗片麻岩和燧石构成的小山，其燧石质地坚韧、易击打成形，是制造石器最理想的原料。从旧石器时代早期起，古代人类就陆续到这里开采石料，制成生产、生活用具。

1976 年、1983 年发掘，先后出土大量石器，主要有石核、石片、刮削器、尖状器、砍砸器、石锤、石球等。根据古地磁、放射性碳素断代、石器型制等考古学测定等断代方法。大窑遗址年代为距今 70 万年至 1 万年前，分旧石器时代早期、中期、晚期三个阶段。依据石器类型，将晚期定名为“大窑文化”。

3. 三星堆遗址

位于四川省广汉市境内的三星堆经过 3 次发掘，现已发现总面积达 12 平方千米的遗址群，发掘出粮食容器、海贝、青铜雕像、玉石器等珍贵文物，是四川迄今为止发现的范围最大、出土文物最精美、文化内涵最丰富的古蜀文化遗址。专家考证认为，三星堆出土文物反映了约 5000 年前的古蜀文明，表明长江流域同黄河流域一样，同是中华文明的发源地。三星堆的发现震惊了世界，被史学界誉为“世界第九大奇迹”。然而虽经 70 多年的发掘、研究，三星堆仍有很多谜团未能破解。

4. 河姆渡遗址

位于距宁波市区约 20 千米的余姚市河姆渡镇，是我国目前已发现的最早的新石器时期文化遗址之一。

河姆渡遗址总面积达 4 万平方米，叠压着四个文化层。经测定，最下层的年代为 7000 年前。通过 1973 年和 1977 年两次科学发掘，出土了骨器、陶器、玉器、木器等各类质料组成的生产工具、生活用品、装饰工艺品以及人工栽培稻遗物、干栏式建筑构件、动植物遗骸等文物近 7000 件，全面反映了我国原始社会母系氏族时期的繁荣景象。河姆渡遗址的发掘为研究当时的农业、建筑、纺织、艺术等东方文明，提供了极其珍贵的实物佐证，是我国建国以来最重要的考古发现之一。

5. 虢国博物馆

位于河南省三门峡市区北部的上村岭，它北依黄河，南望崤山。是我国迄今为止发现的唯一一处规模宏大、等级齐全、排列有序、保存完好的西周、春秋时期大型邦国公墓，总面积 32.45 万平方米。探明各类遗址 800 余处，已发掘的 260 多座墓葬中出土文物近 3 万件。因出土文物数量多，价值高和墓主人级别高，分别被评为 1990 年、1991 年全国十大考古新发现之一。2001 年 4 月，虢国墓地遗址被评为“中国 20 世纪百项考古大发现之一”。

(二) 古代伟大工程

1. 万里长城

万里长城是我国古代一项极为雄伟的防御建筑工程，由于万里长城气势的雄伟，工程的艰巨，历史的悠久，不仅在我国古代建筑工程中少有，即是在世界上也属罕见。

据历史记载，有二十多个诸侯国家和封建王朝修筑过长城。其中泰、汉、明三个朝代长城的长度都超过了一万里。若把各个时代修筑的长城的长度加起来，大约有十万里以上。现在在我国新疆、甘肃、宁夏、陕西、内蒙古、山西、河北，北京，天津、辽宁、吉林、黑龙江、河南、山东、湖北、湖南等十六个省、市、自治区都有古代长城、烽火台的遗迹。

长城的修建绵延持续了两千多年的时间。长城开始修筑的时期，大约在公元前 7 世纪前后。这时正当我国历史上的春秋战国时期，由于诸侯互相兼并的结果，出现了楚、秦、燕、齐、韩. 赵、魏等较为强大的诸侯国家。它们彼此之间为了互相防御，便在自己的领土上修筑起一道或数道高大的城墙。由于这种城墙筑得很长，不是几里几十里而是数百里或上千里，而且与一般城市的城墙不同，是一长条形而不是周围封闭的，所以把它们称之为长城，或是长垣等。长城是由烽火台和列城等单体建筑发展而成的。起初先建彼此相望的烽火台，或是连续不断的防御城堡，然后用城墙把它们联系起来，便成了长城。

以上这些诸侯国家的互防长城，规模较小，东西南北各自据守，互不连贯，较之秦始皇长城，在规模上相差甚远。故长城史家有将其区别，称之为先秦长城，也有称之为战国长城的。

公元前221年，秦始皇统一国家，为利于中原地区比较先进的经济、文化的发展，防止匈奴奴隶主贵族的掠扰，立即派大将军蒙恬并以太子扶苏为监军，率领三十万大军，北御匈奴，收复了河南地（今黄河河套南部地区），大规模修筑长城。以从前燕、赵、秦三国北方长城为基础又增筑扩充了许多部分。西起临洮，东止辽东延袤一万余里。自此，这一世界上古代最为宏大的建筑工程便巍然雄峙在我国北部土地上了。

自秦始皇以后，经西汉、东汉、北魏、北齐、北周、隋、辽、金、明各代，都大规模地修筑或增建长城。其中尤以汉代和明代的长城规模最大。汉代的长城、亭障、烽燧长达两万里。明长城则在建筑工程技术和防御设备方面都有了许多的改进和发展，是长城修筑史上最后一个朝代，也是长城防御工程技术发展的最高阶段。明代修筑长城前后用了一百多年的时间，工费巨大。由于修筑坚固，东起山海关，西至嘉峪关全长12700多里，大部分保留完好。长城沿线还建有许多关城，最著名的关城是山海关（号称"天下第一关"）、嘉峪关（号称"天下第一雄关"）、平型关、雁门关、居庸关、白虎关、娘子关等。

长城高超的建筑艺术，科学的设计，周密的结构以及合理的布局，是中华民族大智大勇的历史见证，成为中华民族的象征，展示了雄伟美、险峻美和开阔美，具有极高的观赏价值和科研与历史研究价值。凡是到中国来访问的旅游者，无不把游览长城作为不可缺少的参观游览项目，"不到长城非好汉"已经成了旅游者的一句名言。

2. 古代四大水利工程

（1）都江堰

都江堰位于四川成都平原西部的岷江上，距成都56千米，是2000多年前，中国战国时期秦国蜀郡太守李冰父子率众修建的一座大型水利工程，是我国现存的最古老而且依旧在灌溉田畴，造福后人的伟大水利工程。

都江堰由鱼嘴、飞沙、宝瓶口三部分组成。鱼嘴是修建在江心的分水堤坝，把汹涌的岷江分隔成外江和内江，外江排洪，内江引水流入川西平原灌溉农田。飞沙堰起泄洪、排沙和调节水量的作用。宝瓶口控制进水流量，因口的形状如瓶颈故称宝瓶口。

都江堰一带风景优美，有伏龙观、二王庙、安澜桥等名胜古迹，是一处十分理想的游览胜地。

（2）灵渠

灵渠又名兴安运河，位于广西兴安县境内，开凿于秦代，公元前214年建成。它是我国古代伟大的水利工程，也是世界上最古老的运河之一。

灵渠分南渠和北渠，全长34千米，整个工程由铧嘴、大小天平、南渠、北渠、秦堤和陡门构成。铧嘴是用巨石在湘江中铺筑成的一个前端尖锐如犁铧的石坝。使湘江上游的海洋山水南北分派，北渠的水注入湘江、南渠的水注入漓江，分派水量大致是“三分漓水七分湘”。大天平和小天平是两道石堤，用以调节分派的流量。它沟通了长江水系和珠江水系。

(3)京杭大运河

大运河北起北京，南迄杭州，纵贯冀、鲁、苏、浙，沟通海河、黄河、淮河、长江、钱塘江五大水系，全长1740千米。大运河是沟通中国南北水路交通的大动脉，是世界上最长，最古老的一条大运河。

(4)坎儿井

坎儿井是新疆古老的地下引水工程，以吐鲁番盆地为最多。它早在2000年前的汉代就已经出现雏形。坎儿井利用地面坡度引取地下水自流灌溉。坎儿井由竖井、地下暗渠、地面明渠、涝坝四个部分组成。它是干旱地区根据当地水文等具体条件修建的、伟大的地下水利灌溉工程。

3. 桥梁工程

我国建桥历史源远流长，古代劳动人民在凿渠溉田、引水通漕的同时，曾利用各种材料和技术建筑许多不同结构、不同形式的桥梁，是一个古桥众多的国家。这些历史遗存是重要的人文旅游资源。其中著名的有：安济桥、安平桥、卢沟桥、洛阳桥、泸定桥等。

安济桥俗称大石桥、赵州桥。为隋朝石匠李春设计建造，是目前我国现存最早的敞肩式大型石拱桥，1995年被联合国列为世界人类文化遗产。安济桥在世界桥梁史上占有很高的地位，对我国乃至世界桥梁建筑产生了巨大而深远的影响。在欧洲，这种桥梁直到19世纪才开始流行，晚于我国1100多年。

(三)古代陵墓

我国自黄帝起至清代止，兴建帝陵之风历代盛行，其分布之广、数量之多、规模之大、规制之繁令人叫绝。由于受到儒家文化和封建迷信思想的影响，中国古代笃信“厚葬明孝、媚祖邀福”的理念，历代帝王则更是不惜巨金，大兴土木，将陵墓地上、地下建造成规模宏大、精美豪华的建筑艺术品，而且受所谓“风水”之说的影响，选址多在环境优美之处，将自然环境与建筑物、雕刻绘画与建筑艺术有机地融为一体，从而使陵墓建筑成为古代建筑的一个重要的类型，成为个性鲜明的一类艺术瑰宝。

黄帝陵相传是中华民族的始祖轩辕帝的陵园，它位于陕西省延安南部的黄陵县城北的桥山上。《史记·五帝本记》记载：“黄帝者，少典之子，姓公孙，名轩辕”。中华文明时代从此开始了历史上的唐尧、虞舜以及夏、商、周三代帝王均为黄帝后裔，所以黄帝被称为中华民族的始祖。

黄帝陵区约4平方千米，有绿水环绕，群山环抱，古柏参天，有大路可通山顶直至陵前。山顶立一石碑，名为下马石，上有“文武百官到此下马”字样。古代凡祭陵者，均须在此下马，步行至陵前，陵前有一祭亭，亭中立一高大石碑，上有郭沫若题“黄帝陵”三个大字。祭亭后面又有一块石碑，上书“桥山龙双”四字。再后面便是黄帝陵。

西安附近是我国皇帝陵墓较为集中的地方，除了骊山秦始皇墓外，还有西汉11个皇帝的陵墓，唐代18个皇帝的陵墓。其中汉武帝(刘彻)的茂陵是11个西汉皇陵中规模最大的一座，埋藏的宝物也是最多的。茂陵还有5个陪葬墓。昭陵是唐太宗(李世民)的陵墓，周围30千米，园内还有17座功臣贵戚的陪葬墓。昭陵地上地下都是珍贵的文物。据记载，墓内“闲丽不异人间”，说明昭陵地宫的豪华和富丽。

北宋皇陵在河南省巩县境内，整个陵区南北15千米，东西10千米。北宋9个皇帝有7个皇帝葬埋在这里。其中最大的陵墓是宋太祖赵匡胤的永昌陵。

我国皇帝的陵墓中明清两代的皇陵最为完整。明朝皇帝的陵墓主要在北京的昌平县天寿山下,即十三陵。明十三陵中规模最大最宏伟的是长陵(明成祖朱棣)和定陵(明神宗朱翊钧)。定陵已于1956年发掘。定陵地宫距地面27米,总面积1195平方米,由前、中、后及左右5个殿联成,全部用砌石卷拱。地宫除放置皇帝神宗的棺木外,还有他的两个皇后的棺木。地宫石拱结构坚实,四周排水设备良好,很少积水,石拱无一块石头塌陷,充分说明我国建造地下建筑的高超技术。

清陵共分三处:辽宁省有老陵三座(永陵、福陵、昭陵)、河北省遵化县的马兰峪有清东陵、河北省易县境内有清西陵。清东陵是我国现存陵墓建筑中规模最宏大、建筑体系最完整的皇家陵寝。这里埋葬着顺治(孝陵)、康熙(景陵)、乾隆(裕陵)、咸丰(定陵)、同治(慧陵)5个皇帝,14个皇后,136个嫔妃,共15座陵墓,占地2500平方千米。东陵宫殿及牌楼217座,建筑面积要比北京故宫大几十万平方米。陵区的北部是昌瑞山的主峰,主峰脚下是孝陵,其它诸陵分列两侧。正对孝陵是一条12米宽,6千米长的神道贯穿南北,两侧排列着石人、石兽等。

清东陵地上的建筑以定东陵(慈禧)和裕陵(乾隆)最为考究。定东陵和裕陵地宫全用汉白玉建造,处处是艺术高超的石雕,龙凤呈祥,彩云飞舞。地宫室内墙壁除石雕之外,全都贴金,金碧辉煌、光彩夺目。

清西陵位于河北省易县永宁山下。这里埋葬着雍正、嘉庆、道光、光绪四个皇帝及其后、妃等。陵区占地约800平方千米,建筑面积50万平方米,比清东陵规模小得多。

西夏王陵有"东方金字塔"之称,座落在银川市西郊贺兰山东麓,距市区大约35千米,是西夏历代帝王陵墓所在地。陵区南北长10千米,东西宽4千米,里边分布着九座帝王陵和253座王公大臣的殉葬墓,占地近50平方千米。西夏王陵受到佛教建筑的影响,使汉族文化、佛教文化、党项民族文化有机结合,构成了我国陵园建筑中别具一格的形式。

(四)古建筑

1. 宫殿建筑概述

宫殿建筑是皇帝为了巩固自己的统治,突出皇权的威严,满足精神生活和物质生活的享受而建造的规模宏大、气势雄伟的建筑物。几千年来,历代皇帝不惜人力、物力和财力,为自己建造宫廷。这些宫廷金玉交辉、巍峨壮观,充分显示了我国劳动人民的高度智慧和创造才能。

从秦始皇开始,"宫"成为皇帝及其皇族居住的地方,宫殿是皇帝处理朝政的地方。我国宫廷建筑的规模越来越大。秦阿房宫、汉未央宫、建章宫、长乐宫,都是像小城一样的建筑,宫内有前殿、寝殿及其它殿宇台池。宫殿建筑最大的特征是硕大的斗拱、金黄色的琉璃瓦铺顶,绚丽的彩画、高大的盘龙金柱、雕镂细腻的天花藻井、汉白玉台基、栏板、梁柱,以及周围的建筑小品,以显示宫殿的豪华富贵。

北京故宫又名紫禁城,是明、清两朝皇帝的宫廷。明朝先后曾有14个皇帝在这里居住,清朝先后10个皇帝在这里居住。故宫规模之大,风格之类,建筑之辉煌,陈设之豪华,是世界上宫殿所少见的。故宫占地面积72万平方米,建筑面积15万平方米,有房屋9千多间。故宫周围是周米高的红围墙,周长3400多米,城外是护城河。从整个建筑布局来看,故宫可分为前后两个部分:前部分称“外朝”,主要建筑有“三大殿”,即太和殿、中和殿、保和殿。三大殿两侧是文华殿和武英殿。“外朝”是皇帝举行重大典礼和发布命令的地方。“外朝”后面部分是“内廷”,也叫“后停”。这一部分的主要建筑有乾清宫、交泰殿、坤宁宫和御花园。内廷的东西两侧是东西六宫,是皇帝处理政务和后妃们居住的地方。

故宫是我国古代宫廷建筑保留最完整的一处,充分显示了我国宫殿建筑艺术的高超水平。

2. 我国古代三大名楼

黄鹤楼原址在湖北武昌蛇山黄鹤矶头,历代的名人如崔颢、李白、白居易、贾岛、夏竦、陆游等都曾到这里游览、吟诗、作赋。唐代诗人崔颢登上黄鹤楼赏景写下了一首千古流传名作:“昔人已乘黄鹤去,此地空余黄鹤楼。黄鹤一去不复返,白云千载空悠悠。晴川历历汉阳树,芳草戚戚鹦鹉洲。日暮乡关何处是,烟波江上使人愁”。后来李白也登上黄鹤楼,放眼楚天,胸襟开阔,诗兴大发,正要提笔写诗时,看到崔颢的诗,自愧不如只好说:“眼前有景道不得,崔颢提诗在上头”。崔颢提诗,李白搁笔,从此名气大盛。

如今重建的黄鹤楼在距旧址约 1000 米左右的蛇山峰岭上。楼共五层,高 50.4 米,攒尖顶,层层飞檐,四望如一。在主楼周围还建有胜象宝塔、碑廊、山门等建筑。整个建筑具有独特的民族风格。

岳阳楼与武昌黄鹤楼、南昌滕王阁并称江南三大名楼,是全国重点文物保护单位。临洞庭,望长江,瞰城廓,气势雄伟,是一座“四柱、三层、飞檐、盔顶、纯木”的高楼,檐牙高琢、金碧辉煌。

岳阳楼有 1700 余年的历史,相伟楼的前身为吴将鲁肃的阅兵台,唐开元四年(716 年)中书令张说扩为楼阁,名南楼,后更名岳阳楼。宋庆历四年(1044 年)滕子京谪守巴陵重修,并请范仲淹撰写了千古流传的《岳阳楼记》,从此扬名天下。现主楼总高 18.72 米,为我国现存最大的盔顶,楠木大柱支撑,闩缝对榫,套合规整,造型端庄,结构严谨,气势雄伟。全楼在建筑学、美学、力学、工艺学等方面都有惊人的成就。

登楼凭栏远眺,可饱鉴洞庭湖“天水一色、风月无边”的景色。历代著名诗人李白、杜甫、韩愈、白居易、李商隐、刘禹锡、孟浩然、欧阳修、陆游等都登楼抒怀,留下千古名句。

滕王阁坐落在南昌赣江东岸,与湖南岳阳楼、湖北黄鹤楼并称江南三大名楼。唐永徽四年(公元 653 年),唐高祖李渊第 22 子、唐太宗李世民之弟滕王李元婴任洪州都督时营建,阁以其封号命名。

滕王阁饱经沧桑,历史上屡毁屡建达 28 次之多,世所罕见。现在的阁楼建于 1985 年,主体建筑净高 57.5 米,建筑面积 13000 平方米。其下部为象征古城墙的 12 米高台座,分为两级。台座以上的主阁取“明三暗七”格式,即从外面看是三层带回廊建筑,而内部却有七层。

上元二年(公元 653 年),洪州都督阎伯屿在此大宴宾客,王勃席间所作《滕王阁序》,成为传诵千古的名篇。滕王阁因王勃的《秋日登洪府滕王阁饯别序》(即《滕王阁序》)名扬四海,文以阁名,阁以文传,历千载沧桑而盛誉不衰。南昌古城因此平添不少文采风流。

(五)历史文化名城与古都

1. 历史文化名城

我国是一个历史悠久的文明古国,许多历史文化名城是我国古代政治、经济、文化的中心,或者是近代革命运动和发生重大历史事件的重要城市。在这些历史文化名城的地面和地下,保存了大量历史文物与革命文物,体现了中华民族的悠久历史、光荣的革命传统与光辉灿烂的文化。做好这些历史文化名城的保护和管理工作,对建设社会主义精神文明和发展我国的旅游事业都起着重要的作用。我国历史文化名城达到109座,以下是国务院批准的国家历史文化名城的名单。

国家第一批历史文化名城名单(24座)(国务院1982年2月8日批准)

北京、承德、大同、南京、泉州、景德镇、曲阜、洛阳、开封、苏州、扬州、杭州、绍兴、江陵、长沙、广州、桂林、成都、遵义、昆明、大理、拉萨、西安、延安。

国家第二批历史文化名城名单(38座)(国务院1986年12月8日批准)

天津、保定、平遥、呼和浩特、沈阳、上海、镇江、常熟、徐州、淮安、宁波、歙县、寿县、亳州、福州、漳州、南昌、济南、安阳、南阳、商丘、武汉、襄樊、潮州、重庆、阆中、宜宾、自贡、镇远、丽江、日喀则、韩城、榆林、武威、张掖、敦煌、银川、喀什。

国家第三批历史文化名城名单(37座)(国务院1994年1月4日批准)

正定、邯郸、新绛、代县、祁县、哈尔滨、吉林、集安、衢州、临海、长汀、赣州、青岛、聊城、邹城、淄博、郑州、浚县、随州、钟祥、岳阳、肇庆、佛山、梅州、雷州、柳州、琼山、乐山、都江堰、泸州、建水、巍山、江孜、咸阳、汉中、天水、同仁。

国家最新批准历史文化名城名单(10座)(国务院1994年1月4日后至今)

山海关、凤凰、濮阳、安庆、泰安、金华、绩溪、吐鲁番、特克斯、无锡。

我国的历史文化名城按照各个城市的特点主要分为七类:

古都型:以都城时代的历史遗存物、古都的风貌为特点,如北京、西安。

传统风貌型:保留一个或几个历史时期积淀的有完整建筑群的城市,如平遥、韩城。

风景名胜型:由建筑与山水环境的叠加而显示出鲜明个性特征的城市,如桂林、苏州。

地方及民族特色型:由地域特色或独自的个性特征、民族风情、地方文化构成城市风貌主体的城市,如丽江、拉萨。

近现代史迹型:反映历史上某一事件或某个阶段的建筑物或建筑群为其显著特色的城市,如上海、遵义。

一般史迹型:以分散在全城各处的文物古迹为历史传统体现主要方式的城市,如长沙、济南。

特殊职能型:城市中的某种职能在历史上占有极突出的地位,如"盐城"自贡、"瓷都"景德镇。

2. 古都

我国古代的城墙早在商朝初期就出现了。那时候的城墙,都是用夯土法筑成的。城墙上面窄,下面宽,成梯形的横断面。位于江苏武进县境内的"淹城"是我国目前保留最古老、最完整的城墙建筑,相传是商末周初的遗迹。唐代的都城是长安(今西安),长安古城由三重城墙组成,即外城、皇城和宫城,布局完整。但该城已于唐末战争中付之一炬了。旅游者当今所见之西安城墙是明洪武三年至十一年(公元1370至1378年)所建。该城墙是夯土筑成,底宽18米,顶宽14米,高12米,高大厚重,异常坚固。

中国古城一般都筑有城墙,城墙外有护城河(或叫护城壕),有的城内还有皇城、宫城、内城,有的还有外城。我国西安、洛阳、开封、杭州、南京、北京因建都朝代多、时间长、建筑宏伟,被称为我国"六大古都"。

我国现存规模最大的古城是南京城。城池的四周长旧说98华里,实际上是67华里。城高平12米,宽10~18米。明皇朱元璋在休宁人朱升的"高筑城、广积粮、缓称王"的建议下,逐步兴建起来。古城墙是用特制巨型城砖筑成,朱元津还亲自检查工程质量。六百多年来,南京古城墙一任风雨剥蚀,仍然安然无恙地保留下来。此外,在京城外还筑有外城,周长120华里,有18个城门,称"外十八"。内设城门13个,称"内十三"。内城13个城门中以聚宝门(今中华门)最为雄伟、险要。

今天的北京城是明成祖迁都北京后,在元代大都城的基础上改建的,有外城、内城和皇城。清代的北京城基本上保持了明城的原状。共20座城门,其中最高大、雄伟,气势磅礴的是北京内城的正阳门(俗称"前门"),正阳门城门楼是所有城门楼中工艺最精湛的一个,高42米,三重飞檐,两层楼阁,具有独特的中国古城楼之美。

平遥城墙位于山西平遥县,是我国现存完好的四座古城之一。建于明洪武三年(1370年)。周长6.4千米,墙高12米,平均宽3.5米。城外表全部用青砖砌筑,内墙为土筑。周辟六门。东西门外又筑瓮城,以利防守。城门上原建有高数丈的城门楼,四角各筑角楼,每隔50米筑城台一座,连同角楼,共计94座,今大多已残坏。城外有护城河。城内街道,市楼、商店等均保留原有形制,是研究我国明代县城建置的实物资料。1998年被列入《世界遗产名录》。

丽江古城位于云南西北部,是融合纳西民族传统建筑及外来建筑特色的惟一城镇。始建于南宋末年。丽江古城未受中原建城礼制的影响,城中道路网不规则,没有森严的城墙。黑龙潭是古城的主要水源。潭水在双石桥处被分为东、中、西三条支流,各支流再分为条条细流入墙绕户,形成水网。丽江民居是中国民居中具有鲜明特色和风格的类型之一。作为古城居民的纳西族拥有悠久丰富的传统文化。闻名遐尔的东巴文化、纳西古乐、白沙壁画等即是重要的内涵。1998年被列入《世界遗产名录》。

古城遗址主要分布在我国西北地区,多为汉唐时代所建。甘肃省有石包城城堡遗址和党城城堡遗址。青海省有共和县的伏俟城。新疆的古城遗址中,著名的有:若羌县的楼兰古城、库车县的皮朗古城、吐鲁番市的高昌古城和交河古城、昌吉县的北庭古城等。

3. 特色古镇

古镇,一般指有着百年以上历史,供集中居住的建筑群。中国历史悠久,广阔土地上有着很多悠久历史、文化底蕴深厚的古镇,古镇以浙江西塘、乌镇,江苏周庄、角直、同里等为代表。其中有部分已经被联合国教科文组织列入世界文化遗产。

阅读材料:古镇周庄

周庄镇位于苏州城东南38千米的昆山市境内,环境幽静,建筑古朴,虽历经900多年沧桑,仍完整地保存着原来的水乡集镇的建筑风貌,全镇60%以上的民居仍为明清建筑,仅有0.74平方千米的古镇有近百座古典宅院和60多个砖雕门楼,周庄民居,古风犹存,周庄还保存了14座各具特色的古桥,它们共同构造了一幅美妙的"小桥、流水、人家"的水乡风景画。著名建筑学家罗哲文盛赞周庄"不但是江苏省的一个宝,而且是国家的一个宝"。

周庄的魅力在于她的文化蕴涵,沈厅、张厅、迷楼、叶楚伦故居、澄虚道院、全福寺等名胜古迹,具有很高的历史、文化和观赏价值。有河有街必有桥。周庄古桥多,极具特色。著名的有双桥、富安桥等。全镇桥街相连,依河筑屋,小船轻摇,绿影婆娑,崇尚返朴归真的游人会情不自禁地吟诵:吴树依依吴水流,吴中舟辑好夷游。2003年,周庄获得联合国教科文组织亚太部授予的文化遗产保护奖,同年荣获中国首批历史文化名镇称号。

二、宗教旅游资源

(一)佛教旅游资源

1. 寺庙建筑

寺庙、石窟、佛塔被称为三大佛教建筑,这些建筑记载了中国封建社会文化的发展和宗教的兴衰,具有重要的历史价值和艺术价值。

中国宗教寺庙,以佛教为最多。随着佛教在中国的发展,佛寺越建越多,唐代诗人杜牧在《江南村》中写道:"南朝四百八十寺,多少楼台烟雨中",可见当时佛寺之多,信徒之众。

到了南宋时期,对禅院制定了等级,有"五山十刹"的说法:以杭州径山的兴圣万福寺、灵隐山的灵隐寺、南屏山的净慈寺、宁波天童山的景德寺、阿育王山的广利寺为五山;杭州中天竺的永祚寺、湖州的万寿寺、江宁的灵谷寺、苏州的报恩光华寺、奉化的雪窦资圣寺、温州的龙翔寺、福州的雪峰崇圣寺、金华的宝林寺、苏州虎丘灵岩寺、天台的国清寺为十刹,成为禅徒游方学道、寻师访友集中之地。浙江天台山的国清寺、江苏南京的栖霞寺、山东长清的灵岩寺、湖北当阳的玉泉寺,合称天下寺院"四绝"。寺庙是我国佛教建筑之一。

我国古代寺院的布局大都是正中路前为山门,山门内左右为钟鼓楼,正面为天王殿,殿内有四大金刚塑像,后面是大雄宝殿,再后便是藏经楼。正中路左右布置有僧房、斋堂等建筑。

中国最早的寺庙是洛阳的白马寺,距今1900多年,被尊为中国佛教之"释源"和"祖庭",是汉明帝刘庄在洛阳按照佛教的要求和传统式样建造的。白马寺建成后,佛教在中国的势力大大发展起来,对人们的思想和生活都产生了很大的影响。此后,佛教又从我国传播到越南、朝鲜和日本等国,对中外文化交流起了推动作用。

白马寺位于洛阳市城东9千米的地方。北靠祁山,南望洛水,绿树红墙,苍松翠柏,显得十分肃穆。白马寺占地面积大约4万平方米,是一个长方形的院落,院内主要有天王殿、大雄殿、千佛殿、观音阁、毗卢阁等。其中最主要的殿堂是大雄殿。白马寺不仅为中外旅游者游览、观赏,而且也是许多国家的佛教徒朝拜的圣地。

山西省的五台山是我国著名的佛教圣地之一,它与四川峨眉山、安徽九华山、浙江普陀山并称我国佛教四大名山。五台山上的佛教建筑非常多,保存至今的就有58处。其中南禅寺和佛光寺比较著名。南禅寺面积不大,南北长60米,东西宽51.3米。它建于唐代建中三年(公元782年),是我国现在保存下来的一座最早的木结构寺院建筑。佛光寺建于唐代大中十一年(公元857年),因为寺内有"四绝":塑像、壁画、墨迹和建筑,被称为"世间的瑰宝"。佛光寺在建筑上荟萃了我国各个时期的建筑形式。这座寺院建筑在半山腰,上下共三个院落,各个院落都有殿、堂、房、舍等各种建筑。

我国喇嘛教是佛教的一派。喇嘛教建筑的特点是佛殿高、经堂大,建筑物多因山势而筑。例如,屹立在拉萨市红山上的布达拉宫,是我国最著名的喇嘛建筑。布达拉宫整个建筑依山垒砌,形式多变,在阳光下显得金碧辉煌。

承德避暑山庄的"外八庙"也是大型喇嘛建筑,依山傍水,峥嵘起伏,景色壮丽幽雅。

雍和宫是北京城内最大的喇嘛教寺庙,建筑规模十分宏大。前半部布局疏朗开阔,琉璃牌坊高耸于全宫的最南端,牌坊北为一条退道,直达昭泰门。昭泰门以北建筑密布,主要有天王殿、雍和宫(正殿)、永佑殿、万福阁等。万福阁为全宫最高大的建筑物,形体雄伟,造型独特,殿内供有18米高的大佛。

法门寺位于陕西扶风县城北 10 千米的法门镇。始建于东汉末年,因安置释迦牟尼佛指舍利而驰名。1986 年底到 1987 年初政府决定重修宝塔,在清理塔基过程中,发现唐懿宗十五年封闭的塔下地宫,四枚佛指舍利及大量供养佛指舍利的珍贵法物宝器均被发掘。其种类之繁,数量之多,质量之优,制作之精,等级之高保存之完好,在国内都是罕见的。

青海省湟中县内的塔尔寺,藏语意为十万佛像。始建于明代,是西藏黄教六大寺院之一,是整个西北地区佛教活动的中心,并在全国和东南亚一带享有盛名。

我国还有的寺院凌空架起,表现了古代工匠高超的智慧和投巧。像北岳恒山的悬空寺,上靠危岩,下临深谷,依山做基,就岩起屋,造型奇特,的确为建筑史上所罕见,到此游览的旅游者无不叫绝。

此外,还有隋唐四大丛林(栖霞寺、国清寺、灵岩寺、玉泉寺)、嵩山少林寺、杭州灵隐寺等。

2. 石窟

原是印度的一种佛教建筑,大都是僧侣们开凿的。石窟实际上是僧房,是教徒们集会、诵经、修行的地方。我国的石窟是仿照印度的石窟开凿的,主要用来供奉佛和菩萨。我国最著名的石窟有敦煌的莫高窟,山西的云冈石窟,洛阳的龙门石窟,甘肃的麦积山石窟。由于石窟内有大量的石刻、塑像、壁画,它更具有很高的艺术价值,又是一类重要的宗教艺术旅游资源。

莫高窟(Dunhuang Caves)俗称千佛洞,位于甘肃敦煌县城东南 25 千米的鸣沙山(即千佛山),是我国规模最大,内容最丰富的石窟群。被誉为 20 世纪最有价值的文化发现、"东方卢浮宫",坐落在河西走廊西端的敦煌,以精美的壁画和塑像闻名于世。它始建于十六国的前秦时期,历经十六国、北朝、隋、唐、五代、西夏、元等历代的兴建,形成巨大的规模,现有洞窟 735 个,壁画 4.5 万平方米、泥质彩塑 2415 尊,是世界上现存规模最大、内容最丰富的佛教艺术圣地。近代发现的藏经洞,内有 5 万多件古代文物,由此衍生专门研究藏经洞典籍和敦煌艺术的学科——敦煌学。1961 年,被公布为第一批全国重点文物保护单位之一。1987 年,被列为世界文化遗产。

莫高窟是古建筑、雕塑、壁画三者相结合的艺术宫殿,尤以丰富多彩的壁画著称于世。敦煌壁画容量和内容之丰富,是当今世界上任何宗教石窟、寺院或宫殿都不能媲美的。环顾洞窟的四周和窟顶,到处都画着佛像、飞天、伎乐、仙女等。有佛经故事画、经变画和佛教史迹画,也有神怪画和供养人画像,还有各式各样精美的装饰图案等。莫高窟的雕塑久享盛名。这里有高达 33 米的坐像,也有十几厘米的小菩萨,绝大部分洞窟都保存有塑像,数量众多,堪称是一座大型雕塑馆,是世界艺术史上伟大的奇迹。

山西云冈石窟是北魏文成帝和平初年(公元5 世纪60 年代)开凿的,历经40 年,这座巨大的艺术建筑工程才告竣工。云冈石窟以壮丽的石刻闻名于世,"雕饰奇伟,冠于一世",这是古人对云冈石窟的赞美。云冈石窟现存洞窟 53 个,东西绵延约一千米,洞内大小佛像 51000 多个,是我国最大的石刻艺术宝库之一。

龙门石窟在洛阳南龙门山上,龙门山为石灰岩,为石窟大规模开凿创造了条件。龙门石窟是北魏孝文帝迁都洛阳后开凿的,现存窟龛 2100 多个,造像 97000 多尊。其中,宾阳中洞所刻的“帝后礼佛阁”是一件精美绝妙的艺术珍品。

龙门石窟在建筑上同其他石窟不同，它多半是利用天然的溶洞，稍微做些扩展而成。石窟始开凿于北魏孝文帝迁都洛阳（公元 494 年）前后，历经东魏、西魏、北齐、北国、隋、唐和北宋诸朝，其中九以北魏和唐代大规模营造达 150 多年。北魏时的古阳洞、宾阳洞、莲花洞，唐代的潜溪寺、万佛洞、看经寺、奉先寺等都是代表性的洞窟。奉先寺大卢舍那佛像龛的群像雕造，气势雄伟，雕琢精。魏碑精华“龙门二十品”和唐代著名书法家褚遂良所书“伊阙佛龛之碑”，则是书法艺术史上的珍品。

麦积山石窟在甘肃天水县东南 45 千米的麦积山上，开凿于北魏宣武帝景明年。麦积山石质松碎，不宜精凿，神像多为泥塑。在 190 多个洞窟中，保存有北魏以来的数以千计的精美塑像，风格清新秀丽，显示出人间的血肉气息。麦积山洞窟隐蔽在深僻的林区，避免了被盗窃，因此比较好地保存了下来。

此外，我国较为有名的石窟还有甘肃炳灵寺石窟，河北邯郸响堂山石窟，宁夏须弥山石窟，河南巩县的石窟寺，江苏南京栖霞山石窟以及新疆克孜尔千佛洞和柏孜克里克石窟等。太原龙山石窟为最重要的道教石窟。

3. 佛塔

我国的古塔大都是属于宗教建筑，一般称佛塔。我国佛塔数量极大，分布极广。

佛塔起源于印度，公元 1 世纪前后，随佛教传入中国。但是，中国的佛塔在结构上和形式上同印度的佛塔已有很大的不同。它融合了民族的建筑艺术特点，主要是把中国原有的亭台楼阁建筑中的一些特点，运用到塔的建筑中，从而创造了具有中国特色的塔。自佛教传入中国后，佛塔的建筑随之兴起。到北魏时期佛塔的建造已极为盛行，仅在洛阳就有上千座。目前，我国还有三千多座佛塔。它们是我国古代建筑的重要组成部分。

我国佛塔比例合度、结构精密、宏伟壮观、静穆安闲，给人以崇高的美感。佛塔还巧妙地与自然的景色相融合，以自身的挺拔英俊，对于佛寺组群和城市轮廓面貌都起到一定的装点作用，达到了艺术美和自然美交相辉映的审美境界。

我国的佛塔不仅能在塔内供奉佛像，有的还可以登临远眺。西安的大雁塔古今许多文人学士到那里登高赋诗，抒发情怀，留一下了大量名言佳句。唐代诗人岑参游大雁塔后吟诗：“塔势如涌出，孤高耸天宫。登临出世界，蹬通盘虚空。突兀压神州，峥嵘如鬼工。”精辟地概括了大雁塔的雄姿。

山西应县木塔是国内外现存最古老、最高大的木结构佛塔。该塔建于辽清宁二年（公元 1056 年），塔的底层直径 30 米，高 67.13 米，五层六檐，平面为八边形。整个木塔共用了 54 种不同形式的斗拱，成为中国古建筑中斗拱最多、最有代表性的楼阁式佛塔。由于它牢固的结构，历经 900 多年，经历多次地震袭击，至今巍然挺立。

我国现存最高的古代砖塔开元寺塔，位于河北省定县南门。

文昌塔位于广西南部，始建于明朝万历四十年（公元 1613），距今已有 300 多年历史。为八角形层叠涩出檐平座空心砖塔，高约 36 米，塔座 8.1 米，内径 2.6 米，壁厚 2.75 米。它的造型是从底层向上逐层收窄，塔尖冠以葫芦宝顶。每层开着东西通风门，其余作装饰的假门。塔身为白色，角边和拱门边为红色，红白鲜明，既朴素又美观。

位于西湖之南，钱塘江畔月轮山上六和塔。北宋开宝三年（公元 970 年），僧人智元禅师为镇江潮而创建，取佛教“六和敬”之义命名。

世界闻名的虎丘塔在苏州西北，高高耸立于景色幽雅的虎丘山巅，是苏州现存的最古老的一座砖塔，由于风格与同一时期建的杭州雷峰塔相似，被誉为江南二古塔。由于地基原因，自明代（1368～1644 年）起，虎丘塔就向西北倾斜，塔顶中心偏离底层中心 2.3 米，斜度 2° 40′，被称之"东方比萨斜塔"。

一百零八塔是中国现存的大型古塔群之一，位于宁夏青铜峡水库西岸崖壁下，塔群坐西面东，依山临水，为实心喇嘛砖塔。

我国著名的古塔还有云南大理三塔、北京真觉寺金刚宝座塔、座落在湖北省钟祥市郢中镇古城东西隅的龙山之颠的文峰塔、宁波天封塔、开封铁塔、太原双塔、泉州双石塔、安庆振风塔等。

（二）其它宗教旅游资源

1. 道教旅游资源

博大精深的道教文化是中华民族传统文化的重要组成部分。道教作为土生土长的宗教，长久作用于中华民族的心理、风俗习惯、科学技术、文学艺术以及社会政治、经济生活的各种方面，对中国的政治、经济、科技、文化等有着重要的影响。

"道教"即"道"的教化和说教，是信奉"道"，并企图通过个人的修炼而成仙得"道"的宗教。道教的"教义"是"道"，它既是物质的，又是精神的，既是规律，又是情感，具有无形无名、自然无为、看不见摸不着，而且不可言说的性质。其形成于东汉时期，创教人为张道陵，尊春秋时代的老子为教祖——"太上老君"，以老子的《道德经》为主要经典。分为符箓派和全真派两大教派。

道教文化包含道教徒和信教民众在历史发展过程中所创造的物质财富和精神财富，因此可分为物质文化和精神文化。作为一种旅游资源可分为道教物质景观旅游资源和道教精神文化旅游资源。

道教最主要建筑称为观，有道宫、道观、道院等。

江西龙虎山是我国道教的发祥地。东汉永远二年（公元 90 年）张道陵在此传道炼丹。"丹成而龙虎见，山因以名"。受历代帝王的封诰、扶植，以龙虎宗正一道为中心的龙虎山在中国道教史上有着极为重要的地位。龙虎山兴盛时期曾有九十一座道宫、八十一座道观、五十座道院，还有数书阁、藏经楼、学宫等众多文化教育建筑。

湖北武当山、四川青城山、安徽齐云山与江西龙虎山被称为我国四大道教名山。北京的白云观、山西芮城永乐宫、苏州玄妙观、成都青羊宫、沈阳太清宫、崂山三清观等都是著名的道教宫观。

2. 伊斯兰教旅游资源

伊斯兰教寺庙建筑，即清真寺，是世界历史文化和建筑艺术遗存的重要组成部分。我国有许多著名的古老清真寺。如泉州清净寺、杭州真教寺、南京净觉寺、西安清修寺、北京牛街清真寺、扬州仙鹤寺、东四清真寺等，都是古老的清真寺。

民族地区清真寺的建筑以信奉伊斯兰教的西北地区较多，其它地区很少。较著名的有，内蒙古呼和浩特清真大寺；宁夏同心县的清真大寺，是宁夏现存规模较大的一座汉族传统建筑艺术与伊斯兰教建筑艺术融为一体的建筑；青海西宁市东关清真大寺，是西北地区最大的清真寺之一，始建于明朝初年，寺内建筑具有我国古典宫殿建筑特点和独特的民族风格，精致玲珑，庄严雅静。新疆喀什市内的艾提尕尔清真寺，是新疆最大的清真寺，是一座具有代表性的古建筑。

3. 基督教旅游资源

教堂是教徒举行宗教活动的场所,在其发展过程中形成了独具风格的建筑类型。我国现存教堂不多,著名的教堂有:哈尔滨索非亚教堂(远东最大的东正教教堂)、北京西什库教堂、天津望海楼教堂、广州圣心大教堂。

三、园林旅游资源

(一)中国园林发展简史和特色

中国古代园林,或称中国传统园林或古典园林。从有文字记载的殷周的“囿”算起,中国园林已有三千多年的历史。

公元前11世纪周文王曾营造了一个方圆70里的“囿”,以供帝王贵族狩猎游乐。此为我国古典园林的起始时期。

秦汉时期,园林由“囿”发展到“苑”或“苑囿”。皇室大筑宫苑,此为中国园林的奠基时期,开创了以人工模拟自然山水的先河,并有私人园林出现。

魏晋南北朝时期,社会动荡,文人士大夫阶层为求精神解脱,多寄情于山林田园,吟诗作画,以逃避现实。这不仅推动了山水诗画的大发展,也使园林艺术从单独模仿自然进而对其进行艺术加工。此为我国园林艺术转变时期。

唐宋时期是我国封建社会发展的鼎盛时期。经济发达,促进了文化艺术的昌盛,这个时期园林建设规模空前,注重自然美与艺术美的巧妙结合,我国造园艺术进入成熟阶段。此为我国园林的成熟时期。

我国造园艺术在元代以后,尤其在明清时期得到进一步的发展,以北京皇家园林为代表的北方园林和以苏州、杭州、无锡、扬州等地私家园林为代表的江南园林大规模发展起来,成为造园艺术的杰作。造园艺术达到高峰,出现一批造园高手,理论上明朝计成著《园冶》一书,对造园技法和造园艺术进行总结,这是我国古代最完整的造园著作。

我国园林艺术历史悠久,文化含量丰富,个性特征鲜明,而又多彩多姿,极具艺术魅力,为世界三大园林体系之最。在中国古代各建筑类型中它可算得上是艺术的极品。在五千年的历史长河里,留下了它深深地履痕,也为世界文化遗产宝库增添了一颗璀灿夺目的东方文明之珠。

随着社会的进步,中国园林逐渐形成独特的民族形式,自成体系。中国园林艺术是自然环境、建筑、诗、画、楹联、雕塑等多种艺术的综合,创造出“景自天成,天趣自然”的风景式园林,以此借景生情,寓意于景,寓情于景。

中国古代国林的特色主要有:

造园艺术,“师法自然”。“师法自然”,在造园艺术上包含两层内容:一是总体布局、组合要合乎自然。山与水的关系以及假山中峰、涧、坡、洞各景象因素的组合,要符合自然界山水生成的客观规律;二是每个山水景象要素的形象组合要合乎自然规律。如假山峰峦是由许多小的石料拼叠合成,叠砌时要仿天然岩石的纹脉,尽量减少人工拼叠的痕迹。水池常作自然曲折、高下起伏状。花木布置应是疏密相间,形态天然。乔灌木也错杂相间,追求天然野趣。

分隔空间,融于自然。中国古代园林用种种办法来分隔空间,其中主要是用建筑来围蔽和分隔空间。分隔空间力求从视角上突破园林实体的有限空间的局限性,使之融于自然,表现自然。为此,必须处理好形与神、景与情、意与境、虚与实、动与静等种种关系。

园林建筑,顺应自然。中国古代园林中,有山有水,有堂、廊、亭、榭、楼、台、阁、馆、斋、舫、墙等建筑。人工的山,石纹、石洞、石阶、石峰等都显示自然的美色。人工的水,岸边曲折自如,水中波纹层层递进，也都显示自然的风光。所有建筑，其形与神都与天空、地下自然环境吻合，同时又使园内各部分自然相接，以使园林体现自然、淡泊、恬静、含蓄的艺术特色，并收到移步换景、渐入佳境、小中见大等观赏效果。

树木花卉，表现自然。中国古代园林对树木花卉其形与神，其意与境都十分重在表现自然。

师法自然，融于自然，顺应自然，表现自然……这是中国古代园林体现"天人合一"民族文化所在，是独立于世界之林的最大特色，也是永具艺术生命力的根本原因。

(二) 中国园林的分类

中国园林一般依据艺术风格和建园特色，主要可以分为皇家园林和私家园林两类。

1. 皇家园林

皇家园林是专供帝王休息享乐的园林，以北京的皇家园林为代表。它多与帝王宫殿或行宫结合在一起，如北京颐和园、北海公园、承德避暑山庄等。它们体现了皇家园林规模宏大，真山真水较多，园中建筑色彩富丽堂皇，建筑体型高大等特点。如：北海公园位于今北京城的中心地区，与中南海一桥之隔，总面积1063亩，其中水面占一半以上，是中国现存历史最悠久、最完整的皇家园林，由辽、金、元、明、清5个朝代逐渐修建而成。以神话中的"一池三仙山"(太液池、蓬莱、方丈、瀛洲)构思布局，形式独特，富有浓厚的幻想意境色彩。北海的名胜古迹众多，著名的有琼华岛、永安寺、白塔、阅古楼、画舫斋、五龙亭、九龙壁等。

2. 私家园林

私家园林集中分布在江苏南部、浙江北部和上海一带，通称南方园林。主要有以湖光取胜的杭州园林，以庭院取胜的苏州园林和介于两者之间的扬州园林等。南方园林一般规模较小，构思巧妙，在有限的空间范围内，利用独特的造园艺术，将湖光山色与亭台楼阁融为一体，把生意盎然的自然美和创造性的艺术美融为一体，使人感受到山林的自然之美。如：苏州古典园林是中国南方私家园林体系的杰出代表之一，古典园林巧妙地运用了对比、衬托、对景、借景，以及尺度变换、层次配合和小中见大、以少胜多等种种造园技巧和手法，将亭、台、楼、阁、泉、石、花、木组合在一起，在都市中创造出人与自然和谐的居住环境。

(三) 中国现存的主要名园

我国的园林艺术历史悠久。它源于自然，利用自然，高于自然，取得了高度的艺术成就，创造出在世界上独树一帜的园林建筑艺术，成为我国人文旅游资源的重要组成部分。古典园林，既具有艺术观赏价值，又有历史文化和科学研究价值，对游人有极大的吸引力。现存的主要有：

1. 颐和园

颐和园坐落在北京西郊，为中国现存最大的古代园林。颐和园，乾隆帝时名"清漪园"，光绪十四年(1888年)，慈禧修园，取"颐养冲和"意，改名"颐和园"。

颐和园主要由万寿山和昆明湖组成，总面积4350亩，山占一，湖为三。全园布局分为三个区域：东宫门内以仁寿殿为主体是政治活动区；以玉澜堂、德和园、乐寿堂等大型四合院为主体的是生活居住区，是慈禧避暑修养的地方；以万寿山前山、昆明湖、后山、后湖为主体的是游览区。

2. 避暑山庄

避暑山庄坐落于河北省承德市中心以北的狭长谷地上，占地面积584公顷。避暑山庄始建于清康熙四十二年(公元1703年)，整个避暑山庄的营建历时近90年。主要分为宫殿区和苑景区两部分。

避暑山庄周围12座建筑风格各异的寺庙，是当时清政府为了团结蒙古、新疆、西藏等地区的少数民族，利用宗教作为笼络手段而修建的。其中的8座由清政府直接管理，故被称为“外八庙”。庙宇按照建筑风格分为藏式寺庙、汉式寺庙和汉藏结合式寺庙三种。这些寺庙融和了汉、藏等民族建筑艺术的精华，气势宏伟，极具皇家风范。

避暑山庄及周围寺庙，是中国现存最大的古代帝王苑囿和皇家寺庙群。它集中国古代造园艺术和建筑艺术之大成，是具有创造力的杰作。

3. 苏州古典园林

苏州古典园林是中国南方私家园林体系的杰出代表之一，现有许多佳作仍保留在江苏省苏州市及其周围。拙政园、网师园、留园、环秀山庄等四处明清时期（公元14～20世纪初）的古典园林因保护完整和管理优良于1997年被列入《世界遗产名录》。

4. 少数民族古典园林

拉萨的罗布琳卡是这类园林的杰作，其具有浓厚的地方色彩和民族气氛。罗布琳卡，藏语就是“宝贝林园”之意，始建于18世纪，后来成为历代达赖喇嘛的夏宫。整个园林建筑雄伟、布局别致，为西藏最富特色的著名园林。

四、风土民情旅游资源

（一）风土民情

我国是一个有56个民族，民族平等、团结、互助的国家，其中，汉族人口最多，占全国人口总数的92%；其他55个少数民族占全国人口总数8%。在少数民族中，壮族人口最多，超过1500万人，珞巴族人口最少，仅2980多人。

风土民情是泛指各民族长期形成的独特的风尚和习惯。其内容十分广泛，主要包括：风俗习惯、待客礼仪、节庆活动、礼俗禁忌、婚丧嫁娶、服饰饮食、音乐舞蹈、传统体育、宗教文化、民居等。风土民情它能够体现出一个民族的气质和心理，反映一个民族的历史和现实，会使异族游人感到无比新奇，具有很高的旅游价值。

丰富的风土民情资源，是我国西南、西北、青藏等少数民族地区独具魅力的旅游资源。风土民情不仅可以满足好奇心理，而且可以扩大眼界，增长知识，开阔视野。因此，风土民情有很强的吸引力，是人文旅游资源的重要组成部分。

（二）中国的风土民情旅游资源

1. 节庆活动

我国是一个多民族的国家，各民族都有自己世代相传的民族风情。无论是节庆日、文娱体育，还是建筑结构、服饰饮食、宗教仪式、婚丧嫁娶等都有鲜明独特的民族色彩，强烈的生活气息，具有很高的旅游价值，尤其是节庆活动。

国家统一规定的节日有：元旦（1月1日）、春节（农历正月初一）、三八国际妇女节、植树节（3月12日）、五一国际劳动节、中国五四青年节、六一国际儿童节、中国共产党成立纪念日（7月1日）、八一建军节、教师节（9月10日）、国庆节（10月1日）。

（1）传统节日

春节。农历正月初一为春节，俗称“过年”，是一年中最为隆重的传统节日。大年三十那天，家家在门上糊上门神，贴上春联和喜笺；在屋里挂上年画，贴上窗花；在庭中用蒲包装石灰打上元宝囤子,将环境布置一新。夜晚,燃烛焚香,供祖祭神;一家人围在一起吃上一顿丰盛的晚餐,称之为“年夜饭”,席间不时燃放爆竹、烟火,直至时间滑过了半夜十二点(子时),称为“守岁”。现在,每年三十晚上观看中央电视台春节联欢晚会成为新的民俗。

元宵节。正月十三上灯,吃圆子;十八落灯,吃面条,所以民间有“上灯圆子落灯面”之说。十五为元宵节,俗称“正月半”,是灯节的高峰。灯节期间,家家户户,街头巷尾,到处都点缀着五颜六色的花灯,各种制作精巧的工艺彩灯、宫灯、壁灯、人物灯、花卉灯、动物灯、走马灯、玩具灯等汇集街市,争奇斗胜,令人目不暇接。

端阳节。农历五月初五为端阳节,俗称“端午节”。相传爱国诗人屈原这一天投汨罗江自尽,后人为纪念他,便用粽子投入水中作祭品。赛龙舟,是端午节的主要习俗。相传起源于古时楚国人因舍不得贤臣屈原投江死去,许多人划船追赶拯救。他们争先恐后,追至洞庭湖时不见踪迹。之后每年五月初五划龙舟以纪念之。借划龙舟驱散江中之鱼,以免鱼吃掉屈原的身体。竞渡之习,盛行于吴、越、楚。还有端午节吃粽子、悬艾叶菖蒲、喝雄黄酒等这些传统习俗。

中秋节。农历八月十五为中秋节,俗称“八月半”。中秋之夜,月亮最亮、月色也最美丽,人们把月圆看作是团圆的象征,因而也称“团圆节”。这一日必吃藕饼、月饼、鸭子。晚间在明月升起之时,以月饼、鲜花、应时果品及用植物茎叶花果鲜制的各种工艺品上供“月光娘娘”,合家团聚,饮酒赏月,充满诗意。

重阳节。农历九月初九为重阳节,因“九”古为阳数,九月九日是两个阳数相重而故名。农历九月初九,正是秋高气爽、蟹肥菊黄之时,民间有登高、饮菊花酒、佩茱萸药囊和吃重阳糕之俗。市售重阳糕有的还在上面插上三角形的彩色小旗,因“糕”与“高”谐音,故有步步高之意。近几年国家已将这一日定为敬老节,各单位多在这一天举行各种形式的敬老活动。

冬至节。在农历十一月间、公历 12 月 22 日前后,民间称“过冬”,有大冬、小冬之分。冬至前一日为“小冬”,祭祖,吃面条;冬至日为“大冬”,吃圆子。民间非常重视冬至节,有“大冬大似年”之说。

腊八节。农历腊月初八,是腊八节。“腊八”这天,是佛祖释迦牟尼成圣之日,相传佛祖因食杂烩粥而得道,因此有以杂果菜共八样煮粥,食“腊八粥”之俗。

(2)少数民族的节庆活动

维吾尔族、回族、塔吉克族等少数民族信奉伊斯兰教。传统节日有:肉孜节、古尔邦节等。每年十月二十日,是伊斯兰教传统的年节——古尔帮节。“古尔帮”,在阿拉伯语中称作尔德·古尔邦,亦称尔德·阿祖哈。“古尔邦节”是伊斯兰教重大的节日。节前,穆斯林们家家户户打扫得干干净净,忙于宰杀牛羊,精制糕点。节日这天,穆斯林们便沐浴礼拜;各家宰羊,杀羊或屠牛,分发贫民,接待宾客,馈赠亲友。有的成群结队,到亲友家中拜访,主人按照传统的礼节,摆出丰盛的筵席,大家同食羊肉、油食糕点和瓜果等。盛装的青年男女载歌载舞,沉浸在无比欢乐之中。

那达慕(见下图)是蒙古族具有鲜明民族特色和浓郁地区特点的传统节日。每年的 7、8 月间举行的融民族、文体、经贸、旅游为一体的盛会。有赛马、摔跤、叼羊等传统体育活动,现已成为内蒙古地区吸引游人的重要人文旅游资源之一。

彝族、白族的火把节,傣族的泼水节,苗族的“赶秋”、“三月三”,藏族的浴佛节、雪顿节,黎族的三月节、傈僳族的“刀杆节”,景颇族的“目脑纵歌”,壮族著名节日有一年一度的“三月三”歌节等 。

2. 民族服饰习惯

汉族的服饰比较现代化，但仍保留唐装的痕迹，衣着多种多样，有的传统风格比较突出，有的则逐步欧化。装饰品也越来越多，越来越精致，如戴戒指、耳环、项链、头饰等等。

少数民族的服饰，在保留本民族原来服饰特点的同时，趋于汉族化，满族就为一例。

蒙古族的服饰由首饰、长袍、腰带、靴子等几个主要部分组成。妇女平时多用红、绿等颜色长绸缠头部。男子冬季戴羊皮帽，夏季戴前进帽。袍子是蒙古族男女老幼的常服。腰带是为穿袍子用的，多用红、黄、绿等颜色。靴子有皮制和布制之分，靴尖稍宽大，以便穿厚袜。将首饰、长袍、腰带、靴子集于一身，完美地把蒙古人民精悍、健美、英武的气概表现出来。

维吾尔族的服饰很优美，妇女多着短式连衣裙，加穿灯笼长裤或长袜，花色都很讲究。外出时必须带小花帽，冬天戴皮帽，再戴上白布盖头。他们还喜欢描眉、染指甲、戴耳环及串珠、镯子、戒指等装饰品。男子头戴小花帽，身穿圆领、无扣、宽袖长衣，夏季穿白色单衣，秋冬穿黑色夹衣和棉衣。

瑶族喜穿色彩鲜艳，美观大方，以手工绣成的外衣，用黑布缠头，绕成盆状，越大越好看，戴上头簪、别针、凤冠、耳环、项圈、针筒、腰链、戒指、手镯、脚圈。男子则两端和中间绣有红黄相间图案的白布裹头，裹时很讲究技法，中间的花纹正好在头顶，两端的花纹垂于脑后耳边，显得醒目，漂亮。

彝族妇女穿百褶及地长裙。裙分上中下三节，未婚女子必须是上红、中黑、下白的长裙，已婚者则改着蓝、黑、白三色。青年人穿对襟短衣、老人穿右衽短衣，下装是大脚长裤，以蓝黑两色为主。

黎族姑娘穿无扣对襟上衣，下着筒裙。筒裙精巧细致、五彩缤纷。人人束发，戴绣花头巾、耳环、项圈和手镯。

苗族妇女上衣无领，长及膝，大襟右衽，下身穿裤子，脚蹬绣花鞋，小姑娘从六七岁起开始学绣花。姑娘的嫁衣多从小开始绣起，一直绣到出嫁，可见嫁衣之华丽。此外，苗族姑娘酷爱银首饰，如银帽、银簪、银角、银圈、银镯、银衣，都加起来，据说其重量可以按公斤计。

3. 民族饮食习惯

蒙古族人主食奶、肉，少食米面及蔬菜，家常便饭是手扒肉，考究的是烤羊肉。羊肉是主食，吃法不下几十种。多用蒙古刀剔食，肉极鲜嫩、味美。奶及奶制品是蒙古族的又一主要食品。供饮用的有奶茶、酸奶、奶酒。一般不食马肉。

满族人爱吃小米、黄米饭、黄米酒、豆包，还爱吃血肠和白水煮猪肉，他们过节一定要吃饺子，阴历除夕要吃“手扒肉”。

藏族的主食是糌粑。出远门时，将糌粑存在腰袋里备食，饿时，掏出木碗，盛出糌粑、倒上酥油茶，用手搅拌几下，便抓起来吃。

维吾尔族的清真饮食文化，日食三餐，早饭吃馕和各种瓜果酱、甜酱，喝奶茶、油茶等，午饭是各类主食，晚饭多是馕、茶或汤面等。以面食为主，喜食牛、羊肉。主食的种类有数十种。维吾尔族最有特色的美食之一是抓饭，也是新疆地区人民都喜欢的一种饭食。抓饭的主要原料有大米、羊肉、胡萝卜、葡萄干、洋葱和清油。用它们混合焖制出来的饭，油亮生辉，香气四溢，食用时用右手的三个指头抓食。新疆的抓饭种类花样较多，也有采用骨髓油、酥油、羊油或红花油做抓饭的。除了羊肉外,还有选用鸡、鸭、鹅和牛肉来做抓饭的。也可选用葡萄干、杏干等干果代替肉类来做抓饭,称为甜抓饭或素抓饭。

佤族人喜食稀饭。侗族人喜食糯米制品和油茶,不能端碗吃,禁忌坐在门坎上吃饭。

4. 居住习惯

汉族,北方房屋一般墙壁较厚,用石头砌成,有火炕、火墙和火道。北京则有三合院、四合院,造型独特,居住很方便,并保留了许多各代住房建筑。江南水乡则因天热雨多,房屋多用砖木砌成,或以茅草、竹子盖成。山区住两层楼房的较多,多为木质或竹质,上面住人,下边养牲口。

鄂伦春族,居住在大兴安岭中,常年积雪不化。他们在狩猎路途或狩猎时,就地挖一深雪坑,四角立木,罩一层熊皮,即成一雪屋,屋内燃一堆篝火,火堆旁铺一张野猪皮,便可酣然入睡,既温暖,又舒适。

傣族人住竹楼,楼架用硬木材,楼板、墙壁用竹子,屋顶用草排。竹楼设计精巧,有楼梯、走廊、凉台。楼上住人,楼下饲养牲口,十分凉爽。

侗族人多住木楼,通常选址于能见到流水的山湾之处,顺依山势而建。

蒙古包(右图)是蒙古族的传统住房,它的特点是容易装拆搬迁。一座蒙古包只需两峰骆驼一辆牛车就可运走,两三个小时就可搭盖起来。蒙古包内使用面积大,空气能很好地流通,采光好,冬暖夏凉,遮风挡雨,很适合牧民生活。

5. 待客习俗

好客是我国各民族共同的传统美德。

蒙古族对待来客,不论相识与否,一见面总是热情问候,右手放在胸前,微微躬身,请客人入蒙古包,全家老少随客人坐下,亲切交谈,把各种食品、酒类端上任其品尝,有时还唱歌敬酒。交谈中,若用烟袋或手指人的头,则被视为失礼。若见蒙古包门口左侧系一条绳子,绳头埋在地下,说明家中有病号,不便待客,客人应自行离去。

苗族迎客别有情趣,由男主人盛装到村外路口迎接,到家门口,唱歌叫门,女主人闻声,要衣着节日盛装,唱歌开门,表示欢迎。进门先饮“牛角酒”,而后交谈。宴客前男女主人边跳舞边把最好的菜肴送到客人嘴里,而后入座陪客畅饮。

瑶胞请客,桌上只有一菜。将鸡、鸭、鱼、肉煮于一锅,熟了端出来请大家共食。餐毕喝茶,茶毕猜拳饮酒,痛饮之后,吃“通宵饭”,饭后告别主人散去。

佤族人待客,在敬酒前,主人先用中指蘸上一滴酒,弹在地上,以示尊祖,然后自饮一口,以示无毒,再敬客人。

景颇族在请客人吃饭时,主人要说:“请帮吃”,并将酒筒、烟盒传给客人,以示尊重,客人应一一品尝,并尽可能回敬,表示不分彼此。作客时不能在屋内久站,应尽快坐下。

五、风味特产旅游资源

(一)风味佳肴

世界的饮食由于地理位置、风俗习惯、物产等的不同,形成了各异的风格。以中餐为代表,这是世界人口最多的一个菜系。

中国菜的特点是选料严格，刀工精细，讲究拼配，调味多变，注意火候，要求烹制出来的菜肴色、香、味、形、器俱佳。但是，中国菜是由多种地方菜、少数民族菜、宫廷菜、官府菜、寺院菜和各地名特小吃组成的。它们的具体烹调技术和菜点风味又各具特色，各擅胜场。正是这些多姿多采的地方菜，构成了风味独特的中国菜。

地方菜是相对于宫廷菜、官府菜和寺院菜而言，这是中国菜的主体，地方菜大都以地区和省份划分，旧有"四大菜系"之说，即鲁、川、粤、苏四个流派。鲁菜主要指山东菜，亦称北菜，包括京、津和我国北方地区。苏菜又称淮扬菜，含上海、江、浙菜系。亦有"八大菜系"之说，即鲁、川、粤、苏、闽、浙、湘、皖菜，或曰"十大菜系"，即鲁、川、粤、闽、浙、徽、湘、京、鄂、苏菜。自然，这样的排列并非是没有争议的，有人去湘、鄂而加入赣、沪等。在上述菜系中，特色突出，影响深远，声誉远播的则是北京菜、四川菜、山东菜、广东菜和淮扬菜。

此外，各地充分运用地方珍品或传说故事等，烹制了多种地方风味食品，更富有乡土特色。如北京全聚德烤鸭，东来顺涮羊肉，天津的"狗不理"包子，陕西的羊肉泡膜，新疆的烤羊肉串，兰州拉面，江苏的南京板鸭和盐水鸭，常熟叫化鸡，苏州东坡肉，无锡肉骨头，浙江的金华火腿，宁波猪油汤团和年糕，福建的晋江深沪鱼丸，福州佛跳墙，合肥小龙虾等。

（二）茶叶

我国是世界茶叶原产地，茶叶产销量世界第一，是世界上最早发现和利用茶树的国家，茶文化历史悠久。饮茶具有清心明目，提神解乏，辅助消化，防治疾病的功能。它不仅可供给旅游者在旅途中品尝，而且还可作为旅游礼品馈赠亲友。"茶道"也是旅游项目之一。

悠久的产茶历史，辽阔的产茶区域，众多的茶树品种，丰富的采制经验，在世界上是独一无二的。因此，中国名茶品种之多，制法之巧，质量之优，风味之佳，都为他国所不及。

茶叶按加工方法的不同，可分为绿茶、红茶、乌龙茶、砖茶（紧压茶）、花茶和白茶六大类。

1. 绿茶

绿茶属不发酵茶，是以高温杀青，破坏鲜叶中的酶、制止发酵而制成。我国是世界绿茶产量最多的国家。绿茶也是我国最主要的茶类。绿茶著名的品种有西湖龙井、碧螺春、蒙顶茶、庐山云雾、黄山毛峰、君山银针、六安瓜片等。

中国十大名茶之一——西湖龙井茶，因产于中国杭州西湖的龙井茶区而得名。欲把西湖比西子，从来佳茗似佳人。龙井既是地名，又是泉名和茶名。龙井茶向以"色绿、香郁、味醇、形美"四绝著称，为绿茶中的珍品。因产地不同，炒制技术略有差别、产品也各显特色，历史上有"狮"、"龙"、"云"、"虎"四个品类之别，其中以狮峰龙井为最佳。西湖美景、龙井名茶，早已名扬天下。游览西湖，品饮龙井，是旅游者到杭州的最好享受。

碧螺春产于太湖流域。碧螺春茶条索紧结，卷曲成螺，白毫显露，银绿隐翠，叶芽幼嫩，鲜爽生津，冲泡后白云翻滚，雪花飞舞，清香袭人。用温开水冲泡，碧螺春也照样下沉，放香展叶。

黄山毛峰是中国著名的历史名茶，由于其色、香、味、形俱佳，品质风味独特，1955 年被中国茶叶公司评为全国"十大名茶"，1982 年又获国家商业部"名茶"称号，1983 年获国家外经贸部"荣誉证书"，1986 年被国家外交部定为"礼品茶"。黄山毛峰产于中国安徽秀丽的黄山，成茶外形细嫩扁曲，多毫有锋，色泽油润光滑，冲泡杯中雾气绕顶，滋味醇甜，鲜香持久。

2. 红茶

红茶是一种发酵茶，茶叶经发酵而变成红色。我国红茶著名品种有祁红、英红、滇红、川红和闽红等。

祁红产于安徽省祁门县及其毗邻地区，这里山多、云多、雾多、日照少，光照适度，给香气馥郁的祁红茶树造就了良好的生态条件。祁门红茶以条索苗秀的外形、清新持久的甜香、醇和隽厚的滋味，博得世人的赞誉。在国际茶叶市场上，祁门红茶与印度大吉岭茶、斯里兰卡的乌伐齐名，被列为世界"三大名茶"。

3. 乌龙茶

乌龙茶属半发酵茶。它既无红茶的甜味，又无绿茶的涩味，香气清高，滋味醇厚，经久耐泡。乌龙茶著名的品种有武夷岩茶、安溪铁观音等。

武夷岩茶产于武夷山区，是最负盛名的乌龙茶。武夷岩茶叶面黄亮，叶边带红，整个叶片"三红七绿"；闻之有兰花香，冲饮数次尚能余芳犹存；泡软时色清不浊，品饮时甘馨可口，舌根回甜。

4. 花茶

花茶属再制茶。它是以绿茶、红茶和乌龙茶为原料，以浓郁芬芳的鲜花窨制而成的。由于采用香花种类的不同，可分为茉莉花茶、玉兰花茶、珠兰花茶，其中以茉莉花茶香气最好，产量最大。我国茉莉花茶著名品种有苏州茉莉花茶、福州茉莉花茶、金华茉莉花茶和杭州茉莉花龙井等。尤以苏州的七窨一提茉莉花茶最负盛名。

5. 砖茶

砖茶是将散状的毛茶放入模具内经过蒸压处理而制成的不同形状的茶块。它滋味浓厚，有助于消化油腻，为边疆少数民族饮用的主要茶类，故又称边销茶。湘、鄂、滇和川等省是我国砖茶的主要产区。

普洱茶产于云南的西双版纳，是砖茶中的极品。普洱茶之所以闻名中外，不在于外观式样奇特，而在于其优良的品质和可贵的药效，且具有久藏不变的特点。

6. 白茶

白茶是世界上有名的茶中珍品。因其成品多为芽头，满披白毫，色白如银，故称白茶。白茶是福建省专门外销的特种名茶，产于闽北高山地区。白毫银针是白茶中的极品，它银光闪烁，香气清鲜，滋味醇和。

六、工艺美术品

我国传统工艺美术品的生产已有3000多年的悠久历史，种类繁多，工艺精巧，民族风格鲜明。游客在游览途中选购些当地的传统工艺品，作为旅游纪念，或馈赠亲友，可增添旅游情趣，留下美好回忆。

(一)织绣工艺品

织绣工艺品包括绣品、织锦、地毯等。我国绣品中以"四大名绣"最负盛名，分别是苏绣、粤绣、湘绣和蜀绣。苏绣已有2000多年历史，绣工精细，色彩雅洁，图案秀丽，针法活泼，以双面绣独具风格，备受中外游客称道。粤绣也已有1000多年历史，构图匀称，色彩明快，繁而不乱。湘绣已有2000余年历史，长于表现景物、动物，风格豪放。蜀绣十分讲究针法严谨，具有线路分明、紧密柔和等特点。

织锦较为有名的有苏州的宋锦、成都的蜀锦、南京的云锦、广西的壮锦、杭州的都锦生织锦等。其中云锦、蜀锦和宋锦色彩绚丽，风格独特，被誉为三大名锦。壮锦花色图案繁多，具有壮族风格和特色。杭州都锦生织锦色彩瑰丽、织工精细，被国际友人誉为"东方艺术之花"，曾在美国国际博览会上获得金质奖章。

（二）雕刻工艺品

我国的雕刻艺术高超，历史悠久。各种艺人用不同的原料，进行精心加工，雕刻成各种精致的工艺品。按雕刻原料不同，可分为玉雕、石雕、牙雕、贝雕、竹雕、木雕、柳雕、砖雕、椰雕等。

玉雕以江苏、北京、上海等地最为精良。石雕以福建寿山、浙江青田最为优美，远销国外几十个国家和地区。牙雕以北京、广东、南京等地最负盛名。这些雕刻工艺品造型美观，技艺精湛，做工精巧，栩栩如生，富有浓厚的民族风格和地方特色，十分新奇有趣，备受国内外旅游者喜爱。

（三）金属工艺品

景泰蓝又称"铜胎掐丝珐琅"，是我国最著名的金属工艺品。早在唐代已有此工艺制作，明代景泰年间得到较大发展，并以孔雀蓝釉最为出色，所以称为"景泰蓝"。制作工序分打胎、掐丝、点蓝、烧蓝、磨光、镀金等，其中最复杂细致的是掐丝和点蓝的技术，品种有瓶、碗、盘、烟具、台灯、糖罐、奖杯等。它是一种瓷铜结合，绚丽多彩，工艺精湛，造型优美的工艺制品，是我国重要的出口商品之一。

此外，我国还有景德镇瓷器，淄博陶瓷，宜兴紫砂陶，浙江萧山、江苏常熟、广东汕头的花边抽纱，浙江、福建、四川、安徽的竹编，宁波草席，山东草编，福建漆器，天津彩塑，无锡的惠山泥人以及宣纸、湖笔、徽墨、端砚等工艺美术品。它们在旅游商品中的地位越来越重要，备受旅游者的青睐。

七、非物质文化遗产

非物质文化遗产名录，指为保护非物质文化遗产，通过申报、审批而确定的名录。联合国教科文组织分别于 2001 年、2003 年、2005 年、2009 年命名了四批世界非物质遗产，其中中国涉及 26 项。为使中国的非物质文化遗产保护工作规范化，2006 年 6 月，国务院批准文化部确定并公布第一批国家级非物质文化遗产名录，其中包括：白蛇传传说、阿诗玛、苏州评弹、凤阳花鼓、杨柳青木版年画等共 518 项。此后，2008 年 6 月又出台第二批国家级非物质文化遗产名录（共计 510 项）和第一批国家级非物质文化遗产扩展项目名录（共计 147 项）。

非物质文化遗产包括：民间文学、民间音乐、民间舞蹈、民间戏剧、传统医药、传统戏剧、曲艺、民俗、杂技与竞技、传统手工技艺等，具有浓郁的民族特色和地方色彩，是中华民族灿烂文化的一部分，也是旅游资源中最活泼、生动的一项内容。我国的世界非物质文化遗产名录如下：

2001 年（1 项）：昆曲

2003 年（1 项）：中国古琴艺术

2005 年（2 项）：新疆维吾尔木卡姆艺术、蒙古族长调民歌（与蒙古国联合申报）

2009 年（22 项）：中国蚕桑丝织技艺、福建南音、南京云锦、安徽宣纸、贵州侗族大歌、广东粤剧、《格萨尔》史诗、浙江龙泉青瓷、青海热贡艺术、藏戏、新疆《玛纳斯》、蒙古族呼麦、甘肃花儿、西安鼓乐、朝鲜族农乐舞、书法、篆刻、剪纸、雕版印刷、传统木结构营造技艺、端午节、妈祖信俗。

小知识:非物质文化遗产

根据联合国教科文组织通过的《保护非物质文化遗产公约》中的定义,“非物质文化遗产”指被各群体、团体、有时为个人所视为其文化遗产的各种实践、表演、表现形式、知识体系和技能及其有关的工具、实物、工艺品和文化场所。各个群体和团体随着其所处环境、与自然界的相互关系和历史条件的变化不断使这种代代相传的非物质文化遗产得到创新,同时使他们自己具有一种认同感和历史感,从而促进了文化多样性和激发人类的创造力。

非物质文化遗产包括:口头传说和表述,包括作为非物质文化遗产媒介的语言;表演艺术;社会风俗、礼仪、节庆;有关自然界和宇宙的知识和实践;传统的手工艺技能。

八、现代建设成就

(一)现代城市标志性建设成就

改革开放以来,随着我国经济建设的发展,城市化步伐加快,如浦东新区、上海杨浦、南浦大桥、葛洲坝、三峡工程等等。尤其以北京奥运会、残奥会和上海世博会举办为标志,城市面貌日新月异,一些现代著名建筑已成为展示我国改革开放形象的重点旅游新景观。

1. 东方明珠广播电视塔

东方明珠广播电视塔位于上海浦东陆家嘴,塔体总高度 468 米,为亚洲第一,世界第二。塔体造型独特,三根直径 7 米的斜柱,支扶着三根直径 9 米的立柱,直上云天,其上镶嵌着 11 个大小不等的钢结构圆珠,构成了“大珠小珠落玉盘”的意境。塔体上有 576 个光导点及其辅助照明设备组成的变色光源照明系统,在计算机自动控制下,可使塔体色彩发生上千种的变化。塔内共有 6 台电梯,其中有一台国内仅有的 50 人双层电梯,40 秒钟便可以从地面到达上球体,游人可一览上海全貌。塔顶上的发射天线可用于数据传输和无线电通讯,不仅能覆盖整个上海地区,还将大大改善 1300 万市民的收听收视效果。

2. 杨浦大桥

上海杨浦大桥是上海市区一座跨黄浦江的大桥,全长 8358 米,距水面高度 48 米,日通车可达 5 万余辆,中孔主跨度为 602 米,居世界同类桥梁之首。杨浦大桥东、西两主塔标高 208 米,塔顶设有航空标志灯,桥塔两侧各有 32 对,共 256 根彩色拉索将全漂浮结构的桥面凌空悬起,蔚为壮观。其中最长的一根为 330 米,重 33 吨。桥面宽 30.35 米,设主桥 6 车道两侧各有 2 米宽的人行观光道,凭栏远眺,心旷神怡,浦东开发区、外滩全景等大上海改革开放的新气象尽收眼底。

3. 世博会中国馆

展馆建筑外观以“东方之冠,鼎盛中华,天下粮仓,富庶百姓”的构思主题,表达中国文化的精神与气质。展馆的展示以“寻觅”为主线,带领参观者行走在“东方足迹”、“寻觅之旅”、“低碳行动”三个展区,在“寻觅”中发现并感悟城市发展中的中华智慧。展馆从当代切入,回顾中国三十多年来城市化的进程,凸显三十多年来中国城市化的规模和成就,回溯、探寻中国城市的底蕴和传统。随后,一条绵延的“智慧之旅”引导参观者走向未来,感悟立足于中华价值观和发展观的未来城市发展之路。

小知识：国家游泳中心——“水立方”（Water Cube）

位于北京奥林匹克公园内，是北京为2008年夏季奥运会修建的主游泳馆，也是2008年北京奥运会标志性建筑物之一。它的设计方案，是经全球设计竞赛产生的“水的立方”方案。2003年12月24开工，在2008年1月28日竣工。其与国家体育场（俗称鸟巢）分列于北京城市中轴线北端的两侧，共同形成相对完整的北京历史文化名城形象。国家游泳中心规划建设用地62950平方米，总建筑面积65000～80000平方米，其中地下部分的建筑面积不少于15000平方米，长宽高分别为177×177×30m。

2008年奥运会期间，国家游泳中心承担游泳、跳水、花样游泳等比赛，可容纳观众坐席17000座，其中永久观众坐席为6000座，奥运会期间增设临时性座位11000个。

（二）博物馆

博物馆又称“博物院”，是陈列、研究、保藏物质文化和精神文化的实物以及自然标本的一种文化教育事业机构。博物馆的类型，主要可分为革命、军事、民族、历史、地理、自然、艺术、医学和科技等。我国各种类型博物馆根据其不同性质、任务，系统地陈列各类文物、模型、标本等展品，向广大人民进行辩证唯物主义和历史唯物主义教育及爱国主义和革命传统教育，丰富人民的科学知识和文化生活，并为促进工农业生产，科学研究以及艺术创作提供资料和借鉴。

不同类型的博物馆可以满足各种类型旅游者的需求。我国的博物馆随着旅游业的发展也越来越多，这些博物馆有综合性的，也有专题性的，有国家或地方设立的，也有私人举办的，至20世纪90年代我国已有博物馆一千多处，仅北京就达60余处。著名的博物馆有北京的故宫博物院、首都博物馆、中国国家博物馆、中国科技馆、军事博物馆、航空博物馆、自然博物馆、地质博物馆、中国农业展览馆、中国美术馆、中央民族文化宫，陕西历史博物馆、西安碑林博物馆，景德镇瓷器博物馆，自贡盐业博物馆，杭州丝绸博物馆，洛阳古墓博物馆，乌鲁木齐民族馆等。

1. 中国历史博物馆

中国历史博物馆位于北京天安门广场东侧，建于1959年，是国家收藏我国古代、近代文物资料及研究历史科学和有关学术问题的机构，主要是通史的陈列，此外，还经常举办一些有关历史、考古和文物等方面的专题展览。

2. 中国革命博物馆

中国革命博物馆在北京天安门广场东侧，与中国历史博物馆近邻。建于1959年，两馆合成一座雄伟壮丽的建筑物，浅黄的墙面，金黄翠绿的屋檐，迎面是12根巨型方柱式的门廊。整个建筑分为相互对称的南北两部分，北部是中国革命博物馆，有两层陈列室，每层4000平方米，另外还有供举办专题展览的两个大厅。收藏五四运动和中国共产党成立以来的革命文物和党史文献资料，其中主要是中国共产党党史的陈列，有展品3300多件。馆内还经常举办各种专题陈列和老一辈革命家的光辉事迹展览。

3. 自贡盐业博物馆

自贡盐业博物馆在四川自贡市内，是一个专业性博物馆，主要是搜集、整理、研究以自贡地区为中心的井盐生产技术发展史，通过文物资料和生产工具，展示井盐生产悠久历史和生产技术、生产发展以及远景规划等。该馆于1959年经邓小平同志倡仪成立，由郭沫若题写馆名。

4. 中国丝绸博物馆

中国丝绸博物馆在浙江省杭州市，馆舍占地5.5万平方米，建筑物面积1万平方米，设有序厅、养蚕厅、制丝厅、印染厅、综合厅等。珍藏现在各种丝绸织物和制成品和部分古代丝绸实物，生动真实地反映了我国丝绸在国际贸易中的地位等。该馆内有些地方游人可自己动手操作，亲身体验。综合厅内常有时装表演，同时设有商场，贸易洽谈处，能满足游人各方面的需求，是集文博、旅游和经贸为一体的多功能行业博物馆。

5. 北京自然博馆

北京自然博物馆在北京崇文区永安门内大街东侧，有植物、动物、古动物、古人类四个陈列室。植物陈列室通过众多的现代植物标本和古代植物化石，展示植物的主要类型和进化历程。动物陈列室通过无脊椎动物和脊椎动物的标本，再现动物进化过程中的一系列质变。古动物陈列室陈列着珍贵稀有的古脊椎动物化石，介绍古脊椎动物的演变发展。古人类陈列室则通过古人类学、人类学、解剖学、考古学等方面的材料和人与动物的骨胳、内脏等标本，说明人起源于动物这一科学论断。它不仅是一个科学研究机构，而且是广大群众参观学习和普及科学知识的场所。

6. 苏州园林博物馆

苏州园林博物馆位于苏州著名园林拙政园附近，占地2000余平方米，分"园原"、"国史"、"园趣"、"国冶"四个厅，展示了苏州园林在2000多年悠悠岁月中的历程，容纳了几十座古典园林的旖旎风光。该馆重点介绍苏州园林并涉及江南一带，以历史为主线，反映中国园林的起因、兴衰、艺术，融历史、文化、园林造艺于一体，既有知识性，又有可观性和趣味性，使游人足不出户，祖国各地、各国即可一览无余，倍添游兴。

小资料：中国航空博物馆

中国航空博物馆是中国历史上第一座对外开放的大型航空博物馆、亚洲最大的航空珍品荟萃地。坐落在北京昌平大汤山脚下，1986年建馆，1989年11月正式对外开放。占地70余万平方米，已收存100多种型号200多家飞机，还有地空导弹、高炮、防空雷达、航空炸弹、航空照相机等700多件武器装备样品。其中，很多系国家珍贵文物、世界航空珍品，中国航空博物馆以丰富的实物、翔实的史料，向人们展示新中国航空事业蓬勃发展和人民空军发展壮大的光辉历程，向人们讲述中华民族航空史上一个个动人的故事。

中国航空博物馆是开展国防教育、科普教育和进行大型社会活动的理想场所，有航空特点的夏令营、冬令营、军训活动等，年年吸引着一批又一批热爱航空、热爱人民空军的青少年。航空跳伞、航模表演、遥控飞艇和舰船等活动，以及航博球形影视厅放映的航空题材的影片、录像片等吸引着广大游客。

2007年8月20日，中国航空博物馆经全国旅游景区质量等级评定委员会评定为国家4A级旅游景区。航空博物馆是一座集航空博览、航空科普、航空运动、休闲娱乐为一体的世界一流的有中国特色的航空博物馆。

（三）游乐设施

人文旅游资源是可以被人们有意识地创造出来，游乐设施正是专为旅游业建设的工程。它包括人造乐园、度假村、微缩景区、高尔夫球场、保龄球馆、跑马场等等。

1. 横店影视城

横店影视城位于中国浙江中部东阳市的横店镇境内，距省会城市杭州160千米，处于江、浙、沪、闽、赣四小时交通旅游经济圈内。乘飞机、火车或走高速公路均可到达。自1996年以来，横店集团累计投入30个亿资金兴建横店影视城，现已建成广州街、香港街、明清宫苑、秦王宫、清明上河图、梦幻谷、屏岩洞府、大智禅寺、明清民居博览城等13个跨越几千年历史时空，汇聚南北地域特色的影视拍摄基地和两座超大型的现代化摄影棚，已成为目前亚洲规模最大的影视拍摄基地，被美国《好莱坞》杂志称为“中国好莱坞”。

影视产业的崛起，也推动了横店休闲旅游业的发展。横店影视城已成为国家5A级旅游区。方圆10平方千米的横店，拥有十余家星级宾馆8000余个床位，无论是高档酒店，还是基地宾馆，游乐园、夜总会、桑拿中心、演艺中心、健身中心、保龄球馆等设施配套齐全。游客将在此体验影视，享受乐趣。在横店，街市繁华，书店、网吧、酒吧、茶馆比比皆是，小吃、饭馆南北风味俱全，夜生活五光十色。

2. 北京密云国际游乐场

北京密云国际游乐场占地40多公顷，是我国规模最大的国际游乐场，具有粗犷、豪放、惊险、刺激的特点，以声、光、化、电组成多色调、多式样的游乐设施。场内的翻滚过山车、摩天轮、海盗船、星际战斗机、高空自行车和单轨列车等17项大型游乐设施均从日本引进。游乐场内还有购物中心、舞厅、酒吧间和餐厅等服务设施。

3. 深圳欢乐谷

深圳欢乐谷大型主题乐园，首批国家5A级旅游景区，占地面积35万平方米，总投资17亿元人民币，是一座融参与性、观赏性、娱乐性、趣味性于一体的中国现代主题乐园。1998年开业以来，深圳欢乐谷经过一期、二期、三期的滚动发展，已成为国内投资规模最大、设施最先进的现代主题乐园。全园共分八大主题区：西班牙广场、卡通城、冒险山、欢乐岛、金矿镇、香格里拉森林、飓风湾、阳光海岸，加上独具特色的玛雅水公园，有100多个老少皆宜、丰富多彩的游乐项目。

4. 深圳军事主题公园

中信明思克航母世界坐落在深圳市沙头角海滨，毗邻闻名遐迩的中英街，是目前中国乃至世界上第一座以航空母舰为主体的军事主题公园。公园由海上的明思克号航空母舰和陆上的中信明思克广场两部分组成。

海上的航空母舰首期向公众开放近3万平方米的观光游览区域，航母上原有的武器系统、作战指挥系统、鱼雷发射舱、导弹发射系统以及官兵生活区等均整修一新，赫然在目；“世界航母展、前苏联勋章军服展”及飞行甲板上米格—23歼击机、米—24武装直升机、强—5战机组成的强大航空兵团等的展示气势恢宏、别具一格；可参与的军事娱乐项目如作战指挥中心、时空穿梭机、航母电影等，依托现代高科技，充分运用声、光、电等手段，新奇刺激，丰富多彩；充满异国风情的俄罗斯歌舞表演异彩纷呈；飞行甲板上威武雄壮的仪仗队表演也引人入胜。

陆上的中信明思克广场由前广场、后广场和航母中心大厦构成，面积达8万多平方米。进入园区前广场，肃然整齐的仪仗队表演迎面而来，哨所分立通道两侧，和平广场上“铸剑为犁”的主体雕塑引人深思。后广场有炮兵阵地、坦克阵地、航空兵、地空导弹基地及战地剧场等项目，侧重于军事娱乐、兵器展示、表演和海滨休闲，海上的海战模拟惊心动魄。近2万平方米的航母中心大厦设计风格独特，兼具餐饮、购物、办公、休闲等多种功能。整个广场把浓郁的南国海滨风情和军事氛围有机地结合起来。

◆复习思考题：

1. 名词解释：旅游资源、人文旅游资源、宗教旅游、风土民情、民俗旅游

2. 简答：

(1)我国古代有哪些著名的伟大工程？

(2)我国有哪些特有珍稀的动植物资源？

(3)概述我国宗教旅游资源。

(4)为什么说帝王陵园具有较高的旅游价值？

(5)我国园林有哪几种类型？分别说出它们的特点及代表性园林。

(6)我国有哪些名茶？

(7)说出汉、蒙古、藏、傣、维吾尔等民族的风土习俗。

(8)说出我国著名的代表性工艺美术品。

(9)我国有哪些较为著名的博物馆和游乐设施？

(10)新疆地区的坎儿井是一项有2000 多年历史的水利工程，具有什么特点？

(11)根据园林的建筑风格与特点，我国古典园林可分为哪些类型？不同类型的特点和代表园林是什么？

△ 第三章

旅游的影响和可持续发展战略

◎ 学习目标：

1. 知识目标：掌握旅游对经济的积极影响；克服旅游对经济的消极影响。

2. 能力目标：掌握旅游对社会、文化的积极影响，培养学生运用知识的能力，发展中国特色的先进的旅游文化。

3. 重　　点：实现我国可持续旅游发展

第一节　旅游的影响

一、旅游对经济的影响

（一）旅游对经济的积极影响

1. 调节外贸差额，平衡国际收支

国际收支，是指一个国家或地区在一定时期内（通常以一年为期）同其他国家或地区发生经济往来的全部收入和支出。国际收入与支出两者总计，按照惯例必须达到平衡，当今发达国家之间的贸易战，很重要的因素是国际收支不平衡，逆差的国家往往要求顺差的国家开放贸易市场，以便扩大产品出口，增加外汇收入；或者努力开拓本国的非贸易创汇途径，如吸引外国旅游者，增加旅游外汇收入，以弥补贸易逆差。而顺差的国家，一方面通过开放部分市场增加进口，以满足部分逆差国家的需求；另一方面则鼓励海外旅游，增加外汇消费，减少顺差。至于发展中国家，大多经济技术落后，一方面为了发展本国经济，必须进口国外先进的技术、设备，消耗大量外汇，另一方面物质产品出口多为初级产品且出口量有限，创汇不多，由此也常常造成国际收支不平衡。发展旅游业和进行劳务出口以赚取非贸易外汇，同样可以弥补贸易逆差，平衡国际收支。

2. 增加外汇收入，发展国民经济

旅游消费是人们的中、高层次的消费活动，同时，又是消费者（旅游者）在异地、异国的消费活动。旅游者在常住地所获得的货币，携带到旅游目的地去花费。由于国际旅游是不同国家间的旅游活动，随着旅游者从一国到达另一国，一国的货币也就随之从一国到达另一国。旅游者到另一国家后，就必须将本国的货币兑换成目的地国家的货币，才能流通。例如，一位美国的游客，离开美国前往中国旅游，在抵达中国后，就需要在货币兑换处将美元兑换成人民币，然后用人民币来支付旅游活动中的各种花费。这样，就形成不同国家的外汇的流出和流入。正是由于发展国际旅游业可以获得外汇收入，因此，国际旅游业往往受到各国的重视，有的国家把旅游作为获得外汇的重要渠道,在一些国家,旅游外汇收入已成为该国外汇收入的主要来源。如卢森堡、法国、西班牙、新加坡等,其旅游收入占国民收入相当大的比例,旅游业是其当之无愧的支柱产业。就我国而言,先后已有十多个省、市、自治区提出要把旅游业作为本地区的支柱产业。

3. 调整产业结构,带动相关产业

所谓产业结构,一般是指第一产业、第二产业和第三产业之间的比例关系。第一产业是大农业,包括农、林、牧、副、渔业,是物质的生产部门;第二产业是加工制造业,也就是我们平时所说的工业,包括采掘业、制造业、自来水、电力、蒸汽、煤气等,有时也包括建筑业,第二产业也就是物质生产部门;第三产业即服务业,包括商业、金融业、交通业、文教卫生等。

为了使经济社会得到顺利发展,必须要有一个合理的产业结构。但是,产业结构不是固定不变的,它会随着一些经济条件的变化而变化。现代旅游业是在生产力高度发展的基础上,为满足人们追求享乐和发展需要而产生的新兴经济行业,就全球而言,旅游业已成为世界上最大的产业之一,也是第三产业中的重要行业,就区域而言,不少国家都把旅游业确定为支柱产业或龙头产业。旅游业的发展既提高了全球第三产业在产业结构中的比例,也促进了旅游目的地原有产业结构的改变。此外,旅游业是一个关联性很强的产业。旅游业的建立和发展要以许多部门和产业为依托,同时,旅游产业的发展又能拓展许多部门和产业的业务内容,从而促进和带动相关部门和产业的发展,如金融业、建筑业、轻工业、农业、交通业、房地产业……

4. 扩大就业机会,降低失业率

就业问题是国民经济发展中一个至关重要的问题,它不仅关系到每个劳动者的生存与发展,而且涉及到一系列社会问题,一个国家安排就业能力的大小是其政局稳定、社会经济水平高低的重要标志。由于科技的发展、劳动生产率的提高,加上人口的增长,失业问题已成为全球性的问题,每一个国家都在努力开辟就业门路,扩大就业机会,降低失业率。

任何部门、行业的发展都能为社会带来一定的就业机会。旅游业同其他行业相比,特别是同重工业相比,更有利于解决就业问题,因为旅游业一般被认为是劳动密集型行业,又是一门综合性的服务行业,它要满足旅游者在旅游活动过程中的食、住、行、游、购、娱等多方面的要求,并相应带动其他行业的发展,从而提供较多的就业机会。

5. 促进地方经济发展

通过发展旅游业促进地方经济发展,在国内外是屡见不鲜的。旅游业的发展,要凭借旅游资源,而旅游资源分布一般都是较为广泛的。有些地方,就其经济发展来说,较为落后,交通不便,人民生活水平不高,但是,却有着某些特色的旅游资源。在旅游业没有得到发展之前,这些旅游资源在那里闲置,也不能显示出它自身的价值。但是,一旦旅游业有了发展,对该地的经济发展立即就会发挥出巨大的作用。

世界上一些国家,对那些经济较为落后、交通较为不便、信息较为闭塞的地方,国家会有意识、有计划地在那里发展旅游业,从而全面促进这些地方的经济社会的发展。在我国,改革开放三十多年来,通过发展旅游来促进地方经济发展的例子越来越多,不仅政府大力支持一些地方通过发展旅游来发展地方经济,就是当地的老百姓,随着认识的提高,随着旅游意识的增强,也都纷纷行动起来,利用本地可以利用的旅游资源,通过发展旅游业作为走向致富的重要途径。

(二)旅游对经济的消极影响

1. 有可能引起物价上涨

就一般情况而言，由于外来旅游者的收入水平较高或者他们为了旅游而长期积蓄的缘故，旅游者的消费能力高于旅游目的地的居民，因而他们能够出高价购买食、宿、行以及以旅游纪念品为代表的各种物质商品。在经济方面有大量旅游者来访的情况下，难免会引起旅游目的地物价上涨。这势必损害当地居民的经济利益，特别是在引起衣、食、住、行等生活必需品价格上涨的情况下更是如此。

此外，随着旅游业的发展，地价也会上升。很多国家的大量事实证明，在某些最初来访旅客不多的地区兴建旅馆时，对土地投资只占全部投资的1%。但是在这一地区旅游业发展起来之后，新建旅馆的地皮投资很快上升到占全部投资的20%。由此而造成的地价上涨，不仅会影响当地经济，而且会影响到当地居民的住房建设与发展。

2. 有可能影响产业结构发生不利变化

产业结构合理是经济健康发展的前提，产业结构不合理会影响经济发展和社会稳定。由于旅游业是投资少、见效快、效益高的产业，容易吸引人们过渡超前发展旅游业，引起产业结构的不利变化。例如在原先以农业为主的国家或地区，由于从个人收入来看，从事旅游服务的工资所得高于务农收入，因此常使大量的劳动力弃田从事旅游业。这种产业结构不正常变化的结果是：一方面旅游业的发展扩大了对农副产品的需求，然而另一方面却是农副业产出能力的下降，如果再加上前述农副产品价格上涨的压力，很可能影响社会的安定和经济的发展。

3. 过分依赖旅游业会影响国民经济的稳定

旅游业具有季节性、脆弱性、依赖性、带动性等特点，一个国家或地区如果过分依赖旅游业发展自己的经济，就有可能导致国民经济的大幅度波动。所以，一个国家或地区不宜主要依靠旅游业来发展自己的经济，特别是对于像我国这样一个大国更是如此。这主要是因为：

第一，作为旅游市场主要组成部分的消遣度假旅游有很大的季节性，这种季节性有时可以通过旅游业的努力加以减小，但不可能完全排除。如果旅游接待国或地区在把旅游业作为主要产业的情况下，淡季时不可避免地会出现劳动力和生产资料闲置或出现严重的失业问题，从而会给接待国或地区带来严重的经济问题和社会问题。

第二，旅游需求取决于客源地居民的收入水平、余暇时间和有关旅游的流行时尚，并受目的地政治、经济、社会乃至某些自然因素的影响，而这些是旅游业所不能控制的。如果客源地出现经济不景气，其居民对外出旅游的需求势必会下降。在这种情况下，接待地区很难保住和扩大市场。此外。一旦客源地居民对某些旅游的兴趣爱好发生转移，则会选择新的旅游目的地. 从而使原接待地区的旅游业衰落——至少是相当长一段时间的萧条。

第三，旅游需求还会受到接待地区各种政治、经济、社会乃至某些自然因素的影响。这些非旅游所能控制的因素发生不利变化，也会使旅游需求大幅度下降，旅游业乃至整个经济都将严重受挫，造成一定的经济和社会问题。

二、旅游对社会、文化的影响

（一）旅游对社会、文化的积极影响

1. 扩大国际交往

旅游虽然是一种生活方式，但也是一种跨国家、跨地区的广泛的人际交往活动，所以它能为国际间的了解和互相依存提供精神和知识上的基础。在国际旅游方面，由于旅游是不同国度、不同宗教、不同信仰以及不同生活方式的人们之间直接交往的手段，因而有助于增进国际

间的了解，加强国与国之间的和平友好关系。在这个意义上，旅游在缓和国际紧张局势以及促进在国际事务中人类和平共处方面起着非常重要的作用。发展国际旅游业在促进对外开放和国际交往方面具有积极的作用和深远的意义。

广泛开展旅游活动可以扩大国际间的接触机会和范围，提供了解别人的条件。国际旅游者大多数来自经济、文化发达的地区，他们通过与接待地(国)人民之间的直接接触，扩大了视野，增进了对接待地(国)的政治、经济、文化乃至生活习俗的了解。由于是亲临其境，亲身感受，容易打破狭隘的思想方法和偏见，彼此增进了解，加深了友谊。此外，旅游也是接待国在国外树立自己良好形象的有效手段。由于旅游者在目的地旅游过程中对该国情况的了解都属于第一手的材料，因而可信性较大，外界很少有人对他们的介绍表示怀疑。所以，旅游在这些方面所起的作用比传统的外交和宣传手段更有效得多。

2. 增进人们身心健康

旅游活动的开展具有促进人们身心健康的作用。在城市化进程不断加快的现代社会中，都市的公害、紧张的工作和生活节奏迫使人们更加向往能够经常地适时地改换一下生活环境，回到安逸、优美的大自然中去，以便重新"充电"、恢复体力、焕发精神，从而增加人们对人生的热爱。旅游能使困居都市的居民享受充分的阳光、洁净的空气和大自然的美景，从而恢复体力。据统计，旅游者的发病率远远低于常住人口的发病率。因而旅游是现代化社会劳动力再生产的一个重要环节，它对于居民来说，已成为保持健康、增强体质不可缺少的活动。

3. 有助于促进民族文化的保护和发展

随着旅游业的开展和接待外来旅游者的需要，当地一些原先几乎被人们遗忘了的传统习俗和文化活动重新得到开发和恢复；传统的手工艺品因市场需求的扩大重新得到发展；传统的音乐、舞蹈、戏剧等又受到重视和发掘；长期濒临湮灭的历史建筑重新得到维护和管理等等。如我国的腰鼓表演；西班牙的斗牛表演；巴西的桑巴舞表演；盛行于唐代的马球活动经有关组织的挖掘在古城西安重现；美国印第安人的珠宝陶瓷工艺、山东维坊的木版年画和风筝创造工艺后继有人；西安市抢救整理了仿唐乐舞，对民族文化资源的开发利用，客观上起到了建设民族文化的作用。所有这些原先几乎被抛弃的文化遗产不仅随着旅游的开展而获得了新生，而且成为其他旅游接待国或地区所没有的独特文化资源。它们不仅受到旅游者的欢迎，而且使当地人民对自己的文化增添了新的自豪感。

旅游对民族文化建设的积极作用还表现在旅游业对历史文物的保护和维护上，为了充分利用民族文化资源，获得经济、社会效益，政府有关部门在开发利用民族文化资源的同时，一般都采取保护、开发、利用一体化措施，特别注意对历史文物的保护和修缮，几乎湮灭的文物古迹得到维护、整修甚至重建。如"文革"中遭到破坏的杭州净慈寺、承德外八庙等修葺一新，已被拆除的黄鹤楼得以重建。更有意义的是一些国家或地区从经济建设的总体高度研究民族传统文化的保护，把民族传统文化遗产的保护纳入城乡总体建设规划之中，组织专家对文物古迹、民间艺术进行综合论证评价，对它们的文化价值给予更充分的肯定；动员社会各界力量维护、修复文化遗址，帮助传统艺术恢复活力，使它们在现代社会生活中生存、发展。因此，世界旅游组织指出：具有文化价值和旅游价值的东西，旅游业有能力、有义务保护、拯救和复兴它们。

4. 推动科学技术的交流和发展

科学技术的发展是旅行和旅游产生和发展的前提条件。这一点已为历史的发展所证实。但是在另一方面，旅游也是科学研究和技术传播与交流的重要手段。在旅游发展的各个阶段，都曾有人以科学考察为主要目的,为完成某项研究而参与旅游活动。许多主观上出于其他目的的旅游,客观上也起到了传播和交流知识与技术的作用。现在世界旅游者中,有专长、有成就的科学家、工程师、学者数以万计,他们在旅游中乐意接触科技界人士,举办学术报告,进行科学研讨、交流科学成果。同时,在旅游者中,许多是专为文化交流而来的,专业考察团中的教育、文艺、美术、音乐、书法等文化专业团体的不断增多即是例证。

(二)旅游对社会、文化的消极影响

1. 损害接待地的文物古迹

旅游尽管唤起了人们的文物保护意识,并促进了人们采取一些保护措施,但在不同程度上还是造成了接待地文物古迹的损害。有的开发经营单位为了赚钱,胡乱开发,无限制接待游客,造成当地文物古迹的建设性破坏或经营性破坏;有的管理部门保护措施不当,造成文物古迹的保护性破坏;有的旅游者更有意无意涂抹刻画、脚踏手摸,给文物古迹造成慢性破坏。在旅游者过往密集的地方,文物古迹的破坏尤为严重,文物古迹作为不可再生性资源十分脆弱,一旦成为开发、消费对象,损害就不可避免并无法弥补,任何保护措施只能减轻损害而不能根除损害。

2. 当地文化被不正当地商品化

传统的民间习俗和庆典活动都是在传统特定的时间、传统特定的地点、按照传统规定的内容和方式举行的。但是很多这种活动随着旅游的开展逐渐商品化。它们不再按照传统规定的时间和地点举行。为了接待旅游者,随时都会搬上“舞台”。为了迎合旅游者的观看兴趣,活动的内容亦往往被压缩并且表演的节奏明显加快。因此,这些活动虽然被保留下来,但在很大程度上已经失去其传统上的意义和价值。此外,为了满足旅游者对纪念品的需要,当地会组织人力大量生产,造成很多粗制滥造的产品充斥于市。这些产品实际上已不再能表现传统的风格和制作技艺。对于只求价廉而不计货真的购买者来说,这也算不了什么。但是一旦旅游者误以为他们所购买的就是反映当地传统工艺水平和地方特色的真正艺术品,以及将它们带回本国去向亲友展示时,便会使当地工艺品的形象和价值受到损害和贬低。

3. 扭曲接待地的淳朴道德

旅游活动在本质上是一种文明活动,它能陶冶情操、提高人们的道德品质,但旅游的自由性也会使一些旅游爱好者放松自己的道德约束。来自世界各国的旅游者,他们各自有着不同的政治信仰、道德观念和生活方式,有的可能表现出良好的道德品质和友好的态度,有的可能带来消极的颓废意识和生活方式,能对旅游区的居民的价值标准、道德观念和生活方式造成不良影响。加之旅游业的兴起,一些经营者为了赚钱,见利忘义,使接待地的淳朴道德遭到扭曲。在某些地区,坑蒙拐骗代替了诚实守信,尊老爱幼变成了恃强凌弱,崇道重义变成了拜金主义,利人利己变成了损人利己,道德水准大大下降。

4. 引发接待地的社会问题

大量旅游者涌入后,势必与当地居民争夺有限的生活空间,致使交通、商店、公共娱乐场所变得拥挤不堪,加之某些旅游者的高傲自大,不尊重当地居民,难免会激起当地居民对旅游者的怨恨,给当地居民的工作和生活带来诸多不便,使他们产生厌恶情绪。世界上大多数旅游地居民对待外来游客的态度,普遍经历了由欢迎到冷淡,再由冷淡到不满,最后再由不满到厌恶四个阶段的演变。究其原因就是旅游人数的增加,在一定时期会导致旅游地居民的物质文化生活质量的下降。

另外,伴随着旅游,还会出现赌博与色情活动。而在旅游旺季,人口密度大大增加,则会引起犯罪率上升,与旅游犯罪有关的主要是经济犯罪,如抢劫、偷盗、贪污等。犯罪会产生社会的心理紧张,从而影响接待地社会秩序的稳定。

三、旅游对生态环境的影响

(一)旅游对生态环境的积极影响

生态环境问题是旅游能否持续发展的前提,良好的生态环境,就会吸引游客前来;反之,恶劣的生态环境,只能吓走游客,或是游客就根本不来。从某种意义上说,旅游业的发展对旅游资源的保护和建设提出了迫切的要求,也会促进景区生态环境的治理和建设工作。因此,要发展旅游,必须要治理不良的生态环境,营造良好的生态环境。例如,江苏、浙江有些水乡,景观独特,是游人向往的地方,由于前些年水资源的污染,清澈的河水变成了发黑发臭的污水,游人既不能泛舟河上,也不能沿河游览乡容,使旅游陷入困境。后经严格地治理,去掉了污染源,河水重新变清,水乡景色再次呈现在游人们面前,旅游又重新发展起来。生态环境包括的方面很多,诸如旅游地和旅游城市的空气、水的清洁度、噪声的分贝数、森林绿地面积、垃圾处理情况、街道整洁程度等等。良好生态环境的形成,既要依靠各有关部门的严格治理,也要靠旅游地和旅游城市居民的共同维护。当然,游客对维护良好生态环境,也有着很大的责任。

(二)旅游对生态环境的消极影响

1. 文物古迹破坏

文物古迹的破坏,主要表现在以下几个方面:

第一,短期利益的驱使导致文物的破坏

一些旅游开发商只顾眼前利益,为了在短期内获取较高的经济效益,对文物古迹进行掠夺性的开发利用,超负荷地接待旅游者,结果加快了文物古迹的老化、破坏乃至毁灭,造成无法挽回的损失。

第二,自以为是,改造文物,造成文物被破坏

某些旅游部门为了提高文物古迹对旅游者的吸引力,使其长期为旅游服务,在发展旅游的同时,确实对文物采取了一系列维修与保护措施。但由于有关人员文物专业素质差,不懂得文物的维修与保护应尽量使其维持原样、符合其历史时代特点,而是对文物古迹进行随心所欲的“改造”,名为保护,实为破坏。

第三,旅游区内环境的污染,使文物遭到破坏

车、船等交通工具排出大量的废气,严重污染了旅游区的空气。旅游基础设施中排出的废水、废渣以及船舶泄出的油污等严重污染了旅游区的水源。这些被严重污染的水和空气对文物古迹有着强烈的腐蚀作用。

第四,游客对文物的破坏

众多的游客在游览过程中呼出的二氧化碳气体中含有大量的水分,会导致文物古迹受到侵蚀,特别是在洞窟、古墓、地下室等古迹中表现得尤其明显。旅游者的踩踏、攀登、抚摸等行为亦严重损坏文物,例如世界七大奇观之一的埃及金字塔,由于长时期大量游人的攀登,已经受到严重损害。北京八达岭长城的城砖连遭高密度游人的脚踏手推,出现了严重的凹陷松动。凡游客所到之处,都存在着在文物古迹上乱刻乱涂的现象,更有甚者,竟然用敲砸等手段盗取文物古迹的部件,此等野蛮行径,严重地危害着文物古迹的保护。

2. 植被破坏

导致旅游区植被破坏的最主要原因是火灾。火灾一般是旅游者吸烟或野炊所致。另一个主要原因是乱砍滥伐，以及游客大规模的践踏和摘取枝叶。导致乱砍滥伐的原因，除了地方上追求短期经济效益外，就是在旅游开发过程中，因建筑修建而就地取材。乱砍、滥伐、滥垦是植被遭受破坏的第二大原因。

对旅游开发不当和旅游者的不文明行为，如不加制止，会使野生植物和山区森林退化以至消失，其造成的损失是无法估量的。大量的游人涌入风景区，将土地践踏，致使千年古树死亡，这在文化名城屡见不鲜。另外，游人进入景区攀折花木，对植被造成的负面影响也不可小视。

3. 水体污染

许多生态旅游地的水体资源污染严重。旅游开发者热衷于在旅游地水域周边开发旅游，在水面上游弋的机械游船和游艇所产生的排放物给水体造成了直接污染；而有些游客则直接将废弃物弃之于水中；在许多湖泊和水域，游客产生的垃圾和污水被直接排入；有的景点甚至将厕所污水排入水域内，造成严重污染。

我国的水域污染问题十分的严重。在绝大多数生态旅游地，水域水质浑浊，透明度极低，已成为一种普遍的现象。这些生态旅游地地下水也遭到了不同程度的污染。造成这种水体污染主要有两方面的原因，一是由于盲目发展生产，在旅游区附近建设化学类、矿产类工业生产厂；二是旅游者自身的不道德旅游行为。

4. 垃圾污染

垃圾污染令全世界风景区头疼不已，它直接影响旅游地的旅游质量和声誉，并对旅游地的环境造成了致命的危害。旅游是一种高消费活动，游人在旅游时的消费行为最活跃，其支出额及水源、能源的消耗要比平常高几倍甚至几十倍，旅游垃圾已成为风景旅游地管理部门谈之色变的问题。在山地旅游，这一问题显得更为棘手。由于山高林密，游客分散，垃圾无法及时清扫外运，游客又缺乏环保意识，随地丢弃，不但污染水质，而且影响植物生长。

第二节　旅游业可持续发展战略

一、可持续旅游的内容

（一）可持续旅游的产生

随着旅游业的不断发展，其在经济发展、社会政治文化、生态环境等方面的作用并非如早期宣传的那么“完美”。从经济方面来说，旅游业能否起到理论上的积极影响并非无条件的，其影响程度取决于旅游接待国（地区）的旅游资源、经济发展、供给能力等综合情况，而且片面或过分强调旅游业会引起通货膨胀等不良影响。从社会文化方面来说，旅游业的发展也会给目的地发展带来本地传统文化被削弱等负面影响。从生态环境来说，旅游活动也对环境造成了很大压力，包括对地表和土壤的影响、对动植物的影响、对水体环境的影响、对空气品质的影响以及对环境卫生、环境美学和社会文化环境的影响等。旅游经济发展与资源利用、社会文化和环境保护之间的矛盾，迫使人们不得不认真思考能使旅游业长期持续发展的途径，以期获得持续的经济和非经济利益。

持续发展观的兴起为旅游业的未来发展指出了一条光明之路。其实,旅游业可持续发展观之间有着一种天然的耦合关系,因为从旅游业对自然环境和文化遗产的依赖来看,旅游业是最需要贯彻、同时也是最能体现可持续发展思想的领域。在某种意义上,旅游业是一个在实现可持续发展方面直接受益最为明显的产业。另外,由于当今的旅游业已是世界上最大的产业,从道义上讲,旅游业也有责任带头实现可持续发展。为了倡导和推进可持续旅游发展,世界上曾召开了几次具有重大影响的全球性会议。这些会议的召开及其议事成果为可持续旅游发展的提出和在全球范围内的实施做出了巨大的贡献。

1989 年 4 月,由众多国家参与的各国议会大会在荷兰海牙召开,会上第一次明确而正式地提出了可持续旅游发展的口号。

1990 年,在加拿大召开的 Globe90 国际大会上,经过世界各地与会代表的讨论,会议提出了可持续旅游发展的主要框架和目标,较全面地反映可持续旅游发展的行动领域和基本内容。

1995 年,联合国教科文组织环境规划署和世界旅游组织在西班牙联合召开了“可持续旅游发展世界会议”。会上通过了《可持续旅游发展宪章》及《可持续旅游发展行动计划》,为世界各国推广和实施可持续旅游发展提供了一整套行动准则和较为具体的操作程序。

1995 年,世界旅游组织环发大会在伦敦召开新闻发布会,公布了全球《旅游业 21 世纪议程》,将联合国制定的《21 世纪议程》具体转化为全球在发展旅游业方面的行动纲领。

1997 年,“关于旅游业社会影响的世界领导人会议”在菲律宾召开。会议发表了《关于旅游业的社会影响的马尼拉宣言》。

(二)可持续旅游发展的必要性

旅游业是实现国家可持续发展不可缺少的因素。而且,无论是从旅游业对自然禀赋和社会馈赠的依赖,还是从旅游与环境的辩证关系来看,旅游业都是最需要实现可持续发展的领域之一,可持续发展是旅游业健康发展的必由之路。

旅游活动的大规模开展会加剧对自然环境和生态系统的侵害和破坏,造成旅游接待地区的水质和空气质量的下降以及噪声的增加。旅游设施建设项目的规划不当或开发过度,会使当地原有的景观环境遭到破坏。以环境为概括的旅游资源是一个旅游目的地能够吸引旅游者来访的基础或旅游吸引力得以产生的根源。保持优良的生态环境和人文环境是旅游业赖以生存和发展的根基。世界知名旅游学者指出,由于在许多情况下,旅游业取决于对自然环境及以其自身生存为目的的自然作用的维持,因而是一项应该运用可持续发展概念的活动。随着可持续旅游发展战略的实施,旅游资源和生态环境都将因此而得到保护,旅游业也将首先成为其中的受益者。

另外,旅游业是兼具经济、文化、社会和环境四大功能的产业。尽管过去 20 多年来中国旅游业发展的成绩巨大,然而由于一味地追求经济效益而忽视旅游业的文化、社会和环境功能的现象在很多地方都不同程度地存在。随着旅游者的不断增加,旅游接待地区内的人口密度也成正比的增加。由于公用基础设施的提供通常都是以当地人口的需求规模为标准进行设计,旅游者的大量来访很可能使当地出现交通阻塞以及当地居民的生活空间相对缩小等现象。而且,长期大量接待来访旅游者,会使当地历史古迹的原始风貌甚至存在寿命受到威胁。这不仅与旅游者的某些不当行为有关,游客接待量的增多本身也会使物质环境所承受的压力增大,从而降低其质量,特别是缩短历史古迹的存在寿命。粗放开发、盲目上马、规划利用不合理等的报道和评论屡见不鲜。这些现象的普遍存在客观地表明,过去 20 多年不少地方在发展旅游业方面的指导思想实际上是背离可持续发展原则的。

传统发展观影响下的旅游业开发方式对环境和旅游资源造成的破坏，已经成为一个无法再继续忽视下去的问题。这些情况表明，旅游资源的合理适度开发和永续利用已成为我国各地旅游业发展所面临的重大课题。旅游业今后的发展必须走健康的良性循环的发展道路，可持续旅游发展之路是旅游业健康持续发展的唯一选择。如果传统的一味追求数量增长的粗放式旅游开发模式得不到根本扭转，其结果不但会阻碍旅游业自身的长远发展，而且最终也会危及整个旅游接待地区社会的生存安全。总之，走可持续发展之路，旅游业责无旁贷。

（三）可持续旅游发展的基本思想

可持续旅游是随着全球可持续发展这一新观念的出现而出现的，并逐渐成为受到广泛关注的论题，虽然可持续旅游发展的口号已经提出，并且得到了世界各地的广泛响应，但是人们对于可持续旅游发展这一概念的表述及认识，至今尚未完全统一。尽管如此，可持续旅游发展的基本共识在于旅游业的发展"既要扩大接待规模和提高产品质量，同时又不对其赖以生存的自然环境产生消极作用"。其具体内容有：一要保护和改善旅游生态环境；二要合理开发利用旅游资源；三要追求旅游经济的持续发展。

二、实现可持续旅游发展的对策

（一）发展生态旅游必须立足生态学原理

国内外不少地区在发展生态旅游方面出现的种种有悖于真正意义上的生态旅游的现象和问题，其原因是多方面的，例如利益驱动、短期行为、缺乏责任感等。其中还有不容忽视的一点是，人们对生态学方面的有关知识缺乏了解，在开展生态旅游过程中缺乏对有关基本法则的把握和遵循。而恰恰是由于存在这些不足，结果出现了种种令人堪忧的问题，甚至导致了一些人对生态旅游发展前景的怀疑。因此，了解生态学原理，掌握生态学基本法则，对生态旅游发展战略的正确实施是必要的。它可以使旅游经营者、旅游管理机构、旅游者以及旅游接待地区的居民能够更好地认识自然生态，自觉地合理利用自然旅游资源，从而有助于保证生态旅游的发展沿着正确的轨道进行，有效地促进可持续旅游发展这一目标的实现。

生态学是研究自然界中生物之间及生物与非生物环境间相互关系的学科。它的理论要求是确立自然界的价值和自然界的权利，它的实践要求是保护地球上的生命和自然界，它的根本任务就是为环境保护实践提供一个可靠的道德基础。生态学原理所包含的内容和观点，如自然界是一个相互依赖的大系统，大自然具有价值和权利等都是在开展生态旅游过程中所要注意的。尊重生命、尊重生态系统和生态过程等是开展生态旅游活动必须遵循的基本原则。因此，生态学是指导生态旅游有力的理论武器。

（二）坚持科学合理的生态规划与开发

生态旅游规划与开发的目标就是建立可持续发展的生态旅游业，包括生态环境、经济和社会的可持续发展，只有科学合理的生态规划与开发才能保证生态旅游的可持续性发展。科学合理的生态规划与开发必须坚持与生态环境建设相结合的原则。生态旅游的前提条件是具备良好的生态环境，而良好的生态环境如果只开发利用而不建设，必将会走上先破坏后治理的恶性循环的老路，甚至会造成生态环境日趋恶化和不可逆转的局面，所以说开发与建设并举，这是开发生态旅游资源最基本也是最重要的原则之一。只有生态环境的持续发展才能有生态旅游的持续发展。生态旅游景区的植物、动物等自然生态景观和人文生态景观都是开展生态旅游的承载体，任何一种载体遭破坏都将对生态旅游活动造成影响，长此以往，必将使生态环境失去对旅游者应有的价值，而且生态环境一旦被破坏，在短期内是难以恢复的。

生态旅游资源是生态旅游的基础。只有实现生态旅游资源的合理开发和利用，才能促进生态旅游的科学合理的开发，促进生态旅游的可持续发展。生态旅游资源的开发利用应该坚持统一规划合理开发原则。生态旅游的规划是一项关系到多学科多部门的复杂的系统工程，既要考虑生态资源的分布现状，又要考虑生态环境建设和开发的基础条件，同时还应与国家、地区社会经济承受力以及不同学科的需要统一协调。所以，生态旅游规划首先应该组织相关学科的专家学者从理论和实践等各方面进行深入的研究和分析论证，就现有生态旅游资源提出开发利用的依据和可行性方案，并在国家相关部门的统一组织下按自然生态和人文生态划区归类，合理布局，有序开发，形成我国生态旅游的完整体系和点网，正像我国已开发建设的爱国主义教育示范基地那样，既不失其历史原貌，又能教育子孙后代不忘历史，热爱祖国。同样，生态旅游资源的开发利用也应在保持自然生态和人文生态资源原始风貌不受损害的前提下，开发建设合理利用，供科学考察、学习研究、观赏享受，发挥其应有的作用，只有坚持合理规划适度开发才能真正体现生态旅游高品位、高效益和科学性的特征。如果只是为了局部效益而不加论证规划的乱开发或掠夺性开发，必将使生态旅游与一般风景名胜旅游混为一谈，破坏生态环境，甚至还会使与生态旅游资源相关的自然保护区也遭到破坏。

（三）建立生态示范区

我国的生态旅游区数目众多，可适当建立一批有代表性、典型性、知名度较高的生态旅游示范区。在示范区内，运用先进科技，确定生态旅游临界容量，对游客的数量进行控制；建立完善的、可持续的生态旅游管理法规及相关政策体系；加强人员培训，提高其生态环保意识。

在示范区内实行生态旅游精品的开发和经营战略，这样就意味着杜绝采用粗放式的传统大众型旅游活动开展模式。推出的生态旅游产品要突出示范区的特色，应是当地原汁原味的“真品”。这种产品的组织和推出不求矫揉造作和过分包装，只求反映其内容的原真性和服务工作的完善到位。强调旅游“精品”的营销必须区别于“大路货”的经营，不能随便低价贱卖，其价格应当反映和标志作为精品的高价值。在生态旅游区的各项费用应该高于一般旅游区旅游，这是生态环境建设、生态环境保护和生态旅游的目的所决定的，应是高效益、高成本和高附加值。否则不加任何条件的约束和控制，超载游客、游山玩水、狩猎作乐者随意踏至，生态环境和自然保护区必将遭到破坏、失去平衡，滥捕乱杀，环境被污染，过不了几年必使生态旅游资源损失殆尽。

要通过示范区积累各方面的综合经验。示范区应在理论和实践上起到导向作用，尤其应当加强体制和运行机制方面的探索，增加可推广性，从而使全国的生态旅游朝着健康的道路发展。

（四）建立和加强生态旅游管理机制

生态旅游管理不同于传统的大众旅游管理，其管理目标、管理主体和管理对象的多元化特征，决定了其管理手段的复杂性。生态旅游的管理手段包括教育手段、政策工具、法律手段、社会舆论、公众参与决策等。完善生态旅游的管理机制，应充分考虑旅游行为约束，生态消费引导，生态教育，参与规划开发决策，示范效应，舆论与政策调整提案，法律约束、行政干预、政策引导、政策评价，法律与生态教育，教育、政策、法律、舆论与政策评价等各方面的内容，处理好各方面的关系。

生态旅游管理包括生态环境管理和旅游管理两方面。但是，我国的许多生态旅游地，环境管理普遍较为薄弱。必须加强我国的环境管理,搜集反映生态环境各个方面的基础数据。对生态旅游区而言,搜集的具体数据如气候、地形、水文、群落与生态系统类型、土壤物理特征、生态系统类型的空间分布、垃圾污染等。只有搜集这类具体数据,才能做到心中有数。加强生态旅游环境变化的指标管理。生态环境变化是指随着时间的推移,生态旅游环境在结构和功能方面所发生的变化。掌握了环境变化的情况才能对于生态环境的管理有客观科学的依据。对于一些新兴的科学技术,如遥感(RS)、地理信息系统(GIS)、全球定位系统(GPS)及信息网络,它们在生态旅游管理中将发挥重要作用,利用它们可以大大地改善现有的生态旅游管理手段,促进生态旅游真正实现可持续发展。

不同于传统的旅游管理和单纯的环境管理,生态旅游管理更强调合作的重要性。要求生态学家、社会经济学家和政府官员在旅游区进行合作。生态学家能够用生态学知识更深刻地理解生态环境问题,理解生态系统的结构、功能和动态的整体性,强调要收集生态资源和生态系统过程中的科学数据等问题。社会经济学家更强调旅游区的经济发展目标,能够制定旅游业稳定和多样性的发展战略。政府官员的重点应该放在如何把生态环境保护和旅游发展纳入法制体系,如何用法律和政策来促进生态旅游的可持续发展。

(五)加强生态教育,提高旅游从业人员及游客的素质

加强宣传生态意识教育,培养全民生态道德意识是构建生态旅游开发战略的精神依托和道德基础。只有把道德概念引入到人与自然的关系中,树立起人对于自然的道德义务感,养成良好的“生态德性”,使人们对生态环境的保护转化为自觉的行动,才能解决生态保护的根本问题,才能为生态旅游的发展奠定坚实的基础。要建立完善的生态教育机制,就要充分利用旅游这一生动活泼的大学校,使生态旅游全过程成为生态教育和生态道德教育的全过程,使旅游者在大自然中唤起绿色的激情、绿色的愉悦、绿色的思考,达到热爱自然、认识自然,启迪人生的目的,使每一个旅游者从自己做起,从每一件保护自然的小事做起,让旅游者认识到,旅游资源与旅游环境既有为人类旅游服务的天然义务,又有自身不可剥夺的权利,理应受到保护。

对于生态旅游的经营者则应该和生态区的管理人员以及当地居民进行合作,生态旅游除对游客要求高层次、专业化之外,对导游和管理人员更要求高素质、专业化。首先应该是学好用好我国有关森林、野生动植物、自然保护区、草原、生态环境保护等法律法规和管理条例,坚持依法管理、科学管理,使之适应生态旅游管理的特殊要求。其次要求导游人员必须懂得有关与生态旅游相关学科的基本知识,对本区资源了如指掌,如花草树木、岩溶洞窟、地质地貌、飞禽走兽、气象气候、民族宗教等都有详细了解,并能流利讲述,使游客真正体会到不仅是导游,而且是专业教师或同行。所以培训和提高导游和管理人员科学文化素质和业务水平是开展生态旅游活动的一项首要和必须的任务。导游和旅游管理人员必须依法管理、合理经营、面向未来、持续发展,重点面向科研、教育等社会团体,提供科普教育和科学考察的场所,同时面向国外游客,提高经济效益,促进基础设施建设,逐步开发、建设和完善。

(六)增强环保意识,强化法制观念

加强全民的环境意识教育,提高对可持续发展理论的认识,是生态旅游可持续发展的基础。我们应加强环境保护和可持续发展的宣传,树立起环境质量意识,认识到环境质量的好坏是关系到人民生活质量的提高和子孙后代生存发展的大事;并且要树立环境保护意识,为全人类及其后代保护好环境,保护好人类共同的地球;另外还要树立环境公德意识,不为满足一己私利,不为局部或眼前利益而损害他人或全局的利益,让人类贴进自然,实现人与自然的和谐。

同时,生态旅游中的环境保护和一般意义上的环境保护相比,所涉及的面更广、因素更复杂。生态旅游一定要加强环境立法和管理,有关立法部门应尽快制定和完善《旅游法》、《旅游环境保护暂行规定和条例》等法律,以便和已有的制度配套。增加对旅游的环境保护税收,用于修复被损环境的管理。地方政府和旅游有关部门应认真学习和贯彻执行有关的法律、法规,增强法制观念,例如对生态保护区的开发,要根据环境法律,规定哪些部分严禁开发,哪些部分可以开发以及开发的规模、开放的季节和可接待的人数等等。又如规定哪些地区禁止带火种,禁止狩猎和毁坏林木,禁止遗弃垃圾和生活用品。对违法侵害自然资源者,加大执法力度,使其承担相应的民事和刑事责任。要根据生态旅游出现的新问题不断地完善和充实旅游区的规章制度,并结合生态旅游的实际运作,制定新的法律或在原有的法律中增加新的规定,使生态旅游成为有章可循、有法可依的一种健全的旅游活动。

(七)政府干预与调控

"政府主导型"的旅游发展模式是在以市场为基础配置资源的前提下,全面实行政府主导型旅游发展模式,以全面发动社会力量,进一步加大旅游发展的力度,加快旅游发展的速度,使旅游业在为经济、社会、文化发展做出更大的贡献。

政府主导是生态旅游可持续发展的行政保障,生态旅游的可持续发展离不开政府的引导和保护。生态旅游业是一个新兴的产业部门,行业管理是一个从无到有、由弱到强的过程。在此过程中,需要政府的规范和支持,尤其是在旅游法制建设还不健全的情况下,政府引导显得尤为重要。生态旅游既要给当地居民带来经济收入,又要促进对旅游资源和环境的保护,同时还要保证旅游者获得高质量的旅游,其目标是使经济、社会、环境和人的生存空间协调发展。要实现这一目标,需要旅游者、企业、当地居民、旅游开发商的齐心协力和共同努力。要实现方方面面的协调,政府的作用是至关重要的。实践表明,凡是行业管理出色的地方,都是政府重视程度高的地方;政府重视程度高的地方,也是行业管理出色的地方。

政府作为发展经济和保护环境的主要责任者,应就当地生态旅游的发展制定相应的规划、政策甚至法律,通过干预市场、协调监督、促进社区参与和公平分配、积极开展教育培训活动等,为当地的生态旅游业创造良好的发展环境,促进当地生态旅游的可持续发展。

◆复习思考题:

1. 举例说明旅游对经济、社会文化与生态环境的影响。
2. 可持续旅游的内容是什么?
3. 如何实现可持续旅游发展?

△ 第四章

中国旅游资源地理区划

◎ 学习目标：

1. 知识目标：掌握旅游区划的概念、目的、意义；掌握旅游区划的主要原则。
2. 能力目标：掌握我国旅游资源地理 11 个分区情况以及各分区主要的旅游特色。
3. 重　　点：掌握我国旅游资源地理分区

第一节　旅游资源区划概述

一、旅游资源区划的概念、目的和意义

（一）旅游资源区划的概念

区划指对地区进行分类，它是依据某种目的及标准将地域进行划分。

旅游资源区划是人们因旅游的需要、规划、研究等实际需要，按照不同的标准，对一定地域的旅游资源与环境进行地理区域划分。一般将旅游资源相对集中、类似，与邻区有显著地域差异，而区内政治、经济、文化联系较为密切的地区划分为一个旅游区。旅游地理区划所划分出的旅游区一般为综合性旅游区，同一旅游区内部自然与人文旅游地理环境具有共性，共同构成旅游地域综合体。

（二）旅游资源区划的目的

旅游资源区划的目的在于为了揭示各旅游地理综合体的特征及其与本区域自然地理和人文地理环境之间的关系，充分认识旅游资源的区域特色与优势，以便因地制宜地开发利用各地的旅游资源，扬长避短，合理开发、利用和有效保护旅游资源、发展相应的旅游产业，建设风格不同、各具特色的旅游区，以取得良好的旅游经济、社会与生态效益，促进各地及全国旅游业的可持续发展。

（三）旅游资源区划的意义

中国幅员辽阔，各地区的自然环境和人文环境复杂多样，旅游资源数量众多，类型多样且分布广泛，同时也具有明显的区域性特征。因此，旅游资源区划的研究更具有现实意义，它不仅在理论上是对中国地理区划的补充和丰富，是对旅游地理学科科学体系的完善和加强，而且对旅游区范围、界限的合理确定，对各旅游区性质、特征、地位及其发展方向的明确，对各级旅游经济中心的分析确定等方面，都是具有实质性的基础工作。

通过旅游资源区划，有利于合理开发、利用和保护旅游资源，制定旅游区域发展战略；有利于统一安排区域旅游设施和旅游服务系统，全面系统组织涉及旅游六要素的全方位区域旅游

活动;有利于形成和强化各地的旅游活动特色,统一或协调开展区域旅游营销活动,增加对游客的吸引力及区域旅游产业的竞争力;有利于旅游业与区域其它经济部门的协调发展和相互促进,以及协调旅游产业活动与区域社会、经济、文化、自然环境的关系。

二、旅游资源区划的原则

旅游资源区划原则,是进行旅游区域的指导思想和依据。进行旅游区划时,一般应遵循这样一些基本原则:

(一)相对一致性原则

旅游环境、旅游资源等方面在地域空间上虽千差万别,但在某一范围内总可以区分出若干相似程度较大而差别较小的区域,将其合为一个旅游区,以示同其它旅游区的差别。相对一致性原则包括旅游资源成因的共同性、形态的类似性和发展方向的一致性三重含义,旅游区划就是要把旅游资源类型一致性程度最大者列在同一旅游区内。

(二)地域完整性原则

旅游资源的形成、开发和利用,不仅受自然条件和人文因素的影响,而且在分布上还具有明显的地域性,能形成独具一格的客观存在的旅游区。各个等级的旅游区都具有相对独立的地域综合性,能独立承担一定的旅游职能,故旅游区划应保证每一等级的旅游区在地域上和职能上的完整性。旅游业是涉及食、住、行、游、购、娱的一项综合性产业,离不开行政管理部门的综合平衡。因此,在我国现有体制的行政管理体系下,旅游规划应保持地域的完整性,有助于旅游规划和管理。

(三)综合性原则

旅游资源的实质,既然是在自然地理各要素与人类经济活动过程中,经过长期相互作用形成的,那么旅游区划就应综合分析自然和人文各要素间的相互关系和组合结构,以进行合理分类,划分区域。同时,旅游业是一项涉及面很广的产业,整体效益是系统优化的主要目标。因此,也要求旅游区划既综合考虑纵向的历史基础,发展现状和长远目标,又要综合考虑旅游资源类型、组合及其开发利用的自然、社会、经济等多方面的条件。

(四)主导因素原则

旅游区内部由多种类型旅游资源组成,各种类型旅游资源在旅游区内所起的作用并不完全一致,往往是其中某种类型的旅游资源起主导作用,制约着旅游区的属性、特征、功能和利用方式,使其主题鲜明、重点突出,有强烈个性。因此,旅游区划应突出其起主导作用的旅游资源将其作为划分旅游区的主要依据。

(五)旅游中心地原则

每个旅游区都应有一个或几个旅游中心地(旅游风景名胜区或旅游中心城市)作为旅游业发展的依托。旅游中心地应该是旅游区内旅游资源荟萃之地,也是区内政治、经济、文化中心,并有较好的食宿、交通、通讯、购物等必备旅游设施。

(六)旅游特色的相似性原则

在保持地域完整性的基础上,将旅游特色相近或相同的区域划分为一处,构成区别于其他地域的差异性,形成特色鲜明的旅游区。区域核心的形成要以文化为根基,地域文化根基在很大程度上是各旅游区特色与魅力形成的核心和灵魂所在,引导各旅游区的整体开发方向,并使各旅游区之间能够协调互补地发展,从而强化区域旅游优势。

三、旅游资源地理区划命名

对旅游区域进行科学性、实用性命名，是旅游地理区划的重要内容之一。我国不少学者对旅游地理区划命名问题进行了探讨，从目前所展示出来的各旅游地理区划方案成果来看，在形式上既有单一因子命名法，又有多因子复合命名法；在内容上既有地域方位或地域名称命名法，又有某一自然或人文为主导景观因子的命名法，亦有多种景观内容结合在一起的综合命名法；不论何种命名方法，都要求高度概括旅游区的本质性特征。为此必须方位明确、主题突出、个性鲜明、形象高雅，具有美学艺术。

第二节　中国旅游资源地理分区

一、中国旅游地理区划

根据中国旅游地理区划的基本原则，以区域自然地理景观的相似性和差异性、区域历史文化的同一性和旅游要素关联性为主要划分依据，在综合自然地理区划和中国文化区划的基础上，充分体现旅游文化在各旅游区的作用和地位，采取自然景观、地域方位和旅游文化三因子综合命名法，将中国分成11个文化旅游区。

东北文化旅游区——包括黑龙江、吉林、辽宁三省全境。

京津冀文化旅游区——包括北京、天津及河北二市一省。

中原文化旅游区——包括陕西、山西、河南、山东四省。

华东文化旅游区——包括上海、安徽、江西、江苏、浙江一市四省。

巴楚文化旅游区——包括重庆、四川、湖北、湖南一市三省。

岭南文化旅游区——包括福建、广东、海南三省。

西南文化旅游区——包括云南、贵州、广西二省一区。

蒙古族游牧文化旅游区——包括内蒙古自治区全部。

西北文化旅游区——包括宁夏、甘肃、新疆一省二区。

青藏文化旅游区——包括青海、西藏一省一区。

港澳台文化旅游区——包括香港、澳门地区和台湾省。

二、各旅游资源地理区域概况

（一）东北文化旅游区

本区包括黑龙江、吉林、辽宁三省全境。自然景观既有广阔的东北平原，众多的湖泊河流，也有茫茫的林海雪原，还有神奇的火山熔岩地貌，构成了独具特色的北国风光。东北旅游区历史上曾是辽、金、清王朝兴起、长期占据的地方，历史文化比较悠远，也留下了不少文物古迹。特殊的自然环境、人文环境和乡土气息醇厚的关东文化，东西方文化交汇的城市建筑等特色的旅游资源，造就区域特色鲜明、品位很高的自然和人文景观。

（二）京津冀文化旅游区

本区由北京、天津及河北省组成。依山临海、平原广阔、地貌类型多样，山水风光壮丽秀美，自然旅游资源丰富多彩。本区历史源远流长，文化光辉灿烂，名胜古迹珍奇瑰丽，人文旅游资源品位高。自然景观与人文景观兼容互补，融为一体；旅游资源种类多、数量大、知名度和魅力度高。本旅游区的北京、承德、天津、保定等城市已被列为我国的历史文化名城。万里长城、北京故宫、承德避暑山庄进入中国十大风景名胜区。万里长城、北京故宫被列入中国五绝。长城、明清故宫、周口店“北京人”遗址、承德避暑山庄及周围寺庙、颐和园、天坛被联合国教科文组织列入《世界文化和自然遗产名录》。京津冀文化旅游区历史文物古迹众多，燕赵文化特色鲜明，以其魅力无穷的古韵新风驰誉世界，以其举世无双的人文旅游资源构成本区旅游资源的突出特点，是中国旅游活动最活跃的地区之一，在全国旅游业中居于极其重要的地位。

(三)中原文化旅游区

中原文化旅游区范围包括陕西、山西、河南、山东四省。中原文化旅游区位于我国北部中枢地区，地跨中国地势第二阶梯和第三阶梯，地貌类型复杂多样。作为中华5000年文化的发祥地，中华民族有迹可循4000年的历史长河中有2/3的时期历代王朝建都于此，华夏文明遗迹遍布，因此旅游地理复杂多样，旅游资源丰富，分布相对集中，旅游资源价值高，是我国主要的旅游区域。

(四)华东文化旅游区

本区位于长江下游、淮海下游和钱塘江流域，包括上海、安徽、江西、江苏、浙江一市四省。本区旅游资源异彩纷呈，既有得天独厚的自然风光，又有丰富的人文景观；既有都市风情，又有田园野趣，古典园林蜚声古今，山水风光极负盛名；吴越文化历史悠久，古城名镇独具特色，工艺珍品名扬中外；经济发达，交通便利，旅游设施齐全，旅游活动频繁，是全国旅游业最发达的旅游区之一。自然景观、人文景观相辅相成，相映成辉，是一个以古典园林、名山秀水、地方文化为特点，具有观光、度假、疗养、避暑等多种功能的旅游胜地。

(五)巴楚文化旅游区

巴蜀与楚文化旅游区包括重庆、四川、湖北、湖南一市三省。本区大部分地区属古代巴蜀，现今的川西地区是蜀人的活动中心；现今的大巴山及川东一带，则是巴人的活动中心。湘鄂两省的部分地区为楚人的活动范围，延续至今，使该区呈现出较为复杂的民族结构。全区经济比较发达，拥有多处世界遗产项目和名胜景观，在旅游交通瓶颈得到改善后，出现了旅游业快速发展的喜人局面。全区以名山大川和三国胜迹为特色，以巴蜀文化和荆楚文化为积淀，以长江三峡、九寨沟、张家界、峨眉山为风景热线，其旅游活动已开展得蓬蓬勃勃。

(六)岭南文化旅游区

本区地处我国东南沿海，包括福建、广东、海南三省。大部分属热带—亚热带季风气候，以南亚热带海岛风光，常绿阔叶林自然景观为主，是中国冬季的避寒胜地，海岸线较长，多优质沙滩，适宜开展休闲旅游。而历史上中原人民避乱南迁在此，留下了不少古代中原文化，经过与当地文化的融合，形成了浓郁的地方特色文化，再加上外来西方文化的影响，三位一体，铸成了以建筑景观为主要标志而别具一格的岭南文化。同时该区经济发达，具有邻近港、澳、台优越地理位置，拥有众多优良港湾和遍布海外数千万华侨等各方面优势，为本区旅游发展提供了坚实的物质基础和客源基础，是我国旅游热点地区。

(七)西南文化旅游区

本区地处我国西南，包括云南、贵州、广西二省一区。海陆疆界兼备，地形复杂，气候四季宜人，动植物资源极为丰富。以岩溶地貌景观为特色的多种自然资源和以少数民族风土民情为特色的人文旅游资源极为丰富，为旅游业发展奠定了重要的物质基础。

（八）蒙古族游牧文化旅游区

本区位于我国北部内蒙古自治区全部，地域辽阔，全境海拔均在千米以上。以温带干草原景观为主，森林、草原和荒漠广布，以及气候复杂多变，独特的蒙古族民族风情，使其成为开展边境旅游、森林旅游、度假疗养旅游、生态旅游和草原民俗旅游的理想之地。全区现有自然景观和人文景观旅游景区景点120多处；古建筑、古遗迹100多处，其中国家重点文物保护单位10处，自治区重点文物保护单位55处。名胜古迹主要有呼和浩特的大昭寺、昭君墓、五塔寺、清真寺、包头五当召庙和成吉思汗陵等。

（九）西北文化旅游区

本区地处中国西北边陲，是一个少数民族聚居的区域，包括宁夏、甘肃、新疆一省二区。这里地处偏远、深居内陆，自然环境独特，经济欠发达，旅游业起步较晚。但悠久的历史文化，众多的名胜古迹，独特的自然环境和多姿的民俗风情，赋予了它神奇的色彩和独特的魅力。旅游业发展潜力很大，特别是以丝绸之路为主线，历史文化旅游和特种项目旅游得到迅速的发展。

（十）青藏文化旅游区

包括青海、西藏一省一区。位于世界屋脊，拥有包括世界最高峰——珠穆拉马峰等8000米以上的高峰多座，是世界上年代最新、海拔最高的高原，堪称世界屋脊。广阔的高原、高山及连绵不断的雪山和草地构成了其独特的高寒景观。同时，本区神秘、古老的藏传佛教文化和浓郁、独特的藏族风情更使青藏高原充满了神奇的魅力。

（十一）港澳台文化旅游区

本旅游区包括香港、澳门地区和台湾省，地处我国南部南亚热带、热带地区，面对广阔海洋，背靠祖国大陆。港澳地区分别位于我国珠江口东西两侧，台湾省地处我国东南海面上，是我国最大的岛屿。港、澳、台地区旅游业起步早，对有限的旅游资源进行了特色开发，在良好的经济基础上，实行了与国际接轨的旅游服务与科学规范的行业管理，成为国际旅游胜地。香港地区地理位置优越，是“购物天堂”；积极开发新的旅游景点和项目，中西融合的特殊历史文化也具有巨大的吸引力。澳门地区旅游为“博彩加观光”模式，博彩占主导地位。台湾省是祖国宝岛，资源丰富，有壮丽的山湖景观，具有亚热带和热带特色。

◆复习思考题：

1. 旅游区划的概念是什么？有何种意义？
2. 旅游区划的原则有哪些？
3. 采取自然景观、地域方位和旅游文化三因子综合命名法，将中国分成哪些文化旅游区？

△ 第五章

东北文化旅游区

◎ 学习目标：

1. 知识目标：掌握本区旅游环境特征；掌握本区特色的旅游资源特征；
   了解和掌握本区各地主要的旅游线路、旅游景区、中心城市。
2. 能力目标：培养学生运用已经掌握的知识和能力，根据地区旅游资源特色设计旅游线路。
3. 重　　点：掌握区内各省主要的特色旅游资源

东北旅游区地处山海关以东的我国东北地区，西起大兴安岭，东达长白山地，北自黑龙江，南抵辽东半岛，包括黑龙江、吉林、辽宁三省，传统上也称关东地区。面积约 80.21 万平方千米，约一亿多人口。民族以汉族为主体，满族占有特殊重要地位，另有回、蒙古、朝鲜、达斡尔、鄂伦春、赫哲族等少数民族，是我国少数民族聚居区之一。本区处于我国纬度最高地区，重工业发达，铁路交通网稠密，是一个经济上、国防上都占有重要地位的地区。

本区旅游资源特色鲜明，以北国风光、冰雪资源为基础，配以独特的火山熔岩地貌，是本区自然旅游资源的重点。另外，多变的民族风情和东西方建筑艺术荟萃的都市，众多参与性、娱乐性强的旅游特色项目，使得该区旅游业开发潜力巨大。东北旅游区旅游资源丰富多彩，人文旅游资源具有地域特色，旅游业发展前景广阔。

第一节　区域旅游环境与资源特征

一、白山黑水，山环水绕，火山奇丽壮观

东北地区由于拥有秀丽的长白山和奔腾的黑龙江而被人们赞誉为“白山黑水”。长白山地位于东北地区的东部边缘，由几条近乎平行排列的中低山组成，包括大青山、大黑山、完达山、长白山等，海拔 600～1000 米左右，属于低山丘陵地带。长白山主峰一带地势较高，是鸭绿江、图们江的发源地。森林生态典型、完整，自然环境复杂多样，自然资源多处于原始阶段，是亚洲大陆北部山地生态系统的典型代表、巨大的自然博物馆和生物基因库。黑龙江是一条流经中、俄、蒙三国的国际河流，以北国风情闻名中外，尤其在冬天结冰时，更显出一派冰雪风貌。赴俄罗斯旅游，黑龙江是必不可少的一站。它的最大支流松花江上的哈尔滨段，旅游开发最为成功，松花江水、太阳岛称为哈尔滨两道迷人的风景线。黑龙江奔流不息，气势雄伟，养育了东北三省的优秀儿女，被称为东北的母亲河。

东北地区地貌类型众多，但分布很有规律。整个地区多呈半环状向海突出，最外一环是黑

龙江、乌苏里江、鸭绿江等河谷谷地；中环为兴安山地、长白山地构成的山体；内层为松嫩平原、辽河下游平原构成的低陷平原；三江平原为打破环状连续性的缺口。东北山地众多，但山地高度不大，多为海拔500～1000米的低山。而山地多为河流的发源地，构成山环水绕，沃野千里的局面。旅游景点也体现了“山”“水”景色，山有长白山、千山、医巫闾山等；水有镜泊湖、松花湖等著名景区。

东北地区位于太平洋板块向欧亚大陆板块的俯冲地带，深大断裂发育、火山活动频繁，是我国火山集中分布的区域，共有大小约20个火山峰，230多座火山，集中分布于吉林、黑龙江两省。其中小兴安岭西南侧的五大连池火山群共有14个火山锥，以老黑山和火烧山最年轻，距今最近的一次喷发发生于1720年，因而漏斗形的火山锥口保持十分完整，由喷涌出的熔岩流形成的石龙熔岩台地微地貌及被熔岩流堰塞的串珠状湖泊群——五大连池都完好无损，素有“火山博物馆”之称，1980年建设成为我国第一个火山自然保护区。长白山地一带也有风光绮丽的休眠火山群，镜泊湖、长白山天池等东北著名风景地均与火山活动有关，其中的地下岩熔隧道和古火山口“地下森林”更是罕见的世界奇观。

二、温带季风气候，林海雪原风光

本区是我国纬度最高的地区，总体气候类型为温带季风气候。除辽东半岛附近为暖温带外，大部分属中温带，还有大兴安岭北端更属寒温带。较高的纬度位置和三个冷中心的影响，使得本区的气候特征是冬季寒冷而漫长，夏季温湿而短促。本区冬季一般长达6～8个月。受蒙古高压的控制，一月均温在－12℃至30℃之间，而最低温度均在－20℃以下，是世界同纬度陆地气温最低的地区。黑龙江最北端漠河1969年极端低温曾达到－52℃的全国最低气温，被称为中国“寒极”。冬季多有冰雪在地表聚集，厚达50厘米，次年融化，寒冷的冬季气候是东北冰雪旅游的基础。冬季降雪，呈现一派白雪飞天，冰封千里的北国风光，也使得与冰雪有关的活动丰富多彩，如冰雕、雪雕、冰上体育运动等。哈尔滨冰灯游园会、吉林“雾凇节”、长白山冰雪节等以冰雪为契机的节庆活动，在国内有很高的知名度。

小知识：什么是雾凇？

雾凇又名树挂，是雾天里形成于树枝、电线或其他物体上的白色而松软的水滴凝结物。这种水滴直径比雨滴小得多，通常称为“雾滴”。由于雾凇中雾滴与雾滴之间空隙很多，因此雾滴呈完全不透明的白色体。根据雾滴凝聚物的结构性质及形成条件，一般可分为粒状雾凇和晶状雾凇两大类。在我国，由于气候与地理位置的原因，雾凇出现最多的地方在吉林。其中最著名的，当属吉林省吉林市内的松花江两岸的雾凇景观，被人们称为“吉林雾凇”，它与桂林山水、长江三峡、云南石林被誉为中国四大自然奇特景观。夜里江水湿润（尤其是受到上游水电站泄水增温的影响），蒸腾的雾气遇到寒冷的空气凝结于行道树和沿江柳枝上，渐渐形成了神奇、纯洁、瑰丽的树挂——吉林雾凇。清早，十里长堤，松柳银装，游人漫步江边，犹如仙境一样，给人以独特的景观感受。

本区夏季较短促，全区气温不高，七月平均气温只有20℃～24℃，大兴安岭北部气温低于18℃。再加上本区漫长的海岸线，构成众多的避暑胜地，尤以大连、漠河、哈尔滨等地最为著名。

东北地区山地广阔，气候湿润，适宜林木生长，是我国森林分布最广的地区，在大小兴安岭和长白山地保存有大面积的原始森林。莽莽林海、草甸草原、冰雪遍布是东北自然景观显著特征，人称“林海雪原”。

小知识:为何吉林雾凇最美?

在冬季,由于吉林市松花江上游的丰满水电站昼夜不停的运转,使得水坝泄出的水百里不结冰,吉林市又是一个河谷盆地,充沛的水汽遇上合适的气温气压,随微风飘向堤岸上的垂柳松枝,便于夜深人静之际,形成银装素裹的奇观。吉林市自1982年开始,每年按期举行雾凇冰雪节,招徕无数海内外游客竞相观赏。

三、资源丰富,物产富饶

东北旅游大区一直是我国经济发展的重点区域,既是我国重要的商品粮和林业生产基地,也是我国的重工业生产基地。东北三省矿藏丰富,开发时间长,重工业发达,经济基础雄厚,在我国占有极其重要的地位,许多城市都是闻名全国的工业基地。辽宁省矿藏以煤、铁为主,工业产品主要有钢材、钢铁、原煤、重型机器等。吉林省林业资源异常丰富,林地面积占全国面积的30%。矿藏资源有铁、锰、金、铜等,工业产品以汽车、客车、光学仪器、农机具、石油、钢铁等为主。黑龙江省是全国重要的蓄林区和林业基地,木材蓄积量约占全国的1/4。矿藏以煤、石油、金最为重要。

东北地区的珍禽异兽较多,既有经济价值,又有旅游价值。以兴安落叶松为主的著名大兴安岭针叶林区,以挺拔的红松和冷杉为标志的小兴安岭、长白山针叶与针阔混交林区,以及别具北国情调的次生白桦林等,不仅具有很强的观赏性,而且还蕴藏着不少珍贵的野生动植物资源。东北虎、紫貂、熊、麝、梅花鹿、猞猁、狐等珍稀动物即活动于其中。东北三宝人参、貂皮、鹿茸角在世界上其他地方已绝迹,东北仅存的原始森林是它们最后的“故乡”。东北还有四野味:熊掌、飞龙、麒面、猴头,都是长白山和小兴安岭的特产。大面积湿地沼泽、悬殊的气候变化、茂密的森林环境使东北成为各种禽兽的栖息地和迁徙的中转站。此外,在三江平原等沼泽湿地还栖息着丹顶鹤、野天鹅等珍贵美丽的禽类,大连还有著名的蛇岛及老铁山候鸟景观等。

四、名胜古迹众多

东北旅游区历史遗迹丰富,上至春秋、下至清代的历史古迹都有,尤其以渤海国、高句丽国、辽、金、明、清时的遗迹比较丰富。以清代遗迹保存最完整,而且数量众多,开发利用价值最好。著名的古迹有清关外三陵、沈阳故宫和长春伪满皇宫等,是研究清史的实物资料。此外,还有我国现保存最为完整的古城之一的明代宁远卫城。

本区有国家历史文化名城4座:沈阳、哈尔滨、吉林、集安;有国家重点风景名胜区11处:大连海滨—旅顺口风景名胜区、金石滩风景名胜区、鸭绿江风景名胜区、鞍山千山风景名胜区、本溪水洞风景名胜区、凤凰山风景名胜区、八大部—净月潭风景名胜区、松花湖风景名胜区、镜泊湖风景名胜区、五大连池风景名胜区等。吉林长白山自然保护区已加入联合国组织的世界自然保护区网,成为世界永久保护区。海上大连被评为中国旅游景点五美之一,长白山天池被评为中国旅游五奇之一,雾凇景与桂林山水、昆明石林、长江三峡并称为中国四大自然奇观而享誉海内外。黑龙江五大连池自然保护区(保护近期火山喷发形成的火山遗迹和自然风景等)、黑龙江扎龙自然保护区(以保护珍贵水禽丹顶鹤为主)、吉林向海和莫莫格自然保护区(以保护丹顶鹤为主),都是知名度较高的旅游景区,中外游客慕名纷至沓来。

五、民族风情

东北是我国少数民族聚居地之一，有满族、朝鲜族、蒙古族、鄂伦春族、鄂温克族、赫哲族等。每个民族都有自己的独特风俗习惯，如赫哲族的渔猎文化、鄂伦春族和鄂温克族的游猎风情等。各少数民族善良纯朴的民风，神奇的风俗习惯，形成了丰富多彩的民族风情，成为东北社会旅游资源中亮丽的一笔，对游客形成极大的吸引力。

满族源于女真人，现有300多万人，以辽宁最多。满族“国语骑射”，即提倡讲满语，骑马征战。满族女子穿长衫，着绣花鞋，很有特色，由此演变的旗袍成为具有东方神韵的我国妇女代表性服装。民间流行大秧歌舞，注重礼节，行“请安”礼，但现在大多与汉族风俗差不多了。朝鲜族有170余万，以吉林延边最为集中。朝鲜族能歌善舞，有长鼓舞、扇子舞、顶水舞等，体育活动也很有特色，除足球、溜冰外，还喜爱摔跤、跳板、荡秋千等活动。赫哲族人只有800人，是我国人数最少的民族之一，以渔猎为主。赫哲族喜欢在衣物上绣上各种美丽的云纹、几何图案、花草鸟兽等，构图粗犷，美丽大方。赫哲族主要分布在黑龙江省东部同江、抚远、饶河等地沿江一带。

东北由于地理因素、文化的发展，构成了以纯朴、憨直为代表的关东文化。关东文化是由土著文化（农耕文化、游牧文化、狩猎文化和渔猎文化）、中原文化和外国文化融合而成的，形成林海雪原中的游猎风情、乌苏里江上的渔猎风情和乡土气息醇厚的民间艺术，如载歌舞为一身的“二人转”艺术形式突出体现了东北人的直率、豪爽的心理气质，地方特色鲜明，独具北国风采的冰雕艺术等都是关东文化的瑰宝。

阅读资料：多元文化复合的民俗风情

1. 独具北国风采的冰雕艺术

吉林市利用天然的雾凇景观成功的创办了雾凇节。哈尔滨人则充分利用松花江晶莹透明的冰资源作材料，运用雕塑技艺，加工成多姿多彩的艺术雕塑，并将其组合成气势恢宏的冰建筑。栩栩如生的人物、鸟兽小品，辅以五彩缤纷的灯光，构成晶莹剔透、独具北国特色的冰雪园林。

哈尔滨自清代起就有制作冰雕、冰灯及冰塑的传统，但每年定期地展出雄伟壮观的大型冰雕艺术群还是始于1973年，现每年1～2月松花江畔的兆麟公园就成了欣赏冰雕艺术的神奇殿堂，参加制作冰雕艺术作品的不仅有我国冰雕艺术家，还有来自世界其他国家的杰出同行。自1983年起，在举办冰灯游园活动期间，哈尔滨又创办了冰雪节，增加了丰富多彩的冰雪体育娱乐活动，吸引了国内外大量游客，变寒冷的冬季为旅游热季。

2. 东北乡土气息醇厚的民间艺术

“二人转”是东北土生土长并受到广大群众尤其是当地农民欢迎的一种艺术形式。它起源于民间歌舞“大秧歌”，至今已有200多年的历史。表演时常常以叙事为中心线索，每当叙述到具体人物时，演员则必须深入到各种角色去找代言，即演员“又说又扮，分包赶角”，他既是角色，又存在本身的自我意识，随时与观众的感情息息相通。其舞源于大秧歌，又可随时汲取古今中外的各种舞蹈，甚至现代的“迪斯科”。这种艺术虽有些粗糙，但却适合关东农民的欣赏情趣，能表现他们直率、豪爽的心理气质，地方特色特别突出。

3. 林海雪原中的游猎风情

生活在大森林中的鄂伦春、鄂温克民族，狩猎经验十分丰富，他们对各种野兽的习性和生活规律了如指掌，判断野兽行踪的能力令人惊奇，他们能用桦树皮作的鹿哨捕鹿群，用狍哨诱杀狍子，他们吃兽肉穿兽皮、骑烈马、坐驯鹿拉的雪橇，生活充满了洪荒时代的山野乡味。每当他们结束一天林中追逐奔波之后，便围绕篝火烧烤猎物，吃肉喝酒，兴致起时则唱起豪迈的狩猎歌，跳起剽悍的"哈莫舞"，并伴以"哈莫！"、"哈莫！"的吼声，把骁勇浪漫的心理气质表现的淋漓尽致。

4. 乌苏里江上的渔猎乐趣

长期劳作在乌苏里江上的赫哲族人，是我国少有的靠打鱼为生、使用狗拉爬犁的民族，人口仅800多人，是我国人口特别少的民族之一。世世代代的水上劳作，使他们对各种鱼类的习性有惊人的洞察能力，能根据鱼在水中游动的波纹，判断水下鱼种和鱼的行为，叉鱼技术举世罕见，冬季凿冰洞下铃铛网捕鱼的巧妙方法，也有奇趣。

第二节 各省(市)重点旅游线路、旅游景区(点)、中心城市

一、黑龙江省

(一)黑龙江概况

黑龙江省，简称黑，省会哈尔滨市。位于我国东北边疆，我国国土的最北端和最东端皆在该省境内，东、北部与俄罗斯有长约三千千米的边界线，该省以边境大河黑龙江而得名。全省面积约45.4万平方千米，人口3672万，有汉、满、朝鲜、蒙古、达斡尔、鄂伦春、柯尔克孜等49个少数民族，保留着各自独特的民族语言、文化传统和生活习惯。

黑龙江省版图轮廓恰似一只天鹅，境内山河壮美，旅游资源丰富，有国家历史文化名城1座——哈尔滨市，国家重点风景名胜区两处——镜泊湖风景名胜区和五大连池风景名胜区，国家重点自然保护区9处——扎龙、丰林、凉水、洪河、东北黑峰、呼中、牡丹峰、兴凯、五大连池等，国家森林公园20余处。其中扎龙自然保护区和丰林自然保护区已被联合国教科文组织分别列入《国际重要湿地名录》和"国际人与生物圈保护网"。

黑龙江省气候旅游资源发达，有冬季冰雪资源、夏季避暑资源、边境旅游资源、丰富多样的工农产业资源、特殊生态景观资源等。哈尔滨太阳岛、齐齐哈尔明月岛等都为消夏避暑胜地；冬季冰雪旅游资源丰富，哈尔滨市每年冬季均举办冰灯游园会和冰雪节，冰雪体育运动丰富多彩。

(二)旅游线路

1. 冰雪风光游

哈尔滨——玉泉——乌吉密——亚布力——镜泊湖

哈尔滨——桃山——朗乡——带岭

2. 边境跨国游

绥芬河(或东宁)——符拉迪沃斯托克(俄罗斯)

黑河(逊克、呼玛)——布拉戈维申斯克(俄罗斯)

佳木斯——同江——抚远——哈巴罗夫斯克(俄罗斯)

3. 疗养度假游

哈尔滨——黑河——五大连池

4. 特种专项游

狩猎观鸟:桃山——连环湖——扎龙

蒸汽机车观赏:哈尔滨——南岔——朗乡——五营

5. 天然奇景游

镜泊湖——扎龙自然保护区——五大连池——漠河

6. 都市风光游

齐齐哈尔——哈尔滨——牡丹江

(三)旅游景区(点)

1. 扎龙自然保护区

扎龙自然保护区位于齐齐哈尔市东南,为中国第一个大型水禽自然保护区,国家重点自然保护区,并被列入《国际重要湿地名录》,是全国最著名的鸟类观光胜地。面积约21万公顷,大部分地区为沼泽芦苇丛和草甸草原,有丰富的水生植物和鱼类资源,是丹顶鹤等水禽栖息繁殖的理想场所,被称为"鸟的乐园"。目前世界上有15种鹤,我国有9种,这里就有6种,另外还引进饲养5种,共11种,总计有500多只,被称为"丹顶鹤的故乡"。夏季湖水清澈,苇草丛生,鱼虾丰盛,栖息各种珍禽不下百余种,故又有"百鸟园"雅称,现建有"观鹤楼",

每年5~8月为观鸟黄金季节。

2. 镜泊湖风景名胜区

镜泊湖风景名胜区是国家重点风景名胜区,位于宁安市南部松花江主要支流牡丹江上游,是以镜泊湖为中心的风景名胜区,包括镜泊湖、吊水楼瀑布、地下森林和熔岩洞穴等。

镜泊湖是距今一万年前火山喷发的玄武熔岩阻塞牡丹江形成,是我国最大的火山堰塞湖。湖面95平方千米,最深62米,素以少人工雕琢,矫健、朴实、大方的天然景色闻名。湖区有大孤山、小孤山、珍珠门等镜泊八景,湖中的岛屿如同散落的翡翠,郁郁葱葱,湖四周峰峦叠翠,怪石林立。湖的北端水越堤而形成吊水楼瀑布,湖水飞泻到深潭中,高数十米,声如巨雷,几里外就能听见,飞溅的水珠在阳光下闪着五彩霞光。湖畔的群山密林中生长着松、椴、桦等百多树种。湖区景色绝佳,白云蓝天,青山绿水,交相辉映,构成优美的天然图画。

吊水楼瀑布,系湖水北流漫过熔岩裂口跌落而成。瀑布宽40米。,落差约25米,为我国著名瀑布。吊水楼瀑布、黄果树瀑布和壶口瀑布被誉为"中国三大瀑布"。

镜泊湖最神奇的景观是"地下森林"和"熔岩隧道",它们都是奇妙的火山造型地貌。火口森林,俗称地下森林,位于镜泊湖西北50千米处的张广才岭南坡。地下森林由7个火山坑组成,分布在长50千米、宽5千米的地带上,是因火山喷发活动停止后火山顶部塌落形成内壁陡峭的火山,经过漫长岁月从火山口内生出茂密丛林而得名。游人登上山顶会看到许多深坑,这是当年的火山口,向下俯瞰,好像森林被踏于脚下,最大的火山口直径有500米,深百米,树木随地势逐渐升高,最终与火山口上缘平齐,甚是壮观,林中还生长有人参、沙参、五味子等中草药。其形成原因是火山停止喷发后,火山口形成内壁陡峭的深坑,坑内水分充足,土壤肥沃,逐渐长成茂密的森林,成为罕见的火山地貌。地下森林不仅植被茂密,而且野生动物众多,现已被辟为国家森林公园。

在其东南熔岩台地上留有火山作用的又一珍品——熔岩隧道,形成于距今4000~8000年间,由于几座火山同时喷发,大量炽热的岩浆底部、顶部首先凝成硬壳,内部形成岩浆暗流,火山活动变弱后,由于岩浆源枯竭形成巨大的地下空洞即熔岩隧道。已发现的隧道长的可达

500 米，洞壁流动构造显著，顶部密布下垂欲滴的熔岩钟乳，侧部是形态各异的熔岩帷幔，底部平而不滑，熔岩绳、熔岩波、熔岩花铺展有序，景观富丽堂皇更胜于石灰岩溶洞。

3. 五大连池风景区

五大连池位于黑龙江省德都县境内，是国家重点风景名胜区，为山、水、森林相依的火山地质自然风景区。风景区由 14 座火山锥、五大连池（湖）、矿泉和熔岩地貌组成，兼有山秀、石怪、水幽、泉奇四大特色。

五大连池火山群是我国近代火山的最主要分布区，有火山湖、火山锥、熔岩景观等各种火山地貌，故有"火山博物馆"之称，1980 年成为我国第一个火山自然保护区。五大连池的形成是由于火山喷发的熔岩流入白河河谷，堵塞河道，形成五个南北相连的串珠式湖泊，湖水最深 12 米，最浅池仅 1 ~2 米，水色发黄。五池镶嵌于火山群中，格外明媚；熔岩景观如龟似塔，神态各异；更有温泊云雾、三池冰裂、桦林沸泉等景点，成为融火山地貌与水、森林于一体的特殊自然景观。

火山喷发时的熔岩，在流淌过程中，由于所经地面状况不同，凝固时间不一，形成了熔岩地貌景观，或似巨蟒、怪兽，或似海浪、飞瀑，形象逼真，保存完好，为少见的火山地质地貌，有"天然火山博物馆"之称，已被列为我国重要的火山地质保护区。14 座火山中老黑山和火烧山是 200 年前喷发的近期火山，火山地貌最为完整。最低的一座是药泉山，海拔 350 米，火山口形状依稀可见，草丛中到处散落着火山喷发物——火山浮石，火山熔岩流体宛如黑石巨龙，留有数十座喷气锥，形成石塔群，千姿百态。火山喷发引起地壳变动，使地下水矿化，形成不少矿泉，人称"药泉"，具有止痛、安神作用。光药泉山下就建有疗养院近 80 座，为休闲度假、疗养保健的佳处，也是我国最大的碳酸盐矿泉疗养胜地。

（四）中心城市

1. 哈尔滨市

哈尔滨市为黑龙江省省会，国家历史文化名城，位于松花江畔。哈尔滨夏宜避暑，冬宜观冰灯和开展冰上运动，是我国有名的冰城，同时也以独具特色的西方早期建筑众多而闻名。市区旅游景点众多，兆麟公园是展示冰雕艺术、开展冰灯游艺活动的场所；中央大街是哈尔滨市主要商业街，还保存着样式各异的欧式建筑。

（1）异国情调

哈尔滨原为一个普通渔村，1898 年沙俄以此为基地修建铁路，后又曾被日、美、英、法等列强占领，至今市内尚存许多当时建造的东正教堂（拜占庭式建筑）、基督教堂（哥特式建筑）等典型的欧式建筑，中央大街有圣索菲亚教堂及南冈秋林公司一带的俄式建筑，异国情调十分浓厚，有东方莫斯科之称。

（2）冰雪活动

哈尔滨风景秀丽，每当隆冬季节，满城银装素裹，松花江封冻长达 5 个月，有"冰城"美誉。自 1985 年创办每年元月 5 日开始为期 1 个月的"哈尔滨冰雪节"至今，已由冰灯游园会发展到冰雕、雪雕艺术创作和精品展览、冰雪文艺会演、冰雪体育活动，乃至冰雪旅游度假等形式多样、内容丰富的综合性冰雪旅游。

每年 1 月 5 日起，哈尔滨举办历时一个月的"冰雪节"。其中设在兆麟公园的冰灯游园会尤其引人入胜。哈尔滨冰灯是松花江天然冰块与传统花灯艺术的和谐结合物。夜幕降临时，华灯齐放，整座公园犹如一座五彩缤纷、玲珑精巧、晶莹剔透的水晶宫。此时亦是冰上运动的黄金季节，市内冰场星罗棋布,松花江上冰橇、冰帆别具风格,冬冰运动更构成一道独特的风景。

从哈尔滨向北和向东 200 千米半径范围内,有浩瀚的林海,有海拔高度不大、山地高差适中、坡缓连绵的山地和纵横交错的河流,风光独具特色,适合开展冬季冰雪旅游活动。其中,五常凤凰山将建成能承办冬季运会的大型滑雪度假村;尚志县亚布力滑雪旅游度假区是我国第一家按国际标准提供综合服务的大型滑雪旅游度假区;海林"中国雪乡"为解放军滑雪训练基地,是冬夏皆宜的大型旅游度假区;宾县二龙山龙珠滑雪场以及玉泉山和桃山冬季狩猎场等,都是极具潜力的冬季冰雪旅游活动基地。

小知识:亚布力旅游滑雪度假区

亚布力旅游滑雪度假区位于哈尔滨亚布力镇,处哈尔滨市与牡丹江市之间。它集滑雪、度假、康体休闲、观光、娱乐为一体,是最具综合性的国家级滑雪旅游基地。它配备有高山、跳台、越野和自由式 4 个滑雪场,并有相应索道,滑雪季节从 12 月至次年 3 月。1996 年 2 月,亚洲冬季运动会的滑雪项目在这里举行。

(3)避暑疗养

每当夏季,这里平均气温仅 21℃ ~22℃,气候宜人,阳光充足,又成为全国著名的"夏都",成为会议旅游和避暑度假的胜地,一年一度的"哈尔滨之夏音乐会"更是令人向往。松花江中的太阳岛,绿柳浓荫,百花争艳,更是国内外旅游者所向往的旅游和疗养胜地。

小知识:太阳岛

太阳岛位于松花江主航道北侧,与哈尔滨市区隔江相望,被称为哈尔滨的"掌上明珠"。岛上具有迷人质朴的自然美景和野味极浓的原始风情。夏天,这里气候宜人,花草缤纷,游人如潮,绿水白帆间,游人戏水畅游,轻舟荡波,方阁、太阳湖、太阳山融成一幅秀美的画面,使得太阳岛成为著名的避暑消夏胜地。冬天,江面一片雪白,可乘冰帆雪橇尽情玩耍,岛上银装素裹,蓝天玉雕雪塑,构成一幅壮观的北国风光图。

2. 大庆市

全国著名的石油城。大庆石油文化公园是以湿地生态风光为背景,以世界石油文化为主旋律,对旅游者进行石油文化科普教育,集观赏性、娱乐性和科普性于一体的大型主题公园。

3. 齐齐哈尔市

齐齐哈尔市坐落于嫩江中游东岸,是全国有名的重型机器和机车车辆制造中心;在自然景观上为著名的北国江城。市区西北嫩江中的明月岛,面积 760 公顷,夏日岛上绿树成荫,环境幽静,并有万善寺古建筑,是著名的风景胜地。地处市区东部的扎龙自然保护区,是著名的鹤乡。

4. 漠河村

漠河村即北极村,位于漠河县北境黑龙江南岸七星山麓。地处北纬 53°以北,是我国最北部的边境小镇。它以夏季"白夜"、冬季严寒、极光、金矿、原始森林而著名。气温最低时达到 -53℃,有我国的"寒极"之称。夏至前后,昼长夜短,几无黑夜,因此有"不夜城"之誉。这里还可以观赏到"极光"。北极光在我国吉林、内蒙古、新疆等地均有所见,但大多几年或十几年才出现一次。而漠河每年出现一次,持续时间可达两小时,景色瑰丽而神奇。近年来,每到夏至日都要举行"中国漠河北极极光节"。

二、吉林省

(一)吉林概况

吉林省,位于东北地区中部,东南部与朝鲜、俄罗斯交界,北、西、南分别与黑龙江、内蒙古、辽宁接壤。吉林省以境内吉林城得名,省会长春市。全省地势东南高西北低,依次为山地、丘陵、平原。主要山脉为长白山,主峰白云峰(白头山)海拔2691米,为东北地区第一高峰,长白山区素以"林海雪原"著称。气候以冬季长而寒冷、夏季短而温暖为特色。河流多,但以松花江水系为主,不少河流以长白山地为源;湖泊以松花湖最大,西部有月亮泡、查干泡、大布苏泡等平原湖泊。工农业堪称发达,电力、化工、汽车制造、水稻和玉米生产在全国具有很高地位。

吉林省现有历史文化名城两座:吉林市、集安市;国家重点风景名胜区两处:八大部—净月潭风景名胜区,松花湖风景名胜区;全国重点文物保护单位4处,长白山自然保护区、向海自然保护区已被联合国教科文组织分别列入"国际人与生物圈保护网"和《国际重要湿地名录》。

吉林省冰雪旅游资源丰富,松花湖、长白山等地均辟有滑雪场、滑冰场。吉林省的雾凇在国内具有很高知名度,每年元月都要举行盛大的雾凇冰雪节。

吉林省是"关东三宝"——人参、貂皮、鹿茸的主要产地,素有"人参之乡"之誉。

(二)旅游线路

1. 雾凇冰雪之旅

长白山冰雪旅游线:登山观日出——长白山天池——瀑布——高山滑雪——朝鲜族民俗风情——冬令营活动

吉林市冰雪风光旅游线:观赏雾凇——北大湖雪场——陨石博物馆——北山公园——观三灯(彩灯、冰灯、河灯)

2. 古迹遗迹之旅

伪满遗迹旅游线:伪满皇宫博物院——伪满关东司令部——伪满新皇宫——文化广场——伪满国务院陈列馆——伪满八大部

叶赫那拉古迹旅游线:山门风景区——叶赫满族民俗旅游区——二龙湖风景区

3. 吉中古迹新貌与秀水寒冰之旅

伪满皇宫——净月潭——长影世纪城——松花湖

4. 长白山水与民族风情之旅

通化——集安——长白山——延吉——珲春

(三)旅游景区(点)

1. 长白山旅游区

长白山号称"东北第一山",是一座充满着梦幻般神秘色彩的名山。位于吉林省东南边陲,在我国一侧的主峰是白云峰,海拔2691米,是中国东北最高峰。长白山是一座天然的植物园,素有"自然博物馆"的美誉,是进入国际"人与生物圈"保护区网的自然保护区。这里有红松、云杉、水曲柳等经济树木80多种,人参、党参、黄芪、天麻、五味子等名贵药用植物300多种。长白山又像一座野生动物园,原始森林中有兽类50多种,鸟类200多种,其中名贵动物有:紫貂、水獭、猞猁、东北虎等。长白山独有的"沉底木"、"水漂石"令人不可思议,堪称一绝。它以独特的火山地貌、秀丽的天池风光、壮丽的长白瀑布、茂密的原始森林、丰富的珍惜物产"长白三宝"吸引着海内外游客。

长白山天池及其周围地区,是松花江、鸭绿江、图们江三江之源。天池是火山喷发后形成的火山口,逐渐积水成湖,称为火口湖。天池水面海拔2189.7米,最深处达373米,为我国最大最高最深的火口湖，水质无色、无味，洁净透明。天池是长白山最引人注目的风景，这里碧波映林海，群峰竞争秀，景色迷人。

天池瀑布，又名长白瀑布。天池之水从海拔 2070m 处断崖跌落，形成如五龙飞天的 68m 高的长白瀑布。长白瀑布落入深潭，涌入二道白河，同长白温泉汇合北流，形成了松花江的正源。

长白山是一座年轻的休眠火山，地热资源丰富，温泉众多。长白山温泉，位于天池北侧，为温泉分布集中地带，面积达 1000 多平方米。二道白河从温泉群中穿过，右岸泉口比较集中，约有三十多个，左岸只有五处。泉水水温在 60℃ ~80℃之间，含有大量的硫化氢和多种微量元素，具有较高的医疗价值，是沐浴和疗养的理想场所。这里一年四季都因温泉而美丽，春天草木提前萌芽，秋天推迟凋谢，冬天山上披上了银装，这儿依旧泉水叮咚，热气沸腾。此外还有梯云温泉、抚松温泉、长白十八道温泉、安图药用泉等，形成了庞大的温泉群，并建立了温泉疗养院，使游人“飞尘浴后一身轻”。

2. 松花湖风景名胜区

位于吉林省吉林市东南，松花湖风景区分为 10 个景区，面积约 700 平方千米，为国际重大风景名胜区。松花湖为丰满水电站大坝拦截江水形成的人工湖，湖区内水面辽阔，植被繁茂，林相丰富，气候宜人。骆驼峰、北天门、五虎山、卧龙潭、石龙壁等景区湖光山色秀美壮丽，适合开展水上、冰上、山上多种游览观光、休憩活动。冬季沿江十里长堤上的冰雪树挂景观，为国内罕见，是本风景区一大特色。区内冰雪资源独具优势，青山雪场景区是我国高山滑雪运动基地。松花湖内有 48 种鱼类和其他水族生物，茫茫林海栖息生长着约 140 种野生动物和 160 种野生经济植物，出产“东北三宝”。还有“西团山文化”、原始公社遗址等历史古迹。

3. 八大部—净月潭风景名胜区

位于吉林省长春市境内，由伪满洲帝国傀儡皇帝宫殿、伪国务院及其下属“八大部”等历史建筑和山青水秀的净月潭自然风光组合而成，面积 151 平方千米。这里也是一种类型的历史纪念地，通过实物使人们了解中国这段灾难历史，从中得到教育。伪皇宫位于城区东北部，兼具中西和日式建筑风格，宫殿分内外两庭。外庭主要有勤民楼、怀远楼、嘉乐殿；内庭主要有缉熙楼、同德殿，还有御花园、书画库、跑马场等附属建筑，为省级重点文物保护单位。伪皇宫现已被辟为伪满洲国皇帝陈列馆，是进行爱国主义教育和历史教育的极好场所。净月潭位于市区东南，分为潭北山色、潭南林海、月潭水光和潭东村舍四个景区，水景为主，山村衬托，植被丰富，有大片森林、山花、药用植物以及脊椎动物 82 种，鸟类 60 多种。山村中有金代古墓 2 处。

4. 电影城

长春电影制片厂是著名的电影城，是我国最早向旅游者开放的电影制片厂。它是一座集世界上最先进的各种特效电影于一身的公园，也是我国首家将电影制片工业与旅游业相结合的电影主题公园，堪称东方好莱坞，是借鉴美国好莱坞环球影城和迪斯尼游乐园的精华建造而成。可参观道具陈列馆、电影一条街外景场、特技摄影棚、电影艺术家蜡像馆、先睹馆（放映新片）等。

（四）中心城市

1. 吉林市

吉林市是满族发祥和聚居地之一，满语原名为吉林乌拉，意为沿江的城市。由于其城区濒临松花江，风光别致，素有“北国江城”之称。自然风光以山水雾凇景观为特色。吉林市松花江畔是观看雾凇景观最好的地点，每年出现近60天，成因是严冬温度较高的松花江水蒸发，遇到两岸很冷的树枝，在上面凝结而成。吉林雾凇为中国四大自然奇景之一，为此，一年一度的“中国吉林雾凇冰雪节”及其雾凇冰雪文化便成为了吉林旅游产品中的一绝。2001年1月2日在吉林市所举办的“吉林国际雾凇冰雪节”更是盛况空前，吸引了万余名中外游客和10余个国家的驻华使节及60多个经贸活动团组，接待境内外投资客商近千人次。

本市其他景点还有展出世界最大陨石的吉林陨石陈列馆、北山公园等。在第二松花江上有风光秀丽的松花湖，这里有我国高山冰雪运动基地，著名的青山滑雪场。

2. 长春市

长春是吉林省省会、东北著名的文化和旅游城市。城区绿地覆盖率达29%，居全国大城市之冠，有“森林城市”的美誉。长春还被誉为“汽车城”、“电影城”。半个世纪前，长春曾是伪满洲国的首都“新京”。长春主要名胜古迹有：伪满洲国皇宫、伪八大部和净月潭森林公园。伪皇宫位于城区东北部，宫殿分内外两庭。净月潭位于市区东南部，湖光山色，村舍田园，风光明媚秀丽，已辟为国家级森林公园，具有突出的北国特色森林景观，春踏青，夏避暑，秋赏红叶，冬观雪景，无时不美。伪满洲国末代傀儡皇帝宫殿，伪国务院及其下属“八大部”等历史建筑与山青水秀的净月潭共同组成了净月潭—“八大部”风景名胜区。

3. 通化市

通化市位于吉林省南部浑江江畔，东临长白山。这里气候冬长夏短，冬季积雪达40厘米，每年的11月末到翌年的4月初，是冰雪运动的理想之地，素有“滑雪之乡”之称。这里开辟了多家滑雪场，每年冰雪厚积时，都有不少游人前来一试身手，由于这项体育活动极富刺激性和冒险性，因此吸引了大批青年游客。同时，通化也是一个条件优越的冰雪运动训练基地。通化城区山清水秀，风光绮丽，是座著名的旅游城。登市中心的玉皇山，山下一江碧水，对岸山冈上是靖宇陵园。

通化是“关东三宝”——人参、貂皮、乌拉草的主要集散地之一。游览通化，可参加神秘的“人参之路”旅游。

4. 集安市

集安是中国历史文化名城，位于省境东南部的鸭绿江畔，与朝鲜一江之隔，风景秀丽，有“东北小江南”之称。集安原是我国古代少数民族高句骊的都城（公元3年至427年），现在仍为保留高句骊文物古迹最多的地方。八面石刻和近万座高句丽墓组成的洞沟古墓群以及军事城堡霸王山城等，都极具历史价值。其中以“东方第一碑——好太王碑”和“东方金字塔——将军坟”最为著名。城东北的好太王墓碑建于公元414年，碑文记载了高句骊神话般的起源，歌颂了好太王的文治武功业绩。城东的将军坟是一座雄伟的高句骊王陵，坟由七层巨石修砌而成，呈截尖方锥体，号称东方金字塔。城西北的丸都山城是高句骊的都城，山城周长7千米，高达6米，城垣用方整石块垒砌，为全国重点文物保护单位。市北的五女峰集中了26座高峰，其中海拔1000米以上的就有17座，森林覆盖率达95%，已辟为国家森林公园。

5. 延吉市

延吉市位于省境东部，延吉盆地中央，为延边朝鲜族自治州首府。这里是我国朝鲜族的主要聚居区，民族风情浓郁，游延吉可体验朝鲜民族风情。朝鲜族能歌善舞，以“长鼓舞”、“扇子舞”、“顶水舞”最为著名。其大众化体育运动如摔跤、跳板和荡秋千独具风情。延吉市周边有古东夏国的都城城山子山城、古渤海国都城敖东城、渤海国前期王族墓地六顶山渤海墓群等古迹；也是冬季冰雪旅游的理想之地，在2002年的延边长白山国际冰雪旅游节推出了“雪谷温泉、冰雪天池、森林雪松、林海滑雪”四个旅游精品项目。

6. 珲春市

珲春市位于吉林省东端的中、朝、俄三国交界处的图们江三角洲上，北临俄罗斯远东地区，南接朝鲜半岛，东与日本隔海相望。珲春水环山绕，景色宜人，有“仙峰云笠”、“龙泉灵境”等著名珲春八景。最吸引游人之处是能“昼看三国河山貌，夜闻三国鸡犬声”的边陲小村——防川村。

三、辽宁省

（一）辽宁概况

辽宁省位于中国东北地区南部，南邻黄海、渤海，东南与朝鲜半岛一江之隔，离日本也不远，对外联系十分方便，总面积14.59万平方千米，省会沈阳。辽东半岛伸入渤海与黄海之间，使本省称为东北三省中唯一的沿海省份。山地、丘陵分列东西，中部为平原。自然景观以温带—暖温带大陆性季风气候和以温带—暖温带落叶阔叶林、草原为主的自然景观为主，但非地带性分异明显，可形成各种旅游环境。本省是全国著名的重工业基地，并有发达的城市群和海陆空立体交通网络，为现代旅游业提供了良好的物质基础。

辽宁省旅游资源丰富，以山水风光和前清史迹为主要特色，有国家重点风景名胜区7处，国家重点自然保护区9个，国家森林公园17座，国家历史文化名城1座——沈阳市。另外，辽宁省是清王朝开国发祥之地，留下众多清朝遗迹。该省旅游的最大特色是各地每年都举办丰富多彩的旅游节庆活动，如大连国际服装节和赏槐节、沈阳冰雪节、木溪枫林节、丹东凤凰山节、抚顺满族风情节等。

（二）旅游线路

1. 山水风光线

沈阳——鞍山——营口——葫芦岛——锦州——阜新

沈阳——本溪——丹东

2. 冰雪风光线

大连——沈阳——吉林——哈尔滨

3. 休闲度假线

（1）大连金石滩——西郊度假村——冰峪度假区——仙人岛度假区——营口白沙湾——仙人岛——月牙湾——望儿山——双台子温泉度假村——鞍山——沈阳辉山——本溪水洞——汤沟温泉

（2）沈阳——锦州笔架山——葫芦岛

4. 中朝跨国旅游线

沈阳或大连——丹东——平壤——开城——妙香山——金刚山

5. 清前史迹和清帝东巡线

（1）北京——山海关——葫芦岛——锦州——沈阳——抚顺——辽阳——大连

（2）北京——承德——朝阳——北宁——沈阳——新宾——沈阳

6. 滨海风情名胜旅游线

兴城——大连——旅顺口——金石滩——庄河冰峪沟——丹东——鸭绿江——凤凰山

（三）旅游景区（点）

1. 大连海滨 — 旅顺口

位于辽宁省辽东半岛南端、东临黄海、西濒渤海，包括大连海滨与旅顺口 2 个景区，为国家级重要风景名胜区。风景区由棒棰岛、石槽村、老虎滩、燕窝岭、秀月峰、付家庄、金石滩、白云山、南大亭、星海湾、黑石礁等 11 个风景小区组成，45 千米长的滨海公路将其连成一体，陆域岛屿面积 105 平方千米。大连海滨景区位于大连市东南部，海岸线长达 30 千米，以蓝天、碧海、青山、岛屿、礁石、沙滩为主要特色。这里依托城市，是国内外旅游度假、避暑、文化娱乐以及进行体育和科普活动的理想之地。旅顺口是我国历史上的海上门户，地形雄险壮丽、留有众多古迹，以山、海、礁、岛等自然景观和历史文化古迹，以及近代自然遗迹组成的景观为特色。这里有著名的天然良港旅顺口，有被称为自然奇观的蛇岛、鸟岛以及大量近代战争遗迹。后者包括有中国近代史上记载中日甲午战争和日俄战争以及日本侵华战争的各种工事、堡垒等遗迹多处，是进行爱国主义教育的课堂。旅顺口外礁岛星罗棋布，口内峰峦叠翠，自然风光绮丽多彩。

2. 大连星海广场

这座广场位于美丽的星海湾，并由海湾而得名，总面积 4.5 万平方米，是大连自 1899 年建市以来修建的最大的广场。工程于 1997 年竣工，广场的设计充分融合了中国民族传统文化。广场中央设有全国最大的汉白玉华表，高 19.97 米，直径 1.997 米，以此纪念香港回归祖国。

3. 大连老虎滩公园

老虎滩公园位于大连的东南海滨，三面环山，一面临海。石壁上刻“老虎滩”三个字，相传古代一青年将伤人猛虎斩杀于此而得名，虎头化成山，虎牙化为虎牙礁，青年化为巨人横卧海上。园内有松林、浴场和美人鱼、老虎雕刻，海水浴场，以水深礁多著称，开展了潜水专项旅游，吸引了不少游人。还可以乘上游艇出海，饱览大海风光。

4. 金石滩风景名胜区（见右图）

金石滩风景区位于大连金州区内，为国家级风景名胜区，因海滩上遍布五色石而得名。海陆面积约 110 平方千米，由山、海、滩、礁组成。景区拥有海滨浴场和海上石林双绝景色，中部有长 4 千米、宽百余米的大型海滨浴场，另有几十个小浴场掩映于绿树礁林之中，这里海水清澈，水质极好，空气清新，是我国北方最好的天然海水浴场。共有 4 大景区 50 多个景点，龙宫、鳌滩、南秀园等景区各具特色。这里有完整多样的沉积岩，典型发育的沉积构造，丰富多彩的生物化石，是我国北方罕见的震旦系、寒武系地质景观。绵延 20 多千米的海岩线，浓缩了古生代距今约 5 ~ 7 亿年的地质历史，是天然地质博物馆，受到国内外地质学界高度评价。区内有多种奇特海蚀造型地貌，蚀崖、溶沟、石牙、溶洞等形成一个天然的海滨雕塑公园，可供观赏游览，进行地质科考活动。这里已建成为集水上运动、游览观光、海滨休养、科学考察于一体的综合性海滨风景名胜区。

5. 沈阳故宫

沈阳故宫是全国重点文物保护单位，为清太祖努尔哈赤于清天命十年（公元 1625 年）始建，距今已有 370 多年的历史。初名盛享宫阙，入关后称奉天行宫。占地 6 万余平方米，全部建筑 90 余所，300 余间，组成十几个院落，依自然布局，共分三路，东路（大政殿、十王亭），中路

（崇政殿、凤凰楼、清宁宫），西路（戏台、嘉荫堂、邸熙斋、文溯阁）。其建筑规模仅次于北京故宫，是保存最完整的皇家宫殿古建筑群。沈阳故宫是满汉两族文化交流和融合的体现，是多民族建筑的辉煌成果。

6. 清福陵、清昭陵

盛京三陵为清入关前的三座帝王陵墓，分别为清福陵、清昭陵和清永陵，三陵合称清初三陵或关外三陵。三陵中的清永陵不在沈阳市，位于新宾县，原名兴亨陵，为努尔哈赤的高祖以下四代祖先的墓地。

清福陵亦称东陵，为清太祖努尔哈赤和其皇后的合葬陵。因位于沈阳市城东，故名东陵。清昭陵亦称北陵，为清太宗皇太极和其皇后的合葬陵，是清盛京三陵中最大最完整的一座。因位于沈阳市城北，故名北陵。

7. 千山风景名胜区（见右图）

位于辽宁省鞍山市东南，花岗岩名山，其中最高峰仙人台海拔708米。千山与长白山、医巫闾山并列为东北三大名山。千山的山峰堪称一绝，有峰峦999座，宛如千朵莲花，故称“千华山”。山上林木繁茂，有植物800多种和珍贵的黑鹤等鸟兽近百种。自隋唐以来千山成为佛道两教活动之地，目前尚存祖越、龙泉、中会、大安、香岩等寺观20座，古塔、石碑、题刻等名胜古迹多处，有“东北明珠”之称。千山集山石、园林、寺庙、群峰于一体，以奇峰、岩松、古庙、梨花组成独特的四大景观，自古就有“无峰不奇、无石不峭、无寺不古”的美誉。千山有挺拔秀丽的山峰、古老恢宏的庙宇、蜿蜒而下的溪流、仪态万方的松柏和形态奇特的山石，构成了一处人间胜境。

8. 本溪水洞风景名胜区

国家重点风景名胜区。由水洞、温泉寺、汤沟、关门山、铁刹山、庙后山六个景区组成，沿太子河呈带状分布，总面积42.2平方千米。风景名胜区以本溪水洞为主体，融山、水、洞、泉、湖、古人类文化遗址于一体。本溪水洞位于本溪市东35千米处，为一天然石灰岩充水溶洞，洞内深邃宽阔，现已开发地下河3000米，水流终年不绝，清澈见底，洞中钟乳石千姿百态，泛舟游览，令人留连忘返。温泉寺温泉位于市东20千米处，温泉水温44℃，日涌水量400吨，具有较高医用价值。庙后山古文化遗址，是东北地区旧石器时代早期洞穴遗址，对研究辽东古人类分布和古地理环境具有重要意义。

9. 凤凰山风景名胜区

凤凰山位于丹东市凤城市（县）。南北朝至辽代称乌骨山、屋山、熊山，明代因山顶两石如凤似凰而始称凤凰山，有辽东第一名山之誉，与朝鲜妙香山隔江呼应。最高峰箭眼峰海拔836.4米。凤凰山景点众多，集雄、险、幽、奇、古于一身，荟萃自然风光与人文胜迹之美，素有“自然盆景”之美誉。

10. 鸭绿江风景名胜区

鸭绿江风景名胜区位于丹东市鸭绿江下游浑江口至江海分界处的大龙港之间，江段全长210千米。它有东北最大的水库水丰湖、明长城的起点虎山、抗美援朝凯旋门鸭绿江大桥、鸭绿江入海口东港和太平湾水电站五景点。鸭绿江以水青色绿如鸭头而得名，江面碧水蜿蜒，江中翠岛星罗，沿岸群峦叠嶂，鹤鸟翱翔，江岸平缓，溪洁的沙滩、褶皱奇特的岩壁以及对岸朝鲜风光，风物景观绚丽多彩，是中国著名的观光河段。附近有18000年前古丹东人洞穴遗址、汉代西安平县遗址、万里长城遗址以及现代水电、桥梁、园林工程。

11. 医巫闾山

医巫闾山位于辽宁省北镇市，简称闾山。南北长45千米，周围长约120千米，和长白山、千山并列为东北三大名山。医巫闾山群峰竞秀，山峦起伏，有大小山峰52座，多奇峰怪石。主峰海拔860米，虽不算高，但山体屹立于辽河平原之上，气势非凡，有不少雄峰奇石堪称奇景，如望海山、鹅头峰、大芦花山、十八蹬等。山上广植树木，苍松、翠柏相互掩映，其中不少是古树古木。现存建筑多为清时重建，碑碣和摩崖石刻随处可见。为保护这里的油松阔叶混交林，1981年建立了自然保护区，1987年医巫闾山被定为第一批国家级自然保护区。

（四）中心城市

1. 大连

大连位于辽东半岛南端，濒临黄海、渤海，古属青州，汉武帝时开辟山东至朝鲜半岛的航线，这里始得发展。大连属暖温带海洋性气候，终年温和，受海洋调节气候温暖湿润，最热月7月份平均气温低于25℃，因此夏天并不酷热。

大连之所以闻名，首先在于它拥有迷人的海滨，沙岸海滨便于海浴，岩岸海滨便于观赏景观，两种风貌迥异的海滨大连兼而有之。大连依山傍海，自古有“大连下海，旅顺上山”之美称，市区内建筑整洁，景色秀丽，有“花园城市”的美誉。大连交通便利，是我国北方重要的港口，又是渔业基地，盛产对虾、海参等珍贵水产品，还是我国最大的苹果产区之一，号称“苹果之乡”。大连是我国北方的服装中心，经常举办国际性服装展示会，每年还举办“槐花节”。宜人的气候，秀丽的景色，使大连成为我国著名的疗养、避暑、旅游胜地。大连海滨景区海岸线长达30多千米，蓝天碧海，气象万千，海滨浴场水清沙软，滨海青山、峭壁、峡谷、岛屿各具特色。秀丽的海滨风光每年都吸引大批中外游客来此尽情享受大自然的恩赐。

2. 沈阳

沈阳市是东北地区的最大政治、经济、文化中心，全国著名的综合性工业城市和交通枢纽。国家历史文化名城，已有2000余年历史，现已成为有800多万人口的现代化城市。以沈阳为中心，由鞍山、抚顺、本溪、辽阳等组成的城市群是东北工业区的心脏。沈阳又是辽宁省省会，位于京沈、哈大、沈丹、沈吉铁路的交点上，交通四通八达。

沈阳为满族的聚居地和清王朝的发祥地，故而著名景点均为清朝遗迹。沈阳最早是个边防要塞，汉代建侯城，辽、金时称沈州，元初改名沈阳。1625年，后金努尔哈赤迁都于此，改为盛京。清朝入关后，将沈阳改为“陪都”，因此沈阳的主要古迹多为清代所建，如沈阳故宫、东陵和北陵。

3. 兴城

兴城依山傍海，有“五宝”：古城、温泉、山、海、岛。兴城是著名古战场“宁远卫城”故址。兴城城墙是我国现存古城中保存最完好的一座，同时也是一处不可多见的明清北方平地城。古城始建于1428年，呈正方形，周长3千米，城墙高约9米，城内有鼓楼、魁星楼、文庙等古建筑。古城以东的首山拔地而起，秀木环绕，有古烽火台和朝阳寺古刹等。

兴城温泉储量丰富，可治疗多种疾病，被蒙古族牧民视为“南海圣水”。兴城海滨浴场绵延10余千米，沙细滩缓，潮稳波清，亭台楼阁掩映于绿树丛中，被誉为“第二北戴河”。

菊花岛山石秀美，古树参天，与南边的张山岛和阎山岛、北边的磨盘山岛相映成趣。菊花岛在辽金时代曾是远近闻名的佛教胜地，现在岛上有辽代大龙宫寺、大悲阁、八角琉璃井等古迹。

4. 鞍山

鞍山市坐落于辽东半岛中部，北距沈阳仅98千米，为举世闻名的我国钢铁之城“钢都”；同时也是集自然风光、宗教文化、温泉康复、冶炼历史和满族风情于一体的旅游城市。千山、玉佛苑和温泉，为其三大世界级旅游品牌。

5. 抚顺市

抚顺市位于沈阳东北，浑河南岸，是我国煤都，多种工业发达，为著名煤炭工业城市。抚顺市望花区内有雷锋墓、塑像和纪念馆。抚顺东北有大伙房水库，面积110平方千米，群山环绕，山清水秀。库区内已建成国家森林公园的元帅林和明朝与后金的战争之萨尔浒山。

6. 丹东市

丹东市是我国最大边境城市，位于省境东南部鸭绿江口，隔江与朝鲜新义州相对。市内广植银杏树，居民喜栽杜鹃花，故有“杜鹃花城”美称。鸭绿江畔的虎山为明代万里长城起点；市区东北有九连城旧址；西北郊有五龙背温泉；还有江海分界碑、绥河尖古城遗址、抗美援朝纪念馆等名胜。该市“八五”期间便被列为中国旅游名城。

7. 锦州市

锦州市位于辽西走廊小凌河北岸，是著名的军事交通重镇。城北有辽沈战役烈士陵园，陵园占地面积11.5万平方米，辽沈战役烈士纪念塔和烈士陵墓掩映于苍松翠柏之间，庄严肃穆。城南有建于辽代的广济寺古塔，以此为中心，北有广济寺、昭中祠、天后宫，南有观音阁，形成一组紧凑的古建筑群。解放后，这里辟为锦州市博物馆和辽沈战役纪念馆。

◆复习思考题：

1. 本区发展旅游业最显著的优势有哪些？

2. 本区有哪些著名的风景名胜区？请简略介绍一下。

3. 本区火山熔岩地貌旅游资源富有特色，举例说明。

4. 简略介绍下列旅游中心城市及旅游地：大连市、哈尔滨市、吉林市、五大连池、长白山、镜泊湖、千山。

△ 第六章

京津冀文化旅游区

◎ 学习目标：

1. 知识目标：掌握本区旅游环境特征；掌握本区特色的旅游资源特征；了解和掌握本区各地主要的旅游线路、旅游景区、中心城市。

2. 能力目标：培养学生运用已掌握的知识和能力，根据地区旅游资源特色设计旅游线路。

3. 重　点：掌握区内各省主要的特色旅游资源。

本旅游区位于华北平原北部，包括北京、天津和河北二市一省，东临渤海，西依太行山，南接中原，北连内蒙古高原，面积21.6万平方千米，总人口9300多万。

第一节　区域旅游环境与资源特征

一、地貌类型多样，名山众多

本区地貌类型齐全，有山地、平原、丘陵、海岸等多种类型，包括华北平原、冀北山地和山东丘陵等地貌单元。华北平原，又称黄淮海平原，为山地平原交错区，有孤山、低岗、台地、沙丘等多种地形。滨海平原洼地众多，滦河口以北海岸地带为滨海旅游资源富集地。华北平原拥有众多的历史文化名城和一些重要的大中型旅游城市，文物古迹繁多，城乡风貌各异。冀北山地是华北平原和内蒙古高原的过渡地带。

在太行深处和太行山麓，分布着景色各异的山岳风景区，如集雄、奇、险、野于一体的野三坡，丛林苍郁、危崖耸立的苍岩山，"三栈牵九套，四屏藏入锦"的嶂石岩，"魏武挥鞭，以观沧海"的碣石山等。此外，还有燕山、西山、香山、军都山、云峰山、万寿山等。

二、暖温带湿润、半湿润季风气候典型

本区位于亚欧大陆东部，中纬地带，为典型的暖温带半湿润季风气候，春季干燥多风，夏季炎热多雨，秋季秋高气爽，冬季寒冷少雪，四季分明，冬夏长而春秋短。本区降水量年平均340～800毫米，且多集中在七八月，占全年降水量的70%，降水自东向西递减。

三、四大水系分布全境

北京市区河流比较密集，主要有通惠河、清河、坝河、凉水河四大水系。通惠河是由元代郭

守敬主持挖建的一条漕运河道，一直延用到20世纪初叶。现在的通惠河，一般指从东便门大通桥至通县入北运河这段河道，全长20千米，是北京市主要的排洪干道。凉水河是北京南城区一条主要河流，也是一条排污河道，干流发源于石景山区，流经海淀、宣武、丰台、大兴、朝阳、北京市经济技术开发区、通州等区县，在通州区榆林庄闸上游汇入北运河，是北运河的一条主要支流，全长约68千米，沿途有草桥河、马草河、马草沟、大羊坊沟、萧太后河等支流汇入。凉水河古称洗马沟、桑乾水、莲花河，曾在北京城的建城史上发挥了重要的作用，是辽金两朝最重要的城市供水河道。坝河是一条人工运河，位于北京市东郊，源于东城区东北护城河，自西向东在朝阳区东郊边汇入温榆河，属北运河水系。主要支流有北小河、亮马河和北土城沟等，主河道全长21.63千米。清河因水清而得名，发源于北京市海淀区碧云寺，流经朝阳、昌平，在顺义汇入温榆河，全长23.6千米，主要支流有北旱河、万泉河、小月河及仰山大沟，是北京市北郊及西北部的主要城市排水河道。

四、文物古迹极其丰富

本区作为华夏祖先最早繁衍生存的地区之一，历史悠久，人类活动时间较长，所以境内遍布历史与文化遗迹。

北京，中国七大古都之一，其皇家宫廷、园囿、朝坛及宗教建筑数量较多，且大多保存完好。在众多的名胜古迹如故宫、天坛、北海、景山、颐和园、香山、明十三陵、八达岭长城、周口店古人类遗址及展览馆中，已有六项世界文化遗产，其它的也多属于国际一流的旅游区。旧城是世界上现存规模宏大的完整古城，其南北中轴线上的主要建筑、高大城楼、典型街区、四合院群仍保存较完好，为珍贵历史文化遗产。

天津，中西兼容，古今并蓄，具有独特的魅力。天津拥有众多的文物古迹，其中，蓟县长城历史悠久，以独乐寺为主的宗教遗存也很著名。由于天津独特的地理位置，在历史上，天津一度成为拱卫京师的重要军事基地，所以，与中国近代史有关的旅游景点较多，如炮台是反帝国主义的见证，望海楼与“天津教案”、义和团运动有关，张园曾是孙中山下榻处，南开是周恩来总理的母校。

河北省，是我国的文物大省，位于北京、天津两市的外围，自古即是京畿要地。河北是中华民族的发祥地之一，遗存有大量的“三皇五帝”遗迹，如黄帝城、娲皇宫、伏羲台。邯郸自春秋战国时期就是赵国的都城，延续了158年。满城汉墓群是我国目前保存最完整、规模最大的山洞宫殿，以出土金缕玉衣而闻名世界。自先秦至明代长城多经过本省，更有重要关隘“天下第一关”——山海关。作为清代皇室的“郊游”场所，这里拥有许多清代王室遗迹，如我国最大的皇家园林之一承德避暑山庄，气势宏伟、石雕精美的清东、西陵，我国最大的皇家寺庙群——外八庙，清代皇家游猎的场所——木兰围场。另外，赵州桥在世界桥梁史上占有重要地位，沧州铁狮子被列入“中国之最”，还有南、北响堂山、苍岩山桥楼殿等宗教古迹。

第二节 各省(市)重点旅游线路、旅游景区(点)、中心城市

一、北京

(一)北京概况

北京,地处华北大平原北端,燕山山脉南麓,总面积1.68万平方千米,属平原与山地交界地带。东南部为北京小平原,西部和北部为群山环绕,山地约占全市总面积的三分之二。北京拥有三千多年悠久的历史,地理位置非常重要,金、元、明、清都曾建都于此。1982年北京被国务院列为第一批国家历史文化名城。北京的旅游资源极为丰富,不但拥有众多古代宫殿、皇家园林、坛庙陵宫等历史文化景观,还有许多风光旖旎的自然景观,其古迹之多,园林之美,山水之胜在世界上久负盛名。

(二)重点旅游线路

1. 经典线路

(1)长城游:八达岭长城——水关长城——居庸关长城——司马台长城——金山岭长城

(2)故居游:鲁迅故居——茅盾故居——徐悲鸿故居——老舍故居

恭王府——宋庆龄故居——梅兰芳故居——郭沫若故居

末代皇后婉容故居——蒋介石、宋美龄故居

2. 传统线路

北京——天坛——王府井商业街

天安门广场——人民英雄纪念碑——毛主席纪念堂——故宫——景山——北海

八达岭长城——水关长城——十三陵——奥运会主要场馆

皇城根遗址公园——中华世纪坛

颐和园——香山

恭王府——四合院

3. 自助游线路

老北京胡同自助游:西砖胡同法源寺 ——平安大道段祺瑞执政府——成贤街辟雍大殿——戏楼胡同柏林寺

(三)旅游景区(点)

1. 故宫

故宫位于北京市中心,旧称紫禁城,是明、清两代的皇宫,是世界上现存最大、最完整的木质结构古建筑群,被誉为世界五大宫之首。故宫始建于明永乐4年(1406年),1420年基本竣工,南北长961米,东西宽753米,面积约为72.5万平方米,建筑面积15.5万平方米,一共有9000多个房间。

故宫的建筑依据其布局与功能分为“外朝”与“内廷”两大部分,乾清门以南为外朝,以北为内廷。外朝以太和殿、中和殿、保和殿三大殿为中心,是皇帝举行朝会的地方,也称为“前朝”,是封建皇帝行使权力、举行盛典的地方。内廷以乾清宫、交泰殿、坤宁宫后三宫为中心,是封建帝王与后妃居住之所。宫殿建筑均是木结构、黄琉璃瓦顶、青白石底座,饰以金碧辉煌

的彩画。故宫宫殿均沿一条南北向中轴线排列,三大殿、后三宫、御花园都位于这条中轴线上,并向两旁展开,南北取直,左右对称。这条中轴线不仅贯穿在紫禁城内,而且南达永定门,北到鼓楼、钟楼,贯穿了整个城市,气魄宏伟,规划严整,极为壮观。整个建筑群是我国古代建筑艺术的精华,标志着我国悠久的文化传统,显示出五百多年前匠师们在建筑上的卓越成就。1988 年,故宫被联合国教科文组织列为“世界文化遗产”,现辟为“故宫博物院”,收藏有大量珍贵文物,据统计总共达 1052653 件之多,统称有文物 100 万件,占全国文物总数的 1/6。2007 年,被评为我国首批 5A 级旅游景区。

2. 天安门广场

天安门广场位于北京市中心,南北长 880 米,东西宽 500 米,面积达 44 万平方米,可容纳 100 万人举行盛大集会,是当今世界上最大的城市广场。

历史上,天安门广场曾是封建帝王居住的紫禁城外的一个宫廷广场,一直是普通百姓的禁地。解放后,经过政府的多次设计与改造,拆除了周围的围墙,拓宽了广场,在中央修建了人民英雄纪念碑,广场的西侧修建了人民大会堂,东侧修建了中国革命博物馆和中国历史博物馆(现合称中国国家博物馆),南侧修建了毛主席纪念堂,始成今天的规模与格局。

天安门城楼坐落在广场的北端,建于明永乐十五年(1417 年),原名承天门,清顺治八年(1651 年)改建后称天安门。1949 年 10 月 1 日,毛泽东主席在天安门城楼上庄严地宣告中华人民共和国成立,并亲手升起第一面五星红旗,从此天安门城楼成为新中国的象征,它庄严肃穆的形象是我国国徽的重要组成部分。

3. 八达岭长城

八达岭长城,位于北京市延庆县军都山,是我国古代伟大的防御工程万里长城的一部分。作为明长城的一个隘口,八达岭长城是明十三陵的重要前哨,有“居庸之险不在关而在八达岭”的说法,史称天下九塞之一,是万里长城的精华地段,集巍峨险峻、秀丽苍翠于一体,在明长城中,独具代表性。该段长城地势险峻,居高临下,是明代重要的军事关隘和首都北京的重要屏障。

1953 年修复关城和部分城墙后,八达岭被辟为游览区,成为明长城中向游人开放的最早地段。1986 年被评为全国十大风景名胜之首,1987 年被联合国教科文组织列入《世界文化遗产名录》,1995 ~ 2000 年,共有 300 余名世界各国的国家元首、政府首脑或执政党领袖登上过八达岭长城。2007 年,八达岭长城经国家旅游局正式批准为国家 5A 级旅游景区。

4. 颐和园

颐和园,我国四大名园之一,位于北京市海淀区,是依山就势建造的一座大型天然山水园林。它是目前我国保存得最完整的一座皇家行宫御苑,也是我国现存规模最大、保存最完整的皇家园林,被誉为皇家园林博物馆。

颐和园原是清朝帝王的行宫和花园，前身清漪园，始建于1750年，1764年建成。景区主要由万寿山和昆明湖两部分组成，占地约290公顷，其中水面占四分之三。园内建筑以佛香阁为中心，周围有建筑物百余座、大小院落20余处，亭、台、楼、阁、廊、榭等不同形式的建筑3000多间。其中佛香阁、长廊、石舫、苏州街、十七孔桥、谐趣园、大戏台等都已成为家喻户晓的代表性建筑。园中主要景点大致分为三个区域：以庄重威严的仁寿殿为代表的政治活动区，是清朝末期慈禧与光绪从事内政、外交政治活动的主要场所；以乐寿堂、玉澜堂、宜芸馆等庭院为代表的生活区，是慈禧、光绪及后妃居住的地方；以万寿山和昆明湖等组成的风景游览区。

1961年，颐和园被公布为第一批全国重点文物保护单位。1998年，颐和园以其丰厚的历史文化积淀，优美的自然环境景观，卓越的保护管理工作被联合国教科文组织列入《世界遗产名录》。2007年，经国家旅游局正式批准，颐和园成为国家5A级旅游景区。

5. 明十三陵

明十三陵是明朝皇帝的墓葬群，坐落在北京西北郊昌平区境内的燕山山麓的天寿山，距离北京约五十千米，总面积约120平方千米。明十三陵依山而筑，位于东、西、北三面环山的小盆地之中，形成了体系完整、规模宏大、气势磅礴的陵寝建筑群，是我国乃至世界上现存规模最大、帝后陵寝最多的一处皇陵建筑群。自永乐七年(1409)五月始作长陵，到明朝最后一帝崇祯葬入思陵止230多年间，先后修建了十三座皇帝陵墓、七座妃子墓、一座太监墓，共埋葬了十三位皇帝、二十三位皇后、二位太子、三十余名妃嫔、一位太监。十三个陵寝中，建筑最雄伟的是长陵，结构最精美的是永陵，规模最小的是思陵，风格最简朴的是献陵。长陵是十三陵首陵，是明朝第三位皇帝成祖朱棣和皇后徐氏的合葬陵寝，在十三陵中建筑规模最大，营建时间最早，地面建筑也保存得最为完好。它是十三陵中的祖陵，也是陵区内最主要的旅游景点之一。现长、定、昭三陵和神道四处景点已经对外开放。

建国后，政府先后对景区进行了多次维修，其中包括长、献、景、永、昭、定、思七陵和神道建筑的修葺，并将其作为全国重点文物加以保护。1961年，十三陵被公布为全国重点文物保护单位。1991年，十三陵被国家旅游局确定为“中国旅游胜地四十佳”之一。1992年，十三陵被北京旅游世界之最评选委员会评为“世界上保存完整埋葬皇帝最多的墓葬群”。

6. 天坛

天坛，位于故宫正南偏东正阳门外东侧，是世界上最大的古代祭天建筑群之一，1998年被联合国教科文组织确认为世界文化遗产。天坛始建于明永乐十八年，是我国古代明、清两朝历代皇帝“祭天”“祈谷”之地。

天坛占地272万平方米，有两重垣墙，分内外坛，坛墙南方北圆，象征天圆地方。天坛主要包括祈年殿、皇穹宇、圜丘坛三个景区，其主体建筑建造在南北纵轴上。祈年殿景区主要建筑有祈年殿、皇乾殿、祈年门等。祈年殿高38.2米，内有四根通天柱、中层十二根红漆柱、外层十二根红漆柱、大殿上方8根童子柱，分别寓意四季、十二月、十二时辰以及二十八星宿及三十六天罡，是现在仅存的一例古代明堂式建筑。皇穹宇，是祭天大典后存放皇天上帝及其它诸神牌位的地方，即皇天上帝和诸神的寝宫，周围由一堵圆形的墙所环绕。正殿皇穹宇像一把巨大的雨伞，其殿顶呈圆形，基座为圆形，院落的围墙也是圆形，是古代人们敬天礼神的象征。圜丘建于明嘉靖九年，用于每年冬至举行“祭天大典”，又称祭天台。在祭天台中心有一块突起的圆形石块，叫“天心石”，据说这块石头是宇宙的中心，是皇帝与天上诸神们相互交流的“天界”。

回音壁是皇穹宇建筑的圆形围墙，墙体坚硬光滑，只要两个人分别站在东、西配殿后，贴墙而立，一个人靠墙向北说话，声波就会沿着墙壁连续折射前进，传到一、二百米的另一端，无论说话声音多小，也可以使对方听得清清楚楚，而且声音悠长，堪称奇趣，给人造成一种“天人感应”的神秘气氛。三音石位于皇穹宇殿前去往大门的石板路上，由北向南排列的三块石板。在皇穹宇门窗关闭而且附近没有障碍物的情况下，站立于第一块石板上击掌，可听到回音一声；于第二块石板上击掌，可听到回音两声；于第三块石板上击掌，可听到回音三声。还有一块对话石，是从丹陛上往南数的第十八块石头，一人站在该石板上，另外两人分别站在东西配殿的西北角及东北角，那这三个人轻声说话就像打电话一样清晰。

7. 雍和宫

雍和宫位于北京市区东北角，是全国规格最高的一座佛教寺院。清康熙三十三年，康熙帝在此建造府邸，赐予四子雍亲王，称雍亲王府。雍正三年，改王府为行宫，称雍和宫。雍正驾崩后，曾在此停放灵柩，因此，雍和宫主要殿堂原绿色琉璃瓦改为黄色琉璃瓦。又因乾隆皇帝诞生于此，雍和宫出了两位皇帝，成为“龙潜福地”，所以其级别与紫禁城皇宫是一样的。

雍和宫由牌坊和天王殿、雍和宫大殿（大雄宝殿）、永佑殿、法轮殿、万福阁等五进宏伟大殿组成，另外还有东西配殿、“四学殿”（讲经殿、密宗殿、数学殿、药师殿）。景区内院落从南向北渐次缩小，而殿宇则依次升高，形成“正殿高大而重院深藏”的格局，巍峨壮观，具有汉、满、蒙、藏民族的特色。

雍和宫拥有众多极具特色的佛教文物，其中最著名的是木雕三绝，即五百罗汉山、檀木大佛和楠木佛龛。五百罗汉山位于法轮殿，整个山体由紫檀木雕刻而成，层峦叠嶂、阁塔错落；五百个用金、银、铜、铁、锡铸制的罗汉置身其间，神态各异，造型逼真，由于历经战乱，现今罗汉仅存449尊。檀木大佛是万福阁的迈达拉佛，是用一棵白檀树的主干雕成的，高26米，地上18米，地下埋有8米，直径8米，全重约100吨，是我国最大的独木雕像。楠木佛龛在万福阁东厢的照佛楼内，上下两层共十间楼房，楼里有一尊照佛（旃檀佛）。

8. 奥运场馆

国家体育场——“鸟巢”，是2008年北京奥运会主体育场，位于北京市朝阳区安定路甲3号，是由2001年普利茨克奖获得者赫尔佐格·德梅隆与我国建筑师李兴刚等合作设计的巨型体育场。奥运期间，主要为田径和足球比赛场地。现在，“鸟巢”已经作为首都一个新的旅游景点向世界人民开放，并承担一些国内外体育比赛和文化、娱乐活动。

“鸟巢”外形结构主要由巨大的门式钢架组成，共有

24 根桁架柱。顶面呈鞍形，长轴为 332.3 米，短轴为 296.4 米，最高点高度为 68.5 米，最低点高度为 42.8 米。建筑面积 25.8 万平方米，永久性座席 80000 个，临时性座席 20000 个。“鸟巢”外壳采用可作为填充物的气垫膜，使屋顶达到完全防水的要求，阳光也可以穿过透明的屋顶满足室内草坪的生长需要。比赛时，可以通过多种方式变化看台，满足不同时期不同观众量的要求。“鸟巢”的设计中充分体现了人文关怀，碗状座席环抱着赛场的收拢结构，上下层之间错落有致，无论观众坐在哪个位置，和赛场中心点之间的视线距离都在 140 米左右，最大限度地满足了观众的视觉要求。

场馆整个形态如同孕育生命的“巢”，更像一个摇篮，寄托着人类对未来的希望。许多建筑界专家都认为，“鸟巢”不仅为 2008 年奥运会树立了一座独特的历史性标志，在世界建筑发展史上也具有开创性意义。

国家游泳中心，又称“水立方”（Water Cube），位于北京奥林匹克公园内，是 2008 年北京奥运会的主游泳馆，也是这届奥运会的标志性建筑之一。国家游泳中心的设计方案，是经全球设计竞赛产生的“水的立方”方案。该方案由中国建筑工程总公司、澳大利亚 PTW 建筑师事务所、ARUP 澳大利亚有限公司联合设计。设计师注重细节，充分考虑到运动员和观众需求，体现了北京奥运会“绿色奥运、科技奥运、人文奥运”的三大理念。这个湛蓝色的水分子建筑与东面的“鸟巢”，一圆一方，体现了中国“天圆地方”的建筑理念。与主场馆“鸟巢”相比，“水立方”更多地体现了女性般的柔美。奥运会后，经过改建的“水立方”已经向人们开放，集游泳、运动、健身、休闲于一体，成为北京市民的水上娱乐中心。

国家游泳中心与国家体育场，并称为北京奥运会两大标志性建筑物，分列于市中轴线北端的两侧，共同塑造了北京历史文化名城更加完整的形象。作为人类智慧的结晶，“水立方”和“鸟巢”已成为北京市的新地标。

9. 卢沟桥

卢沟桥亦作芦沟桥，也称永定桥，位于北京市西南约 15 千米永定河上，是北京市现存最古老的石造联拱桥。永定河旧称卢沟河，桥亦以卢沟命名。由于马可·波罗在《马可·波罗游记》中有详细的记载，故欧洲称此桥为马可·波罗桥。此桥始建于金大定二十九年（1189 年），全长 267 米，宽 7.6 米，最宽处可达 9.5 米，10 座桥墩，11 个桥孔。整个桥体是石结构，关键部位有银锭铁榫连接，是华北最长的古代石桥。

卢沟桥上的石雕构思精巧，栩栩如生。桥两侧的栏杆上，有历代雕刻的石狮，神态各异，数不胜数，所以在当地流传一句歇后语：卢沟桥上的石狮子——数不清。天下名桥各擅胜场，而卢沟桥却以高超的建桥技术和精美的石狮雕刻独具风韵，誉满中外。

桥的东头是宛平县城，1937 年 7 月 7 日在这里爆发的“卢沟桥事变”，点燃了抗日战争的熊熊烈火，至今城墙上还留着累累弹痕。现在，宛平县城已成为一处具有重大历史意义的纪念地。城内北侧建有中国人民抗日战争纪念馆，东侧辟为抗日战争烈士陵园，城楼上有七七事变纪念馆和中国古桥陈列馆。

10. 石花洞

石花洞，我国四大名洞之一，位于北京市房山区，距市中心 50 千米。大约在四亿年前，北京地区曾是汪洋大海，几经沧桑变迁，海底抬升为陆地，而后形成了许多岩溶洞穴，石花洞就是其中典型代表之一。公元1446年，明朝圆广和尚云游时发现此洞，命名“潜真洞”。因洞内石花集锦，千姿百态，玲珑剔透，所以北京市政府将其定名为“石花洞”。

石花洞洞体为多层多支的层楼式结构，有上下七层，一至六层为溶洞景观，七层为地下暗河。现已对外开放一至四层，游览长度为2500多米，18个景区，120余处景观，其中由月奶石形成的“石莲花”，由540余片石钟乳组成的高10米、长18米的石幔以及石旗、双彩石盾、龙宫双柱等景观都是中外洞穴岩溶景观精品。石花洞中常年恒温13℃，四季如春，是一年四季旅游的好去处。石花洞岩溶洞穴资源以其典型性、多样性、自然性、完整性和稀有性享誉国内外。原国家科委主任宋健视察后欣然题词为“地下地质奇观，溶洞博物馆”。2005年，荣获“中国最佳溶洞奇观”称号。

二、天津市

（一）天津概况

天津市，我国四个直辖市之一，是我国北方最大的沿海开放城市，也是我国北方最大的经济商贸中心。天津位于华北平原东北部，海河流域下游，东临渤海，北依燕山，西靠首都北京，是海河五大支流南运河、子牙河、大清河、永定河、北运河的汇合处和入海口，素有“九河下梢”、“河海要冲”之称。天津总面积1.19万平方千米，景色优美、物产丰富、文化荟萃，拥有浓厚的天津地方民风民俗以及丰富生动的近代历史遗迹，是一座颇富旅游价值的历史悠久的文化名城，也是一座充满现代活力的国际港口都市。

（二）旅游线路

1. 特色线路

（1）津门洋楼游：五大道——解放北路——花园路——天后宫

（2）津门民俗游：历史博物馆——石家大院——杨柳青——天后宫——古文化街

（3）名馆博览游：周恩来邓颖超纪念馆——平津战役纪念馆——天津科学技术馆——天津自然博物馆——天津艺术博物馆

（4）文物精粹游：大悲禅院——广东会馆——文庙——吕祖堂——饮冰室——天后宫

（5）水路风光游：海河——渤海

津河——卫津河

北运河——于牙河（杨柳青线）

2. 传统线路

（1）郊县风光游：独乐寺——蓟县风光——盘山——黄崖关

（2）都市观光游：天塔湖——平路金街——水上公园——意式风情街——古文化街——估衣街——鼓楼步行街——五大道——南市食品街

（3）滨海风情游：天津海滨旅游度假区——新洋货市场——大沽炮台遗址——北塘——天津港——驴驹河

（4）寻幽访古游：独乐寺——天后宫——五大道——黄崖关长城

（三）旅游景区（点）

1. 古文化街

古文化街

古文化街,国家5A级旅游景区,位于南开区东北隅东门外,海河西岸,北起老铁桥大街(宫北大街),南至水阁大街(宫南大街),街长687米,宽5米,是一条商业步行街。南北街口各有牌坊一座,上书“津门故里”和“沽上艺苑”。古文化街的景点主要包括天后宫、宫南和宫北大街。天后宫,俗称“娘娘宫”,原名“天妃宫”,建于公元1326年。今天,后宫已成为天津民俗博物馆,用以介绍天津的历史变革,陈列各种民俗风情实物。现在,每逢农历三月二十三日(“天后”诞辰吉日),人们都会在此举行盛大的皇会,表演龙灯舞、狮子舞、少林会、高跷、法鼓、旱船、地秧歌、武术以及京戏、评剧、梆子等。

作为津门十景之一,天津古文化街一直坚持“中国味,天津味,文化味,古味”的经营特色,以经营文化用品为主。整条街都是由仿中国清代民间小式店铺组成的。漫步街上,街道的建筑风貌、店铺装修、匾额楹联、经营商品,都带有浓郁的艺术气息,令人赏心悦目;而古玩、字画、文房四宝、碑帖、古籍、杨柳青年画、泥人张彩塑、天津风筝等专业店铺丛聚本街,令游客眼花缭乱,目不暇接。

2. 盘山

盘山

盘山,古名盘龙山、四正山、无终山,位于蓟县城西北12千米。这里峰奇林茂、古迹众多、风景优美,犹如十里锦屏,巍然屹立于京东,有“京东第一山”的美誉。

盘山,山水奇伟清秀,云海松涛变幻多姿,景色迷人,尤以五峰(挂月、自来、紫盖、舞剑、莲花)、八石(悬空石、摇动石、晾甲石、将军石、夹木石、天井石、蛤蟆石、蟒石)和三盘(上盘之松、中盘之石、下盘之水)名扬天下,素有“红杏青松之丽,层峦峭壁之奇”的说法。清乾隆皇帝喜欢旅游私访,曾20余次游览盘山,发出“早知有盘山,何必下江南”的感慨。景区还是一个有“东五台山”之称的佛教圣地,鼎盛时期曾有72座寺庙,僧众500人,可惜后来毁于战乱。现在已经恢复重建的有天成寺、万佛寺和云罩寺。天成寺始建于唐代,并于辽、明、清代扩建,是盘山中最高大的古代建筑。

3. 独乐寺

独乐寺

独乐寺，俗称大佛寺，位于蓟县城内西大街，始建于唐代，重建于辽代，距今已有1000余年的历史，是我国仅存的三大辽代寺院之一。据说唐朝安禄山想做皇帝，在此拥兵造反，因他喜独乐，“思独乐而不与民同乐”，故以“独乐”作为寺名。两大主体建筑是山门和观音阁。山门高约10米，正中匾额“独乐寺”三个大字，乃明朝严嵩所题，刚劲浑厚。观音阁高23米，始建于唐代，阁上的匾额“观音之阁”是唐朝诗人李白在52岁北游幽州时题写的。高耸的观音阁集我国木结构建筑之大成，是国内现存最早的木结构楼阁。阁内有一座高达16.27米的观音菩萨塑像，是辽代泥塑艺术的珍品，也是国内最大的观音塑像。为显示观音法力高强，塑造者在观音头顶上又塑出10个小观音，所以又有“十一面观音”之称。

自建成以后，独乐寺经历了多年的战乱及大地震的破坏，如今依然安然无恙，成为我国现存最著名的古建筑之一。1961年，独乐寺被国务院定为全国重点文物保护单位。现在，独乐寺已列为申报世界历史文化遗产预备清单名录。

4. 大沽口

大沽口炮台

大沽口位于塘沽区大沽口海河南岸，是入京咽喉，津门之屏障，自古就是海防重镇，素有“南有虎门，北有大沽”之说。在中国近代史中，大沽口更是我国重要的海防屏障。

清嘉庆二十一年，清政府在大沽口南北两岸各建一座圆型炮台。这是大沽口最早的炮台。至道光二十一年，已建成大炮台5座、土炮台12座、土垒13座，形成了较为完整的军事防御体系。清咸丰八年，已有炮台6座，其中3座在南岸，2座在北岸，分别以“威”、“震”、“海”、“门”、“高”五字命名，寓意炮台威风凛凛镇守在大海门户的高处，另一处炮台建在北岸石壁之上，称“石头缝炮台”。其后，清政府又对原有炮台进行了整修和扩建，使其成为抗击帝国主义侵略重要的军事海防要塞。1901年根据丧权辱国的《辛丑条约》，清政府被迫将大沽口炮台拆毁。现保存较好的是“威”字炮台和“海”字炮台两座遗址，其他已荡然无存。近百年来，大沽口炮台饱经沧桑，几经兴废，成为帝国主义侵略中国的铁证，也是我国人民浴血奋战、抗击帝国主义侵略者的历史见证。

1988年,大沽口炮台遗址被国务院确定为全国重点文物保护单位。1990年又以"津门古塞"之誉被评为"津门十景"之一,并确定为天津市爱国主义教育基地。

三、河北省

(一)河北概况

河北省地处华北,北依燕山,南望黄河,西靠太行,东临渤海,总面积19万平方千米,是京津的门户,也是北京联系全国各地的必经之地。河北是中华民族的重要发祥地之一,有着五千年的文明史。悠悠历史的长河中,河北经历了多少荣辱兴衰,又演绎了多少慷慨悲歌。至今,名胜古迹遍布全省各地,像举世闻名的万里长城,靠北京郊区的清东陵和清西陵,以及秦皇岛、山海关、南、北戴河、承德等独具特色的旅游城市。

(二)旅游线路

1. 特色线路

(1)皇家宫苑游:避暑山庄——普宁寺——须弥福寿之庙——普陀宗乘之庙
殊像寺——棒槌山——普乐寺——安远庙——普任寺
罗汉山——磬锤峰——鸡冠峰——木兰围场
魁星楼——双塔山——朝阳洞

(2)承德休闲游:普宁寺——小布达拉宫——棒槌山——避暑山庄

(3)白洋淀农家观光游:直隶总督府——古莲池——药王庙
满城汉墓——白洋淀——清西陵

(4)海滨风情游:山海关长城——天下第一关——老龙头——孟姜女庙——角山长城
野生动物园——南戴河滑沙场——戏水乐园——渤海风光
鸽子窝——老虎石——海滨浴场

2. 传统线路

(1)邯郸文化游:赵王故都遗址——赵王城——赵武灵王丛台——蔺相如回车巷——学步桥
三台遗址——宋代磁州窑——南北响堂石窟—黄粱梦吕仙祠——娲皇宫

(2)燕赵精华游:毗卢寺——西柏坡——隆兴寺——荣国府
苍岩山——抱犊寨
冉庄地道战——白洋淀
清西陵——直隶总督署——古莲花池
满城汉墓——赵州桥——柏林禅寺
河北省博物馆——北戴河——山海关

3. 自助线路

省内自驾游:从保定出发,途经石家庄,邯郸,衡水,沧州,唐山,秦皇岛,承德,到达张家口。沿途景点有:莲花池,冉庄,白洋淀,野三坡,清西陵,开元寺塔,北岳庙,毗卢寺,苍岩山,龙兴寺,赵州桥,丛台,学步桥,娲皇宫,沧州铁狮子,清东陵,北戴河,山海关,老龙头,孟姜女庙,九门口长城,南戴河,翡翠岛,避暑山庄,外八庙,普宁寺,普陀宗乘之庙,殊像寺,普乐寺,棒槌峰,双塔山,木兰围场,水母宫。

（三）旅游景点（区）

1. 清代皇陵

清朝数代皇帝的陵墓，分布在河北省东西两大陵区。清东陵位于遵化县马兰峪，距离北京有 125 千米；清西陵位于易县西永宁山太平峪，距离北京 120 多千米。

清东陵，康熙 2 年（1663 年）开始修建，陵区南北长 125 千米、宽 20 千米，共有五座皇陵（顺治帝、康熙帝、乾隆帝、咸丰帝、同治帝）、四座后陵、五座妃园、一座公主陵。所有陵寝都是按照“居中为尊”、“长幼有序”、“尊卑有别”的传统观念设计排列的。清世祖顺治皇帝的孝陵位于中轴线上，其位置至尊无上，其余皇帝陵寝则按辈分的高低分别在孝陵的两侧呈扇形东西排列开来。

清东陵

陵区的建筑与雕刻有着无可辩驳的魅力。乾隆裕陵地宫精美的佛教石雕令人叹为观止；慈禧陵三座贴金大殿，其豪华装修举世罕见，“凤上龙下”的石雕更是匠心独运，意味深长；孝陵的石像造型朴实浑厚，还有三百多年岿然不动的石牌坊，叩之声若金钟的五音桥，无不彰显我国古代杰出的建筑艺术。目前，清东陵 15 座陵园中，只开放了裕陵和东、西太后陵及香妃墓等四处景点。

清西陵，北依峰峦叠翠的永宁山，南傍蜿蜒流淌的易水河，东有燕下都故城址，西望雄伟的紫荆关。景区内，参天古木映衬着黄色或绿色琉璃瓦盖顶的气势磅礴的宫殿建筑和古建筑雕刻，俨然一幅绚丽的山水画。

清西陵

陵区自雍正八年（公元 1730 年）首建泰陵，至公元 1915 年光绪的崇陵建成，历经 186 年，共建有帝陵 4 座，后陵 3 座，王公、公主、妃嫔园寝 7 座，埋葬着雍正、嘉庆、道光、光绪 4 位皇帝，9 位皇后，56 位妃嫔及王公、公主等共 80 人。每座陵寝严格遵循清代皇室建陵制度，展现出不同的景观和风格。整个建筑群折射出我国古代建筑艺术的较高水平，充分体现了我国劳动人民的杰出智慧和创造才能，是极其珍贵的文化瑰宝。

清西陵是全国重点文物保护单位，2000 年 11 月，清西陵与清东陵一起，被第 24 届世界遗产委员会列为世界文化遗产。

2. 赵州桥

赵州桥，又名安济桥，座落在河北省赵县的洨河上，由隋朝著名匠师李春设计，是目前世界上建造最早、保存最完好的古代单孔敞肩型石拱桥。桥长64.40米，跨径37.02米，券高7.23米，在众多单孔敞肩型石拱桥中跨径最大、建造最早，是世界造桥史的一个奇迹。另外，雕刻在栏板和望柱上的各式蛟龙、兽面、花饰、竹节等图案，非常精美，其中尤以蛟龙为最。

赵州桥

在1400年的历史长河中，赵州桥经历了数次水灾、战乱和地震的洗礼，特别是1966年邢台发生的7.6级地震。古老的桥虽然历经岁月更迭、沧桑巨变，但依旧巍然屹立、光彩如昔，傲然挺立在华夏大地上。著名桥梁专家茅以升说，“先不管桥的内部结构，仅就它能够存在1300多年就说明了一切。”1961年，国务院将赵州桥列为第一批全国重点文物保护单位。1991年，美国土木工程师学会将赵州桥选定为第12个“国际历史土木工程的里程碑”，并在桥北端东侧建造了“国际历史土木工程古迹”铜牌纪念碑。

3. 野三坡

野三坡

野三坡地处河北省保定市涞水县境内，面积为600平方千米。景区拥有雄、险、奇、幽的自然景观，丰富多彩的地质遗迹，原始的自然生态环境，稀有珍贵的历史文物，浓郁的民族风情，丰富多彩的民族文化，有“世外桃源”之称。

野三坡有6个景区，68个景点，或峰峦耸立、上临霄汉；或碧翠漫野、幽泉叮咚；或奇岩嵯峨、巍然屏立；或葱郁险峻、妖娆连绵。景区浓缩了太行之情、燕山之华，是一个融山水泉洞、鸟兽鱼虫、林木花草、文物古迹于一体的自然风景区。拒马河风光酷似桂林山水，峡谷奇观形如鬼斧神工，溶洞幽深奇异，怪泉神秘离奇，又有巍峨的长城，苍劲的摩崖石刻，古老的栈道、庙宇，保存完好的古智人化石和平西抗日烈士陵园。野三坡旅游突出“野”的特点，在这里，游客可以住野舍，食“野”味，登野山，观野景，戏野水，享野趣，是观光、度假、休闲、健身的绝佳之地。

4. 白洋淀

白洋淀

白洋淀，又称西淀，国家5A级旅游景区，位于河北省保定市东45千米处，淀区主要在保定，还有一部分在沧州。水域面积336平方千米，为华北平原最大的淡水湖。现有大小淀泊143个，其中以白洋淀、烧车淀、羊角淀、池鱼淀、后塘淀等较大，总称白洋淀。景区水产资源丰富，淡水鱼有50多种，并以大面积的芦苇荡和千亩连片的荷花淀而闻名，素有“华北明珠”之称。白洋淀人民有着光荣的革命传统，抗日战争时期著名的水上游击队“雁翎队”，就是利用这里的河湖港汊开展游击战争，威镇敌胆。白洋淀水域辽阔，风景秀丽，气候宜人，古代许多帝王都曾到此避暑、水猎，现留有四处行宫和大量历史传说。有一淀名为“捞王淀”，据说是当年乾隆皇帝落水时被渔民救起的地方。

来到白洋淀，游客可根据自己的兴趣选择不同的游览项目。第一种，乘汽艇或木船，穿行于纵横交错的芦苇丛中，看那绿水碧波，芦花洁白，鹅鸭成群，肥鱼满舱，欣赏优美的水乡风情；第二种，品尝当地特色食品——水鲜，白洋淀盛产鱼虾，虾体大肉厚，鱼个大肉嫩，是宴席上的佳肴；第三种，观看渔民拉网捕鱼，甚至可以与渔民一起下淀捕鱼，体验一下渔家的生活，也可以自己备一钓鱼杆，一边划船一边垂钓。

（四）中心城市

1. 承德

承德，旧称热河，位于河北省东北部，西南距北京200千米。境内群山环绕，连绵起伏，自然风光十分优美。由于具有深厚的地域文化底蕴，所以境内遗留了大量的文物古迹。

避暑山庄

承德避暑山庄，又名承德离宫或热河行宫，位于承德市中心区北部，是清代皇帝夏天避暑和处理政务的场所，由皇帝宫室、皇家园林和宏伟壮观的寺庙群组成，是现存面积最大的古代帝王宫苑。

避暑山庄始建于1703年，历经清朝康雍乾三代皇帝，耗时89年建成。山庄以朴素淡雅的山村野趣为格调，取自然山水之本色，吸收江南塞北之风光，达到了“山中有园，园中有山”的建筑境界。景区大体可分为苑景区和宫殿区两大部分，殿、堂、楼、馆、亭、榭、阁、轩、斋、寺等各式建筑100余处。苑景区又可分成湖区、平原区和山区三部分。湖区有大小八处湖泊，可谓苑景区的精华,康熙曾夸耀"天然风景胜西湖"。各湖之间有桥相通,两岸绿树成荫,周围集中了山庄主要的风景建筑,因此显得曲折有致,秀丽多姿。平原区位于山庄北部,主要是草地和树林。草原以试马埭为主体,是皇帝举行赛马活动的场地。林地称万树园,是避暑山庄内重要的政治活动中心之一。山区位于山庄西北部,占据整个园林面积的4/5。从西北部高峰到东南部湖沼、平原地带,相对高差180米,形成了群峰环绕、沟壑纵横的景观,山谷中清泉涌流,密林幽深,更增添了景区的清幽之美。宫殿区位于山庄南部,是皇帝处理政务和帝后居住的地方,包括"正宫"、"松鹤斋"、"万壑松风"和"东宫"(已毁)四组建筑。正宫殿区是清帝理朝听政、举行大典和寝居之所,建筑风格虽朴素淡雅,却不失帝王宫殿的庄严。

在山庄周围,依坡就势修建的雄伟的寺庙群,如众星捧月般环绕山庄,象征着各民族团结和中央集权统治。初建时有12座寺院,其中的8座由清政府直接管理,故称外八庙,主要供西方、北方少数民族的上层及贵族朝觐皇帝时礼佛之用。现在,普宁寺、普乐寺、安远庙、普陀宗乘之庙、须弥福寿之庙和殊像寺都在向游人开发。普宁寺,因寺内有木雕大佛,又称大佛寺。此佛为一尊高22.23米的千手千眼观音贴金立像,用松柏榆杉椴五种木材雕成,是国内现存的最大木雕佛像之一,已经被录入《吉尼斯大全》。普陀宗乘之庙是仿西藏布达拉宫建造的,故又称小布达拉宫,庙内古木参天,环境清幽,景致殊佳,是外八庙中不可不游的一处。殊像寺,仿山西五台山殊像寺而建,供奉的主神为文殊菩萨,当时民间认为乾隆皇帝是文殊菩萨转世,所以该寺又有"乾隆家庙"之称。这些寺庙融和了汉、藏等民族建筑艺术的精华,气势宏伟,极具皇家风范,既反映了民族团结,又促进了民族间建筑文化交流。

由于拥有众多历史文化遗产,避暑山庄及周围寺庙成为全国重点文物保护单位、全国十大名胜之一,承德也因此成为全国首批二十四座历史文化名城。1994年12月,避暑山庄及周围寺庙(曾用名热河行宫)被列入世界文化遗产名录。2007年5月8日,承德避暑山庄及周围寺庙景区经国家旅游局正式批准为国家5A级旅游景区。

2. 保定

保定市位于河北省中部,地处北京、天津、石家庄三角地带,素有"京畿重地"、"首都南大门"之称。保定兼有平原、湖泊、湿地、丘陵、山地、亚高山草甸多种地形,境内群山西峙,沃野东坦,植被繁茂,山明水秀,既有避暑的凉城,又有泛舟的湖泊,自然风光非常优美。保定的人文旅游资源也非常丰富。境内有47处全国重点文物保护单位,包括埋葬着清代4位皇帝的世界文化遗产清西陵,有"一座总督衙署、半部清史写照"之说的全国保存最完好的清代衙署直隶总督署,有以出土金缕玉衣、长信宫灯而享誉国内外的西汉靖王满城汉墓。保定当之无愧为河北省第一文物大市。

保定还是红色之城。保定人民有着光荣的革命斗争传统,毛泽东主席曾亲笔题词"抗日模范根据地",《小兵张嘎》、《敌后武工队》、《野火春风斗古城》、《地道战》、《狼牙山五壮士》、《烈火金刚》、《少年英雄王二小》、《平原枪声》等均发生在保定。六十年前,八路军五位战士在狼牙山浴血奋战,抗击日寇,奋战到弹尽粮绝时舍身跳崖。那英勇壮烈的场面令千千万万爱好和平的人们纷纷登上狼牙山,瞻仰五勇士纪念塔,凭吊先烈英灵。今天,这里已成了著名的爱国主义教育基地。保定现有3处全国爱国主义教育基地,5处国家级红色经典景区。

保定

保定特殊资源荟萃。保定拥有43个民族,民俗文化丰富多彩,保定老调,徐水舞狮,涿州皮影,满城寸跷,涞水高洛古乐,都是其中的杰出代表。还有“千年药都誉天下,世界盛会喜迎宾”的安国药都,“旅游名镇,购物天堂”的中国白沟,全国四大名砚之一的易水古砚等。

3. 秦皇岛

秦皇岛市位于河北省东北部,背靠燕山,面向渤海,东北部有雄伟的山海关,西南有美丽的北戴河,是个山海壮丽、风景优美、历史悠久、古迹众多的景区。景区集山、河、湖、泉、瀑、洞、沙、海、关、城、港、寺、庙、园、别墅、候鸟与珍稀动植物为一体,旅游资源丰富,是开展多项目、多层次的旅游活动,满足不同旅游者旅游休闲的最佳场所。

北戴河:北戴河海滨避暑区,地处秦皇岛市中心的西部,西起戴河口,东至鹰角亭,东西长约20华里,南北宽约3华里。这里气候宜人,绵延二十里的沙质海滩曲折平坦,沙软潮平,是一个优良的天然海水浴场。早在清朝,就被辟为“各国人士避暑地”,目前是我国开发最早的海滨度假区。

北戴河

北戴河海滨避暑区风光旖旎,汇聚了蓝天白云、碧海金沙、青松翠柏、绿树红墙,浓厚的文化沉淀、流传千古的故事,显示着景区博大精深的人文底蕴。联峰山上松柏成林,郁郁葱葱,俯瞰海滨,翠绿欲滴的丛林,鹅黄色绒毯般的沙滩,碧蓝的大海,令人心旷神怡。北戴河是我国九大观日处之一,最佳观日地点就在东北端的鹰角亭。在东联峰山山麓,有一座公园,园中有大片松林,并有形如莲花的山石,故名莲花石公园。往北有古雅幽静的观音寺,其东有墓地建筑富丽豪华的朱家坟。在海滨路旁还有高尔基公园、鲁迅公园。最东端的鹰角石是北戴河一大胜景,因曾有成群野鸽栖息在石缝之内,故又名鸽子窝。这是一座屹立于海边的孤峰,石骨嶙峋,陡峭如削,形如鹰立,故名鹰角石。区内20多个天然浴场,可供大量游客尽情地嬉戏,享受美妙的日光浴、海水浴和沙浴。

山海关:山海关古称榆关,也作渝关,位于秦皇岛市以东10多千米处。明洪武十四年,由开国元勋徐达在此地创建,因其北倚燕山,南连渤海,故名山海关。此关地处华北地区通往东北地区的咽喉要道,自古即为军事重镇,素有“两京锁钥无双地,万里长城第一关”的说法。

山海关

山海关以关为主体,融山、海、关为一体,形成一座防御性极强的城池,长城由此向西延伸。山海关城墙高14米,厚7米,有四座主要城门。在东门上方正中悬挂一匾,上写"天下第一关"几个大字。出南门4千米处即是大海,长城由此延伸入海,这就是著名的老龙头。古城内,明代城墙建筑基本完好,主要街道和小巷大都保留原样,特别是一些四合院民居使得古城更加典雅古朴。

景区内名胜古迹荟萃、风光旖旎、气候宜人,是著名的历史文化古城和旅游避暑胜地。"老龙头"、"孟姜女庙"、"角山"、"天下第一关"、"长寿山"、"燕塞湖"六大风景区,全部对中外游客开放,成为国内外著名的旅游区。山海关长城汇聚了中国古长城之精华;明万里长城的东起点老龙头,碧海金沙,气势磅礴;驰名中外的"天下第一关"雄关高耸,素有"京师屏翰、辽左咽喉"之称;角山长城蜿蜒,烽台险峻、风景如画;孟姜女庙,演绎着凄美的姜女寻夫的传说。中国北方最大的天然花岗岩石洞——悬阳洞,奇窟异石,泉水潺潺,宛如世外桃源。塞外明珠燕塞湖,美不胜收。

小知识:明朝皇帝的陵墓为什么只有十三陵?

明朝共有十六代皇帝,太祖朱元璋 ,惠宗朱允炆,成祖朱棣 ,仁宗朱高炽,宣宗朱瞻基,英宗朱祁镇,代宗朱祁钰,宪宗朱见深, 孝宗朱佑樘,武宗朱厚照,世宗朱厚熜,穆宗朱载垕, 神宗朱翊钧,光宗朱常洛,熹宗朱由校,思宗朱由检。开国皇帝朱元璋,建都于南京,死后葬于南京"明孝陵"。惠宗建文帝因其叔父朱棣以"靖难"为名发兵攻破南京,建文帝下落不明,所以没有陵墓。代宗朱祁钰,因其兄英宗皇帝被瓦剌所俘,在太后和大臣的旨意下即了帝位。英宗被放回后,搞了一场"夺门之变",复辟继续做皇帝,并将朱祁钰害死,后以王的身份将其葬于北京西郊玉泉山。这样,明朝十六帝有两位葬在别处,一位下落不明,其余十三位都葬在天寿山,所以称"明十三陵"。

◆复习思考题:

1. 本区发展旅游业最显著的优势是什么?
2. 本区主要的自然与人文旅游景点有哪些?
3. 查阅资料,找出北京市世界遗产面临的问题,并结合实际,探讨如何从可持续发展的角度来发展北京的旅游业。

△ 第七章

巴楚文化旅游区

◎ 学习目标：

1. 知识目标：掌握本区旅游环境特征；掌握本区特色的旅游资源特征；了解和掌握本区各地主要的旅游线路、旅游景区、中心城市。

2. 能力目标：培养学生运用已经掌握的知识和能力，根据地区旅游资源特色设计旅游线路。

3. 重　　点：掌握区内各省主要的特色旅游资源

该旅游区包括四川省、湖北省、湖南省和重庆市三省一市，位于我国中部的长江中上游地区，土地面积约96万平方千米，人口约2.3亿。该区地形复杂，气候殊异，河网稠密，湖泊众多，形成了丰富的旅游资源，是我国重要的极具发展潜力的旅游大区。通过学习，了解该区域旅游资源特征，掌握一些重要的旅游景点及中心城市，明确制约该区域旅游业发展的因素。

第一节　区域旅游环境与资源特征

一、地表结构复杂，地貌类型多样

该区跨越我国地势的三大阶梯，地表结构复杂。川西高原，四川盆地，川东及湘鄂西山地，长江中游平原和湘赣低山丘陵自西向东依次排列。区内既有海拔7556米的“蜀山之王”川西贡嘎山，也有不足100米的两湖平原。所以从整体来看，该区是高原山地环绕盆地，低山丘陵环绕平原，地势起伏变化明显。

地貌类型多样。由于本区分布有地势较高的山地和高原，长江绕山而过，就形成了两山夹峙、壁立千仞、江水中流、谷窄湍急的独特风景。在三大阶梯的交界地带及高原山地向盆地、平原过渡区域，河流峡谷地貌特别明显。另外，本区还有世界上最典型的盆地地貌——四川盆地以及盆地中心的丘陵地貌，九寨沟的堆积地貌，湖南武陵源黄龙洞奇特的岩溶地貌。

二、温暖湿润的亚热带季风气候

该区位于亚热带，由于复杂的地形和不同季风环流的交替影响，气候复杂多样。四川西部高原属于青藏高原气候，西南部横断山区以垂直气候带为主，其他多属于亚热带季风气候。本区冬暖夏热，四季分明，降水丰富，季节分布不太均匀。夏季普遍高温，7月平均温度均超过29℃，加上空气湿度大，故感觉特别闷热，重庆、武汉、长沙是我国著名的高温中心。年降雨量大多超过1000毫米，春夏之交多梅雨，夏季降水时间较长，湖南春雨和四川盆地秋雨很有特色。

三、自然保护区众多，生物资源丰富

该区气候温暖湿润，生物种类多样，自然生态环境良好。该区域是我国自然地理南北、东西交界地带，动植物资源丰富且有明显的过渡性，自然景观丰富多彩，原始情趣自然浓厚，珍稀动植物数量众多且名扬中外，如大熊猫、金丝猴、梅花鹿、黑颈鹤、小熊猫、大鲵、扭角羚、连香树、水杉、银杉、桫椤、红豆杉等。为保护这些珍稀动植物及良好的生态环境，本区陆续建立了各种自然保护区，其中以九寨沟、卧龙、神农架、武陵源等比较著名，其中，卧龙自然保护区已加入世界"人与生物圈"计划的自然保护区网，内有植物4000多种，兽类60多种，鸟类300多种。保护区内蓝天、白云、雪山、草地、森林、溪流、湖泊、瀑布等构成了优美的风景，极具观赏价值。

四、巴楚文化，三国胜迹

巴楚文化是一种地域性的历史文化，从其内涵和外延来看，巴文化和楚文化是两种不同的文化。3000多年前，重庆为巴国首府；2400多年前，成都为蜀国王都，因此，成长发育于四川盆地的区域文化被称为巴蜀文化。楚文化即先秦时期的楚地文化，源于中原，吸取了周边文化之长，同时又保留了自己独有的文化形态和文化特征，在春秋中后期崛起为统领南方的中国文化南支。楚文化主要包括：青铜冶铸、丝织刺绣、木竹漆器、美术音乐、老庄哲学及屈骚文学。巴文化与楚文化经过长时期碰撞交融之后，形成了独具特色的"巴楚文化"。

历史上，以曹操、刘备、孙权为主的魏、蜀、吴三国，为了统一中国而展开了长期的政治军事斗争。尽管只有半个世纪，但那一个个脍炙人口的故事却代代相传。该区为三国时代的矛盾中心，留下了许多历史遗迹，如成都的武侯祠、湖南的关帝庙、湖北的荆州与麦城赤壁、重庆的白帝城等，引发游人无限感慨。

五、交通运输便利

该区位于我国南方内陆地区，四周与中原文化旅游区、江南水乡都市园林旅游区、西南民族风情旅游区、岭南文化旅游区和高原雪域宗教文化旅游区相接，属内陆性旅游区域。该区拥有庞大的内河航运网络，以横贯东西的长江为主，岷江、嘉陵江、乌江、沅江、湘江、汉水和赣江等支流组成了复杂的水系，向东沿长江可直达大海。另外，京九、京广、焦柳、宝成、成昆、成渝、川黔等铁路干线与长江干流相交，并与浙赣、湘黔、汉丹、襄渝、石长等东西铁路干线形成该区特有的复合井格型铁路运输网。高等级公路遍布全境，武汉、重庆、成都、长沙均是重要的航空港。四通八达的现代立体交通网络，为该区旅游业的发展提供了有利的条件。

第二节　各省（市）重点旅游线路、旅游景区（点）、中心城市

一、四川省

（一）四川概况

四川简称川或蜀，号称"天府之国"，位于我国西南地区，历史悠久。四川旅游资源丰富，既有雄、奇、险、秀、幽、野、古、绝的自然风光，又有众多富有民族特色的传统活动和驰名中外的人

文景观。从古代水利工程、古镇民居到名人故居,从寺庙道观、石刻壁画到现代艺术博物馆,从史前遗址到现代建设风貌,应有尽有。四川还是我国拥有世界自然文化遗产和国家重点风景名胜区最多的省区,九寨沟、黄龙、乐山大佛、峨眉山和卧龙 5 处被联合国教科文组织纳入《世界自然文化遗产名录》和"人与生物圈"保护网络,都江堰—青城山、剑门蜀道、贡嘎山、蜀南竹海、四姑娘山、西岭雪山等 9 处被列为国家重点风景名胜区。

(二)重点旅游线路

1. 特色线路:

(1)藏羌民俗风情游:成都——红原——万象大慈轮林——瓦切

塔林——梅花鹿养殖场——月亮湾

藏羌民族居住区,体验民族风情

(2)蜀南竹海游:成都——宜宾——长宁县——万里镇——翠门关——忘言亭——诛贼门

万里镇——青龙湖——七彩飞瀑——落魂台——天宝寨

仙女湖——仙寓洞——三十六计摩崖石刻——古栈道

三合界——大峡谷——翡翠长廊

竹海——宜宾

(3)川北名胜风光游:成都——九寨沟(则查洼沟——日则沟——树正沟)

黄龙——茂县——都江堰

成都——卧龙——巴郎山——四姑娘山——日隆镇——双桥沟

阴阳谷—五色山——日月宝镜——人参果坪——沙棘林栈道

撵鱼坝——猎人峰——牛棚子——牛心山——阿妣山——野人峰

长坪沟——大姑娘山——二姑娘山——三姑娘山——四姑娘山

枯树滩—擂鼓岩——头道坪——二道坪——藏族村寨

2. 传统线路:

(1)成都城市游:杜甫草堂——武侯祠——青羊宫——望江楼——文殊院

(2)峨眉名山游:成都——乐山大佛—凌云寺——栈道——峨眉山——万年寺——清音阁——一线天——猴区

3. 自助线路:

(1)剑门蜀道史迹游:起点成都,途经德阳,绵阳,梓潼,剑门关,剑阁,终点广元。

主要景点:剑门关,翠云廊,广元皇泽寺,千佛崖摩崖石刻,白龙湖,唐家河自然保护区,平朗自然保护区,绵阳富乐山,梓潼大庙山,觉苑寺壁画,德阳庞统祠。

(2)川北草原风光探险游:起点成都,途径茂县,松潘,川珠寺,尕力台,包座,若尔盖,红原,刷经寺,刷马寺,米亚罗,返回成都。

主要景点:岷江风光,叠溪地震遗址,川珠寺,纳摩大峡谷,降扎温泉,花海,达扎寺院。

(三)旅游景点(区)

1. 九寨沟

九寨沟,位于阿坝藏族羌族自治州九寨沟县境内,因境内分布有九个藏族村寨而得名。九寨沟纵深 40 多千米,总面积 6 万多公顷,景点主要分布在成"Y"形分布的则查洼、日则和树正三条主沟内。树正景区,长大约 14 千米,有盆景滩、树正群海、树正瀑布、双龙海、火花海、卧龙海等景点组成;日则沟景区,有诺日朗瀑布、珍珠滩瀑布、高瀑布、镜海、熊猫海、芳草海、天鹅海、剑岩、原始森林、悬泉、五花海等景点；则查洼沟景区，有长7.5千米的长海和五彩池等景点。

九寨沟由于保存着具有原始风貌的自然景色而闻名于世。景区拥有原始的生态环境，一尘不染的清新空气和自然纯净的雪山、森林、湖泊，显现出“自然的美，美得自然”，被誉为“童话世界九寨沟”。高峰、彩林、翠海、叠瀑和藏情被称为景区“五绝”。九寨沟的精灵是水，湖、泉、瀑、溪、河、滩，连缀一体，飞动与静谧结合，刚烈与温柔相济，千颜万色，多姿多彩，素有“黄山归来不看山，九寨归来不看水”的说法。五花海位于日则沟景区，底部景观妙不可言。湖水一边翠绿色，一边湖绿色，湖底的枯树，由于钙化，变成一丛丛灿烂的珊瑚，在阳光的照射下，五光十色，非常迷人。站在五花海最高点，即老虎石上俯视，可一览五花海全景。此处也是九寨沟最佳取景点之一。金秋时节，四周的彩叶纷纷坠落在池水中，倒影、水波、阳光、落叶组成了一幅完美的画卷。五花海是九寨沟的骄傲，有着“九寨精华”及“九寨一绝”的美名。

九寨沟

九寨沟森林2万余公顷，垂直分布在2000～4000米的高山上。主要品种有红松、云杉、冷杉、赤桦、领春木、连香树等。原始森林中，栖息着珍贵的大熊猫、白唇鹿、苏门羚、扭角羚、毛冠鹿、金猫等动物，海子中野鸭成群，天鹅、鸳鸯也时常出现，是我国著名自然保护区之一。

九寨沟一年四季均可旅游，犹以秋季为最佳，但是随着成都至九寨沟旅游公路的开通，越来越多的人欣赏到了它的冬季之美。九寨沟为全国重点风景名胜区，并被列入世界遗产名录。2007年，阿坝藏族羌族自治州九寨沟旅游景区经国家旅游局正式批准，成为国家5A级旅游景区。

2. 乐山大佛

乐山大佛，位于乐山市峨眉山东麓的栖鸾峰，脚下就是岷江、青衣江、大渡河三江汇流处。由于凿在岷江南岸凌云山栖霞峰峭壁上，故又名凌云大佛。佛像开凿于唐玄宗开元初年，是海通和尚为减杀水势、普渡众生而发起兴建的。直至唐德宗贞元19年完工，历时90年。乐山大佛是唐代摩崖造像中的艺术精品之一，是世界上最大的石刻弥勒佛坐像，以“山是一尊佛，佛是一座山”而著称。

阅读材料：乐山大佛

大佛体态匀称，神势肃穆，依山凿成，临江危坐。大佛通高71米，头高14.7米，头宽10米，发髻1021个，耳长7米，脚背宽8.5米，脚面可围坐百人以上。在大佛左右两侧沿江崖壁上，还有两尊身高10余米，手持戈戟、身着战袍的护法武士石刻，数百上千尊石刻造像，形成了庞大的佛教石刻艺术群，自古便有“上朝峨眉、下朝凌云”之说。大佛头部的右后方是建于唐代的凌云寺，即俗称的大佛寺。寺内有天王殿、大雄殿和藏经楼等三大建筑群。

乐山大佛的排水系统设计巧妙，隐而不见，对保护大佛起到了重要作用。大佛头部共18层螺髻，第4、9层和18层各有一条横向排水沟，分别用锤灰垒砌修饰而成。衣领和衣纹皱折也有排水沟，这些水沟和洞穴，组成了科学的排水、隔湿和通风系统，防止大佛被侵蚀性风化。

在一千多年的漫长岁月中，乐山大佛遭到自然及人为各种各样的破坏，明、清年间，由于风雨侵蚀，佛身千疮百孔，面目全非。1990 年，政府拨款对大佛头部进行了比较彻底的维修，同时增加了一些配套设施及服务设施。1996 年 12 月，峨眉山—乐山大佛被联合国教科文组织批准为“世界文化与自然遗产”，列入《世界自然与文化遗产名录》。

3. 青城山—都江堰景区

青城山，古称丈人山，位于都江堰市西南，距都江堰市区 16 千米。青城山背靠岷山雪岭，面向川西平原，面积为 200 平方千米。全山林木青翠，四季常青，诸峰环峙，状若城廓，故名青城山。

青城山

青城山分前山和后山。前山是景区的主体部分，约 15 平方千米，拥有优美的自然景观和众多的文物古迹；后山面积 100 平方千米，自然景物神秘绮丽、原始华美如世外桃园，有金壁天仓、圣母洞、山泉雾潭、白云群洞、天桥奇景等景点。自古以来，青城山以“幽”闻名于天下，有“青城天下幽”的美誉，与剑门之险、峨眉之秀、夔门之雄齐名。山上峰峦、溪谷、宫观皆掩映于繁茂苍翠的林木之中。日出、云海、圣灯三大自然奇观，堪称青城山特色。其中圣灯（又称神灯）尤为奇特，上清宫是观赏圣灯的最佳观景处。每逢雨后天晴的夏日，夜幕降临后，在上清宫附近的圣灯亭内可见山中光亮点点，闪烁飘荡，少时三、五盏，忽生忽灭，多则成百上千，山谷一时灿若星河。

作为道教的发源地之一，青城山还是我国著名的道教名山，自东汉以来已有 2000 多年。东汉顺帝汉安二年（公元 143 年），“天师”张陵来到青城山，选中青城山的深幽涵碧，结茅传道，青城山遂成为道教的发祥地，被道教列为“第五洞天”。山中现有的数十座道教宫观，与山林岩泉融为一体，体现出道家崇尚朴素自然的风格。全山的道教宫观以天师洞为核心，包括建福宫、上清宫、祖师殿、圆明宫、老君阁、玉清宫、朝阳洞等。青城山是我国首批公布的风景名胜区之一，既拥有清幽的自然景色，又有源远流长的道教文化。

都江堰水利工程，位于成都平原西部的岷江上，建于公元前 256 年，是战国时期秦国蜀郡太守李冰父子率众修建的。它是我国最古老的以无坝引水为特征的伟大水利工程，也是世界上最佳水资源利用的典范。都江堰附近景色秀丽，文物古迹众多，主要有伏龙观、二王庙、安澜索桥、玉垒关、离堆公园、玉垒山公园、玉女峰、南桥、灵岩寺、翠月湖等。

都江堰

都江堰水利工程充分利用当地西北高、东南低的地理条件，根据江河出山口处特殊的地形、水脉、水势，乘势利导，无坝引水，自流灌溉，保证了防洪、灌溉、水运和社会用水综合效益的充分发挥。2000多年来，鱼嘴分水堤、飞沙堰溢洪道、宝瓶口引水口三大主体工程和百丈堤、人字堤等附属工程，经久不衰，一直发挥着防洪灌溉作用，这才有了成都平原沃野千里，川西平原天府之国。鱼嘴是修建在江心的分水堤坝，把汹涌的岷江分隔成外江和内江，外江排洪，内江引水灌溉。飞沙堰起泻洪、排沙和调节水量的作用。宝瓶口控制进水流量，因口的形状如瓶颈，故称宝瓶口。内江水经过宝瓶口流入川西平原灌溉农田。

2007年，成都市青城山—都江堰旅游景区经国家旅游局正式批准为国家5A级旅游景区，素有"拜水都江堰，问道青城山"之说。2000年，青城山与都江堰风景区被列入《世界遗产名录》。

4. 蜀南竹海

蜀南竹海，原名万岭箐，位于川南宜宾市境内，方圆120平方千米。景区集山水、溶洞、湖泊、瀑布于一体，拥有历史悠久的人文景观，是我国最大最原始的"绿竹公园"，植被覆盖率高达87%，空气清新纯净，为我国空气负离子含量极高的天然氧吧。

蜀南竹海

蜀南竹海可谓是竹的海洋，7万余亩翠竹铺天盖地，是我国最壮观的竹林。景区内共有竹子58种，常见品种有楠竹、水竹、慈竹，还有一些珍稀竹种，如紫竹、罗汉竹、人面竹、鸳鸯竹等。如此国内外少有的大面积竹景，与恐龙、石林、悬棺并称为"川南四绝"。在茫茫的竹海中，还有许多珍稀动植物，有竹箐鸡、竹猴、竹蛙、透山龙、滚山珠、弹琴蛙等动物，有腊梅、桃李、杜鹃、报春花、山茶、秋桂、兰花、蕨萁、观音莲等珍奇花草，还有珍贵草药千里风、铁针草、骨花，令人大开眼界，目不暇接。

蜀南竹海素以雄、险、幽、峻、秀著称，134处景点中尤以天皇寺、大宝寨、仙寓洞、青龙湖、七彩飞瀑、古战场、观云亭、翡翠长廊、茶化山、花溪十三桥最为著名，被称为"竹海十佳"。除此之外，游客还可欣赏到竹根雕、竹簧雕、竹编、竹制家具等品种繁多、技艺精湛的工艺品，品尝到竹荪、竹笋、竹海豆花、竹熏腊肉等天然绿色食品。1996年，李鹏同志到此视察，题词"蜀南竹海天下翠"。

蜀南竹海景观独特，于1991年被评为"中国旅游目的地40佳"，2001年成为国家首批4A级旅游区。2005年，蜀南竹海位列中国最美的10大森林。

（四）中心城市

1. 成都

成都，别称"芙蓉城"，简称"蓉"，位于四川省中部，是西南地区的中心城市。成都历史悠久，市区分布着众多的名胜古迹，优美的自然景观也遍布全境。美丽的成都既是国务院公布的第一批历史文化名城，也是中国最佳旅游城市。

成都武侯祠，又名"汉昭烈庙"，位于成都市南门武侯祠大街，是纪念三国时期蜀国皇帝刘备和丞相诸葛亮的君臣合庙祠堂，也是我国纪念诸葛亮名胜中最负盛名的一处。武侯祠（指诸葛亮的专祠）建于唐以前，初与祭祀刘备（汉昭烈帝）的昭烈庙相邻，明初重建时将武侯祠并入了“汉昭烈庙”，形成现在的武侯祠君臣合庙。历史上，几经毁损，屡有变迁。现存祠庙的主体建筑是清朝康熙年间重建的。

武侯祠

诸葛亮(181年~234年)，字孔明，今山东沂南人，三国时期出任蜀国丞相，是我国历史上卓越的政治家、军事家。因其生前受封“武乡侯”，因此历史上尊称其祠庙为“武侯祠”。武侯祠现分文物区(三国历史遗迹区)、园林区(三国文化体验区)和锦里(锦里民俗区)三部分。祠内主体建筑坐北面南，有大门、二门、刘备殿、过厅、诸葛亮殿五重建筑，西侧是刘备陵园及其建筑，东侧既是著名的“三绝碑”，是由唐朝宰相裴度亲自撰文，著名书法家柳公绰书写，篆刻名匠鲁建雕刻而成。诸葛亮殿内供奉着诸葛亮、诸葛瞻、诸葛尚祖孙三人的贴金泥塑坐像。诸葛羽扇纶巾，神态儒雅，颇有一代名相风度。武侯祠现已成为成都市主要的旅游景点，同时也是我国影响最大的三国遗迹博物馆，享有“三国圣地”之美誉。

杜甫草堂即成都杜甫草堂博物馆，位于成都市西门外的浣花溪畔，是唐代伟大现实主义诗人杜甫流落成都时居住的地方。公元759年冬天，杜甫为避“安史之乱”，携家入蜀，在成都营建茅屋而居，史称“草堂”。现在的草堂是在其遗址上，经宋、元、明、清多次修复而成，集纪念祠堂格局和诗人旧居风貌为一体，建筑古朴典雅、园林清幽秀丽，是现存杜甫行踪遗迹中规模最大、保存最完好、最具特色和知名度的一处。杜甫先后在此居住近四年，创作诗歌流传至今的有240余首，其中的《闻官军收河南河北》现已成为学生必学课目，故草堂故居被视为中国文学史上的“圣地”。

少陵草堂

草堂是混合式中国古典园林，包括草堂景观游览区(草堂旧址)、园林景点游览区(梅园)和服务区(草堂寺)。草堂景观游览区包括照壁、正门、大廨、诗史堂、柴门、工部祠等主要建筑，两旁配以对称的回廊，其间有流水萦回，小桥勾连，竹树掩映，显得既庄严肃穆、古朴典雅而又幽深静谧、秀丽清朗。工部祠东侧是“少陵草堂”碑亭，象征着杜甫的茅屋，现已成为杜甫草堂的标志性景点和成都的著名景观。景区珍藏有3万余册各类资料，2000余件文物，包括宋、元、明、清历代杜诗精刻本、影印本、手抄本以及近代的各种铅印本，还有15种文字的外译本和朝鲜、日本出版的汉刻本120多种，是有关杜甫平生创作馆藏最丰富、保存最完好的地方。

2. 自贡

自贡，位于四川省的南部，是川南区域中心城市。两千年的盐业历史，使其拥有着丰厚的历史文化积淀和独具风韵的人文景观；独特的城市布局与起伏的山峦、蜿蜒的河溪交错穿插，形成了融山、水、城为一体的“半城青山半城楼”的山林城市风貌。自贡，以“千年盐都”、“恐龙之乡”、“南国灯城”、“江姐故里”而闻名遐迩。

自贡以盛产井盐闻名，素有“盐都”之称，其悠久的采卤制盐史，可上溯到近2000年前。在青山绿水环抱之中，在数百株古榕的掩映之下，仍可见到保存尚为完好的各式盐业同乡、行帮会馆，以及石板铺就的传统街区和高数十米的采卤木制井架——天车。

自贡井盐场奇观——天车

自贡恐龙博物馆，位于自贡市东北郊大山铺恐龙化石发掘现场，是我国继半坡遗址和秦始皇兵马俑坑之后，又一大型现场博物馆。恐龙埋藏遗址有1900平方米，分布着错落交织的多种恐龙的骨骼，是巨大恐龙墓地的缩影。在装架馆内，有近10米高的“天府峨眉龙”和多具恐龙的复原骨架组合，以及古脊椎动物化石标本，这是一个完整的“恐龙动物群”。其中既有陆生、水生、两栖类，又有空中飞行的古脊椎动物；有长达20米的草食长颈椎蜥脚龙、凶猛的肉食恐龙和数量多而完整的短颈椎蜥脚龙，也有仅1.4米长的鸟脚龙，最珍贵的是目前世界上发掘最早的中侏罗纪剑龙和首次发现的翼龙。自贡恐龙博物馆在世界上与美国国立恐龙公园、加拿大恐龙公园齐名，合称世界三大恐龙博物馆。

自贡灯会闻名于世。自贡的彩灯取材广泛，有各种质地、色彩、大小不同的纸、绢、绸，还有玻璃、药瓶、瓷器、蚕茧、竹编、扎染布料等独具地方风情和行业特色的制灯原料。千姿百态的龙灯、走马灯、座灯、系列灯、工艺灯、动物灯、人物灯、花鸟灯……五花八门，璀璨夺目。每逢灯会，园林山水中万灯齐展，灯中有景，景中有灯，灯景交织，层次迷离，气势磅礴。自贡灯会先后在北京、上海、南京、沈阳、香港、澳门等全国各地，以及新加坡、韩国、日本、泰国、加拿大等国展出多次。自贡灯会以美不胜收的胜景奇观和绚丽夺目的光辉被誉为“天下第一灯”。

二、重庆市

（一）重庆概况

重庆古为渝州，简称渝，是我国四大直辖市之一。城市依山而建，其北部、东部及南部分别有大巴山、巫山、武陵山、大娄山环绕，丘陵山地坡地面积较大，人谓“山城”；重庆多雾，年平均雾日是104天，素有“雾都”之称。3000年悠久的历史，使其拥有融巴渝文化、民族文化、移民文化、三峡文化、陪都文化、都市文化于一体的浓郁文化景观。境内地貌类型丰富，有山、水、林、泉、瀑、峡、洞等不同的自然景色。境内旅游资源非常丰富，如雄伟壮阔的长江三峡，闻名遐迩的大足石刻，璀璨多彩的重庆夜景，秀丽怡人的芙蓉江，火爆刺激的重庆火锅。

（二）重点旅游线路

1. 特色线路

（1）长江三峡精品游：重庆——白公馆——渣滓洞——古镇磁器口——大礼堂

重庆——涪陵——乌江峡谷——武隆——天生三桥——仙女山

仙女山高山草场——武隆芙蓉洞——涪陵

涪陵——丰都鬼城——张飞庙——奉节

奉节天坑——长江三峡——大宁河小三峡

长江三峡——（过三峡大坝船闸）宜昌——三峡大坝工程

（2）渝西名胜游：重庆——大足石刻

重庆——武隆——天生三桥——仙女山高山草场

重庆白公馆——渣滓洞——古镇磁器口

2. 传统线路

重庆都市游：白公馆——渣滓洞——古镇磁器口——朝天门广场

重庆——广安——三峡游：重庆——广安（参观邓小平故居、邓家祖坟）

重庆磁器口老街——白公馆——渣滓洞——朝天门广场——两江汇合胜景

重庆——长江三峡

白帝城——神农溪——瞿塘峡——巫峡——西陵峡

3. 自助线路

渝蜀文化风光游：起点重庆，途经永川，大足，内江，自贡，宜宾，蜀南竹海，乐山，眉山等地，到达成都。主要景点：大足石刻，宝顶山，北山石刻，竹海，天宝寨，翡翠长廊，观海楼，哪吒庙，乐山大佛，三苏庙，武侯祠，杜甫草堂，望江楼。

渝湘风光游：起点重庆，经长江三峡，湖北宜昌，终点张家界。主要景点：丰都鬼城，石宝寨，张飞庙，白帝城，大三峡，小三峡，葛洲坝船闸，黄石寨，金鞭溪，天子山，十里画廊。

（三）旅游景点（区）

1. 长江三峡风景区

长江三峡，西起重庆市奉节县，东至湖北省宜昌市，全长大约200千米。自西向东主要有瞿塘峡、巫峡和西陵峡，两岸高山对峙，崖壁陡峭，是长江上最为奇秀壮丽的山水画廊。随着规模巨大的三峡工程的兴建，这里成了世界知名的旅游热线。这里还是硝烟弥漫的三国古战场，拥有大量的历史古迹。长江三峡，入选为中国最美的十大峡谷，高居中国40佳旅游景观榜之首。

瞿塘峡，又名夔峡，西起奉节县的白帝城，东至巫山县的大溪镇，全长约8千米，以雄伟险峻著称。气势赫赫的夔门位于西端入口处，两岸断崖壁立，高数百丈，宽不及百米，素有“夔门天下雄”之称。长江由此浩荡东泻，两岸悬崖峭壁如同刀削斧砍，山高峡窄，仰视碧空，云天一线，峡中水深流急，江面最窄处不足五十公尺，波涛汹涌，奔腾呼啸，构成了一幅极为壮丽的山水画卷。正如郭沫若《过瞿塘峡》一诗所云：“若言风景异，三峡此为魁”。瞿塘峡的名胜古迹，多而集中，有奉节古城，八阵图,鱼复塔,白帝城,惊险万状的古栈道,神秘莫测的风箱峡,题刻满壁的粉壁墙,富于传说的孟良梯、倒吊和尚、盔甲洞,洞幽泉甘的凤凰饮泉等。在风箱峡下游不远处的南岸,有一座奇形异状的山峰,突起江边,人称"犀牛望月",惟妙惟肖,让人流连忘返。

巫峡,西起重庆市巫山县城东面的大宁河口,东迄湖北省巴东县官渡口,绵延40余千米,峡谷曲折,山高入云,以"幽深秀丽"而著称。巫山十二峰,是巫峡最著名的自然景观,群峰争艳,姿态万千。巫峡谷深狭长,峡中湿气蒸郁不散,容易成云致雾,云雾千姿百态,有的似飞马走龙,有的擦地蠕动,有的像瀑布一样垂挂绝壁,有时又聚成滔滔云纱,在阳光的照耀下,形成巫峡佛光,因而古人留下了"曾经沧海难为水,除却巫山不是云"的千古绝句。巫峡名胜古迹众多,陆游古洞、大禹授书台、神女庙遗址、孔明石碑以及那悬崖绝壁上的夔巫栈道、"楚蜀鸿沟"题刻,无不充满诗情画意。

巫峡十二峰

西陵峡,西起香溪口,东至南津关,全长76千米,是三峡中最长的峡谷。因位于楚之西塞和夷陵(宜昌古称)的西边,故叫西陵峡。西陵峡为三峡水道最险处,礁石林立,浪涛汹涌,两岸怪石横陈,滩多流急,峡北的秭归为屈原的故乡,相邻有汉代王昭君的故里。历史上以其航道曲折、怪石林立、滩多水急、行舟惊险而闻名。

西陵峡

建国后,政府对川江航道进行了多年治理,后又建成葛洲坝水利工程,现在的西陵峡已今非昔比。江中千帆飞驰,两岸橘林遍坡,黄绿相映,硕果累累,峡风阵阵,醉人心扉,奇险的景观与悠久的人文历史令海内外游客留连忘返,如北岸的"兵书宝剑峡"、"牛肝马肺峡",南岸的"灯影峡"。牛肝马肺峡位于距新滩不远处的江北岩壁上,这儿有两块重叠下垂的褚黄色岩石,一块形似牛肝,一块形似马肺,故名牛肝马肺峡。如今牛肝还完整,而马肺则在清光绪二十六年被入侵的英国军舰轰掉了下半部,残缺不全。

2. 丰都鬼城

鬼门关

丰都鬼城名山原名“平都山”，海拔287.3米，素以“鬼国京都”、“阴曹地府”闻名于世，是传说中人类亡灵的归宿之地，也是集儒、佛、道于一体的民俗文化艺术宝库，被誉为中国“神曲之乡”、人类“灵魂之都”。相传汉代有阴长生、王方平两人曾先后在平都山修道成仙，白日飞升。这里就成为道家的72“洞天福地”之一。至唐代，有人误将“阴”、“王”两姓联缀为“阴王”，于是名山就逐步被传说附会为“阴王”（阴间之王）所居之地，即演变成“阴曹地府”的鬼都了。山上建有30多座与“阴曹地府”相关的寺庙殿宇，如奈河桥、玉皇殿、无常殿、鬼门关、黄泉路、望乡台、城隍殿等。每年农历三月三在此举行“鬼城庙会”，车船爆满，游人如织：“阴天子娶亲”、“城隍出巡”、“钟馗嫁妹”、“鬼国乐舞”等民俗民风游行表演，惊奇谐趣，令人目不暇接，叹为观止。景区林木苍翠，建筑精美，磐鼓晨钟，江山一脉；朝霞夕照，风光醉人，庙宇殿堂神像森罗，楼台亭阁依山而立。山上还有苏轼、陆游、范成大等历代名人的碑刻题咏。鬼城丰都悠久的历史，独特的文化内涵，神奇的传说，秀美的风光和难以替代的观赏价值，不可多得的鬼文化研究载体，向中外游客显示着神秘的东方神韵。

3. 小寨天坑

小寨天坑，位于奉节县的兴隆镇小寨村，坑口地面标高1331米，深666.2米，坑口直径622米，坑底直径522米，是世界上深度和容积最大的“天坑”。“天坑”是当地人对喀斯特漏斗的俗称，在地理学上被称为“岩溶漏斗地貌”。小寨天坑是在几座山峰之间凹下去的一个椭圆形大漏斗，坑口四面绝壁，如斧劈刀削，宏伟壮观，东北方向的峭壁上有一条羊肠小道，在竖直的石壁上盘旋环绕直至地心深处。坑壁有两级台地，300米深处的第一级台地，宽2~10米，上有两间房屋，相传曾有人在此隐居；另一级台地位于400米深处，呈斜坡状，坡地上草木丛生，野花烂漫，坑壁有几个悬泉飞泻坑底。站在坑口往下看，一削千丈的绝壁直插地下，深不见底，令人目眩。坑底下边有一条汹涌澎湃的地下河，小寨天坑就是这条河的一个“天窗”。站在坑底抬头仰视，只见蓝天好像一轮圆月，颇有“坐井观天”之感。小寨天坑不仅巨大，其色彩也极其丰富。绝壁上的岩纹颜色奇特，红、黄、黑相间，犹如一幅国画。飞禽在岩缝中飞进飞出，鸣叫、觅食，给这幅巨大的国画平添了几分生机。

天坑内众多暗河和四通八达幽深莫测的密洞，吸引着各国探险家多次进行探险考察，至今，天坑中还有许多洞穴的情况鲜为人知。这儿是世界一流的魔幻式洞穴群，是当今世界洞穴奇观之一。经国家建设部批准，小寨天坑入选为首批《中国国家自然遗产、国家自然与文化双遗产预备名录》。

小寨天坑

三、湖北省

（一）湖北概况

湖北简称鄂，位于我国的中南部，因处于洞庭湖以北，故称湖北。湖北省处于第二级阶梯向第三级阶梯过渡地带，地貌类型多样，山地、丘陵、岗地和平原兼备。省内既拥有美丽的自然山水景观，又有历史价值极高的人文旅游景观。驰名中外的三峡大坝，人誉“道教圣地”的武当山，号称“华中屋脊”和“绿色宝库”的神农架自然保护区，众多的古三国胜迹和楚都遗址“纪南城”，辛亥革命遗址起义门、阅马场、中央农民运动讲习所旧址及“八七会议”会址。其中，三峡大坝观光区和黄鹤楼已成为国家5A级风景名胜旅游景点。

（二）重点旅游线路

1. 特色线路

三峡神农游：汉阳——宜昌——西陵峡——三峡大坝

神农溪——龙昌峡——鹦鹉峡——悬棺峡——巫峡——瞿塘峡——白帝城

神农架自然保护区——板壁岩——金猴岭原始森林—高山草甸——神农顶——汉阳

神农架生态游：宜昌——神农架木鱼镇——天生桥生态旅游区——神农坛景区木鱼镇——燕天风景区——燕子洞——彩虹飞渡——野人洞——牛鼻子洞——神农顶自然保护区——“野人谜苑”——金猴岭原始森林——风景垭——望塔——板壁岩

恩施土苗风情游：恩施——启漂码头——清江闯滩——梭布亚石林——龙鳞宫

2. 传统线路

长江三峡游：宜昌——三峡大坝——奉节——白帝城——瞿塘峡——巫山——小三峡（龙门峡、巴雾峡、滴翠峡）——三峡——宜昌

宜昌古迹游：宜昌——三游洞——长坂坡遗址—当阳桥——关陵庙——麦城

荆门风光游：圣境山——漳河风景区——明显陵——元宫——大口国家森林公园
观音岛——李家洲—乐天处—青蛙石——五峰寨——黄集岛
九龙谷——老君台——金顶——真人洞

武当风光游：武当山——金顶——太和宫——转运殿——太子坡——里四道
磨针井——玉虚宫——玄岳门
南岩宫——龙头香——梳妆台——飞升崖古栈道

3. 自助线路

武汉都市游主要景点：武汉长江二桥，东湖，楚城，登山索道，长春观，黄鹤楼，古琴台，归元寺，龟山三国城公园等。

神农架探险游：起点武汉，途经宜昌、秭归等县市，终点神农架自然保护区。主要景点：黄鹤楼，古琴台，小三峡，白帝城，葛洲坝，昭君故里，屈原祠，神农架自然保护区。

（三）主要旅游景点（区）

1. 武当山

武当山，古有“太岳”、“玄岳”、“大岳”之称，位于十堰市丹江口境内，属大巴山东段。背倚苍茫千里的神农架原始森林，面临碧波万顷的丹江口（中国南水北调中线工程取水源头），高峰林立，是我国道教名山和武当拳发源地。武当山不仅拥有奇特绚丽的自然景观，而且拥有丰富多彩的人文景观，二者之间和谐统一，因此有“亘古无双胜境，天下第一仙山”的美誉。景

区古建筑群已被列入《世界文化遗产名录》。

武当山的自然景观奇特绚丽，以雄为主，兼有险、奇、幽、秀等特点，是我国著名的山岳风景旅游胜地。景区拥有箭镞林立的 72 峰，绝壁深悬的 36 岩，激湍飞流的 24 涧，云腾雾蒸的 11 洞，玄妙奇特的 10 石 9 台等。武当山群峰林立，主峰天柱峰高耸入云，周围 72 峰俯首相向，形成了“七十二峰朝大顶”的奇观。

天柱峰金殿

武当山道教文化历史悠久，相传为道教玄武大帝（北方神）修仙得道飞升之胜地，历代道教名流曾在此修炼。早在 1300 年前唐代贞观年间，武当山即兴建五龙祠，宣扬道教。经过唐、宋、元、明、清数代修建，共建庙宇 500 多处，庙房 20000 余间。明代达到鼎盛，永乐大帝大建武当，史称“北建故宫，南建武当”，共建成 9 宫、9 观、36 庵堂、72 岩庙、39 桥、12 亭等 33 座道教建筑群，面积达 160 万平方米。明嘉靖帝又进行扩建，形成“五里一庵十里宫，丹墙翠瓦望玲珑。楼台隐映金银气，林岫回环画镜中”的建筑奇观。整个古建筑群规模宏大，气势雄伟，是我国现存最完整、规模最大、等级最高的道教古建筑群。太和宫、南岩宫、紫霄宫、遇真宫四座宫殿，玉虚宫、五龙宫两座宫殿遗址，以及各类庵堂祠庙等共 200 余处，构成了庞大的建筑群。整体建筑构思之巧妙，工程之艰巨，雕琢之细腻，建筑艺术之精湛，均为世界所罕见。除古建筑外，武当山尚存珍贵文物 7400 多件，其中尤以道教文物著称于世，被誉为“道教文物宝库”。武当道教音乐，富有神韵，具有中庸、委婉和庄重、典雅的特点。

武当功夫，是我国“内家功夫”的杰出代表，同时也是我国武术的一大流派，素有“北崇少林，南尊武当”之说。它以静制动，以柔克刚，炼气凝神，刚柔相济，内外兼修，是极好的健身养性之术。其中又以明代张三丰创建的武当派拳术闻名天下。

2. 神农架自然保护区

神农架位于我国地势第二阶梯的东部边缘，以中高山地貌为主，区内山体高大，平均海拔 1700 米，有 6 座海拔 3000 米以上的山峰，最高峰神农顶海拔 3105.4 米，是华中第一峰，因此有“华中屋脊”之称。相传神农氏曾在此尝遍百草，由于山峰陡峭，便搭架上下采药，由此得名“神农架”。神农架气温偏凉且多雨，立体气候十分明显，独特的地理环境和立体气候，使神农架成为我国南北植物种类的过渡区域和众多动物繁衍生息的交叉地带。这里保留了珙桐、鹅掌楸、连香等大量珍贵古老孑遗植物，白雕、白獐、白猴、白鹿、白龟和白熊等众多奇特的动物。

神农架

神农架旅游的特色活动包括观原始洪荒之貌，赏幽绿秀野之景，品神农文化之韵，探野人传世之谜。神农架保存完好的原始生态与亿万年来形成的亘古地貌，孕育了众多的奇山异石、奇洞异穴、奇花异草、奇兽异鸟。这里山峰瑰丽，清泉甘冽，风景绝妙。神农顶雄踞"华中第一峰"，风景垭名列"神农第一景"，红坪峡和巴东峡以奇峰怪石取胜，构成了"一奇、二怪、三险、四美"的特色。红花乡境内的潮水河，早中晚各涨潮一次，每次持续半小时，涨潮时，水色因季节而不同。神农架全年积雪时间约 150 天，具有雪质好、雪量丰富、气候适宜等优点，被誉为"南国滑雪胜地"。神秘莫测的野人，引发了人们的无限遐思。神农架独特的生态旅游资源使其成为开展观光揽胜、度假休闲、探险猎奇、体育健身、科学考察、科普教育的理想场所和最佳去处。

（四）中心城市

1. 武汉

武汉，湖北省省会，是华中地区最大城市，长江及其支流汉水将武汉分成武昌、汉口、汉阳，出现三镇隔江鼎立的格局，诗仙李白在此写下"黄鹤楼中吹玉笛，江城五月落梅花"的诗句，因此武汉自古又称"江城"。武汉历来被称为"九省通衢"之地，具有承东启西、沟通南北、维系四方的作用。武汉风景优美，历史悠久，拥有许多自然人文景观，有天下第一楼黄鹤楼、万里长江第一桥武汉长江大桥、中国最大城中湖东湖、佛教圣地归元寺、千年皇家寺院宝通禅寺、亚洲民主之门红楼、百年老街江汉路。

黄鹤楼，巍峨耸立于武昌蛇山，与湖南岳阳楼，江西滕王阁并称为"江南三大名楼"。黄鹤楼始建于三国时期吴黄武二年（公元 223 年），传说是为了军事目的而建，后来，历代文人墨客到此游览，留下不少脍炙人口的诗篇。唐代诗人崔颢一首"昔人已乘黄鹤去，此地空余黄鹤楼。黄鹤一去不复返，白云千载空悠悠。晴川历历汉阳树，芳草萋萋鹦鹉洲。日暮乡关何处是，烟波江上使人愁"，已成为千古绝唱。然而，曾经的黄鹤楼经历了频繁的战火，屡建屡废。现在的黄鹤楼是 1981 年以清同治楼为蓝本修建的，相比之下更加高大雄伟。

黄鹤楼的平面设计为四边套八边形，谓之"四面八方"，形如黄鹤，展翅欲飞。主楼有 5 层飞檐，攒尖楼顶，金色琉璃瓦屋面，通高 51.4 米，底层边宽 30 米，顶层边宽 18 米。楼层内外的彩绘以仙鹤为主体，云纹、花草、龙凤为陪衬，青绿底色，古香古色。周围还建有一批辅助建筑，有铸铜黄鹤造型、胜像宝塔、牌坊、轩廊、亭阁等，为景点增色不少。登楼远眺，人们会真切的感受到"极目楚天舒"的韵味。整座楼雄浑中不失精巧，富于变化的韵味和美感，其规模之大、设计之巧、造型之美、施工之精，均令世人叹为观止。黄鹤楼景区享有"天下绝景"之称，2007 年被评为国家 5A 级旅游景区。

黄鹤楼

2. 宜昌

宜昌市，古名夷陵（彝陵），由于历史上有"上控巴蜀，下扼荆襄"的说法，所以宜昌号称"川鄂咽喉,西南门户”。宜昌城区群山环绕,风光旖旎,山水相依,特别自长江三峡工程开工以来,生态环境进一步改观,形成了“人在城中、城在林中”的城市景观。随着万里长江第一坝——葛洲坝工程的建成和我国最大的工程——三峡工程的正式兴建,宜昌已成为我国的热点旅游城市,吸引着来自全国各地的游客。巴楚文化、三国故地以及出生在古宜昌境内的“世界四大文化名人”之一的屈原和汉明妃王昭君,都留下了众多历史文化古迹。境内景点主要有:三游洞、白马洞、桃花村、屈原祠、昭君村、晓峰悬棺、猇亭古战场、高岚风光、葛洲坝工程、三国古战场、玉泉寺等。

葛洲坝水利枢纽工程位于宜昌市三峡出口南津关下游约3000米处,是我国万里长江上兴建的第一个大坝,也是长江三峡水利枢纽的重要组成部分。该工程于1974年动工,1988年完成。葛洲坝工程主要由电站、船闸、泄水闸、冲沙闸等组成。大坝全长2595米,坝顶高70米,宽30米,电站装机21台,年均发电量141亿度。建船闸3座,可通过万吨级大型船队。它的建成发挥了巨大的经济和社会效益,为我国的水电建设积累了宝贵的经验,在全国乃至全世界都是屈指可数的巨大水利枢纽工程之一。“万里长江映彩霞,高山峡谷千秋坝。”葛洲坝这座世界级水利枢纽工程,犹如一颗璀璨的明珠镶嵌在风光秀丽的三峡峡口,自然风光和人工奇观的和谐统一,向世界显示了中国人民的聪明才智和正确的选择。

长江三峡水利枢纽工程,简称“三峡工程”,位于西陵峡中段,是当今世界上最大的水利枢纽工程,由大坝、水电站厂房和通航建筑物三大部分组成。三峡工程分三期,从1994年开工,到2009年竣工,总工期15年。建成后的三峡水库,是一个水面平静的峡谷型水库,长600千米,最宽处达2000米,面积达10000平方千米。

三峡大坝的主要作用有防洪、发电、航运。下游荆江大堤由能够防御十年一遇的洪水,提高到抵御百年一遇的大洪水。三峡水电站是世界最大的水电站,总装机容量1820万千瓦,年发电846.8(1000)亿度,主要供应华中、华东、华南、重庆等地区。大坝还能够改善重庆至武汉间的通航条件,将通航能力提高到5000万吨,满足长江上中游航运事业远景发展的需要。

“神女应无恙,当惊世界殊。”这是描写三峡工程的神来之笔。三峡大坝旅游观光区(坛子岭、185平台、截流纪念园、坝顶等)是湖北省仅有的两个国家5A级旅游区之一,也是全国唯一的5A级工业旅游区。另外,库区蓄水,湖北和重庆两地原来藏在深山的大批新景观将展现在世人面前,在长达650千米的水库里,可形成峡谷及漂流河段37处,溶洞15个,湖泊11个,岛屿14个,这就使未来的三峡风光更加迷人。

由于宜昌具有重要的地理位置,所以境内三国古战场数量较多,古典名著《三国演义》中有36个故事发生在这里。“夷陵之战”刘备为关羽报仇被陆逊火烧连营700里,赵子龙为救阿斗大战“长坂坡”,张飞掩护刘备横矛“当阳桥”,关公大意失荆州败走“麦城”,后被擒“回马坡”等等。这里还是埋葬关公正身的“五阳”之地,建有气势恢弘的关帝陵。听着富有传奇色彩的三国故事,看着曾经硝烟弥漫的古战场,游客会发出无尽的感慨。

四、湖南省

(一)湖南概况

湖南省,别号"芙蓉国",地处我国中南部,因位于洞庭湖以南得名"湖南",又因湘江贯穿全境而简称"湘"。全省地貌类型多样,其中以山地为主,占据总面积的51.2%。湖南历史悠久,旧石器时代就有人类活动,古为苗人、越人和楚人的生活地区。湖南是一个多民族大省,有汉族、土家族、苗族、瑶族、侗族、白族、回族、维吾尔族等41个民族。湖南还以名人名家而著称。

(二)重点旅游线路

1. 特色线路

南岳衡山森林探奇游:长沙——衡山——藏经殿——原始次森林——方广寺
福严寺——广济寺——长沙

张家界自然风光游:宝峰湖——天子山——西海——天台——仙女献花
——御笔峰——贺龙公园——卧龙岭——十里画廊
水绕四门——张家界国家森林公园——金鞭溪——黄石寨
百里画廊——茅岩河漂流

2. 传统线路

湘西自然人文风光游:张家界——宝峰湖
天子山——西海——天台——仙女献花——御笔锋
——贺龙公园——卧龙岭——十里画廊
水绕四门——张家界森林公园—金鞭溪——黄石寨——长沙
长沙——韶山——毛主席故居——滴水洞——铜像广场
韶山——长沙——马王堆——岳麓书院——橘子洲

长沙衡山风光游:长沙马王堆汉墓——岳麓山——岳麓书院——橘子洲
长沙——花明楼(参观刘少奇故居、纪念馆)——韶山(游毛泽东故居、滴水洞、铜像广场)——南岳衡山
半山亭——南天门——祝融峰——岳阳
岳阳楼——洞庭湖——君山

长沙韶山游:马王堆汉墓——岳麓书院——爱晚亭——橘子洲——长沙——韶山(毛主席故居、铜像广场、滴水洞)——花明楼(参观刘少奇故居、纪念馆)

3. 自助线路

凤凰古城游:南方长城,沈从文故居,北门城楼,跳岩,沙湾虹桥,虹桥艺术楼,回隆阁吊脚楼,万名塔,万寿宫等。

南岳衡山游:南岳八景有湘江夜雨,晓霞晴岚,腰峰雨注,雷溪月色,流杯曲水,开云晓钟,观湘返照,桐岚归牧。同时,可以游览山上寺庙,如祝圣寺,高台寺,南岳大庙,福严寺,南台寺,铁佛寺,湘南寺等。

湘西风光游:从长沙出发,到达张家界,游览王村,猛洞河漂流,老司城,德夯民族风情园,凤凰古城,南方长城,黄丝桥古城。

(三)旅游景点(区)

1. 武陵源风景区

武陵源风景区，位于湖南省西北部，是国家5A级旅游风景区，由张家界、索溪峪、天子山、杨家界各具特色的四大风景区组成，总面积369平方千米，现辟有14条旅游线路，观景点560多个。武陵源拥有世界上罕见的砂岩峰林地貌，纯朴的田园风光，原始的生态系统，大量濒临灭绝的动植物物种，被誉为"大自然迷宫"、"天下第一奇山"。

武陵源风景区内独特的石英砂岩峰林，具有不可比拟、不可替代、不可分割的特点。区内石英砂岩柱峰有3103座，千米以上的243座，整个峰林造型独特，高低参差，风格各异，构成蔚为壮观的奇观胜景，其中以骆驼峰、醉石峰和五指峰最为著名。最高峰为兔儿望月峰，海拔1264.5米。境内长2000米以上的沟谷32条，最著名的是金鞭溪、神堂湾、十里画廊等峡谷。景区集我国名山的雄、奇、险、秀、幽、野于一身，有"天下奇峰归武陵"的美誉。在峰林峡谷之间，还有数十处溪泉湖瀑，且久旱不断流，景色宜人，美不胜收。武陵源的水景类型齐全，包括溪、泉、湖、潭、瀑等，异彩纷呈，有"秀水八百"的美称。山水之间还有丰富的溶洞群，其中黄龙洞深15千米，有大厅13个，走廊96条，瀑布3处，阴河1条，石笋众多，形态各异，令人称绝。武陵源以"奇峰、幽谷、秀水、深林、溶洞"享有盛誉，称为武陵源"五绝"。

张家界，又名青岩山，是我国第一个国家森林公园。景区以岩称奇，3000座奇峰拔地而起，形态各异，有的似玉柱神鞭，顶天立地；有的像铜墙铁壁，巍然屹立；有的如晃板垒卵，摇摇欲坠；有的若盆景古董，玲珑剔透…… 南天一柱，高300米，是其中一典型代表，石峰从深不可测的沟谷中冲天而立，上下一般粗细，有如镇山之卫士，又如擎天一柱石，精悍潇洒，超凡脱俗。张家界地处中纬度，气候较为湿润，光热充足，雨量充沛，树木茂盛，森林覆盖率达88%，森林资源异常丰富，有多种被称为稀世之珍的珍贵树木，如有"独生子女"之称的珙桐树（中国鸽子花），仅存于我国很少的一些地方。还有活化石银杏树，风景木鹅掌楸，观赏植物巨紫荆树，耐腐蚀楸木，坚硬如铁红豆杉等等。区内著名景点还有茅岩河、猛洞河、金鞭岩、金鞭溪等等。

张家界

索溪峪，因溪水状如绳索而得名，主要旅游特色是峰秀、谷幽、水碧、洞奥，是武陵源景区的最大的一处。区内有2000多座山峰，19道沟壑和6条溪流，有"峰两千，水八百"之称。索溪峪还是一个地下溶洞世界。据有关部门勘察，索溪峪共有大小溶洞59个，目前开放的有黄龙洞、骆驼洞、观音洞、金鸡洞、仙女洞、牛耳洞等。黄龙洞号称"地下明珠"，规模之大，景观之丰富，令我国其它溶洞望尘莫及，堪称"中华最佳洞府，天下第一奇观"。洞内有一湖、二河、三潭、四瀑、13厅、96廊，全长15千米，分六大景区、上下四层，两层为干洞，两层为水洞，故有"洞中乾坤大，地下别有天"之称。索溪峪现已开发小景区8个，有西海、十里画廊、水绕四门、百丈峡、宝峰湖、黄龙洞等。

天子山东临索溪峪，南接张家界，是武陵源四大景区之一。天子山地势中间高，四周低，因而视野开阔，层次分明。站在山上，可俯视周围世界，让人生出"山上无山我独尊"的无限豪情。天造地设的景观，淳朴奇特的民俗民情，独具风味的民族食品，使人产生"不游天子山，枉到武陵源"的想法。天子山有四大奇观：峰林、云海、日出、冬雪。一幅幅雄伟壮观、奇特迷人的景象，让游客流连忘返。仙人桥，又名天下第一桥，是两座山峰被一条长廊连在一起而形成的天然桥洞，吞云吐雾，气势壮观。古人云："天地可掬，此真天造也"。桥面宽约2米，长20余米，高约六七十米。桥上苍松挺拔，桥边古藤垂挂，桥下深不可测。游客可自桥东自然形成的石级而下，走上天桥，下视万丈深渊，只见雾气蒸腾，松涛呼啸，石桥好像也颤颤悠悠，晃晃摇摇，令人惊心动魄、头晕目眩。

仙人桥

2. 凤凰古城

凤凰古城，地处湘西自治州南部，为我国历史文化名城。古时县城以西五十里处有一座形状若鸟、昂首展尾的山，人们为取吉祥，谓之凤凰山。古凤凰县城的美名由此而来。古凤凰县城历史悠久，春秋战国时期属楚国疆域。在漫长的朝代演变中，曾有不同风格的建筑修建于此。现在的凤凰古城始建于清康熙四十三年，历经300年风雨沧桑，古貌犹存。自然景观与人文遗存有机地融合，成就了这颗"湘西明珠"。

凤凰古城，曾被新西兰作家路易艾黎称作中国最美丽的小城之一，城内仅有一条像样的东西大街，可分为新旧两个城区。老城区紧邻沱江而建，集中了大多数的古老建筑，是凤凰县的核心景区。红色砂岩砌成的城墙，清朝建造的古老的城楼，锈迹斑斑的铁门，北城门外那座窄窄的木桥，江边木质结构的吊脚楼，无一不在向人们展示着厚重的历史文化。古城现有文物古建筑68处，古遗址116处，明清两代特色民居建筑120多栋，还有明清石板古街道20多条。其中包括唐代留下的最完整的石头城——黄丝桥，见证苗汉隔绝的苗疆边墙——中国南方长城，被誉为华夏洞王的奇梁洞。这里还是文学大师沈从文的故乡，他曾在《边城》中描绘过它朴素迷人的风情。

凤凰古城

（四）中心城市

1. 长沙

长沙别称星沙，又因战国时期爱国大诗人屈原和西汉政治家贾谊的影响被称为"屈贾之乡”。长沙是一座具有3000年历史的“楚汉名城”，马王堆汉墓和走马楼简牍等重要文物显示了深厚的楚文化以及湖湘文化底蕴，位于岳麓山下的岳麓书院成为湖南文化教育的象征。境内拥有众多历史遗迹和旅游景点，如韶山毛泽东故居和南岳衡山、岳阳楼、桃花源。长沙最重要的特产是“长沙三绝”，即湘绣、中国红瓷器和菊花石雕。

岳麓书院位于长沙市岳麓山下，与江西白鹿洞书院、湖南石鼓书院（后被毁，为河南嵩阳书院取代）河南应天书院并称为我国古代四大书院。书院的建造可追溯到唐代末年，到北宋年间，潭州太守朱洞正式创立岳麓书院。清末光绪年间改为湖南高等学堂，1926年正式定名为湖南大学，并延续至今。历经千年的办学历史，反映了我国教育制度的变迁，是我国高等教育发展史的一个缩影，故世称“千年学府”。

岳麓书院

岳麓书院创立伊始，即以其办学和传播学术文化而闻名于世。书院大门横匾“岳麓书院”为宋真宗所赐，门联“惟楚有才，于斯为盛”是千古名联，讲堂正中悬挂清乾隆御书“道南正脉”匾，左右壁有石刻“忠、孝、廉、节”四个大字。书院建筑分为讲学、藏书、供祀三大部分，主体建筑有头门、二门、讲堂、半学斋、教学斋、百泉轩、御书楼、湘水校经堂、文庙等，都集中在一条中轴线上，各部分互相连接，合为整体，完整地展现了我国古代建筑气势恢宏的壮阔景象。

2. 岳阳

岳阳古称巴陵，又名岳州，位于湖南省东北部，是一个富（资源丰富）、优（区位优越）、美（风景优美）的地方。岳阳紧靠号称“八百里洞庭”的洞庭湖，湘江、资江、沅水、澧水在此交汇，因此就有“江湖之胜，巴陵兼有之”的美誉。岳阳集名山、名水、名楼、名人于一体，1979年就被国务院列为对外开放的甲级旅游城市，现已成为国家级历史文化名城。

洞庭湖——远古时代云梦泽的遗迹，是我国第二大淡水湖泊，自古就有“八百里洞庭”之说。洞庭湖烟波浩淼、水天一色，水域风光秀丽迷人，最大的特点便是湖外有湖，湖中有山。范仲淹称它“衔远山、吞长江，浩浩荡荡，横无际涯。”滨湖著名的景点很多，如：岳阳楼、君山、杜甫墓、屈子祠、跃龙塔、文庙、龙州书院等。湖中最著名的是风景秀丽的君山。它是洞庭湖中的一个孤岛，原名洞庭山，意为“神仙洞府”。相传4000年前，舜帝南巡，娥皇、女英二位妃子追之到此，后死于山上，后人据此建成二妃墓。二妃也叫湘妃、湘君，为了纪念她们，洞庭山更名为君山。现有古迹二妃墓、湘妃庙、柳毅井、飞来钟等。这里每年都举办盛大的龙舟节、荷花节和水上运动。洞庭湖还是著名的鱼米之乡，出产珍贵的河鲜，有河蚌、黄鳝、洞庭蟹等。洞庭湖的“湖中湖”莲湖，盛产驰名中外的湘莲。湘莲颗粒饱满，肉质鲜嫩，历代被视为莲中珍品。

洞庭湖

岳阳楼,屹立在洞庭湖畔的古城墙上,自古就有"洞庭天下水,岳阳天下楼"之誉,是我国江南三大名楼之一。三国时期,东吴大将鲁肃在洞庭湖操练水军,并在城西修筑坚固的城池,建造了指挥和检阅水军的阅军楼,这就是岳阳楼的前身。唐朝在其原有的建筑艺术和历史风貌基础上进行扩建,后逐步成了历代游客和风流韵士游览观光、吟诗作赋的胜地。北宋范仲淹脍炙人口的《岳阳楼记》更使岳阳楼著称于世,其中"先天下之忧而忧,后天下之乐而乐"的佳句流传千古。现在的岳阳楼是1984年重新修建的,保存了清朝的规模、式样和大部分的建筑构件,建筑艺术价值无与伦比。

岳阳楼的建筑很有特色。据说当时修建者为取天时、地利、人和之意,将主楼建为3层,楼高15米,以4根楠木大柱承负全楼重量,再用12根圆木柱子支撑2楼,外以12根梓木檐柱,顶起飞檐,彼此牵制,稳如磐石。其建筑的另一特色,是楼顶的形状酷似一顶将军头盔,既雄伟又不同于一般。

岳阳楼

小知识:凤凰八绝

1. 沱江边的菜场以及在河边捣衣的女人。
2. 沙湾的吊脚楼。
3. 北门外沱江边上的露天餐座。
4. 哺育了沈从文、黄永玉的文昌阁小学。
5. 黄丝桥古城。
6. 文庙、天王庙、武侯祠、文昌阁、笔架城,查地图可以找到。
7. 黄永玉题字的理发店,师傅有推拿的绝活,专治落枕。
8. 古戏台是当地画家的聚会地。

◆复习思考题:

1. 结合教材内容,谈谈你对本旅游区的区域旅游环境与资源特征的认识。
2. 从可持续发展的角度讨论本旅游区如何发展旅游经济。
3. 重庆发展旅游业的特殊意义和有利条件。

△ 第八章

中原文化旅游区

◎ 学习目标：

1. 知识目标：掌握本区旅游环境特征；掌握本区特色的旅游资源特征；了解和掌握本区各地主要的旅游线路、旅游景区、中心城市。

2. 能力目标：培养学生运用已经掌握的知识和能力，根据地区旅游资源特色设计旅游线路。

3. 重　　点：掌握区内各省主要的特色旅游资源。

本旅游区位于黄河中下游地区，包括陕西、山西、河南、山东四个省份。黄河是我国的母亲河，孕育了伟大的中华民族。在悠悠五千年的历史长河中，黄河流域一直是政治、经济、文化中心，因此境内遍布华夏古文明的遗迹。同时，美丽的海滨风光以及雄伟秀丽的名山大川也吸引着大量的游客。通过学习，可以让学生了解本旅游区的区域旅游环境与资源特征，理解中原文化在本区旅游业发展中的重要性，掌握一些重要的旅游景点及中心城市。

第一节　区域旅游环境与资源特征

一、地形地貌复杂，知名大山荟萃

本旅游区地跨我国第二、三阶梯，地形地貌复杂多样。陕西包括陕北黄土高原、关中渭河平原、陕南秦岭山脉，地貌类型有河流阶地、黄土台塬、山岳丘陵、峡谷盆地等。山西地形较为复杂，境内有山地、丘陵、高原、盆地、台地等多种地貌类型，山区、丘陵占总面积的三分之二以上，大部分地区海拔在1000米至2000米之间。河南地势西高东低、北坦南凹，北、西、南三面环绕大山，间有陷落盆地，中部和东部为辽阔的黄淮海冲积大平原。山东地形可分为三部分，中部突起为鲁中南山地丘陵区；东部半岛大都是起伏和缓的波状丘陵区；西部、北部是黄河冲积而成的鲁西北平原区，是华北大平原的一部分。

本区名山众多。陕西秦岭山脉，壮观广阔，风景优美，太白山、骊山、华山等诸多著名景点均位于此。山西东界太行山，西有吕梁山，北亘恒山、五台山，南耸中条山，中立太岳山。五台山是我国著名的道教名山，享誉海内外；恒山是五岳之一，也以道教闻名。河南山脉也很多，有太行山、伏牛山、熊耳山与嵩山等，嵩山是五岳中的中岳，山上少林寺更是世界闻名。东岳泰山坐落于鲁中南地区，以浓厚的人文底蕴而著名，另外，崂山、峄山、蒙山、梁山等也都是山东省内风景优美的旅游景点。

二、黄土高原独特，水域风光优美

本区拥有世界上面积最大的黄土堆积区——黄土高原。高原上覆盖深厚的黄土层，厚度在 50 ~ 80 米之间。由于黄土颗粒细，土质松软，在长期流水侵蚀下地面被分割得非常破碎，造就了千沟万壑、丘陵起伏、线条错综复杂的黄土高原。黄土塬，是黄土高原经过流水分割后留存下来的高原面，形似不规则状的花瓣；黄土沟是流水对黄土的侵蚀下切达数十米甚至百米时而形成“V”字型深切沟谷；黄土碟为一种平缓的直径为 10 ~ 20 米不等的碟形凹地；黄土梁呈长条形，长可达几千米。此外还有形态各异的黄土桥、黄土柱、黄土塔等。独特的窑洞居住方式，豪放传情的信天游，生活气息浓厚的民间剪纸艺术，粗犷奔放的鼓艺，与众不同的婚丧嫁娶等民俗风情，无不展现出浓郁的黄土文化风情。

本区地处黄河中下游地区，黄河贯穿东西，东面濒临大海。旅游区内有激流澎湃、声震数里的壶口瀑布，雄浑壮丽的郑州地上“悬河”奇观，有“高峡出平湖”之称的黄河小浪底水利枢纽工程，让我们充分领略到了母亲河的壮美。山东境内有以铁道游击队著称的微山湖，是我国北方最大的淡水湖；包括“天下第一泉”趵突泉在内的七十二名泉，使得济南获得“泉城”的美誉；以“蓝天、碧海、青山、金海岸”闻名的海滨城市日照；还有青岛、烟台、威海等沿海城市都拥有优质的海滨浴场和优美的环境。

三、中华民族摇篮，古都遗迹丰富

本区气候温暖湿润，土地松散肥沃，河流纵横交错，自然条件适于人类的生存和繁衍。区内拥有距今 100 多万年的旧石器时代蓝田猿人遗址，新石器时代的仰韶文化、大汶口文化和龙山文化，人类始祖黄帝、炎帝遗迹，这都说明了最初的人类就在这一区域生产生活，并创造了古代文明。黄帝部落最后定居中原，其后代与其它部落共同融合，形成了中华民族。现在，本区已经成为全世界华侨华人寻根拜祖之地，像陕西的轩辕坟、黄帝庙，山西的尧都、舜都、禹都，河南的轩辕故里等等。

本区文化遗产丰富，文物古迹荟萃。自夏以来的奴隶社会及封建社会，大多在此区域建都，西安、咸阳、太原、洛阳、开封、安阳、商丘等都先后被作为都城，且建都时间早、持续时间长。河南、山西是我国古文化遗址和辽、金以前古建筑最为密集的地区，陕西被誉为我国天然的历史博物馆，拥有各个历史时期有代表性和完整性的文物古迹，其中尤以汉、唐以前的文化遗址、遗迹最多。秦俑坑、安阳殷墟、龙门石窟、云冈石窟、曲阜孔庙和泰山岱庙等已被列入《世界遗产名录》。帝王陵墓是本区重要的旅游资源之一。本区集中了自黄帝以来秦、汉、唐、宋多代帝王陵墓多处，如陕西黄陵县黄帝陵、临潼的秦始皇陵，西安周围的汉陵、唐陵，河南巩县的宋陵等。本区历史上宗教较为发达，因而寺观、名祠及古塔遗迹众多，像河南白马寺、登封少林寺、太原崇善寺、陕西法门寺，此外还有司马迁墓、勉县诸葛亮墓等等。

四、地方文艺种类繁多

本区地方文艺多姿多彩，种类繁多。陕西秦腔又称乱弹，因其以枣木梆子为击节乐器，所以又叫“梆子腔”，俗称“桄桄子”。秦腔的表演朴实、粗犷、细腻、深刻，以情动人，富有夸张性。秦腔传统剧目丰富，已抄存的共 2748 本，较著名的有《白逼宫》、《下河东》、《斩李广》。山西梆子分为中路、北路、蒲州、上党四大梆子，其中中路梆子又称为晋剧。演员唱腔高亢激越，动作活泼跳跃，深受群众喜欢，传统剧目有《打金枝》、《王宝钏》、《窦娥冤》、《薛刚反唐》。豫剧是河南最大剧种，表演亦庄亦谐，妙趣横生，著名的剧目有《红娘》、《花木兰》、《穆桂英挂帅》，现代戏有《朝阳沟》、《刘胡兰》、《小二黑结婚》、《红色娘子军》等。吕剧是山东省的地方戏，以表现邻里生活、家庭伦理见长，委婉缠绵，生活气息浓郁，著名的剧目有《李二嫂改嫁》、《姊妹易嫁》、《天仙配》。其它艺术形式还有陕西弦板腔、陕北秧歌舞，山西民歌、绛州鼓乐，河南坠子，山东快板。

第二节　各省(市)重点旅游线路、旅游景区(点)、中心城市

一、陕西省

(一)陕西概况

陕西又称三秦大地，地处我国黄河中游地区，纵贯南北，连通东西。陕西历史悠久，古老而神秘，是中华文明的发祥地，曾有多个朝代将此地作为政治、经济、文化中心，是中华民族历史文明最早走向世界的地方，也是现代中国革命的圣地。人类诞生初期的西安蓝田猿人，仰韶文化最集中的发现地，最具原始社会氏族文化代表性的西安半坡遗址，人文初祖炎帝和黄帝的诞生地、部族发源地及陵寝所在地，革命圣地延安，都是陕西境内特有的旅游资源。秦阿房宫、秦始皇陵、汉阳陵、乾陵等都记录印证了博大精深的陕西古代文化，已开发的秦始皇兵马俑坑，向世人展示了一个巨大地下雕塑艺术宝库，号称世界第八大奇迹，是我国文化史上的一个光辉篇章。

(一)重点旅游线路

1. 经典线路

(1)黄土风情游：西安——黄帝陵——轩辕庙——延安枣园——宝塔山——杨家岭——革命历史纪念馆——西安
西安——临潼——兵马俑——华清池——秦陵地宫
大雁塔——碑林——明城墙

(2)古迹历史游：碑林——大雁塔——明城墙——钟鼓楼广场
兵马俑——华清池——秦陵地宫——仿古一条街
西安——韩城
司马迁祠——普照寺——党家村——黄河龙门

(3)三国古迹游：汉中——勉县(游定军山武侯祠、武侯墓)——马超祠——汉中——石门栈道——石门水库——张良庙

2. 传统线路

(1)西安华山游：游云台峰、擦耳岩、天梯、苍龙岭

(2)西安延安游：大雁塔——明城墙——西安碑林博物馆——仿古一条街
西安——延安(途中游览黄帝陵、轩辕庙)
杨家岭——革命历史纪念馆——宝塔山——枣园——壶口瀑布
壶口——西安，(游兵马俑、华清池、秦陵地宫)

3. 自助线路

黄土高原风情线:起点西安,途经铜川,洛川,宜川,南泥湾,延安,绥德,吴堡,柳林,离石,杏花村,到达太原。主要景点:黄帝陵,轩辕庙,黄河壶口瀑布,南泥湾,宝塔山,清凉山,枣园,王家坪,杨家岭,酒乡杏花村,天龙山,晋祠等。

陕甘宁访古风情线:起点西安,途经临潼,延安,志丹,青铜峡市,中卫,银川,到达兰州。主要景点:兵马俑,华清池,秦陵地宫,碑林,大雁塔,青铜峡水库,中卫高庙,沙坡头,西夏王陵,华夏西部影视城,沙湖自然风景区,五泉山,白塔山,黄河母亲像,古水车,黄河铁桥等。

(三)旅游景区(点)

1. 华山

华山,古称太华山,位于华阴县,东临潼关,西望西安,南依秦岭,北靠黄渭,又称西岳华山,因山峰像一朵莲花而得名(古时候"华"与"花"通用)。华山雄伟奇险,山势峻峭,壁立千仞,群峰挺秀,以险峻称雄于世,自古以来就有"华山天下险"、"奇险天下第一山"的说法。

苍龙岭

华山由中峰(玉女)、东峰(朝阳)、西峰(莲花)、南峰(落雁)、北峰(五云)组成。东峰是华山主峰之一,峰顶有一平台,居高临险,视野开阔,是著名的观日出地方,人称朝阳台,东峰也被称为朝阳峰。南峰海拔2154.9米,是华山最高主峰,也是五岳最高峰,由于大雁迁徙途中在此休息而得名落雁峰。登上峰顶,顿感天近咫尺,环视四周,但见群山起伏,苍苍莽莽,黄河渭水如丝如缕,漠漠平原如帛如绵,人们能够领略到华山高峻雄伟的博大气势。西峰因峰巅有巨石形状好似莲花瓣,人们多称莲花峰、芙蓉峰。西峰南崖有山脊与南峰相连,脊长300余米,石色苍黛,形态好像一条屈缩的巨龙,人称为屈岭,也称苍龙岭,是华山著名的险道之一,"韩退之投书处"的摩崖石刻就在此处。北峰四面悬绝,上冠景云,下通地脉,巍然独秀,有若云台,因此又名云台峰,著名的"神兵飞跃天堑、英雄智取华山"的故事就发生在此地。现在,这儿立有解放华山纪念碑,成为爱国主义教育和革命传统教育的现场与课堂。中峰居东、西、南三峰中央,是依附在东峰西侧的一座小峰,林木葱茏,环境清幽,奇花异草数不胜数,游人穿行其中,心旷神怡,传说这儿是春秋时秦穆公之女弄玉的修身之地,因此又称为玉女峰。

华山栈道

2. 乾陵

乾陵，位于西安西面70千米处的乾县境内，依梁山为陵，是我国乃至世界上独一无二的一座两朝帝王、一对夫妻皇帝合葬陵。陵内埋葬着唐王朝第三位皇帝高宗李治和我国历史上唯一的女皇帝武则天，是目前唯一未被盗掘的唐代帝王陵墓之一。乾陵始建于公元684年，历时23年才修建完成，整个陵区气势雄伟壮观。

无字碑

乾陵陵园规模宏大，建筑雄伟壮丽，堪称“历代诸皇陵之冠”，由建筑群与雕刻群组成。陵园仿唐都长安城的格局营建，分为皇城、宫城和外郭城，其南北主轴线长达4.9千米，历经1300多年的风雨沧桑，乾陵地面的雄伟建筑已荡然无存，唯陵园内城朱雀门外司马道两侧的120余件精美绝伦的大型石刻群，成为盛唐社会的真实写照。有象征着帝王陵墓的高达8米有余的八棱柱石华表，昂首挺胸、浑圆壮观的似有腾飞之势的石刻翼马，象征唐王朝同西域人民友好往来的高浮雕鸵鸟，为高宗歌功颂德而立的金字“述圣纪”碑。最引人注目的是武则天的无字碑，碑身高6米多，重约98.8吨，用一块完整的巨石雕成，高大雄浑，雕刻精美，为我国历代群碑中的巨作。碑首上盘绕的八条螭龙，更为壮观，由于某种原因，碑面上未曾留下字迹，成了无字碑。乾陵地宫及其内部的珍藏以及无字碑给世人留下诸多待解之谜。

3. 延安宝塔山

延安宝塔山

宝塔山，古称丰林山、嘉岭山，位于延安城东南方，是一个融自然景观与人文景观为一体、历史文物与革命旧址合二而一的著名风景名胜区。山上林木茂盛，空气清新，环境优美，是盛夏时节人们消夏避暑的好去处。延安自古就是西北的边塞重镇，宋代韩落、范仲淹等大将曾在此镇守，留下众多文物古迹，有范公井、摘星楼、东岳庙、嘉岭书院、烽火台等。其中最具代表性的是建于唐代的宝塔，塔高44米，共九层，楼阁式砖塔，是历史名城延安的标志。在塔旁边有一口明代铸造的铁钟，中共中央在延安时，曾用它来报时和报警。此外，山上还有长达260米的摩崖石刻群和碑林，是难得的石刻艺术 。“只有登上宝塔山，才算真正到了延安”。人们登上宝塔山，缅怀党中央在延安的革命业迹，因此宝塔山成了人们追寻过去、接受革命传统教育的好课堂。

4. 黄帝陵

古称“桥陵”，是中华民族始祖黄帝轩辕氏的陵墓，有“天下第一陵”之称。陵墓位于陕西省黄陵县城北的桥山，是我国历代帝王和著名人士祭祀黄帝的场所。黄帝是我国原始社会末期一位伟大的部落首领，是开创中华民族文明的祖先。黄帝陵始建于秦朝，经过唐、宋、明、清各代的修葺扩建，形成了现在的规模。每年清明时节，来自世界各地的炎黄子孙，都会聚集到这里拜祭黄帝。

陵区古朴典雅，深藏于桥山之巅的古柏中。陵墓封土高3.6米，周长48米，环冢砌以青砖花墙，陵前有明嘉靖碑刻“桥山龙驭”，意为黄帝“驭龙升天”之处。在石碑前有一祭亭，内立有郭沫若手书“黄帝陵”碑石。陵前正南围墙以外是一土筑高台，即“汉武仙台”，是汉武帝祭祀黄帝所筑。

黄帝庙，俗称轩辕庙，汉朝初期在桥山西麓修建而成。前区选用5000块大型河卵石铺砌，象征中华民族的五千年文明史。广场北端为轩辕桥，采用花岩石料砌成，粗犷古朴。轩辕桥北端为龙尾道，共设95级台阶，象征黄帝“九五之尊、至高无上”的寓意。庙内碑亭内立有毛泽东手迹“祭黄帝陵文”和蒋介石手迹“黄帝陵”碑石。黄帝庙正殿门楣匾额“人文初祖”，系国民党元老程潜手迹。殿内正中木质壁龛内嵌浮雕轩辕黄帝石像。轩辕手植柏，相传为轩辕黄帝亲手所植，高19米，遒枝苍劲，柏叶青翠。“汉武挂甲柏”，枝叶茂盛，据说是汉武帝为祭典黄帝挂盔甲的一棵柏树。这棵柏树，周身上下，斑痕密布，纵横成行，柏液中出，似有断钉在内，枝干皆然。特别是清明节前，这棵古柏枝干上流出的柏液凝结为球状，就像挂满了珍珠宝石，闪闪发光，晶莹夺目，经阳光反射尤为壮观。然而清明节一过，柏液中断，古柏从枝到杆又恢复了原来密密麻麻的甲痕。

黄帝陵

（四）中心城市

西安，古称“长安”，和罗马、开罗、雅典并称世界四大文明古都，在我国历史上是建都时间最长、建都朝代最多、影响力最大的都城，先后有周、秦、汉、唐等13个王朝建都于此。悠久的历史孕育了古老的西安，也留下了众多的名胜古迹。这里有世界上保存最完整、规模最宏大的古城墙遗址——西安古城墙，唐代高僧玄奘法师译经之地——大雁塔，包括秦陵、汉阳陵在内的120多座帝王陵墓，还有西岳华山、终南山、太白山、王顺山、骊山等自然风景区，构成了具有神韵的古都西安。1981年，联合国教科文组织把西安确定为“世界历史名城”。

1. 大雁塔

大雁塔又名大慈恩寺塔，位于西安市南郊大慈恩寺内。始建于唐652年，历经多次战乱地震的破坏，又经过多次修整，明朝万历年间，在维持了唐代塔体造型的基础上进行扩建整修，即是现在所见的大雁塔。大雁塔是砖仿木结构的四方形楼阁式砖塔，塔身为七层，塔体呈方形锥体，由仿木结构形成开间，由下而上按比例递减，塔内有木梯可攀登而上，俯视西安古城。整个建筑气魄宏大，造型简洁稳重，比例协调适度，格调庄严古朴，是保存比较完好的楼阁式塔。底层南门洞两侧镶嵌着唐代书法家褚遂良所书、唐太宗李世民所撰《大唐三藏圣教序》和唐高宗李治所撰《述三藏圣教序记》两通石碑，具有很高的艺术价值，人称"二圣三绝碑"。大雁塔是西安市的标志性建筑和著名古迹，是古城西安的象征。

2. 西安古城墙

西安古城墙位于西安市中心区，墙高 12 米，底宽 18 米，顶宽 15 米，东墙长 2590 米，西墙长 2631.2 米，南墙长 3441.6 米，北墙长 3241 米，总周长 11.9 千米。西安古城墙具有 1500 多年的历史，自隋朝修建之后，历代曾多次进行修筑，现存的城墙是明代初年在唐长安城的基础上建筑起来的，这是我国现存最完整的一座古代城垣建筑。古城墙呈长方形，包括护城河、吊桥、闸楼、箭楼、正楼、角楼、敌楼、女儿墙、垛口等一系列军事设施，构成一套严密完整的军事防御体系。城墙共有 18 座城门：尚武门、安远门（北城门）、尚德门、解放门、尚俭门、尚勤门、朝阳门、中山门、长乐门（东城门）、建国门、和平门、文昌门、永宁门（南城门）、朱雀门、勿幕门、含光门、安定门（西城门）、玉祥门。现在的城墙已完全弥合，古城也就成为一座名副其实的方城。沿城墙外侧已建成环城公园，多姿多彩，让古城墙焕发了新的生机。

西安古城墙

3. 秦始皇陵

秦始皇陵位于距西安市 30 多千米的临潼县城以东，南倚骊山，北临渭水，是我国第一座皇家陵园，以其规模宏大、埋藏丰富闻名于世。陵墓近似方形，顶部平坦，腰略呈阶梯形，高 76 米，东西长 345 米，南北宽 350 米，占地 120750 平方米。据考证，秦始皇嬴政从 13 岁即位起就开始营建陵园，修筑时间长达 38 年，工程之浩大、气魄之宏伟，创历代统治者之先例。但是，经历了两千多年的风雨侵蚀和人为破坏，现在的秦陵，地面上的主要遗迹只是那座高大如山的封冢。1987 年，联合国教科文组织，将其列入世界文化遗产保护目录。

秦始皇陵

陵园分内城和外城两部分。外城呈矩形,内城呈方形,中部一道东西向夹墙将内城分为南北两部分。高大的封冢坐落在内城的南半部,是整个陵园的核心。内、外城之间有葬马坑、珍禽异兽坑、陶俑坑;陵外有马厩坑、人殉坑、刑徒坑、修陵人员墓葬400多个。陵墓地宫中心是安放秦始皇棺椁的地方,墓宫中修建了宫殿楼阁,放满了奇珍异宝。墓室顶部饰有宝石明珠,象征着天体星辰;下面是百川、五岳和九州的地理形势,用机械灌输了水银,象征江河大海川流不息,上面浮着金制的野鸡;墓室内燃烧着用鲸鱼油制成的"长明灯"。陵墓周围布置了巨型兵马俑阵,处处体现了这位始皇帝至高无上的权力和威严。

陵园东1.5千米处,有成"品"字形排列的兵马俑坑,2万多平方米,出土陶俑8000件、战车百乘以及数万件实物兵器等文物。一号坑为"右军",埋葬着大约6千件和真人真马同大的陶俑、陶马;二号坑为"左军",是秦俑坑的精华,有陶俑、陶马1300余件,战车89辆;三号坑有武士俑68个,战车1辆,陶马4匹,是统帅地下大军的指挥部。兵马俑的发现被誉为"世界第八大奇迹",现已在此建成了秦始皇陵兵马俑博物馆,供世人观看。

秦陵兵马俑

4. 骊山

骊山位于西安临潼区城南,由东西绣岭组成,山势逶迤,树木葱茏,远望宛如一匹苍黛色的骊驹,又因景色翠秀,美如锦绣,故又名"绣岭"。每当夕阳西下,骊山在落日斜阳中红霞万状,尤显壮观,此景为"骊山晚照",被誉为关中八景之一。骊山半山腰"斑虎石"处有为纪念西安事变而建的兵谏亭。西绣岭有三座山峰,第一峰有一烽火台,历史上"烽火戏诸侯,一笑失天下"的典故就发生在这里;第二峰的"老母殿",是为传说中"炼石补天,抟土做人"的女蜗而建;第三峰老君殿,为骊山著名道观,相传,唐玄宗两次在此见到老君(老子)降临阁内,故称之为"降圣阁",也叫朝元阁。

骊山

骊山自然风景优美,曾是历代帝王游幸之地。相传周幽王在此修建骊宫,秦始皇时改为"骊山汤",汉武帝时扩建为离宫,唐太宗营建宫殿取名汤泉宫,唐玄宗再次扩建取名华清宫,又因此地温泉较为著名,故又称华清池。现在,共发现莲花汤、海棠汤、太子汤、尚食汤和星辰汤5个汤池遗址，分别为皇帝、贵妃、太子、大臣的御用浴池遗址。另外，华清池内的五间厅是1936年“西安事变”爆发时蒋介石住地。

二、山西省

（一）山西概况

山西省简称“晋”，位于太行山之西，黄河以东，因居太行山之西而得名。山西具有3000年的历史，拥有丰厚的历史文化遗产，素有“中国古代文化博物馆”之美称，“精卫填海”、“女娲补天”的传说就发生在山西。传说中华民族的始祖黄帝、炎帝、蚩尤（人文三祖）分别建立“尧都平阳（今临汾市）”、“舜都蒲坂（今永济市）”、“禹都安邑（今夏县）”。明清时期，晋商和山西票号更是驰名中外。其中平遥古城、云冈石窟、五台山已列入世界文化遗产。山西也是革命教育基地，平型关大捷、百团大战、上党战役在我国革命史上占有重要的地位。

（二）重点旅游线路

1. 经典线路

（1）晋商文化游：平遥古城——王家大院——“日昇昌”票号
乔家大院——渠家大院——曹家大院

（2）五台山风光游：尊胜寺——佛光寺——显通寺——塔院寺——罗睺寺——菩萨顶
黛螺顶——碧山寺——南山寺——镇海寺
翠石峰——南禅寺——龙泉寺

（3）晋南黄河寻根游：临汾尧庙——洪洞古大槐树
壶口瀑布——运城关帝庙——永济普救寺——永乐宫
黄河铁牛——芮城大禹渡

2. 传统线路

（1）山西全线游：运城——永乐宫——关帝庙——普救寺
临汾——广胜寺——苏三监狱——古大槐树
吉县——壶口瀑布——东岳庙——小西天——平遥
双林寺——平遥古城——“日昇昌”票号——祁县乔家大院

（2）五台山：游菩萨顶、显通寺、塔院寺、万佛阁
黛螺顶——碧山寺——集福寺——普化寺——殊像寺——龙泉寺——南山寺
大同——应县木塔——悬空寺
云冈石窟——九龙壁——华严寺

（3）晋北文化游：五台山寺庙群——应县木塔
大同云冈石窟——九龙壁
华严寺——恒山

（4）壶口瀑布游：临汾——广胜寺——苏三监狱——大槐树公园
吉县壶口瀑布——壶口——平遥——祁县——太原

（5）蟒河风光游：阳城——皇城相府——孔圣庙
蟒河自然保护区——神龟池——水帘洞——猴山

（三）旅游景区（点）

1. 五台山

五台山

五台山，国家5A级旅游区，位于忻州市五台县境内，与四川峨嵋山、安徽九华山、浙江普陀山共称中国佛教四大名山，是一个融自然风光、古建艺术、历史文物、佛教文化、民俗风情、避暑休养为一体的旅游区。2009年被联合国教科文组织以文化景观列入《世界遗产名录》。

五台山由东台望海峰、西台挂月峰、南台锦绣峰、北台叶斗峰、中台翠岩峰构成，五峰耸立，峰顶平坦如台。其中以北台最高，海拔3061.1米，有"华北屋脊"之称，山中气候寒冷，台顶终年有冰，盛夏天气凉爽，故又称清凉山，为避暑胜地。五台山有五十余处奇峰灵崖，如写字崖，用水将崖面洒湿以后，拿手帕仔细拭擦，崖面会显示出类似篆隶体的字迹，水干字隐。层层有字，字字不同。据载曾发现过"天之三宝日月星，地之三宝水火风，人之三宝精气神"的联句，让人深感惊奇。

五台山的佛教始于东汉，隋朝时隋文帝下命在五座山峰的台顶各建一座寺院供奉文殊菩萨，盛唐时期，由于"文殊信仰"的深入人心，五台山佛教的发展达到顶峰，全山寺院多达三百所，成为名副其实的佛教圣地。山上现有建筑比较完整的寺院95处，其中南禅寺、佛光寺、显通寺、广济寺、岩山寺（繁峙县）、洪福寺（定襄县）是国家级重点文物保护单位。按佛教传承不同，五台山寺院分为青庙和黄庙。青庙亦称和尚庙，僧侣大都为汉族，一般穿青灰色僧衣，称青衣僧。五台山大部分寺院属于青庙。黄庙亦称喇嘛庙，属于藏传佛教的格鲁派，信教喇嘛均穿黄衣，戴黄帽，称黄衣僧。五台山国际知名度较高，有很多来自印度、日本、朝鲜和斯里兰卡等国的教徒来此朝拜，求取佛经、佛法，所以五台山与尼泊尔蓝毗尼花园、印度鹿野苑、菩提伽耶、拘尸那迦并称为世界五大佛教圣地。

2. 应县木塔

全称应县佛宫寺释迦塔，位于应县西北佛宫寺内，始建于公元1056年，历经风雨侵蚀、地震战火，至今仍保存完好。这是我国现存的最高大最古老的一座木结构塔式建筑，也是唯一一座木结构楼阁式建筑，整体结构合理，做工艺术精巧，外形稳重庄严，表现了古代匠师们的坚强毅力和聪明才智，反映了中华民族在古代建筑工程技术方面的伟大成就。应县木塔与法国埃菲尔铁塔和意大利比萨斜塔并称为世界三大奇塔。

木塔高67.31米，呈平面八角形，从外观看为六层屋檐，但各层间夹设暗层，所以实际为九层，每层装有木质楼梯，游人逐级攀登，可达塔顶。塔内各层均塑佛像。一层为释迦牟尼，高11米，面目端庄，神态怡然；二层塑一主佛二菩萨和二胁侍；三层塑四方佛；四层塑一尊佛和阿傩、迦叶、文殊、普贤像；五层塑毗卢舍那如来佛和八大菩萨，神态各异，造型优美，顶上木制八角藻井朴实大方，实为古今罕见。塔顶为八角攒尖式，上立铁刹，制作精美，与塔协调，使木塔更加宏伟壮观。

应县木塔

3. 平遥古城

平遥古城位于山西省中部，始建于西周宣王时期，距今已有 2700 多年历史，是目前我国唯一以整座古城申报世界文化遗产获得成功的古县城。经过多次的修葺改建，现在的古城较为完好地保留了明、清时期县城的基本风貌，2009 年，平遥古城荣膺中国世界纪录协会“中国现存最完整的古代县城”的称号。

平遥城墙总周长 6163 米，墙高约 12 米，现存有 6 座城门瓮城、4 座角楼和 72 座观敌楼。除南门城墙段，其余大部分至今保存完好，是我国现存规模较大、历史较早、保存较完整的古城墙之一。古城的交通脉络由纵横交错的四大街、八小街、七十二条蚰蜒巷构成。南大街为平遥古城的中轴线，是最为繁盛的传统商业街，清朝时期控制着全国百分之五十以上的金融机构。西大街，被誉为“大清金融第一街”，著名的中国第一家票号——日昇昌，就诞生于此，平遥就此成为清代晚期整个中国的金融中心，业务甚至扩展到日本、新加坡、俄罗斯等国。古城拥有近 4000 座保存完整的明清民宅，以砖墙瓦顶的木结构四合院为主，布局严谨，左右对称，尊卑有序。大家族则修建二进、三进院落甚至更大的院群，院落之间多用装饰华丽的垂花门分隔。民居院内大多装饰精美，进门通常建有砖雕照壁，柱础、门柱、石鼓多用石雕装饰。

平遥古城

古老的平遥有三宝，古城墙、镇国寺、双林寺。镇国寺位于古城东北，寺内五代彩塑是我国不可多得的雕塑艺术珍品。双林寺位于古城西南，该寺的 10 余座大殿内有 2000 多尊元代至明代的彩色泥塑，被人们誉为“彩塑艺术的宝库”。现在，镇国寺和双林寺也已经纳入世界遗产保护范围。

4. 云冈石窟

云冈石窟，位于大同市以西武周山南麓，依山而凿，始建于公元 460 年，现存主要洞窟 45 个，大小窟龛 252 个，造像 5.1 万余尊，是我国乃至世界闻名的石雕艺术宝库之一。2001 年联合国教科文组织将其作为文化遗产，列入《世界遗产名录》。

云冈石窟绵延 1000 米，分为东、中、西三部分。东部的石窟多以造塔为主，故又称塔洞；中部石窟有前后两室，主佛居中，洞壁及洞顶布满浮雕；西部石窟以中小窟和补刻的小龛为多，大多是北魏迁都洛阳后的作品。窟内雕像从十几米至几公分高矮不等，有的正襟危坐，有的载歌载舞，悠然自得，笑迎游人。第五窟后室北壁刻有释迦牟尼坐像，高 17 米，为云冈最大的佛像。第 6 窟中央有一个连接窟顶的二层方形塔柱，高约 14 米，塔柱上雕有四方佛，四壁满雕佛、菩萨、罗汉、飞天等造像。环绕塔柱四面和东南西三壁的中下部，刻有 33 幅描写释迦牟尼从诞生到成道的佛传故事浮雕，内容连贯，构图精巧。此窟规模宏伟，雕饰富丽，内容丰富，技法精炼，是云冈石窟中具有代表性的一窟。

按照开凿的时间划分，云冈石窟可分为早、中、晚三期，分别具有不同的造像风格。早期的“昙曜五窟”气势磅礴，具有浑厚、纯朴的西域情调；中期石窟则以精雕细琢、装饰华丽著称于世，显示出复杂多变、富丽堂皇的北魏时期艺术风格；晚期窟室规模较小，人物形象清瘦俊美，比例适中。我国古代人民在传统雕刻艺术的基础上，吸取、融汇了印度犍陀罗艺术及波斯艺术的精华，创建出了云冈独特的艺术风格。

值得关注的是，由于受到风化、水蚀和地震的影响及人为的破坏，1500 年来，云冈石窟毁损较为严重。据不完全统计，被盗往海外的佛头、佛像竟达 1400 多个，斧凿遗痕，至今犹在，令人心痛。

云岗石窟

5. 恒山

北岳恒山，亦名“太恒山”、“元岳”、“紫岳”、“大茂山”、“常山”，海拔 2017 米，位于浑源县城南 10 千米处。恒山西衔雁门关、东跨太行山，东西绵延 150 公里，莽莽苍苍，横亘塞上，巍峨耸峙，气势雄伟。

恒山以自然景色秀美著称，苍松翠柏、庙观楼阁、奇花异草、怪石幽洞构成了美丽的画卷。天峰岭与翠屏峰，是恒山主峰的东西两峰，两峰对望，断崖绿带，层次分明，独具风格。果老岭、姑嫂岩、飞石窟、还元洞、虎风口、大字湾等处，尽显神奇色彩。在恒山半山腰有两口苦甜井，两井相隔一米，水质却截然不同：一井水甜美清凉，另一井水却苦涩难饮。甜水井井深数尺，但却取之不尽，可供万人饮用，唐玄宗李隆基曾赐匾甜井为“龙泉观”。恒山云，变幻无穷。著名的出云洞在后土夫人庙的山腰处，晴日郎郎，洞口寂静，阴雨来临，洞口便游出缕缕白云，引人遐思。

恒山还是道教活动的场所，传说中八洞神仙之一的张果老就在此山隐居潜修。早在西汉初年，恒山就建有寺庙，北魏、唐、金、元各个朝代都曾在山上修建寺庙。明清时，恒山建筑林立，祠宇楼台耸峙巍峨，有“三寺四祠九亭阁七宫八洞十二庙”之称。在诸多的庙宇中，北岳庙为主庙，还有寝宫、后土夫人庙、紫微宫、官亭、白虎观、龙王庙、灵官府、关帝庙、文昌庙、奶奶庙、纯阳宫、碧霞宫等。另外，山上的书院学舍、摩崖题刻、楹联碑碣也很多。由于恒山山高风大，气候变化剧烈，故各种建筑多依悬崖峭壁而建，或开凿石岩而成，形成了独有的建筑风格。

恒山

景区内的一处重要景观——悬空寺，位于恒山脚下金龙峡翠屏峰的半崖峭壁上。悬空寺始建于北魏后期，后经历代修缮，现存建筑为明清两代修建后的遗物。由于这里是南去五台、北往大同的交通要道，浑河从山脚下流过，河水常常泛滥成灾，祸害百姓，为了方便来往的信徒进香，同时借浮屠之力来镇压作恶的河水，于是在一位叫了然的和尚的带领下，在这百丈悬崖上悬空修建了寺院。悬空寺靠西面东，离地约50米，附于绝壁上，俨若精巧、别致、玲珑剔透的玉雕悬于一幅巨大的屏风上。寺内共有殿宇楼阁40间，高低错落，之间有木制楼梯沟通，迂回曲折，构思布局妙不可言。整个寺面似虚而实，似危而安，实中生巧，危里见俏。悬空寺内塑像颇多，有铜铸、铁铸、泥塑、石雕像共78尊。三教殿内，释迦牟尼、老子、孔子三教共居一室，耐人寻味，堪称我国宗教史上的一段佳话，悬空寺也成为国内仅存的佛、道、儒三教合一的独特寺庙。诗仙李白在此游览后，在石崖上书写了"壮观"二字，明代大旅行家徐霞客则将悬空寺称为"天下巨观"。

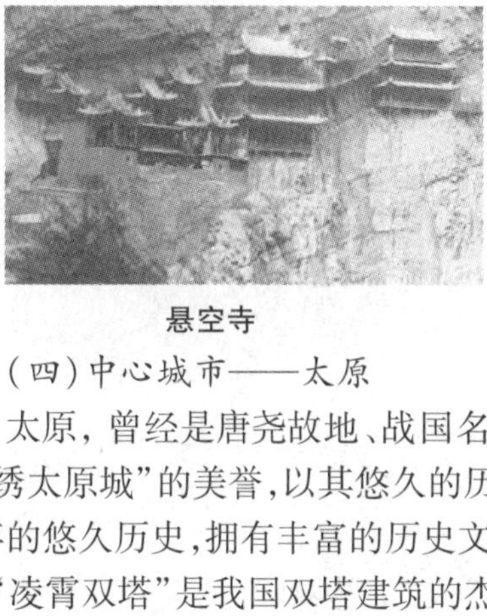

悬空寺

（四）中心城市——太原

太原，曾经是唐尧故地、战国名城、天王北都、中原北门、九边重镇、晋商故里，自古就有"锦绣太原城"的美誉，以其悠久的历史、灿烂的文化、丰富的资源而闻名天下。太原具有2500多年的悠久历史，拥有丰富的历史文化遗产，如"晋祠"园林，称得上是华夏文化的一颗璀璨明珠；"凌霄双塔"是我国双塔建筑的杰出代表；龙山石窟是我国最大的道教石窟，被专家称为世界之最；此外还有隋末唐初建造的佛教名刹崇善寺和富有民族特色的道教寺宫纯阳宫、多福寺等文物古迹。

晋祠，位于太原市区西南25千米处的悬瓮山麓，始建于北魏，是为纪念周武王次子姬虞（即晋国开国诸侯唐叔虞）而修建的。北魏以后，北齐、隋、唐、宋、元、明、清各代都曾对晋祠重修扩建。晋祠是集我国古代祭祀建筑、园林、雕塑、壁画、碑刻艺术为一体的唯一而珍贵的历史文化遗产，也是世界建筑、园林、雕刻艺术中心。所以民间流传着"不到晋祠，枉到太原"的说法。

晋祠环境幽雅舒适，风景优美秀丽，素以雄伟的建筑群、高超的塑像艺术闻名于世。自晋祠大门起，经水镜台、会仙桥、金人台、对越坊、献殿、钟鼓楼、鱼沼飞梁到圣母殿，这一组建筑是晋祠的主体，结构严谨，艺术价值极高。北部建筑群随地势自然错综排列，以崇楼高阁取胜，包括文昌宫、东岳祠、关帝庙、三清祠、唐叔祠、朝阳洞、待风轩、三台阁、读书台和吕祖阁。南部楼台有胜瀛楼、白鹤亭、三圣祠、真趣亭、难老泉亭、水母楼和公输子祠，泉流潺绕其中，颇具江南园林风韵。在这100余座各式建筑中，圣母殿、鱼沼飞梁，金代的献殿被国家文化部鉴定为三大国宝建筑。圣母殿是宋代建筑的代表作，大殿正中的神龛内塑有主像圣母，即唐叔虞的母亲——邑姜，四十二尊侍从像对称地分列于龛外两侧。圣母邑姜，曲膝盘坐在饰有凤头的木靠椅上，凤冠蟒袍，霞帔珠璎，面目端庄，显示了统治者的尊贵和奢华。侍女塑像，服饰美观大方，衣纹明快流畅，年龄或老或少，身段或丰满或苗条，面庞或圆润或清秀，神态或幽怨或天真，一个个栩栩如生。这组塑像手法纯熟，有高度的艺术表现力，是我国古代雕塑艺术中的珍品。周柏唐槐、圣母殿内宋代的彩塑、难老泉被称为晋祠三绝。

晋祠

永祚寺，位于太原市城区东南方向向山脚畔，由于寺内有双塔，故又习称双塔寺。寺庙占地总面积12万平方米，依山而建，坐南向北，肃穆幽静，古香古色。永祚寺始建于明代万历中期，距今已经380余年。

永祚寺

永祚寺内最引人注目的景观是被古人誉为“双塔凌霄”或“文笔双峰”的双塔。双塔均高54米，南北对峙，砖砌仿木构筑，呈楼阁式棱形，塔心中空，阶梯设在外壁与内壁之间，游人可盘旋而上，直至第11层。双塔巍然高耸，直插云天，雄健地屹立在晋阳大地上，仿佛在笑迎八方来客。因此，它多年来一直是太原城的标志。寺内有种植于明代中期的紫霞仙牡丹，也称紫云仙，历经350多个春秋而不衰，被世人称作“明代牡丹”。这种牡丹种植年代久远，较为稀少。在众多牡丹品种中，它开花最早，花朵硕大如盘，初开时花瓣呈肉红色，馥郁芳香，为玫瑰香型，盛开之际呈淡紫色，馨香更浓；临近晚期则为正紫色，是比较著名的观赏花。永祚禅林，又称礼佛院，有大雄宝殿、三圣阁、禅堂、客堂等。大雄宝殿为结构精巧的两檐楼阁式建筑，全用青砖磨砌而成，仿木结构筑砌，殿内施拱券顶，不用一钉一木，是明代典型的无梁式建筑，故称"无梁殿"。殿内正中供奉高3.85米的阿弥陀佛立式贴金铜像，两侧有释迦、药师佛铁铸坐像，是净土宗的礼佛场所。

三、河南省

（一）河南概况

河南，简称"豫"，位于我国中部偏东、黄河中下游地区，因大部分地区位于黄河以南而得名。河南东接安徽、山东，北界河北、山西，西连陕西，南临湖北，呈望北向南、承东启西之势。河南境内旅游资源非常丰富，有嵩山、云台山、白云山、伏牛山、鸡公山、尧山（石人山）、太行山大峡谷等名山大川，有雍容华贵的洛阳牡丹，争奇斗艳的开封菊花等等。河南是中华文明和中华民族最重要的发源地。华夏民族早期主要居住于此，所以很多国外华侨都到此地寻根探祖。历史上先后有夏、商、西周、东周、西汉、隋、唐、北宋和金等20多个朝代在河南定都，时间长达2000多年，悠久的历史留下了丰富的古迹遗址。开封、洛阳、安阳都是全国著名的古都。

（二）重点旅游线路

1. 经典线路

（1）孔子周游列国游：郑韩故城——宣圣台——轩辕故里
孔悝城——子路坟——卫辉
比干庙——击盘处——卫辉——百泉——孔庙
夫子崖——书台——文雅台——檀树坑——孔子故里——归还祠
弦歌台——陈国故城——上蔡
问津处——蔡国故城——厄庙厄台
孔子铜像——问津处——信阳
子贡祠——书院——负函
长沮——桀溺墓——书台——圣井——问津村
王城公园——周公庙

（2）文物考古游：大河村遗址——黄河游览区
省博物馆——商城遗址
郑州——开封——宋都御街——市博物馆
开封——洛阳龙门石窟——市博物馆——周王城天子驾六博物馆
洛阳——安阳殷墟博物苑——文物发掘现场——三门峡

2. 传统线路

（1）洛阳开封郑州游：龙门石窟——关林——国色牡丹园
白马寺——黄河小浪底水利枢纽工程——郑州
大河村遗址——黄河大观——黄河游览区
河南省博物院——商城遗址——开封
清明上河园——龙亭公园——包公祠——包公府——铁塔——大相国寺

（2）洛阳山水游：龙门石窟——关林——国色牡丹园
嵩县陆浑湖风景区——栾川鸡冠洞风景区

龙峪湾国家森林公园

(3)河南城市游:龙门石窟——白马寺——少林寺

登封——郑州——大河村遗址——黄河游览区

河南省博物院——商城遗址

郑州——新郑轩辕故里(或汤泉池)

郑州——安阳殷墟——殷墟博物苑——里城遗址——袁陵

安阳——林州——红旗渠青年洞

3. 自助线路

三国古迹游:起点开封,途经郑州,许昌,南阳,到达洛阳。主要景点:曹植墓,虎牢关古战场,官渡古战场,汉魏故城,受禅台,毓秀台,八龙冢,春秋楼,灞陵桥,关帝庙,卧龙岗,武侯祠,汉桑城,议事台,博望古战场,龙门伊阙,关林。

唐诗宋词碑刻游:起点郑州,途经开封,登封,洛阳,到达三门峡。主要景点:黄河游览区,禹王台三贤祠,翰园碑林,少林寺碑林,嵩阳书院,石淙会饮处,中岳庙,千唐志,山园碑刻,白园,函谷关碑林。

(三)重点旅游景点(区)

1. 嵩山

嵩山,古名为外方、嵩高、崇高,位于登封市西北面。嵩山东西绵延约60余千米,以少林河为界,东为太室山,西为少室山。这里山峦起伏,景色奇异,由峰、谷、涧、瀑、泉、林构成嵩山八景。这些自然景观或雄壮魁伟、秀美逸人,或飞瀑腾空、层峦叠嶂、多彩多姿。山上林木葱郁,生机昂然。登上山顶环顾四周,群山碧绿,雪雾飘渺,如临仙景。

太室山为嵩山之东峰,海拔1440米,山下有为纪念禹王妻子涂山氏而建的启母庙,故称之为"太室"。太室山有三十六峰,主峰峻极峰,又称"御碑峰"。登上峻极峰远眺,西有少室侍立,南有箕山面拱,前有颍水奔流,北望黄河如带。山峰间云岚瞬息万变,美不胜收。西峰少室山,距太室山约10千米。据说,夏禹王的第二个妻子,涂山氏之妹栖于此,故名"少室"。少室山山势陡峭峻拔,举世闻名的少林寺就位于山北五乳峰下。

嵩山

嵩山是历代帝王将相封禅祭祀、文人学士游宴讲学、高僧名道悟禅隐居之地,儒、佛、道三教荟集于此,遗留下众多的名胜古迹。少林寺是禅宗祖庭,少林寺塔林是现存规模最大的塔林,北魏嵩岳寺塔是现存最古老的塔,汉三阙是现存最古老的阙,汉封"将军柏"是树龄最高的柏树,告城元代观星台是现存最古老的观星台。此外,还有始建于秦朝的中岳庙,是河南现存规模最大的寺庙建筑群;号称四大书院之一的嵩阳书院气宇恢宏 ,古朴高雅。

2. 云台山

云台山,国家5A级旅游景区,位于焦作市修武县境内,面积190平方千米。景区内独具特色的北方岩溶地貌，使云台山成为全球首批世界地质公园。云台山沟谷溪潭深邃幽静，飞瀑流泉千姿百态，奇峰异石如诗如画，自然景观独特完美。景区内人文景观也很丰富，有汉献帝的避暑台，魏晋“竹林七贤”的隐居故里，药王孙思邈的采药炼丹遗迹，唐代大诗人王维写出“每逢佳节倍思亲”千古绝唱的茱萸峰，以及众多名人墨客的碑刻、文物。景区主要包括泉瀑峡、潭瀑峡、红石峡、子房湖、万善寺、百家岩、仙苑、圣顶、叠彩洞、青龙峡10大景点。

云台山

云台山以山称奇，景区内奇峰秀岭连绵不断，主峰茱萸峰海拔1304米，在峰顶北望太行深处，巍巍群山层峦叠嶂，南望怀川平原，沃野千里黄河如带，“会当凌绝顶，一览众山小”的感觉油然而生。云台山以水见长，素以“三步一泉，五步一瀑，十步一潭”而著称。云台天瀑，落差314米，是亚洲落差最大的瀑布，犹如擎天玉柱，蔚为壮观。红石峡，是一处长约1公里、宽3至20余米的石峡，峡谷崖壁通体赤红色，属于我国北方地区少有的丹霞地貌。峪谷内夏日凉爽宜人，隆冬花红草翠，故又称温盘峪。在我国众多峡谷中，红石峪以其景观的纤巧、婉约、神奇、瑰丽而独树一帜，被风景园林专家赞为“自然界山水的精品”。谷里分布“首龙潭”、“黑龙潭”、“青龙潭”、“黄龙潭”、“卧龙潭”“眠龙潭”、“醒龙潭”、“子龙潭”、“游龙潭”，所以有时也被称作“九龙潭”或“九龙峡谷”。云台山还是国家级猕猴自然保护区，保护区内分布有数量众多的国家二级保护动物野生猕猴群落，具有很高的科研价值、经济价值和观赏价值。

3. 殷墟

殷墟

殷墟，是我国商代晚期的都城遗址，位于安阳小屯村及其周围，横跨洹河南北两岸。商代从盘庚到帝辛（纣），在此建都达270多年，是历史上可以肯定确切位置的最早的都城，距今已有3000多年的历史。现在，已先后发掘了110多座的商代宫殿宗庙建筑基址、12座王陵大墓、洹北商城遗址、2500多座祭祀坑和众多的族邑聚落遗址、家族墓地群、手工业作坊遗址、甲骨窖穴等，并出土了数量惊人的甲骨文、青铜器、玉器、陶器、骨器等精美文物，具有很高的考古价值。2001年3月入选为“中国20世纪100项考古大发现”。2006年，经联合国教科文组织批准，殷墟入选《世界文化遗产名录》。

殷墟宫殿宗庙遗址是商王处理政务和居住的场所，主要以黄土、木料作为建筑材料，房架多用木柱支撑，墙用夯土修筑，屋顶覆以茅草，造型庄重肃穆、质朴典雅，具有浓郁的中国宫殿建筑特色,代表了我国古代早期宫殿建筑的先进水平。殷墟王陵遗址与宫殿宗庙遗址隔河相对,是商王的陵地和祭祀场所,也是我国目前已知最早的比较完整的王陵墓葬群。这些大墓墓室宏大,面积最大者达1803平方米,深达15米。墓内椁室、棺木极尽奢华,随葬器物精美,殉人众多,显示出墓主人的尊贵和威严。在世界四大古文字体系中,殷墟甲骨文是唯一一个历经数千年的演变而承续至今的文字。目前,殷墟共出土甲骨15万片,单字约4500个,其中约有1500个单字已被释读,内容涉及田猎、农业、天文、军事、旬夕、王事等社会生活的方方面面,被称为人类历史上最早的"档案库"和"百科全书"。殷墟共出土4000余件青铜容器,其中司母戊鼎是迄今世界上发现的最大最重的青铜器,重达875公斤,代表了我国古代青铜文化的最高水平。

(四)中心城市——洛阳

洛阳,位于河南省西部、黄河南岸,因地处古洛水之北岸而得名。洛阳地处暖温带南缘向北亚热带过渡地带,属暖温带大陆性季风气候和亚热带雨林气候,四季分明,气候宜人。洛阳位于亚欧大陆桥东段,横跨黄河中游两岸,自古就是九州腹地。从我国历史上出现的第一个王朝夏王朝开始,先后有商、西周、东周、东汉、曹魏、西晋、北魏、隋、唐、后梁、后唐、后晋十三个朝代在此建都,是我国建都最早、朝代最多、历史最长的都城,拥有丰富的人文旅游资源。

白马寺

白马寺。古称金刚崖寺,位于洛阳老城以东12千米处,创建于东汉明帝永平11年(公元68年),距今已有近2000年的历史。它是佛教传入我国后第一所官办寺院,有中国佛教的"祖庭"和"释源"之称,被称为"中国第一古刹"。白马寺为一长方院落,坐北朝南,寺内主要建筑有天王殿、大佛殿、大雄殿、接引殿、毗卢阁、齐云塔等。齐云塔位于山门东侧,玲珑古雅、挺拔俊秀,是一座四方形密檐式砖塔,高13层,35米。现在的齐云塔为金大定十五年(1175)重建的,是洛阳现存最古老的建筑。天王殿,是一座单檐歇山式建筑,是明朝由原山门殿改建而成的。殿内正中置木雕佛龛,龛顶和四周有50多条姿态各异的贴金雕龙。龛内供置弥勒佛笑像,赤脚而坐,形象生动有趣,令人忍俊不禁。殿内两侧,坐着守护佛门的四大天王像,威风凛凛。弥勒佛像之后是韦驮天将,佛教的护法神,昂然伫立,显示着佛法的威严。毗卢阁重檐歇山,飞翼挑角,蔚为壮观,配殿、僧房等附属建筑,布局整齐,自成院落,相传原为汉明帝刘庄幼时避暑和读书的处所。白马寺,以其巍峨的殿阁、高峭的宝塔以及大量元代干漆造像,吸引着一批又一批的游人。

鸡冠洞。位于洛阳栾川城西3千米处的君山北麓,是一个天然形成的地下溶洞,深幽莫测。由于山峰貌似雄鸡昂首引颈高啼,山顶恰似鸡冠,故得此名。鸡冠洞属天然石灰岩溶洞,已探明洞总长5000~6000米,现已经开发1800米,可以观赏的面积23000平方米。溶洞由八大景区组成,依次为"玉柱潭"、"溢彩殿"、"叠帏宫"、"洞天河"、"瑶池宫"、"藏秀阁"、"逍遥宫"、"石林坊",洞内峰回路转,曲径通幽,景观布局疏密参差,钟乳石形象各异,姿态万千。洞中共有大小景点168个,其中"众仙迎客"、"金龟渡仙翁"、"贵妃出浴"、"玉兔望月"、"海豚戏珠”、“鲤鱼戏水”、“八仙拜寿”等景观由于姿态奇异、形象逼真而备受游客青睐。原新华社社长穆青在此游览后，为鸡冠洞欣然题名“北国第一洞”。

鸡冠洞

龙门石窟。国家5A级旅游区，位于洛阳南郊12千米处的伊河两岸，依龙门山而造，是我国著名的三大石刻艺术宝库之一。北魏孝文帝迁都洛阳后，开始营建龙门石窟，后历经东魏、西魏、北齐、北周、隋、唐和北宋等朝代的雕凿，至今仍存有窟龛2100多个，造像11万余尊，碑刻题记3600余品，其中“龙门二十品”是书法魏碑精华，唐代著名书法家褚遂良所书的“伊阙佛龛之碑”则是初唐楷书艺术的典范。

奉先寺是最大的一个唐代石窟，开凿于唐高宗李治和武则天在位时期。石窟正中卢舍那佛坐像为龙门石窟最大佛像，身高17.14米，头高4米，耳朵长1.9米，造型丰满，仪表堂皇，衣纹流畅，具有高度的艺术感染力，是一件精美绝伦的艺术杰作。洞中佛像丰颐秀目，两耳下垂，形态安详亲切，呈微笑状，宛若一位睿智慈祥的中年妇女，令人敬而不惧，具有巨大的艺术魅力。卢舍那佛像两边的各种造像也各具特色，二弟子迦叶和阿难，形态温顺虔诚，二菩萨和善开朗，天王手托宝塔，魁梧刚劲，而力士像右手叉腰，左手合十，威武雄壮，栩栩如生，充分体现了唐代佛像的艺术特点。

龙门石窟

历史上，营造龙门石窟的两个高峰期分别是北魏和唐代。由于北魏时期崇尚以瘦为美，所以北魏造像，脸部瘦长，双肩瘦削，胸部平直，衣纹的雕刻使用平直刀法，坚劲质朴，追求一种秀骨清像式的艺术风格。而唐代人们以胖为美，所以唐代的造像脸部浑圆，双肩宽厚，胸部隆起，衣纹的雕刻使用圆刀法,自然流畅。龙门石窟的唐代造像将北魏的优秀传统和汉民族的文化巧妙地融合在一起,创造了雄健生动而又纯朴自然的写实作风,达到了佛雕艺术的顶峰。

四、山东省

(一)山东概况

山东,自古就称齐鲁之地,位于我国东部沿海、黄河下游,与河北、河南、安徽、江苏四省接壤。地形主要包括鲁中南山地丘陵区、东部半岛丘陵区、鲁西北平原区,泰山是全省最高点。全省属于温带季风气候 ,降水集中,雨热同季,春秋短暂,冬夏较长。境内旅游资源非常丰富,济南的泉、青岛的海、烟台的仙、威海的岛、泰安的山,无不让人拍案称绝。还有烟台苹果、莱阳梨、肥城桃、乐陵金丝小枣、枣庄石榴、大泽山葡萄以及章丘大葱、莱芜生姜、金乡大蒜等久负盛名的地方特产。

(二)重点旅游线路

1. 经典线路

(1)山东风光游:

青岛栈桥——小青岛公园——小鱼山——海产博物馆

崂山风景区——龙潭瀑——太清宫——石老人——五四广场——八大关风景区——天然海水浴场

威海刘公岛——总督府——甲午海战馆——环翠楼公园——南韩服装城

蓬莱——蓬莱阁——蓬莱水城——古船博物馆

潍坊十笏园——风筝博物馆——青州——云门山——范公亭

淄博古战车博物馆——殉马展览馆

济南大明湖——趵突泉——曲阜——孔林——孔府——孔庙

泰安岱庙——泰山中天门——斩云登——南天门——十八盘——天街——玉皇顶

(2)泰山曲阜游:

泰安岱庙——泰山中天门——斩云登——南天门——十八盘——天街——玉皇顶

孔庙——孔林——孔府

(3)蓬莱威海游:蓬莱阁——蓬莱水城——古船馆——登州古市

威海——刘公岛——甲午海战馆——南韩服装城

(4)青岛海滨游:栈桥——空中花园——青岛申奥大厅——小青岛——八大关——海滨浴场——五四广场——东海路雕塑一条街——贝雕厂

(5)崂山风光游:崂山——黄金海岸线——石老人——青蛙石——八水河——龙潭瀑——太清宫

2. 自助线路

"一山两河三孔"文化线:起点济南,途经泰安,曲阜,济宁,邹城,梁山,菏泽,到达徐州。主要景点有:大明湖,趵突泉,千佛山,兴国寺,灵岩寺,青州博物馆,岱庙,泰山,济宁铁塔,济宁太白楼,少昊陵,颜庙,周公庙,梁山水泊遗址,"三孔",曹州牡丹园,以及黄淮两河沿途风光。

崂山、潍坊、淄博休闲线:起点崂山,经过潍坊,到达淄博。沿途景点:龙潭瀑,太清宫,八大关风景区,天然海水浴场,十笏园,风筝博物馆,云门山,范公亭,淄博古战车博物馆,殉马展览馆等。

（三）旅游景区（点）

1. 泰山风景旅游区

以泰山为主，位于泰安市境内，因山势雄奇，景色秀美，居五岳之首，故时常被称为“五岳之长”、“五岳独宗”、“五岳独尊”。泰山东临波澜壮阔的大海，西靠源远流长的黄河，凌驾于齐鲁大地，几千年来一直是东方政治、经济、文化的中心，深厚的文化内涵使之成为东方文明伟大而庄重的象征。

泰山

泰山景区包括幽区、旷区、奥区、妙区、秀区、丽区。幽区是指中路旅游区，自一天门经中天门到达南天门，全长5.5千米，沿途风景深幽，峰回路转，古木怪石鳞次栉比，主要景点包括岱宗坊、一天门、孔子登临处、斗母宫、经石峪、中天门、云步桥、五松亭、升仙坊、十八盘等。旷区是指西溪景区，自大众桥起沿公路直达中天门，两旁峰峦竞秀、溪流潺潺，可欣赏黄溪河、长寿桥、元始天尊庙、扇子崖、天胜寨、黑龙潭、白龙池等景点。妙区即岱顶游览区，人们可以体会“一览众山小”的意境，主要景观有：南天门、月观峰、天街、碧霞祠、唐摩崖、玉皇顶、探海石、日观峰、瞻鲁台等。奥区以后石坞为中心，峰雄岩壮，怪石嶙峋，美不胜收，主要景点有：八仙洞、奶奶庙、独足盘、天烛峰、莲花洞、尧观台等。丽区即泰山山麓及泰城游览区，主要景观包括：双龙池、岱庙、岱宗坊、王母池、关帝庙、五贤祠、汉明堂。秀区位于泰山的西麓，主要包括桃花峪景区、樱桃圆景区。

历史上，泰山一直是历代帝王封禅祭天的神山。帝王将相，佛道两家，文人名人给泰山留下了众多名胜古迹。岱庙内，汉武帝植下的柏树翠影婆娑；红门宫前，孔子发出“登泰山小天下”的感慨，余音缭绕；回马山上，唐玄宗勒马而回的怯懦，神态犹现；云步桥畔，秦始皇敕封的五大夫松，瘦骨昂扬；十八盘道，李白、杜甫历代文人“笑拍红崖咏新作”，豪风犹在；碧霞祠里，隆重的封禅仪式绰绰伊始。数千年精神文化的渗透和渲染使它成为中华民族精神文化的缩影，1987年，泰山被联合国教科文组织列为世界遗产，成为融自然与文化遗产为一体的世界名山。

2. 崂山

崂山，地处青岛市，耸立于黄海之滨，海拔1133米，是我国海岸线上第一高峰，有“海上第一名山”之称。由于崂山相对较高，故当地流传“泰山云虽高，不如东海崂”的说法。

崂山

崂山以“山海相连，山光海色”为特色。景区内群峰耸立、怪石嶙峋、层峦叠嶂；碧海无涯、山高林密、岚光变幻；海崖线蜿蜒曲折，或广阔幽静、烟波浩淼、或惊涛拍岸，谷应山鸣。环境优美，空气清新，使崂山成为人们心目中的“神仙窟宅”、“洞天福地”，自古就备受帝王将相、文人雅士之推崇。传说秦始皇、汉武帝都曾来此求仙。崂山还是我国著名的道教名山，自春秋时期就有在此长期从事养生修身的方士之流，元、明、清鼎盛时期，有“九宫八观七十二庵”之说，著名的道教人物丘长春、张三丰都曾在此修道。如今，崂山山区内尚存道观有太清宫、上清宫、明霞洞、太平宫、通真宫、华楼宫、蔚竹庵、白云洞等等。其中，太清宫、上清宫、明霞洞、太平宫经过修葺，现已成为道教宗教活动的重要场所。

3. 三孔景区

三孔景区，即曲阜的孔府、孔庙、孔林，位于山东省西南部，由于孔子而闻名中外。孔子是世界上最伟大的哲学家之一，是我国儒家学派的创始人。在2000多年的历史进程中，儒家文化逐渐成为我国的正统文化，进而影响到东亚和东南亚各国，成为整个东方文化的基石，曲阜也被世人尊崇为世界三大圣城之一。曲阜三孔拥有丰厚的文化积淀，悠久的历史，宏大的规模，丰富的文物珍藏，以及较高的科学艺术价值。1994年被联合国教科文组织列为世界文化遗产，并被收入《世界遗产名录》。2007年，曲阜市明故城（三孔）旅游区经国家旅游局正式批准为国家5A级旅游景区。

孔庙

孔庙坐落在曲阜城内，原为孔子生前的住宅，孔子去世后方改建为庙。历代帝王不断对此庙宇进行扩建，到清代始成现在的规模。庙内建筑规模宏大、雄伟壮丽、金碧辉煌，是我国最大的祭孔要地。孔庙共有九进院落，有殿、堂、坛、阁460多间，门坊54座，御碑亭13座，主要建筑有奎文阁、十三碑亭、杏坛、大成殿等。大成殿是孔庙的正殿，九脊重檐，黄瓦覆顶，雕梁画栋，八斗藻井饰以金龙和玺彩图，双重飞檐正中竖匾上刻有雍正皇帝御书“大成殿”三个贴金大字，为全庙最高建筑，也是我国三大古殿之一。孔庙内陈列着大量碑碣石刻，其数量之多仅次于西安碑林，所以被称为我国第二大碑林。孔府位于孔庙东侧，也称“衍圣公府”、“圣公府”，是孔子嫡长子孙、历代衍圣公的衙署，也是孔子嫡孙的住宅，在我国是一座仅次于明、清皇帝宫室的最大府第，共有厅、堂、楼、轩等各式建筑463间。孔林位于曲阜城北，是孔子及其家族的专用墓地，也是目前世界上延用最久，面积最大的氏族墓地。

（四）中心城市

济南市位于山东省中西部，南依泰山，北跨黄河，属于暖温带半湿润大陆性季风气候，四季分明，春季干旱少雨，夏季炎热多雨，秋季清爽怡人，冬季气温较低。济南泉水众多，风景秀丽，有趵突泉、黑虎泉、珍珠泉、五龙潭四大泉群，733个天然泉，是世间罕见的天然岩溶泉水博物馆,因此常被称作“泉城”或“泉都”。济南还是中华文明的重要发祥地之一,以龙山文化而著名。2009 年,济南成功举办了第十一届全国运动会。

趵突泉公园。趵突泉公园位于济南市中心区,南靠千佛山,东临泉城广场,北望大明湖,是以泉为主的特色园林。趵突泉是公园内主要景点,附近散布着金线泉、漱玉泉、洗钵泉、柳絮泉、皇华泉、杜康泉、白龙泉等 30 多个名泉,构成了趵突泉泉群。公园小巧玲珑、步移景异,清洁幽静,古朴典雅,吸引了众多的文人墨客,宋代曾巩、苏轼、李清照,元代赵孟府、张养浩,清代王士祯、蒲松龄、何绍基等都有吟泉佳作。康熙、乾隆皇帝都曾在趵突泉边写诗刻石,颂扬名泉。当地人们流传“游济南不游趵突,不成游也”的说法。

阅读材料:趵突泉

趵突泉名列众泉之冠,是济南三大名胜之一。泉水分三股涌出平地,昼夜喷涌,其最大涌量达到 24 万立方米/日,出露标高可达 26.49 米。泉水一年四季恒定在摄氏 18 度左右,严冬时节,水面上水气袅袅,像一层薄薄的烟雾,一边是泉池幽深,波光粼粼 ,一边是楼阁彩绘,雕梁画栋,宛若人间仙境,当地人称之为“云蒸雾润”。趵突泉水清澈透明,味道甘美,可以直接饮用。相传乾隆皇帝下江南,出京时带的是北京玉泉水,到济南品尝了趵突泉水后 ,便立即改带趵突泉水,并封趵突泉为“天下第一泉”。漱玉泉,相传是宋代著名女词人李清照的故居。李清照曾于此掬水梳妆,填词吟诗,因有文集《漱玉集》而得此名,现在泉北的李清照纪念堂正是为纪念这位著名的词人而修建的。公园的南大门有一块横匾,上有“趵突泉”三个大字,乃清朝乾隆皇帝的御笔。

大明湖。大明湖位于市中心偏东北处,由众泉汇流而成,是繁华都市中一处难得的天然湖泊。大明湖景色优美秀丽,2009 年,大明湖荣膺中国世界纪录协会“中国第一泉水湖”的美誉。

大明湖

大明湖水色澄碧,堤柳夹岸,莲荷叠翠,亭、台、楼、阁点缀其间,南面千佛山倒映湖中,正所谓“四面荷花三面柳,一城山色半城湖”。大明湖一年四季美景纷呈,春日,湖上暖风吹拂,柳丝轻摇;夏季,湖中荷浪迷人,花红柳绿;秋天,湖中芦花飞舞,水鸟翱翔;冬日,湖面银装素裹,分外妖娆。湖畔一带历代建筑颇多,素有“一阁、三园、三楼、四祠、六岛、七桥、十亭”之说,如历下亭、铁公祠、南丰祠、汇波楼、北极庙和遐园等,所有建筑均造型完美,各具特色。另外,大明湖内“蛇不见,蛙不鸣;久雨不涨,久旱不涸”的现象令人们惊叹不已。

小知识:恒山悬空寺

恒山悬空寺距地面高约50米,建筑特色可以概括为“奇、悬、巧”三个字。

“奇”——建寺设计与选址奇。悬空寺处于深山峡谷中,整个寺庙悬挂于石崖中间,石崖顶峰突出部分就能使古寺免受雨水和大风的侵蚀;山下洪水泛滥时,半山腰的寺庙也能幸免于难;四周的大山遮住了太阳,阳光照射寺庙的时间减少,有效延缓了寺庙的老化。

“悬”——寺庙结构悬。全寺共有殿阁40间,表面看上去支撑它们的是那些碗口粗的木柱,这些木柱长短不一,有的着力,有的则虚设,甚至可以晃动,根本不受力,所以有人用“悬空寺,半天高,三根马尾空中吊”来形容悬空寺。而真正的重心撑在坚硬岩石里,利用力学原理半插飞梁为基。

“巧”——设计非常精巧。寺庙建造时,充分利用峭壁的自然状态来布置和建造各个部分,将平面建筑的布局、形制恰当地融入在立体的空间中,山门、钟鼓楼、大殿、配殿一应俱全。

◆复习思考题:

1. 本旅游区突出的旅游资源特征是什么?
2. 结合实际,谈谈如何发展河南省人文旅游。
3. 陕西省发展红色旅游的优势是什么?

△ 第九章

华东文化旅游区

◎ 学习目标：

1. 知识目标：掌握本区旅游环境特征；掌握本区特色的旅游资源特征；了解和掌握本区各地主要的旅游线路、旅游景区、中心城市。

2. 能力目标：培养学生运用已经掌握的知识和能力，根据地区旅游资源特色设计旅游线路。

3. 重　　点：掌握区内主要的特色旅游资源

第一节　区域旅游环境与资源特征

本区位于我国东部，包括江苏省、浙江省、安徽省、江西省和上海市，共四省一市。全区总面积约51万多平方千米，人口约2.62亿多。本区地理位置优越，气候条件良好，交通便利，物产丰富，园林荟萃，名山众多，文化、技术发达，经济实力雄厚。全区旅游资源丰富，基础条件优越，组合优势明显，在全国旅游业中占有重要地位。

一、平原丘陵，相间分布

本区地处我国地形三大阶梯的最低一级，呈现出以平原、低山丘陵相间分布的地形结构，自北而南依次为黄淮平原、皖中丘陵、长江中下游平原及长江三角洲、江南丘陵。低山丘陵主要分布在江西省、浙江省西部边境及皖南、江苏省西南部。主要由一系列东北—西南走向的雁行式排列的中山、低山和居其间的一系列丘陵盆地组成。山地主要由花岗岩和浅变质岩组成，平均海拔500～1000米，高峰可超过1000～1500米。形成众多的旅游名山，如享誉国内外的综合性名山——黄山；佛教名山——九华山、普陀山；以文化景观被列入世界遗产名录的庐山；道教名山——龙虎山、齐云山、天台山等，数不胜数。

二、季风气候，冬温夏热

本区具有四季分明、雨量充沛的气候特征，年降水量800～1700毫米，年平均温度14℃～18℃，冬温夏热，为典型的亚热带湿润季风气候。每年三月中旬进入春季，五月进入梅雨季节，梅雨以后进入盛夏，河谷平原为高温中心。八月中下旬为秋雨期，十月秋高气爽。冬季无寒潮南侵时，比较温暖。该区的春秋两季为旅游旺季，尤其秋季是黄金季节。南昌、九江、南京被称为江南三大“火炉”。这里盛夏虽热，但境内的风景名山、湖岸、海滨区均是理想的避暑胜地。冬季并无严寒，也适宜开展旅游活动。

三、河网密布，湖泊众多

本区水系极为丰富，东临海洋，内有长江、钱塘江、淮河、京杭大运河等流经此区，因而形成了众多的水体旅游资源，具有一派水乡泽国的秀丽风光。主要湖泊有：中国五大淡水湖本区得其四——鄱阳湖、太湖、洪泽湖、巢湖，其中鄱阳湖是我国第一大淡水湖。还有著名的风景湖，如杭州西湖、扬州瘦西湖、南京的玄武湖等，其沿岸湖光山色，风景优美。主要河流有：长江、淮河、钱塘江、京杭大运河、富春江、新安江、楠溪江，是我国重要的江河旅游线，尤其是京杭大运河，贯穿了数座旅游名城。著名的瀑布有：黄山的人字瀑、九龙瀑；庐山的三叠泉和香炉峰瀑布；井冈山龙潭瀑布、彩虹瀑；雁荡山的大小龙湫瀑布等。著名的泉有：中国五大名泉本区独占其四——镇江中泠泉、无锡惠山泉、苏州虎丘观音泉、杭州虎跑泉，此外还有南京的汤山温泉等，都是享有盛誉的旅游景区。

四、鱼米之乡，物产丰富

本区物产非常丰富，素有"鱼米之乡"的美称。土特产具有地方风格和民族特色，种类繁多，著名的土特产有上海的松江鲈鱼，江苏太湖和江西鄱阳湖的银鱼，阳澄湖大闸蟹，金华火腿，西湖龙井茶、太湖碧螺春、黄山毛峰、庐山云雾等绿茶，安徽祁门红茶等。有洋河、双沟、古井贡、口子酒、绍兴加饭酒、海派黄酒等名酒，镇江香醋、南京板鸭等。

本区的饮食文化在我国烹饪史上占有重要地位。在中国十大菜系中有四个菜系发源于本区，分别是淮扬菜、浙菜、徽菜、沪菜，其中淮扬菜位列"中国四大菜系"之一。同时，本区各色风味小吃花样品种之多，为全国之首。

该区的工艺品的生产历史悠久，景德镇的瓷器、江苏宜兴紫砂陶等居全国之冠；中国"四大名绣"之一的苏州苏绣、南京的云锦、温州的瓯绣、上海的顾绣等享誉全球；杭州的丝绸、扬州的漆器、芜湖的铁画、东阳的木雕及"文房四宝"——湖笔、徽墨、宣纸、歙砚，皆为上品，自古驰名中外。

五、江南园林，独树一帜

本区具有独特的造园环境，成为我国江南园林的荟萃之地，其造园技术，在世界园林史上独树一帜。本区园林众多，大多集中于苏州、南京、无锡、扬州、杭州、绍兴、嘉兴等地，尤其是苏州园林（如拙政园、留园、沧浪亭、狮子林、网师园等），是我国园林艺术精华荟萃之地，亦是中外旅游者向往的游览胜地。

六、文明发源，历史悠久

本区在地理位置、资源、气候等方面具有众多优势，是中华文明的发祥地之一，拥有众多历史文化名城。距今7000年前，人类就开始在此劳动生息。我国著名的"六大古都"中的南京和杭州都在本区。这里古为吴越争霸之地，形成了独具特色的吴越文化。现今也是经济文化发达地区，可谓人杰地灵。本区各色文化节庆活动丰富，如景德镇国际陶瓷节，亳州国际医药文化节，上海国际茶文化节，中国第一水乡——周庄摄影节，绍兴兰亭国际书法节等等，令人目不暇接。

七、水乡古镇，古朴自然

本区有众多江南水乡小镇，虽然规模不是很大，建筑形式相类，平凡朴实，但充满着生活气息。粉墙黛瓦、小桥、流水、人家，是本区展示给人们的又一番意境。现在，保留完整的民居建筑已开发成本区独特的旅游项目。如著名的六大江南古镇：周庄、角直、同里、南浔、乌镇、西塘及皖南西递、宏村古民居等都是典型的江南水乡小镇，古朴自然的民风、民俗令人流连，令人回味。

八、交通便捷，经济发达

本区位于长江下游，优越的自然条件和地理位置，经济发展居全国前列。该区农业发达，物产丰富，且是我国重要的工业基地，机电、纺织、化工的生产占全国首位，轻工业处于全国先进水平，商业繁荣，是购物的好去处。

本区拥有以铁路、水运为主，公路和航空为辅的旅游交通网。铁路以京广、京沪、沪杭、浙赣等线为骨干，联系汉丹、武九、鹰厦、阜淮、淮南等支线。航空运输以上海市为中心，联系区内及国内主要大中城市，还有通往美国、日本等国的国际航线。公路密度大，基本建成了通达各县市的全天候公路网。

第二节　各省（市）重点旅游线路、旅游景区（点）、中心城市

一、上海市

（一）上海概况

上海市简称沪。地处我国东部海岸中段，长江入海口。自古为海边渔村，春秋时为楚国春申君封邑，宋设镇，始称上海。1927 年设市。现为我国四大直辖市之一，全市面积 5800 平方千米，是世界大都市之一。上海地处长江三角洲东端，平均海拔为 4 米，仅西部松江区有少数残丘，天马山最高，海拔 98.2 米。长江口的崇明岛面积 1083 多平方千米，是我国仅次于台湾和海南的第三大岛。

上海市属亚热带海洋性季风气候，温和湿润，四季分明。年平均气温为 15℃～16℃，一月平均气温 3.5℃，七月 27.8℃。全年的无霜期 8 个多月。年平均降水量为 1125 毫米左右。春夏之交的梅雨期和夏秋之交的台风雨期降水较多。主要河流有源于太湖、流入长江的黄浦江及其支流吴淞江、青浦淀山湖。

上海市是中国最大的工业城市，近代工业的发展历史有 100 多年。但旧上海是帝国主义压榨中国人民的据点，被称为"冒险家的乐园"。建国以来，上海轻纺工业以其改造调整，进一步发展了化纤、塑料、日用化工、耐用消费品、电子等部门。而重工业、冶金、石油化工、机械、电子等部门发展迅速，航空、航天、汽车工业正在崛起，已成为能生产高精尖产品的综合性工业基地。工业总产值和上交税利约占全国的十分之一和五分之一。化纤、电子计算机、照相机等产量占全国 50% 以上。上海是我国最大的商业、金融中心，内外贸易额均居全国各贸易中心首位，社会商品零售总额也在全国四个直辖市中居第一位。服装、毛呢、皮鞋、化妆品、儿童玩具、金银饰品、各种传统工艺品、食品，花色品种齐全，是驰誉国内外的购物中心。外贸出口总值约

占全国的四分之一。近年来上海金融业务发展迅速，在国内外金融交往中占有着重要地位，在伦敦、巴黎、纽约、新加坡、香港等国际金融中心设有联行。

（二）重要旅游线路

1. 上海都市一日游

早晨人民广场发车，旅游景点：观光隧道、深海珍奇馆、登亚洲第一塔——东方明珠塔（263 米主观光层）、百年沧桑陈列馆，游览上海 CBD——浦东新区、参观世界 500 强企业——希尔曼刀具城、车游黄浦江上第一桥——南浦大桥、远观世博会会址、逛上海老城厢——城隍庙、游览黄浦公园、工艺品展示馆、万国建筑博览——外滩、十里洋场中华五星商业街——南京路步行街、浦江游览。

2. 上海、周庄二日游

D1. 早晨人民广场上海大剧院集合：观光隧道、深海珍奇馆、上海 CBD——浦江新区、登亚洲第一塔——东方明珠塔（263 米主观光层，含上海历史发展陈列馆等），参观世界 500 强企业——希尔曼刀具城、车游黄浦江上第一桥——南浦大桥、远观世博会会址、逛上海老城厢——城隍庙、游黄浦公园、万国建筑博览——外滩、工艺品展示馆、十里洋场中华五星商业街——南京路步行街，浦江游览，宿上海。

D2. 早晨人民广场上海大剧院集合发车：乘旅游巴士前往古镇水乡——周庄，进入周庄古镇，旅游景点：张厅、沈厅、双桥、富安桥、古戏台、澄虚道院、聚宝轩等。下午集合参观东吴丝绸苑、张林园，结束乘旅游大巴返上海人民广场，结束愉快的行程。

3. 上海、苏州、杭州三日游

D1. 早人民广场上海大剧院集合：观光隧道、深海珍奇馆，登亚洲第一塔——东方明珠塔（263 米主观光层）、百年沧桑陈列馆、游览上海 CBD——浦东新区、参观世界 500 强企业——希尔曼刀具城、车游黄浦江上第一桥——南浦大桥、远观世博会会址、逛上海老城厢——城隍庙、游黄浦公园、万国建筑博览——外滩、工艺品展示馆、十里洋场中华五星商业街——南京路步行街、浦江游览，结束后人民广场自由活动。宿上海。

D2. 早宾馆接团，旅游景点：苏州园林——盘门三景、姑苏水上游、千年古刹——寒山寺、江南第一高塔——北寺塔、世界文化遗产——耦园、虎丘、苏州第一丝绸厂、东吴珍珠馆，结束宿苏州或大巴赴杭州住宿。

D3. 早宾馆接团，旅游景点：船游西湖、观三潭印月、苏堤春晓、断桥残雪、花港观鱼、龙井问茶、灵隐寺飞来峰、黄龙洞、参观江南丝绸风采，结束乘旅游大巴返上海人民广场，结束愉快的行程。

（三）主要景区（点）

1. 豫园、城隍庙

豫园始建于明嘉靖三十八年（1559 年），今日的豫园有大小景点 48 处，昔日佳景大都恢复，古老豫园重展当年风采，亭台楼阁、厅堂廊舫、曲桥水榭、假山奇石、池塘龙墙、古树名花参差错落、掩映有致，以清幽秀丽、玲珑剔透见长，富有诗情画意。豫园设计精巧，布局疏密得当，体现了江南园林小中见大的造园技巧。可谓集明清两代古园林艺术精华之大成。

城隍庙位于南区豫园商场内。原为三国时吴主孙皓所建的金山神庙，明永乐年间改建为城隍庙，现存建筑为 1926 年重建。过去的“老城隍庙”即是今天的豫园商场。内有鸟市、书场、茶楼、餐馆以及百货商店等，经营各种日用百货和上海风味小吃：酒酿圆子、小笼馒头、五香豆、八珍汤等。这里景物优雅、市场繁华，是上海人们最喜爱的游览胜地之一。

2. 上海动物园、上海野生动物园

上海动物园原名西郊公园，在虹桥路，面积70公顷，园内树木葱郁，绿草如茵，有动物350余种，有我国珍贵的大熊猫、金丝猴、东北虎和扬子鳄等。来自世界各地的非洲狮、长颈鹿、企鹅、河马、海狮等，动物栖息的笼舍形式美观，布置自然。飞禽种类很多，有猛禽鹰、鹫等，还有各种美丽的小鸟。海狮、猩猩、熊猫、熊等擅长表演，供游人欣赏。

上海野生动物园是我国最大的国家级野生动物园，占地153公顷，距市区35千米。园内汇集了世界各地具有代表性的珍稀动物200余种上万余头（只），其中有来自国外的长颈鹿、斑马、羚羊、犀牛等，也有我国的一级保护动物：大熊猫、金丝猴、华南虎、亚洲象等。游客游园时分车入和步入两大参观区。整个园区分为食草动物放养区、食肉动物放养区、火烈鸟区、散养动物区、水禽湖和珍稀动物圈养区、百鸟园、蝴蝶园及儿童宠物园，并设有动物表演等许多特色节目，向您展示动物的聪敏和天赋，使您体验到动物世界带给您的乐趣。

3. 南京路

南京路是上海最热闹、最繁华的一条商业大街，南京路商店林立，如中百一店，新世界商厦、精品世界、时装公司、食品公司、医药公司、华丽商厦、华侨商店等。南京路上也有很多著名的特色商店。如培罗蒙、亨生的西服等，在南京路上还有一大批饭店、餐馆、点心店，游客可以在这里品赏各种风味的美食。南京路之夜色最为动人，五光十色的霓红灯把整个一条街织成一片眼花缭乱，目不暇接的灯海，令人叹为观止。

4. 东方明珠电视塔

东方明珠广播电视塔坐落在黄浦江东岸的陆家嘴的嘴尖上，与外滩隔江相望，塔高468米，居亚洲第一，世界第三。高大的塔身由3根直为9米的圆柱和3根直径为7米与地面呈60度交角的斜撑支扶，直上云天。太空舱、上球体、下球体、中间5个球状空中旅馆和底座3个装饰小球共11个钢结构圆球，就像11颗明珠，镶嵌在塔体上，造成“大珠小珠落玉盘”的诗的意境，为游客提供了一座现代化的观光、娱乐、购物场所。塔体上有5个观光层，1个可容纳450人的旋转餐厅，塔座有2万平方米的购物中心，塔身5个球体内设有25个豪华客房，塔筒内装有6部高速电梯。东方明珠已经成为上海的新标志，每当夜幕降临，在七彩灯光的映照下，那亭亭玉立的绰约风姿，更加妩媚动人。

5. 上海国际会议中心

位于浦东滨江大道，与外滩隔江相望，与东方明珠一起组成小陆家嘴地区的一道著名的景观。上海国际会议中心建筑总面积达11万平方米，拥有最为现代化的会议场馆，4300平方米的多功能厅和3600平方米的新闻中心以及各种大小规格的会议厅及会场近30个，可以充分满足各类会务的需要，中心还拥有各式各样的豪华宾馆客房，高级餐饮设施和舒适的休闲场所等。2001年这里曾是APEC会议的主会场之一，这也使这里对游客而言更多了一份神秘色彩。

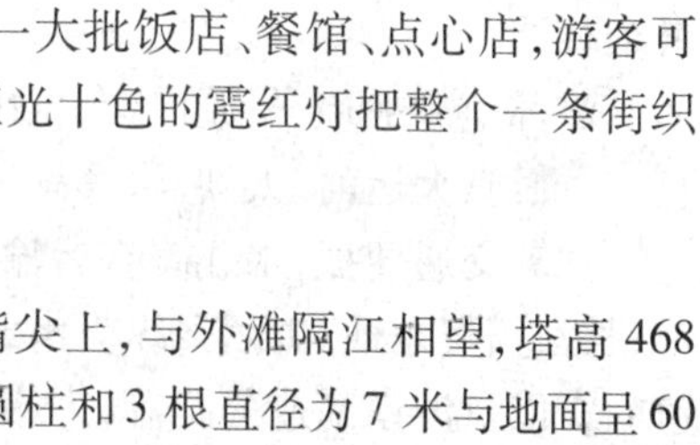

6. 新外滩

新外滩地处上海市区黄浦江西岸，北起外白渡桥，南至中山东二路新开河路口，长约1700米，由江面、长堤、绿带和万国建筑构成其主要街景。为迎接上海世博会，拥有百年历史的上海外滩经过改造，重新以靓丽新景亮相。改造后的新外滩，功能性增强，公共空间增多，还增加了观光和旅游的空间，黄埔公园广场、陈毅广场、气象台广场、新十六铺码头等自成一体，游客大可以在参观世博会场馆之余，到周边一游新鲜景地。

新外滩重新开放后，夜里整个外滩地区及黄浦江两岸，灯光连成一片，黄浦江畔20组共900只大功率彩色探照灯在无线遥控下跳起美丽的空中灯光“芭蕾”，外滩不再留有任何“灯光盲区”。“和平畅想”景观灯光从浦西延安东路至外白渡桥、浦东东昌路到陆家嘴各绵延1.5千米，是迄今为止沪上最大最亮眼的动态景观灯光。

此外，上海还有中共“一大”会址、宋庆龄墓、鲁迅故居、南京路步行街、上海民间收藏陈列馆、新人民广场等景点。

二、江苏

(一)江苏概况

江苏省位于中国东部沿海地区，长江入海处，与上海、浙江、安徽、山东、河南等省市接壤。全省面积10.26万平方千米，人口7200万，人均密度居全国之首。有13个省辖市，省会南京。

江苏气候四季分明，12月至2月是冬季，3月至5月是春季，6月至8月是夏季，9月至11月为秋季。

江苏地势平坦，平原广袤，低山、丘陵、岗地等散布于边缘地域。境内河流纵横，湖泊棋布，长江、淮河、大运河、太湖、洪泽湖等大小河流、湖泊交织成稠密的水网，故有“水乡江苏”之称。

江苏交通便捷，水、陆、空运输网四通八达，京沪、宁芜、宁西、陇海等铁路沟通全国各大城市；长江横贯东西、大运河纵贯南北，水运业居全国前位；南京禄口国际机场、沪宁、沪杭旅游高速列车以及沪宁高速公路等，为旅游者抵离江苏提供了十分便利的交通条件。

(二)重要旅游线路

1. 苏州一日游

旅游行程：游览苏州四大园林之一的狮子林，耦园风情游，赏紫砂陶艺制作工艺，北寺塔、珍珠工艺展览，游览寒山寺景区，丝绸表演，远观虎丘。

2. 无锡一日游

旅游行程：太湖风光——太湖鼋头渚公园水上公园——三山仙岛——游三国水浒城——结束愉快的行程。

3. 扬州到南京一日游

早发车赴中国历史文化名城——扬州，游“两堤花柳全依水，一路楼台直到山”的湖上园林——瘦西湖，五亭桥、白塔、二十四桥、望春楼、钓鱼台，个园，观四季假山——如破土的春笋般的石笋砌成的春山、太湖石叠成的夏山、安徽黄石堆就的秋景、宣石堆起的冬景，“城市山林”——何园，(又称寄啸山庄。建于清光绪年间，是晚清园林建筑代表作)。下午乘车返回南京。

4. 常州出发连云港连岛海滨浴场、渔湾、花果山汽车三日游

D1：常州自定时间集合出发赴连云港，自由活动，住连云港。

D2：早餐后赴花果山风景区：金镶玉竹、三元宫、水帘洞、娲遗石、美人松、怪石园等；午餐后参观神州第一坝，后游览著名的海滨浴场——连岛海滨浴场，在海边自由的嬉戏，乘船畅游大海，住连云港。

D3：早餐后游览“江苏张家界”——渔湾风景区，置身于原始山谷、百丈飞瀑的清凉世界，

游览老龙潭、曲水银波、龙床、珍珠瀑、神仙崖、九孔桥等。午餐后乘车返回常州，结束愉快的行程。

5. 南京一日游

朝天宫——莫愁湖公园——中华门——瞻园——夫子庙大成殿——王导谢安纪念馆——白鹭洲公园——中山陵——车游总统府、明城墙、民国风情街，结束愉快的旅程。

（三）旅游景区（点）

"青山衬秀水、名园依古城"。丰富的旅游资源，深厚的文化底蕴，纯朴的乡风民俗，形成了江苏充满浓郁水乡风韵的旅游特色。目前，全省共有中国优秀旅游城市 28 个，中国历史文化名城 7 个，国家级 4A 风景区 26 个，3A 风景区 3 个，森林公园 23 个，旅游度假区 6 个，自然保护区 7 个，有 17 个景点（区）被纳入中国旅游国线，苏州园林被联合国教科文组织确定为世界文化遗产。

江苏旅游城市多，南京的六朝胜迹，苏州的古典园林、名山古寺，无锡的太湖风光、陶、洞、竹、茶，扬州的汉唐文化，镇江的山林寺院，常州的淹城遗址，徐州的两汉文化，连云港的滨海风光，南通的江海胜境，盐城的麋鹿、丹顶鹤自然保护区，淮安的平原风光、名人遗址，以及酒乡宿迁和京剧大师梅兰芳故里泰州等都是旅游者向往的旅游胜地。

1. 钟山

位于南京市郊，东晋时由于北坡广泛出露紫色页岩，在阳光照射下，闪耀紫金色光芒，故又称紫金山。钟山东西长约 7 千米，南北宽仅 3 千米，山势略呈弧形，朝南敞开谷口，沿山脊耸立的峭壁远望好像一道蜿蜒逶迤的城墙，形势甚为雄伟。山区松柏苍翠、林谷幽深，四季花香，座座名胜，处处古迹，令人百看不厌。中山陵、明孝陵、灵谷寺等均建在山麓，山上有著名的紫金山天文台。

2. 中山陵

在钟山南坡，依山建筑，由南而北，由下向上，逐级升高，依次建牌坊、墓道、陵门、碑亭、平台、祭堂和墓室。墓室海拔高度 158 米，从墓道入口至墓室，距离 700 米，用花岗岩条石砌成 392 级石阶。祭堂高 26 米，长 28 米，深 22 米，蓝色琉璃瓦盖屋顶，白色花岗石围墙，在白云蓝天下，格外纯朴庄重。堂内由 12 很黑色青岛石柱支撑上部结构，地面铺着光亮照人的白色大理石。大厅中央安置着孙中山先生的坐像，面南而坐，慈和安详。像座四周为中山先生平生事迹浮雕，大厅四壁刻有他的遗著《建国大纲》，气氛肃穆。祭堂后面是墓室，中央为大理石围墙，低于地面 1.6 米，圹口四周砌白石栏杆、圹中平放石棺，棺盖上为大理石雕刻的中山先生卧像，令人崇敬。中山先生的遗体则埋在石圹下面的钢骨水泥墓室中，遗体的位置大致和卧像一致。

3. 明孝陵

2003 年 7 月 3 日，经在巴黎举行的联合国教科文组织第 27 届世界遗产大会审议投票决定，南京的明孝陵和北京昌平的明十三陵作为"明清皇家陵寝"的扩展项目，被列入世界文化遗产。

明孝陵在南京市东郊紫金山南麓独龙阜玩珠峰下，茅山西侧，明开国皇帝朱元璋和皇后马氏合葬于此。建于明洪武年间，方圆 45 华里，规模宏大，从修筑到安葬前后历时 30 余年之久。明孝陵历经沧桑，屡遭破坏，现仅存碑亭（四方城）、神道、碑殿、享殿（孝陵殿）、方城、明楼和宝顶等建筑，是中国现存最大的帝王陵墓之一。

明孝陵南面的小山原为东吴开国皇帝孙权的陵墓，今遍植梅花，人称梅花山。

4. 灵谷寺

在中山陵东侧,原建筑群规模很大,占地约500亩,为明代南京三大丛林之一,又称“天下第一丛林”。1833年毁于兵火,仅无梁殿幸存。无梁殿全部由砖拱砌成,无一根木梁。东西长53.8米,南北宽37.8米。三拱门,门左右各有拱形窗。大殿立于平台之上,稳重而雄伟。1928年国民党中央利用灵谷寺旧址建了阵亡将士公墓,将无梁殿作祭堂,又在殿后建9层钢骨水泥纪念塔,人们仍称灵谷塔。今灵谷寺有展览馆,其中最值得一看的是唐代玄奘法师的头盖骨。玄奘本圆寂于西安,葬于兴教寺塔。黄巢起义时,塔毁,头骨为南京籍僧人法政取得,带回南京,葬于长干寺内三藏塔。此塔在清末又毁,抗日战争时日伪从塔内掘出头骨,如获至宝,把它分藏于北京、日本两地,只留极少部分于南京,后藏于今南京生物研究所,再辗转而至今灵谷寺。

5. 莫愁湖

位于南京城西门外,周长5.6千米,水陆面积共700亩。相传在南齐时,有个叫莫愁的洛阳纺织少女,美丽而善良,聪明而勤劳,苦难的命运却总在捉弄她。先因父丧家贫,卖身葬父,后远嫁石头城(南京)卢家作媳妇。但婚后不久,丈夫便应召调赴辽阳边塞,多年未回。人们同情她,也怀念她,便用她的名字莫愁命名此湖,后世更不断加以美化,从明到清,建筑了大量的楼台亭阁,种植奇花异木,湖中满植荷莲,成为“金陵第一名湖”、“金陵第一名胜”。传说今园中的“郁金堂”即莫愁女的故居,院内壁上嵌有莫愁女石刻像和南朝梁武帝为莫愁女题的文词。院外莲花池中有莫愁女的汉白玉雕像,她双手撩起衣襟,捧着桑叶,神情忧郁,一看就知道这是一个受压迫被剥削的古代少女形象,令人同情和尊敬。莫愁湖中有胜棋楼,为明初建,传说明太祖朱元璋和中山王徐达在此下棋,徐多次获胜,朱便将此楼赠给了他,从此,称此楼为胜棋楼。

(四)中心城市

1. 南京

南京东依宁镇山脉,滔滔长江流贯市区北部,诸葛亮曾对南京一带的山川形势评价说:“钟阜龙蟠,石城虎踞”。地势险固,风景秀丽,为孙吴、东晋、宋、齐、梁、陈等王朝都城。南唐、明(洪武)、太平天国以及解放前国民党政府也曾设都于此。南京简称“宁”,现为江苏省省会,是长江下游西部的中心城市。

南京名胜古迹很多,其中有中山陵、明孝陵等为全国文物重点保护单位。

中华门:明太祖朱元璋定都应天(今南京)后,当年便开始大筑城池。外城周长180千米,16座城门,内城周长30余千米,13座城门,规模之大,城池之坚,为历代所罕见。今存的中华门为内城的一座城门,构造复杂,设计周密,形式奇特,成为建筑史上一项重要成就。中华门呈长方形,南北长128米,东西宽118.5米,总面积达15163平方米。前后在同一轴线上,共建四道拱门,门高十几米,四道城墙形成三道瓮城,每道拱门有千斤闸,当敌兵冲入,千斤闸落下,就可以把敌人关在瓮城之内,形成“关门打狗”或“瓮中捉鳖”之势,四面高墙壁立,插翼难飞。瓮城中更有27个藏兵洞,可藏甲兵3000人,武器粮食给养均储存其中,可长期坚守,城堡工事和城门巧妙地结合在一起,固若金汤,为古代城池的杰出范例。

雨花台:在中华门外,是一高约100米,长约3000米的小山岗。岗上盛产雨花石,传说元朝云光法师在此讲经,感动了天神,落花如雨,故名雨花台。几个世纪以来,无数民族英雄和革命先烈在此洒热血,抛头颅,英勇就义。1949年,南京市在此兴建烈士陵园,竖碑纪念,正面毛泽东手书“死难烈士万岁”六字。另在三处烈士殉难地建立标志碑，后又建大型革命烈士就义群雕，由197块花岗石拼成，重达1300余吨，思想性、艺术性均甚完美。

秦淮河：流经市内，从东水关到西水关的一段小河，古称“十里秦淮”。明清时繁华绪丽，盛极一时。夹岸而立的河厅、河房，雕栏画槛。现正在修缮，计划从夫子庙到中华门一段将恢复乌衣巷、李香君故居——媚香楼、瞻园、周处台等景点，人们又将能在桨声灯影中领略具有明代特色的秦淮风光了。

此外，侵华日军南京大屠杀遇难同胞纪念馆、梅园新村纪念馆、渡江胜利纪念碑、玄武湖、南京长江大桥（见右图）、国民党总统府、美龄宫、鸡鸣寺、燕子矶、石头城、栖霞山等均值得一游；独具南京特色被誉为中国织锦工艺“活化石”的云锦及“国之瑰宝”的雨花石，成为南京旅游商品的代表。美味的秦淮风味小吃及盐水鸭，享誉中外。

今天的南京，既是现代文明的经济都会，更是虎踞龙盘的秀山丽水，城桓殿阙，街巷格局，园林苑囿，绿地广场……共同构筑起一幅山水城林融为一体的多彩画卷，展现出“绿色古都，文化之城”的独特魅力。

2. 苏州

苏州是我国重要的历史文化名城、著名的风景旅游城市，也是中国首批优秀旅游城市。苏州位于长江三角洲中部，东邻上海，南接浙江，西抱太湖，北依长江。境内气候温和，土地肥沃，物产丰富，自古以来被誉为“人间天堂”。

苏州是一个古老的城市，始建于公元前514年，距今已有2500多年的历史，目前仍坐落在春秋时代的原址上，基本保持着“水陆并行、河街相临”的双棋盘格局和“小桥、流水、人家”的古朴风貌。境内文物古迹有487处，其中国家级15处、省级101处。中国唯一保存最完整的水城门——盘门就坐落在苏州古城南面的盘门风景区。

苏州是东方水城。水域面积占总面积的42%，湖泊河流星罗棋布，中国四大淡水湖之一的太湖，五分之四的水域在其境内，东山、西山、光福、石湖、虞山、尚湖等风景区分布其间，举世闻名的京杭大运河贯穿南北。

苏州是一个园林之城。市内古典园林是世界文化艺术的瑰宝，集中体现了东方造园艺术的精华。现保存完好的古典园林有60余处，中国四大名园中，就有拙政园、留园两个。拙政园、留园、环秀山庄、网师园、狮子林、艺圃、耦园、沧浪亭、退思园9个古典园林已被联合国教科文组织列入《世界遗产名录》。

苏州是吴文化的发祥地。历史上文坛贤能辈出，绘画、书法、篆刻、诗文流派纷呈。评弹、昆曲、苏剧被誉为苏州文化的“三朵花”，昆曲是“人类口述和非物质遗产代表作”；苏绣、缂丝、玉雕、泥塑、宋锦和木刻等精湛工艺品享誉海内外；古寺、古塔、古桥等古典建筑具有极高的历史地位。

苏州是江南水乡古镇的典范，其中颇具代表性的有昆山的周庄、锦溪，吴中的木渎、角直，吴江的同里。这些古镇完整地、大量地保留着明、清两代的古宅，保持着原有的古朴风貌、水乡特色、民俗风情和田园风光，有很高的文物价值、社会人文研究价值和历代建筑艺术价值。

苏州致力于古城的保护、开发和利用，正在恢复七里山塘原有的历史风貌，挖掘和整理分布在各地的古村落。建成了戏曲、工艺、民俗、园林、苏绣、碑刻、丝绸等12个博物馆。同时，对河道进行全面整治，开辟具有特色的水上旅游线路，并形成了一批融旅游、文化、商贸于一体的特色街区。

3. 扬州

扬州位于江苏中部,长江、运河交汇处,迄今已有近2500年的建城史,是国务院首批公布的历史文化名城、首批中国优秀旅游城市。

扬州有中国最古老的运河,汉隋帝王的陵墓,唐宋古城遗址,明清私家园林。湖上园林瘦西湖和千年古刹大明寺是中国4A级风景区(点);何园、个园、唐城遗址、普哈丁墓园、高邮盂城驿、龙虬庄古人类遗址为全国重点文物保护单位。此外,隋炀帝陵、高旻寺、汪氏小苑、西郊森林公园、凤凰岛生态旅游区等一批旅游新景点也已对游人开放。

4. 淮安

淮安市位于苏北平原,是一代伟人周恩来的故乡和全国历史文化名城。

淮安历史悠久,秦时置县,至今已有2200多年的历史,是著名的"青莲岗文化"发源地,商周时期还是徐文化的中心地域,明清时期淮安即为水运交通"咽喉",大运河、淮河纵横交汇,是漕运枢纽、盐运要冲,曾与杭州、苏州、扬州并称运河沿线的"四大都市";这里曾孕育了大军事家韩信、汉赋大家枚乘、枚皋、建安七子之一的陈琳、巾帼英雄梁红玉、《西游记》作者吴承恩、《老残游记》作者刘鹗、民族英雄关天培等。

淮安古迹名胜众多。境内有唐代文通塔、宋代镇淮楼、妙通塔、明代明祖陵以及"东方庞贝"水下泗洲城,更有韩信钓台、吴承恩故居、梁红玉祠、关天培祠等著名人文景点。

淮安自然风光也十分独特。全国五大淡水湖之一、素有"日出斗金"之称的洪泽湖,碧波万倾,荷香鱼跃,百里长堤被誉为"水上长城"、"休闲佳境";国家森林公园盱眙铁山寺自然保护区万木葱茏,鸟语花香,环境怡人。作为农业大市,淮安具有良好的生态环境,万亩荷塘、万亩水杉林、万亩蔬菜种植园也是农业生态观光一道道风景。

淮安还是著名的淮扬菜系发祥地之一。这里饮食文化源远流长,软兜长鱼、平桥豆腐、钦工肉圆、文楼汤包等传统名菜点早已享誉神州。

5. 镇江

镇江拥有众多绮丽的山川景色和众多的人文古迹,美丽动人的历史故事和民间传说,吸引无数游人前来寻奇、探胜、观光、旅游。千百年来,大自然造就了镇江这块山灵水秀的宝地。山,为佛道圣地,帝王将相文人墨客每至必游;水,多而美,有滚滚东流的长江,大江东去,一泻千里的气势,使人胸襟开阔,更叹大自然的鬼斧神功,叹"浪淘尽,千古风流人物"。

6. 无锡

无锡又名"梁溪",自"泰伯奔吴",在梅里建立"勾吴国",开创吴文化,距今已有3000多年,是一座历史悠久的江南名城。地处江苏省南部、中国经济发达的长江三角洲中部,北靠长江,南濒中国第三大淡水湖——太湖。年平均气温15.5℃,雨量充沛,年平均降雨量为1000毫米。

无锡交通十分便捷,是沟通苏、浙、皖三省的交通枢纽。全市江、河、湖、海相通,铁、公、水、空多种运输方式配套,京沪铁路横贯东西,京杭大运河纵贯南北,以沪宁高速公路为代表的公路干线沟通沪、宁、杭大城市和省内外各地;离市中心仅20千米的硕放机场,开辟了通往北京、福州、佛山、惠阳等地的定期航线;市中心距国际开放型港口江阴港、张家港仅26千米和43千米。

无锡风景秀丽,旅游资源丰富,是中国著名的旅游城市,又是首批中国优秀旅游城市。其风景集江、河、湖、泉、洞、园之美于一体,具有江南水乡的独特风貌。

三、安徽

（一）安徽概况

安徽位于华东腹地，是我国东部襟江近海的内陆省份，跨长江、淮河中下游，东连江苏、浙江，西接湖北、河南，南邻江西，北靠山东。安徽取当时安庆、徽州两府首字得名。境内有皖山、皖水，即现今的天柱山和皖河，春秋时（公元前722～公元前481年）曾被封为伯国，称为皖国，故安徽简称皖。全省总面积13.96平方千米，总人口6740.8万人（2008年）。

安徽属暖温带向亚热带的过渡型气候，淮河以北属温带大陆性季风气候，淮河以南属亚热带大陆性季风气候。主要的气候特点是：季风明显、四季分明，气候温和、雨量适中，春温多变、秋高气爽，梅雨显著、夏雨集中。

长江和淮河自西向东横贯安徽全境，将全省分为淮北、江淮、江南三大自然区。淮河以北地势坦荡辽阔，为华北大平原的一部分。中部是江淮丘陵；长江两岸和巢湖周围地势低平，属于著名的长江中下游平原。南部以山地、丘陵为主。全省大致可分为五个自然区域：淮北平原、江淮丘陵、皖西大别山区、沿江平原、皖南山区。

安徽交通发达，水网密布，公路密度居全国前列，全省高速公路通车里程1800余千米。铁路通车里程3000千米，铁路主要有京沪线、陇海线、京九线、濉阜线、淮南线、宣杭线、皖赣线、宁西线、合九线等；水运线有长江、淮河、青弋江等运线。现有民用机场4个，其中合肥、黄山为国际机场，开通了境内外航线50多条，目前合肥新机场已经开工建设，池州国际机场也已经批准建设。

（二）重要旅游线路

安徽省旅游局整合旅游资源，近期推出了首批三条“安徽旅游精品线路”，希望以此增强安徽旅游产品的竞争力。主要围绕和依托“合肥——铜陵——黄山”“合肥——巢湖——芜湖——宣城”和“沿江”这三条高速公路，打造“世界遗产之旅”（合肥——黄山——皖南古村落宏村——屯溪四日游）、“养生祈福之旅”（天柱山——九华山——芜湖方特欢乐世界——马鞍山采石矶四日游）、“文化休闲之旅”（合肥——芜湖方特欢乐世界——皖南新四军军部旧址——绩溪龙川古村落——屯溪四日游）。

在主打3条精品旅游线路的同时，安徽省旅游局还推出了“黄山观日之旅”“九华山祈福之旅”“天柱山黄梅戏之旅”“芜湖动感之旅”“泾县红色之旅”等10多条特色旅游线路。

1. 最具特色线路

皖南新四军缅怀之旅：泾县——黄山岩寺——宣城——肥东

安徽美食之旅：屯溪（徽菜）——芜湖（河鲜）——九华（素宴）——三河（土菜）——淮南（豆腐宴）——八里河（鱼宴）——亳州（药膳）

2. 最具人气线路

九华祈福之旅：合肥——九华山——合肥

新农村改革历程之旅：阜阳八里河、迪沟——凤阳小岗村——合肥肥西小井庄

3. 最具创意线路

宗教文化参访之旅：齐云山——天柱山——司空山

淮河风光揽胜之旅：蚌埠——怀远——淮南——凤台

4. 最具潜力线路

牯牛降生态之旅:石台——牯牛降——蓬莱仙洞——黄崖大峡谷——秋浦河

皖江黄金水道之旅:安庆——池州——铜陵——芜湖——马鞍山

5. 最具诗韵线路

太白仙踪之旅:巢湖——和县——滁州——马鞍山——泾县

文房四宝探秘之旅:合肥——屯溪——歙县——泾县——宣城

此外,合肥半日游:包括合肥新貌半日游(游览合肥滨湖新区、政务新区天鹅湖等景区景点),合肥名胜古迹半日游(游览包公文化园、李鸿章故居等景区、景点);合肥一日游线路,包括合肥名胜古迹一日游(游览包公文化园、李鸿章故居、三河古镇等景区、景点),合肥新貌一日游(游览合肥滨湖新区、天鹅湖、三河古镇等景区、景点)。

(三)旅游景区(点)

安徽大地锦绣多姿,文化古迹甚多,是中国旅游资源最丰富的省份之一。"两根筷子夹着碗,屏障在西也在南,东面不平北边平,黄山胜过九华山。"这首民谣形象地概括了安徽省的旅游地理面貌。两条江河(长江和淮河)像两根筷子,巢湖如碗,西面的大别山和东南面的天目山如屏,北边是一马平川的江淮大平原。而皖南的黄山、九华山则是安徽最有名的风景名胜区。

安徽的历史文化源远流长。江淮热土,诞生了老子、庄子、曹操、华佗、包拯、朱元璋、李鸿章、吴敬梓、陈独秀、胡适等一大批历史文化名人,孕育了道家学说,建安文学,桐城文学,徽派,特别是徽学,以其博大精深而成为中国三大地方学之一。起源于安徽的《道德经》、《淮南子》、五禽戏、黄梅戏、徽剧、花鼓灯、徽菜都是中国传统文化的精华,对中国历史文化产生了深远影响。此外,文房四宝、芜湖铁画、阜阳剪纸、铜陵青铜器等传统工艺品均具有独特的美学价值,早已享誉神州。

安徽的旅游资源十分丰富。境内各类景区景点星罗棋布、数量众多,拥有世界遗产 2 处、世界地质公园 1 处,其中黄山是世界首批、国内首个集世界自然与文化双遗产和世界地质公园三项"桂冠"于一身的景区;拥有国家优秀旅游城市 8 座、国家 A 级旅游景区 116 处、国际重点风景名胜区 10 处、国家自然保护区 6 处、国家地质公园 7 处、国家森林公园 28 处、国家水利景区 11 处、国家历史文化名城 5 座、国家历史文化名镇 2 个、国家历史文化名村 4 个、国家重点文物保护单位 56 处、国家工农业旅游示范点 39 个,旅游产品类别涵盖了自然观光、文化旅游、休闲度假、商务会展和红色旅游等各个方面。

安徽的旅游发展潜力无限,山川秀美,生态良好,名人辈出,文化灿烂,不仅拥有各类旅游资源,更有自然景观与历史文化相互融合、交相辉映的高品位旅游资源集聚区,能够适合国际国内各个层次的不同需求。以合肥和黄山两个旅游中心城市为依托,突出黄山、九华山、大别山、巢湖、天柱山和亳州、寿县、凤阳古城等旅游圈,打造各具特色的旅游目的地。现在扎实推进大皖南国际性旅游区、泛巢湖国家级旅游区和新皖北区域性旅游区"三大板块"建设,加快形成南北并举、城乡联动、各具特色、竞相发展的旅游发展新格局。

1. 黄山

位于安徽省黄山市,地跨市内黟县、休宁县和黄山区、徽州区,面积 1078 平方千米,黄山为三山五岳中三山之一。黄山,中国十大风景名胜之一,蜚声中外,令世人神往。

黄山是中国著名风景区之一,世界游览胜地,主峰莲花峰,海拔 1873 米。黄山处于亚热带季风气候区内,由于山高谷深,气候呈垂直变化。同时由于北坡和南坡受阳光的辐射差大,局部地形对其气候起主导作用,形成云雾多、湿度大、降水多的气候特点。黄山集名山之长:泰山之雄伟，华山之险峻，衡山之烟云，庐山之瀑，雁荡山之巧石，峨眉山之秀丽，黄山无不兼而有之。明代旅行家、地理学家徐霞客两游黄山，赞叹说："登黄山天下无山，观止矣！"又留"五岳归来不看山，黄山归来不看岳"的美誉。更有"天下第一奇山"之称。可以说无峰不石，无石不松，无松不奇，并以奇松、怪石、云海、温泉 黄山四绝著称于世。其二湖，三瀑，十六泉，二十四溪相映争辉，春、夏、秋、冬四季景色各异。黄山还兼有"天然动物园和天下植物园"的美称，有植物近1500种，动物500多种。黄山气候宜人，是得天独厚的避暑胜地，是国家级风景名胜区和疗养避暑胜地。1985年入选全国十大风景名胜，1990年12月被联合国教科文组织列入《世界文化与自然遗产名录》，是中国第一个同时作为文化、自然双重遗产列入名录的。2004年2月入选世界地质公园，蜚声中外，令世人难忘。古今有很多黄山诗词流传于世。2007年5月8日，黄山市黄山风景区经国家旅游局正式批准为国家5A级旅游景区。

黄山之美，是一种无法用语言来表述的意境之美，有着让人产生太多联想的人文之美。无论是艳阳高照下显现出的铁骨峥嵘之阳刚之美，还是云遮雾绕下若隐若现的妩媚之美，亦或是阳春三月里漫山遍野盛开的鲜花透出的浪漫之美，甚至在雪花纷飞的严冬处处银妆素裹下的圣洁之美，都让人为之沉醉。

黄山的气候属亚热带季风气候，地处中亚热带北缘、常绿阔叶林、红壤黄壤地带。黄山阴雨天多，云雾天多，接近于海洋性气候，夏无酷暑，冬少严寒，四季平均温度差仅20℃左右。夏季最高气温27℃，冬季最低气温－22℃，年均气温7.8℃，夏季平均温度为25℃，冬季平均温度为0℃以上。年平均降雨日数183天，多集中于4～6月，山上全年降水量为2395mm。西南风、西北风频率较大，年平均降雪天数49天。

虽然游览黄山3月16日～11月15日为旺季，但冬天被游客称为是黄山最美的季节。黄山的冬季比较长，每年10月下旬左右就要飘雪了，11月至翌年3月全山飘雪，12月至翌年2月为最旺雪期，也是冬游的最佳季节。

黄山四绝：

(1)奇松：黄山延绵数百里，千峰万壑，比比皆松。黄山松，它分布于海拔800米以上高山，以石为母，顽强地扎根于巨岩裂隙。黄山松针叶粗短，苍翠浓密，干曲枝虬。黄山迎客松千姿百态，或倚岸挺拔，或独立峰巅，或倒悬绝壁，或冠平如盖，或尖削似剑，有的循崖度壑，绕石而过，有的穿罅穴缝，破石而出，忽悬、忽横、忽卧、忽起，"无树非松，无石不松，无松不奇"。

黄山松是由黄山独特地貌、气候而形成的中国松树的一种变体。黄山松一般生长在海拔800米以上的地方，通常是黄山北坡在1500～1700米处，南坡在1000～1600米处。黄山松的千姿百态和黄山自然环境有着很大的关系。黄山松的种子能够被风送到花岗岩的裂缝中去，以无坚不摧、有缝即入的钻劲，在那里发芽、生根、成长。黄山泥土稀少，但花岗岩中肉红色的长石中含有钾，夏天雷雨后空气中的氮气变成氮盐，可以被岩层和泥土吸收，进而为松树的根系吸收；松树的根系不断分泌一种有机酸，能慢慢溶解岩石，把岩石中的矿物盐类分解出来为己所用；花草、树叶等植物腐烂后，也分解成肥料；这样黄山松便在贫瘠的岩缝中存活、成长。地势崎岖不平，悬崖峭壁纵横堆叠，黄山松无法垂直生长，只能弯弯曲曲地甚至朝下生长。由于要抗暴风御冰霜，黄山松的针叶短粗，冠平如削，色绿深沉，树干和树枝也极坚韧，极富弹性。黄山松的另一特点是，由于风吹日晒，许多松树只在一边长出树枝。黄山松姿态坚韧傲然，美丽奇特，但生长的环境十分艰苦，因而生长速度异常缓慢，一棵高不盈丈的黄山松，往往树龄上百年，甚至数百年；根部常常比树干长几倍、几十倍，由于根部很深，黄山松能坚强地立于岩石之上，虽历风霜雨雪却依然永葆青春。

最著名的黄山松有：迎客松、送客松、蒲团松、凤凰松、棋盘松、接引松、麒麟松、黑虎松、探海松、团结松——黄山的十大名松。过去还曾有人编撰《名松谱》，收录了许多黄山松，可以数出名字的松树成百上千，每颗都独具美丽、优雅的风格。

(2)怪石

黄山"四绝"之一的怪石，以奇取胜，以多著称。已被命名的怪石有 120 多处。其形态可谓千奇百怪，令人叫绝。似人似物，似鸟似兽，情态各异，形象逼真。黄山皆怪石，从不同的位置、在不同的天气观看情趣迥异，可谓"横看成岭侧成峰，远近高低各不同"。其分布可谓遍及峰壑巅坡，或兀立峰顶或戏逗坡缘，或与松结伴，构成一幅幅天然山石画卷。

黄山千岩万壑，几乎每座山峰上都有许多灵幻奇巧的怪石，其形成期约在 100 多万年前的第四纪冰川期，黄山石"怪"就怪在从不同角度看，皆有不同的形状。站在半山寺前望天都峰上的一块大石头，形如大公鸡展翅啼鸣，故名"金鸡叫天门"，但登上龙蟠坡回首再望，这只一唱天下白的雄鸡却仿佛摇身一变，变成了五位长袍飘飘、扶肩携手的老人，被改冠以"五老上天都"之名。黄山峰海，无处不石、无石不松、无松不奇。奇松怪石，往往相映成趣，位于北海的梦笔生花、"喜鹊登梅"(仙人指路)、老僧采药、苏武牧羊、飞来石、松鼠跳天都等，据说黄山有名可数的石头就达 1200 多块，大都是三分形象、七分想象，从人的心理移情于石，使一块冥顽不灵的石头凭空有了精灵跳脱的生命。欣赏时不妨充分调动自己的主观创造力，可获更高的审美享受。

(3)云海

自古黄山云成海，黄山是云雾之乡，以峰为体，以云为衣，其瑰丽壮观的"云海"以美、胜、奇、幻享誉古今，一年四季皆可观、尤以冬季景最佳。依云海分布方位，全山有东海、南海、西海、北海和天海；而登莲花峰、天都峰、光明顶则可尽收诸海于眼底，领略"海到尽头天是岸，山登绝顶我为峰"之境地。

大凡高山，可以见到云海，但是黄山的云海更有其特色，奇峰怪石和古松隐现云海之中，就更增加了美感。黄山一年之中有云雾的天气达 200 多天，水气升腾或雨后雾气未消，就会形成云海，波澜壮阔，一望无边，黄山大小山峰、千沟万壑都淹没在云涛雪浪里，天都峰、光明顶也就成了浩瀚云海中的孤岛。阳光照耀，云更白，松更翠，石更奇。流云散落在诸峰之间，云来雾去，变化莫测。风平浪静时，云海一铺万顷，波平如镜，映出山影如画，远处天高海阔，峰头似扁舟轻摇，近处仿佛触手可及，不禁想掬起一捧云来感受它的温柔质感。忽而，风起云涌，波涛滚滚，奔涌如潮，浩浩荡荡，更有飞流直泻，白浪排空，惊涛拍岸，似千军万马席卷群峰。待到微风轻拂，四方云慢，涓涓细流，从群峰之间穿隙而过；云海渐散，清淡处，一线阳光洒金绘彩，浓重处，升腾跌宕稍纵即逝。云海日出，日落云海，万道霞光，绚丽缤纷。

黄山云海，特别奇绝。漫天的云雾和层积云，随风飘移，时而上升，时而下坠，时而回旋，时而舒展，构成一幅奇特的千变万化的云海大观。每当云海涌来时，整个黄山景区就被分成诸多云的海洋。被浓雾笼罩的山峰突然显露出来，层层叠叠、隐隐约约，山之秀之奇在这里完美的表达出来。飘动着的云雾如一层面纱在山峦中游曳，景色千变万化，稍纵即逝。

(4)温泉

黄山温泉(古称汤泉)，据宋景佑《黄山图经》记载，传说中华民族的始祖轩辕黄帝曾在此沐浴，皱折消除，返老还童，温泉因此名声大振，被称为"灵泉"，温泉位于紫石峰南麓，汤泉溪北岸，海拔650米，温泉主泉泉口的平均温度为42.5℃，副泉泉口水温为41.1℃，水温还随气温、降水量的变化而变化。温泉对消化、神经、心血管、新陈代谢、运动等系统的某些疾病，有一定的治疗和保健效果。温泉区现建有独立的温泉浴室和游泳池，游客也可在下山后到此沐浴，舒缓登山疲劳。

2. 九华山

九华山古称陵阳山、九子山，因有九峰形似莲花，唐天宝年间改名九华山。九华山位于安徽省池州市境内，西北隔长江与天柱山相望，东南越太平湖与黄山同辉，是安徽“两山一湖”（黄山、九华山、太平湖）黄金旅游区的北部主入口、主景区。九华山属北亚热带大陆性季风气候，同时具有高山小气候特点。年平均气温13.4℃，年平均降水量2437.5毫米。阴雨天气多，日照时间比山下短。

九华山主体由燕山期花岗岩构成，以峰为主，盆地峡谷，溪涧流泉交织其中。山势嶙峋嵯峨，共有99峰，其中以天台、天柱、十王、莲花、罗汉、独秀、芙蓉等九峰最为雄伟。十王峰最高，海拔1342米，主要风景集中在100平方千米的范围内。

九华山风光旖旎，气候宜人，是旅游避暑的胜境，有九子泉声、五溪山色、莲峰云海、平冈积雪、天台晓日、舒潭印月、闵园竹海、凤凰古松等。山间古刹林立，香烟缭绕，古木参天，灵秀幽静，素有“莲花佛国”之称。现存寺庙78座，佛像6000余尊。著名的寺庙有甘露寺、化城寺、祇园寺、旃檀林、百岁宫、上禅堂、慧居寺等，收藏文物达千余件，已逐渐成为具有佛教特色的风景旅游区。在中国佛教四大名山中，九华山独领风骚，以“香火甲天下”、“东南第一山”的双重桂冠而闻名于海内外。

3. 包公祠

包公祠是纪念宋龙图阁直学士、礼部侍郎、开封府尹包文拯的公祠。祠由白墙青瓦构筑的封闭式三合院组成。主建筑是包公亭堂，端坐包拯高大塑像，壁嵌黑石包公刻像，威严不阿，表现了“铁面无私”的黑脸包公的凛然正气。亭堂西面配以曲榭长廊；东面有一六角龙井亭耸立，内有古井，号“廉泉”。亭栏画栋顶端雕有浮龙，晴天白日，龙影映入井底，随着井水晃动，如龙飞舞，俗称“龙井”。清末举人李国苇根据传说写了《井亭记》，发出“抑或孝肃祠之井为廉泉，不廉者饮此头痛欤，是未可知也”的议论，世人改称“廉泉”。其祠四面环水，正门朝南，西廊陈列包氏支谱、遗物、包公家训和包公墨迹，以及有关史册资料。祠四周即包河，相传生红花藕，断之无丝，“包老直道无私、竟及于物”，因此传为佳话。

包公祠占地1公顷，由大殿，二殿，东西配殿，半壁廊，碑亭组成。风格古朴，庄严肃穆。祠内陈展有包公铜像，龙，虎，狗铜铡，包公断案蜡像，包公正史演义等文物史料。包公祠有正殿、回澜轩、清心亭、直道坊、东轩等建筑。祠两侧外廊门拱上刻有“廉顽”、“立懦”四个醒目大字，在“包孝肃公祠”大直匾下黑漆大门上，书有红底金字的对联“忠贤将相”、“道德传家”。

祠堂西南之流芳亭，相传包公幼年时常来此读书，以为纪念。祠堂东南角的廉泉亭，亭中有井，亭内石壁上刻有《香花墩井亭记》，记中说：有一个太守喝了这里的泉水，头痛欲裂，原来他是个贪官；而几位举人饮了此水，顿觉水甜如蜜，原来他们都是好人，故此井名为“廉泉”。现在合肥已生产“廉泉”啤酒，以表达对包公的怀念和崇敬之情。

4. 芜湖方特欢乐世界

芜湖方特欢乐世界坐落于安徽省芜湖市芜湖长江大桥开发区，是中国目前规模最大的第四代主题公园，总面积约125万平方米，其中陆地面积约53万平方米，水面面积约72万平方米。

芜湖方特欢乐世界是通过多种现代高科技手段和艺术的完美结合缔造出的一个充满激情和惊喜的梦幻乐园。公园由阳光广场、渔人码头、方特欢乐大道、太空世界、神秘河谷、维苏威火山、精灵山谷、失落帝国、西部传奇、恐龙半岛、海螺湾、嘟噜嘟吡农庄、儿童王国、水世界、火流星等15个主题项目区组成。公园的内容涵盖现代科技、未来科技、科学幻想、神话传说、历史文化、综合表演、儿童游乐等多个方面,形式新颖,内容丰富,适应不同年龄层游客的需要。

5. 天柱山

天柱山位于安徽省潜山县城西北部,因主峰如柱擎天而得名。据《史记》《汉书》载,公元前106年汉武帝赐封天柱山为南岳,后被隋文帝诏废,但人们仍惯称其为“古南岳”。春秋时又称皖山,皖公山,安徽省简称皖,盖源于此。

1982年天柱山被国务院首批为国家重点风景名胜区,1992年被林业部批准为国家级森林公园,主景区82.46平方千米,全山有45峰,17岭,18崖,22洞,86怪石,18瀑,17泉。其自然景观雄厅灵秀,兼容并蓄;人文景观纷呈荟萃,历史悠久。

纵观天柱山:奇峰凌云,巍峨峥嵘;断崖绝壁,雄浑厚重;怪石林立,状人状物;奇洞异景,妙趣横生。天柱峰犹如石笋,拔地入云,顶天立地;千丈崖斧劈刀削,险峻无比,神仙难攀;天柱松,鹰松,探海松,五妹松,虬龙松等奇松仪态万千;混元霹雳,八戒念经,皖公神像,神猫逼鼠,双狮戏球,太白观海等石今人惊叹大自然界的鬼斧神工;巧工天成的神秘谷,更是神秘莫测,谷长450多米,由洞穴和山谷构成,洞上有洞,洞下有洞,洞中有洞,洞谷个联,人行其间,时而左右盘旋,时而上下迂回,时而步道断踪,时而另开洞天。其中“胖见愁”,“弃明投暗”,“神龙见尾不见首”等景观乃天柱山独有。而呼之欲起的“仰天大佛”,倾宇难得的“天柱晴雪”,一喊三回的“翠华回音”等奇景异象尤为绝妙。还有主峰佛光,西关雪霁,南关雾淞,东关云海,望岳亭晚霞,可谓绚丽非凡,无可名状。“真是画工须搁笔,更无名画可留传”。

天柱山水资源之丰富冠盖全国名山,层峦叠嶂之中,飞瀑流泉,溪涧遍布,山有多高,水有多长。九井河九大瀑布跌落成群,美奂美仑;炼丹湖乃全国第三大高山平湖,荡舟湖上,如临仙境。

天柱山特产丰富,堪称天然博物馆,长有植物119科,千种以上。珍稀植物天女花,香果树,红豆杉,鱼鳞木和各种奇花异草。杉林竹海不仅把“古南岳”妆点的青翠欲滴,分外妖娆,而且成为数百种动物栖息繁衍的理想王国,其中鱼鳞木、天女花、娃娃鱼被称为“天柱三宝”,舒席、石耳、板栗、天柱剑毫等为天柱特产。

天柱山为古皖文化荟萃地。佛光寺系唐氏著名禅师马祖道一始建;三祖寺乃佛教禅宗三祖僧璨立化处;道教尊此为第14洞天,57福地;李白,王安石,白居易,黄庭坚,苏东坡等对天柱山情有独钟,留下许多珍贵的诗词游记和摩岩石刻,石牛古洞摩崖石刻之多之精全国闻名。天柱山地灵人杰,这里即是《孔雀东南飞》的发生地,又是三国佳丽大乔,小乔,京剧鼻祖程长庚,章回小说大师张恨水,杂技皇后夏菊花,黄梅戏新秀韩再芬的故乡。

(四)中心城市

1. 合肥市

省会合肥市,位于安徽中部,长江淮河之间、巢湖之滨,通过南淝河通江达海,具有承东启西、接连中原、贯通南北的重要区位优势,是全省政治、经济、文化、信息、金融和商贸中心,获得全国首批园林城市、全国卫生城市、中国优秀旅游城市、全国双拥城市等多项荣誉,国家级皖江城市带承接产业转移示范区的核心城市。

合肥因东淝河与南淝河在此汇合而得名,素以“淮右襟喉、江南唇齿”,“三国旧地、包拯故里”闻名于世。

(1)逍遥津公园

逍遥津公园四季长青,环境优雅宁静,曲道幽长迂回,假山假石磷峋逼真,不对称式园林布局层次分明,错落有致。公园既有北方园林的古朴典雅,又有南国园林的妩媚清秀。

逍遥津公园最大的特色是园内有湖,湖面面积多达 168 亩,约占全园面积的四成,荡舟湖上,可尽赏公园中的湖光岛色。精巧古朴的水榭,红柱绿瓦的花窗,醉人的荷塘花色,古朴的逍遥庄园不无极尽妍态,多彩多姿。湖面尚有三岛,犹以北岛为最,亭阁生辉,掩映于绿树丛中。南岛的面积最小,葱葱的芦苇随风摇曳,宁静幽秘。

除去优雅的糊景之外,游人还可至园中园、百草园、牡丹园等处赏花观赏亭台阁楼;至画廊留影;至独秀峰远眺众景。

逍遥津名称历史悠久,以三国古战场闻名后世。曹魏与孙吴为争夺合肥,鏖战 32 载,其中最著名的一次战斗就在古逍遥津畔。著名古典小说《三国演义)中“张辽威震逍遥津”的故事,即由此而来。至今逍遥湖心 3 岛中还有一土丘,相传为张辽的衣冠冢。

逍遥津别名“窦家池”、“斗鸭池”,古代为淝水上的渡口。东汉建安二十年(215 年),孙权率 10 万大军攻庐州没有成功,在退回的半路上被曹操大将张辽袭击。孙权退到渡口,津桥已被拆除,孙权乘马飞越淝水河才得以脱险,后人将此桥命名为飞骑桥。《三国演义》中“张辽威震逍遥津”的故事就是以这个历史典故为蓝本写的。昔日的古战场如今已改建成一个有亭台楼阁、水榭船坞、鸟语莺声的结构复杂的大公园。园内以水系自然分为东西两园,东园为青少年活动区和儿童乐园,中间一片大草坪,东南角是动物园,东北角是可以品茶的蘧庄和游船码头。西园基本都是人工植物造景,像个特大盆景园,有张辽的衣冠冢和一座横刀跃马的塑像。

(2)教弩台、明教寺

坐落于合肥市淮河路步行街。史载,三国鼎立时期,魏主曹操四次到达合肥,临阵指挥,筑此高台教练强弩兵将,以御东吴水军,迄今为止已有 1700 多年历史。教弩台高 4.3 米,面积 3800 平方米,呈正方形。台上有屋上井、听松阁两处古迹。屋上井以超过民房屋脊得名,为当时曹军将士饮水之源,“屋上井”井口石井栏上刻有“泰始四年殿中司马夏侯胜造”隶书 12 字,为公元 268 年遗迹。井栏口遗下汲水绳磨成的 23 条深沟,堪为千年历史之见证。听松阁是曹操“望敌情、运筹帷幄、纳凉休息”之所。周围松拍挺拔,浓荫蔽日。后被誉为庐阳八景之一的“教弩松荫”即此。

明教台原名铁佛寺,又称明教台、曹操点将台。该寺始建于南朝梁时,至隋末,寺院荒废。唐大历年间(公元 766～779 年)在废墟中掘得铁佛一尊,庐州刺史裴绢上奏朝廷,准奏重建,定名为“明教院”。明代改称“明教寺”。后迭经兴废,至清咸丰三年(1853),复毁于战火,光绪年间重建。1937 年冬,寺院部分建筑被日军飞机炸毁。新中国成立后,政府有关部门多次拨款修缮,1983 年,该寺被定为汉族地区全国重点寺院。明教寺历史悠久,现存建筑有山门、天王殿、大雄宝殿、地藏殿、客堂、寮房等。大雄宝殿飞檐翘角,风铃叮铛,殿脊高耸一巨大锡葫芦,银光闪耀,直刺云天,显示了我国佛教寺宇威严庄重的建筑特色。寺内钟鼓齐鸣,梵音缭绕,充满了神奇的宗教色彩。

(3)丰乐生态园

2007 年 11 月 18 日,华东地区最大的农业生态观光园——丰乐生态园在合肥隆重开园。该园集科技示范、科普教育、生态观光、餐饮、休闲为一体,被评为“安徽旅游十大投资项目”、“安徽旅游十大休闲基地”。据悉,该项目系合肥市政府“1346”工程和省政府 861 工程之一,建设开园后,将成为合肥市和安徽省农业的重要窗口。

丰乐生态园分为五大功能区:精品花卉大观园、亲水休闲区、果蔬采摘园、体育运动区、儿童娱乐区。精品花卉大观园为 10 万平方米的温室大棚,温室内栽培热带植物及各类花卉植物上千种,年展示花卉植物 200 多万盆。亲水休闲区为一河一湖,凤凰湖位于园区中央,纵贯园区南北,湖水面积 500 多亩,湖畔是 3 万平方米的喷泉主题广场,中心水柱高达百米;万泉河为千年古河道,蜿蜒曲折,风景秀丽。果蔬采摘园里有瓜果、蔬菜上百种,丰收季节,游人可体验采摘的乐趣。体育运动区为网球场和体育中心,还专门为孩子们开辟了儿童乐园。园内同时还配有餐饮、茶舍、棋牌等娱乐休闲设施。

(4)李府

李鸿章生于合肥,是晚清时期的军事重臣,影响了近代中国整整四十年。当年,随着李鸿章日渐显赫,李氏家族在合肥繁华的东大街(今淮河路步行街)建有庞大的建筑群,许多人用“李府半条街”来形容李家住宅群的恢弘气势。历经百年的风风雨雨,李府依然保留独有的风貌。改革开放后,合肥市政府对李鸿章故居采取保护措施,在原地修复重建,成为现在大家看到的模样,只是现存规模已不到原来的十二分之一。

李鸿章 1823 年出生于合肥,他 24 岁中进士,后组建淮军,镇压农民起义;在任直隶总督兼北洋通商大臣期间,主办洋务,兴办近代企业,创立北洋海军,力图富国强兵,被誉为“中国对外开放第一人”;对外曾代表清政府签订一系列不平等条约。1901 年卒于北京,谥文忠,后归葬合肥,有《李文忠公全集》传世。

2. 黄山市

(1)屯溪老街

屯溪老街是伴随着徽商的发展而兴起的。早在上世纪二三十年代,已有“沪杭大商埠之风”,盛极一时。

老街全长 1.5 千米,街宽 7 米,老街店面一般都不大,但内进较深,形成“前店后坊”、“前店后库”、“前店后户”的特殊结构,街道两旁店家鳞次栉比,多为双层砖木结构,清一色的徽派建筑风格,透溢出一股浓郁的古风神韵。

老街有老字号店铺数十家,其中“同德仁”,是清同治二年开设的中药店,至今已有百年历史。饮誉世界的“祁红”、“屯绿”,多集散于屯溪;“徽墨”、“歙砚”琳琅满目,“徽州四雕”(砖、木、石、竹)产品及徽派国画、版画、碑帖、金石、盆景、根雕更是随处可见。

古老的徽州文化在老街上展现它那迷人的风采,堪称优秀民族文化传统的艺术长廊。老街的魅力倾倒了影视界,至今已有百余部影视作品是在老街拍摄,业内人士称之为“活动着的清明上河图”。

(2)西递(右图)、宏村古民居村落

世界文化遗产——西递、宏村古民居村落位于中国东部安徽省黟县境内的黄山风景区。

西递和宏村是皖南古村落中最具有代表性的两座古村落，是皖南地域文化的典型代表，也是中国封建社会后期文化的典型代表——徽州文化的载体。集中体现了工艺精湛的徽派民居特色，村落形态保存完好，风光秀美。村中自古尊儒术、重教化，文风昌盛，集中体现了明清时期达到鼎盛的徽州文化现象，如程朱理学的封建伦理文化、聚族而居的宗法文化、村落建设中的风水文化、贾而好儒的徽商文化，因此历史文化内涵深厚。

宏村，古称弘村，位于黄山西南麓，距黟县县城 11 千米，是古黟桃花源里一座奇特的牛形古村落。整个村落占地 30 公顷，枕雷岗面南湖，山水明秀，享有“中国画里的乡村”之美称。山因水青，水因山活，南宋绍兴年间，古宏村人为防火灌田，独运匠心开仿生学之先河，建造出堪称“中国一绝”的人工水系，围绕牛形做活了一篇水文章。九曲十弯的水圳是“牛肠”，傍泉眼挖掘的“月沼”是“牛胃”，“南湖”是“牛肚”，“牛肠”两旁民居为“牛身”。湖光山色与层楼叠院和谐共处，自然景观与人文内涵交相辉映，是宏村区别于其他民居建筑布局的特色，成为当今世界历史文化遗产一大奇迹。全村现完好保存明清民居 140 余幢，承志堂“三雕”精湛，富丽堂皇，被誉为“民间故宫”。著名景点还有：南湖风光、南湖书院、月沼春晓、牛肠水圳、双溪映碧、亭前大树、雷岗夕照、树人堂、明代祠堂乐叙堂等。

西递，位于安徽省黟县东南部，村落面积 12.96 公顷。西递村四面环山，两条溪流从村北、村东经过村落在村南会源桥汇聚。村落以一条纵向的街道和两条沿溪的道路为主要骨架，构成东向为主、向南北延伸的村落街巷系统。所有街巷均以黟县青石铺地，古建筑为木结构、砖墙维护，木雕、石雕、砖雕丰富多彩，巷道、溪流、建筑布局相宜。村落空间变化韵味有致，建筑色调朴素淡雅，体现了皖南古村落人居环境营造方面的杰出才能和成就，具有很高的历史、艺术、科学价值。

西递村是一处以宗族血缘关系为纽带，胡姓聚族而居的古村落，该村源于公元 11 世纪，发展鼎盛于 14 ~ 19 世纪。20 世纪初，随着我国封建宗法制度的解体，西递村的发展也日趋缓慢。由于历史上较少受到战乱的侵袭，也未受到经济发展的冲击，村落原始形态保存完好，始终保持着历史发展的真实性和完整性。现保存的明、清古民居 124 幢，祠堂 3 幢，均已列为安徽省重点文物保护单位。

四、江西省

（一）江西概况

江西因唐代属江南西道，故名江西，又因赣江贯穿南北，简称赣，省会南昌市，地处长江中下游南岸。春秋战国时主属楚，秦置九江郡，汉属扬州，唐属江南西道，宋属江南东、西两路，元置江西省，清为江西省。全省面积有 17 万平方千米。

江西地形呈向北开口的盆地形势，东西南三面有着武夷等山岭环绕，连同中南部红岩丘陵，山地占全省面积 64%。北部为鄱阳湖平原，鄱阳湖是我国第一大淡水湖；纳赣、抚、信、饶、修等江河入长江。

江西属亚热带湿润季风气候，年平均气温为 16℃ ~ 20℃，气候特点可以概括为“春寒、夏旱、秋干、冬阴”，年平均降水量 1200 ~ 1900 毫米，赣东北为多雨区。全省春季多梅雨，夏季多暴雨，4 ~ 6 月约占全年降水量的二分之一，秋季易旱。全年的无霜期约 240 ~ 300 天。

江西旅游资源主要特点：

历史悠久，人文荟萃。江西古代的陶渊明、欧阳修、王安石等以及现代的詹天佑、方志敏、周韬奋等都是江西人；有江南三大名楼之首的南昌滕王阁，领略"落霞与孤鹜齐飞。秋水共长天一色"的意境；"瓷都"景德镇，欣赏历代陶瓷精品，精湛的陶瓷技艺，琳琅满目的瓷器；上井冈山寻找革命先驱浴血奋战的足迹，体验红色精神……

自然与人文融为一体，构成复合的风景名胜。"奇秀甲天下"的庐山，饱览"横看成岭侧成峰"的风光。东林寺、白鹿书院、观音桥、花径、秀峰、龙潭等等，众多的诗文题刻，常令人发思古之幽情；"道教胜境"龙虎山，它形似桂林，胜似桂林，不是武夷，胜似武夷。其水仙岩不高而险峻，飞棺凌空；上清河水可鉴毛发，酷似漓江。

鄱阳湖是世界上最大的冬季候鸟栖息地之一。冬季观看候鸟"飞时遮蔽云和日，落时不见湖边草"的壮丽景象……

（二）重要旅游线路

从2009年开始，江西将重点建设三条黄金旅游线路，形成一条中国（江西）文化山水极品旅游线。此外，江西还要建成12条特色旅游线路，两年初见成效，到2012年全面建成，形成五彩赣北、红色赣中南、绿色赣西的全省旅游格局。

按照《江西省旅游精品线路建设规划纲要》的设计，江西将打造中国（江西）文化山水极品旅游线，建成赣北环鄱阳湖五彩精华旅游线、赣中南红色经典旅游线、赣西绿色精粹旅游线等3条黄金旅游线路。

1. 赣北环鄱阳湖五彩精华旅游线

线路编排如下：景德镇——婺源——三清山——南昌——柘林湖——庐山——龟峰——龙虎山——南昌

2. 赣中南红色经典旅游线

南昌——吉安——井冈山——赣州——兴国——于都——瑞金——南丰——抚州——南昌

3. 赣西绿色精粹旅游线

南昌——樟树——新余——仙女湖——宜春——明月山——温汤温泉——萍乡——安源——武功山——铜鼓——宜丰——靖安——南昌

4. 中国（江西）文化山水极品旅游线

南昌——大庐山——景德镇——三清山——龙虎山——井冈山——南昌

线路特色：感受"物华天宝、人杰地灵"和"红色摇篮、绿色家园"的神奇、神圣、神秘，人民军队摇篮的英雄壮举，活力都市南昌的繁荣景象；体验"世界文化景观"庐山的文化山水魅力，国际高尔夫的无穷乐趣，温泉的天赐神汤，柘林湖的梦幻柔情，长江鄱阳湖水天一色的动人情景；品赏"千年瓷都"景德镇的陶瓷艺术瑰宝，体验陶瓷作品的创制过程，欣听美妙的瓷乐，选购驰名天下的瓷艺作品；探揽世界自然遗产三清山的奇峰怪石、名木异卉、流泉飞瀑、云海雾涛的绝色神韵，感味山岳风光与道教景观的完美融合；探秘世界地质公园龙虎山丹霞仙境，春秋战国千年崖墓群，传承千古的道教正一派祖庭；感悟"红色摇篮、绿色海洋"井冈山的红色文化山水，心灵圣地、精神家园的伟大真谛，开创世间奇迹的红色情怀。

此外，还推出南昌人杰地灵之旅、京九名山大观之旅、赣北山湖瓷乡神韵之旅等12条特色旅游线路。

（三）主要景区（点）

江西历史悠久，风景秀丽，名胜古迹众多。拥有南昌、景德镇、赣州三座国家级历史文化名城；拥有庐山、井冈山、龙虎山、三清山四个国家级风景名胜区。其中庐山、井冈山被选入中国旅游胜地40佳；拥有鄱阳湖国家级候鸟保护区等各类风景名胜区（点）400余处。主要旅游城市和景区（点）有：

1. 滕王阁（见右图）

位于南昌城西赣江之滨，是中国江南三大名楼之一。唐永徽四年（653年）太宗李世民之弟、滕王李元婴都督洪州时营造，故称滕王阁，此阁历经兴废28次，最后焚于1926年，1989年重建。重建的滕王阁是根据中国著名的古建筑学家梁思成所绘草图重新设计的一座宋式古建筑。主体建筑面积1.3万平方米，高57.5米，整个建筑飞檐翘角，画栋雕梁，外观极为壮丽。

2. 庐山

庐山国家级风景名胜区，位于九江市南，东临鄱阳湖，北濒长江。庐山平地而起，绝壁千仞，雄奇秀丽，有"匡庐奇秀甲天下山"之美誉。历代文人墨客，更是慕名而来，纷纷赋诗填词，历史上李白、白居易、岳飞、文天祥、苏东坡、李时珍、徐霞客等均到过此处。

庐山气候宜人，夏季平均气温为22.6℃，是中国著名的避暑胜地。

庐山寺、庙、宫、观多达300余处，是我国佛教和道教的中心之一。

庐山会议会址位于牯岭东谷，建于1934年，原为大礼堂，与庐山大厦、庐山图书馆同为上世纪30年代庐山的"三大建筑"。建筑造型呈西方现代风格，这里仍保留着当年会议的陈设，供人们参观。

花径位于牯岭西谷，相传为唐代诗人白居易咏桃花诗之处，人称"白司马花径"。1953年辟为花径公园。花径公园的石门横刻着"花径"二字，门联是"花开山寺 咏留诗人"。园内繁花似锦，曲径通幽。花径亭中横卧一石，是1913年发现的，上刻"花径"，相传白居易手书。公园里的如琴湖面积10万平方米，因形如提琴故名。

别墅园林牯岭东、西谷，尤以东谷长冲河两岸，有中国以及英、美、德、法、俄、日等20多个国家各式别墅636栋，为中国山地风景区罕见，使庐山享有"别墅园林胜地"的美誉。最著名的是位于牯岭河东路180号的"美庐别墅"，这别墅是英国医生赫莉1903年建，1930年赠送给蒋介石夫妇，蒋介石将其称为"美庐别墅"。

锦绣谷位于牯岭西谷，花径公园西侧；三面环山，唯有西北部豁然开朗，因谷中四时花开，灿如锦绣而得名。锦绣谷千岩竞秀，谷上两崖拱峙，峭石堆砌，人称"天桥"。锦绣谷中，奇花访郁，异卉万千，最珍贵的花卉，首推睡香。锦绣谷中的石砌小道，是1980年修建的，全长1700米，曲折迂回于悬崖绝壁之间，将天桥和仙人洞相连接。

五老峰海拔1437米，为庐山众多山峰风景最佳，第三峰最险，第四峰最高，有小路可攀登，登峰俯视，远眺鄱阳湖，而足下奇松怪石，乱云飞渡，极为壮观。

含鄱口是庐山观日出和云海的最佳点。

白鹿洞书院地处五老峰一山谷中，是中国最早的高等学府之一，这里曾是唐代李渤、李涉兄弟隐居读书的地方,李渤养一白鹿自娱,人称白鹿先生。公元825年,李渤任江州(九江)史后,在原读书的地方扩建书堂,名为白鹿洞。宋初扩为白鹿洞书院,与云南石鼓、河南睢阳、湖南岳麓并称为“天下四大书院”。

仙人洞(见右图)地处牯岭西谷悬崖上,传说是八仙之一的吕洞宾修道成仙的地方。洞处悬崖上有一巨石突出,此石称“蟾蜍石”,上刻“纵览云飞”四字,石缝里长一松树,称“石松”。

3. 井冈山国家级风景名胜区

井冈山被誉为“中国革命的摇篮”。这里景色秀丽,其中著名的景点有:黄洋界、龙潭瀑布、笔架山十里杜鹃林等。井冈山盛产毛竹,竹编工艺品闻名遐迩。

茨坪是井冈山市政府所在地,海拔862米,是一座美丽的公园式山城,高楼林立,古木参天,宾馆、旅社、饭店等旅游设施齐全,旅游车可通往各大景点。位于井冈山主峰北山麓,是一块面积20平方公里的高山盆地。明末建村时,因满垄遍布柿树,遂以方言谐音称为“茨坪”。茨坪是第二次国内革命战争时期井冈山上最大的村庄。在这里,毛泽东和朱德、陈毅、彭德怀等人共同领导了井冈山斗争,创建了农村革命根据地,留下了众多革命遗迹。

水口距茨坪西北9千米,位于五指峰右侧,可乘车经大井再行2公里便到水口洞门。这里的自然风光极为秀美,尤以曲溪流泉、飞瀑深潭和杜鹃林为胜。

毛泽东旧居原是一栋农民住房,1927年10月至1929年1月,毛泽东同志经常住在这栋民房的中厅的右后间。1929年2月,这栋房子被国民党反动派烧毁,1961年经当地政府修复。在旧居中陈列着毛泽东、朱德当年用过的床、草席、桌凳、马灯、地图、笔砚等用品。

龙潭位于茨坪西北7千米处,沿小井前的公路东行1公里,便是井冈山著名风景旅游点龙潭。龙潭又称五龙潭,因五神河水在不到2公里的流程中五次飞跃山岩,开成五个梯状扑拨和深潭,故而得名。龙潭有“五潭十八瀑”之说,以瀑布众多、落差大、形态美而著称。翡翠谷中,崖陡渠深,林木繁茂;五瀑五潭,各具特色。

黄洋界为著名的井冈山五大哨口之一,位于茨坪西北17千米,海拔1343米,扼宁冈、酃县之要冲,现有公路相通。“过了黄洋界,险处不需看”。足见此地峰峦高耸,地势险要。

五指峰位于井冈山南侧,距茨坪6千米,海拔1438米,因五座山峰并列,酷似人手五指故名。此峰为井冈山主峰,也是井冈山的形象代表。1980年发行的一佰元人民币,其背面图案主景即为五指峰,被人们戏为“中国最值钱的景点”。五指峰是井冈山自然保护区的核心地带,天然的动植物园。大片的次原始森林保存完好,生长着3000多种植物,占全省植物总类的70%,其中不乏银杏、红豆杉、香花木等珍贵树种。密林深处,游客可见到猴群、水鹿、白鹇、黄腹角雉等珍稀动物。

4. 景德镇

景德镇是国务院首批公布的全国历史文化名城。是闻名世界的瓷都,制陶历史悠久。早在战国时代就开始制陶。景德镇制瓷始于汉代,东晋时设昌南镇,北宋时改名景德镇。明清以来,这里一直是全国的制瓷中心。景德镇瓷器造型优美,品种繁多,质地优良,风格独特。素有“白如玉,明如镜,薄如纸,声如磬”之称。

这里的陶瓷历史古迹甚多,主要有陶瓷博物馆、湖田古瓷窑址、龙珠阁、水碓等。景德镇陶瓷馆是新中国成立后建馆最早,藏瓷十分丰富的陶瓷专业博物馆。该馆“集古今名瓷于一室,述千年历史于一时”,收藏了不同历史时代、不同艺术造型、不同装饰画面、不同创作风格的陶瓷珍品18000多件,堪称一部陶瓷文化的鸿篇巨制。

古窑瓷厂集传统工艺生产、古代建筑和旅游观光为一体，是我国目前唯一全部采用传统制瓷工艺，配以明代作坊建筑，并以园林式布局构成的一个专业制作高档仿古陈列瓷的文博事业单位。

5. 龙虎山

龙虎山国家级风景名胜区位于鹰潭市贵溪县境内，总面积200平方千米。龙虎山是道教最早的发源地之一。自东汉中叶第一代天师张道陵在此肇基炼丹至今，前后承袭了63代，历经1900多年。龙虎山地区的丹霞地貌分布很广，庐溪河两岸风景如画，仙水岩一带春秋战国时代的古崖墓群，更是一大奇观。

6. 婺源

婺源位于赣东北，地处皖、浙、赣三省交界的青山秀水之间。历史上属安徽管辖，是古徽州"一府六县"之一，也是"徽商"的发祥地。

婺源是南宋理学家朱熹的故里。自古崇尚书文，素享书乡之誉，民风淳朴，代出名人。古建筑、古榕树、古树、名木和古文艺，被称为婺源"四古"特色的文化资源。

7. 三清山

三清山国家级风景名胜区，位于江西东部上饶地区，景区面积220平方千米，中心景区70多平方公里，主峰玉琼峰海拔1817米，三清山有着道教名山、自然野趣、奇峰怪石三大特色。

8. 文天祥纪念馆

位于吉安市县城的文山公园内，距吉安市约10千米，建于1984年，文天祥(1236～1283年)，南宋大臣、文学家、伟大的民族英雄，40岁任丞相兼枢密使，督诸路军马抗元，兵败被俘，于1283年1月9日英勇就义。文天祥纪念馆一组仿宋建筑，进入高大精美的牌坊，跨过临安桥，登上47级台阶，便是雄伟壮丽的文信国公殿。馆内列有文天祥生平极其遗物和手迹、著作等，还有当今名人的书画作品。

(四)中心城市

1. 南昌市

南昌古代被称作"南方昌盛之地"，故名南昌，是我国历史文化名城之一。

南昌的主要名胜有江南三大名楼之首的滕王阁、八一南昌起义旧址、八大山人纪念馆、西山万寿宫、梅岭风景区、文港笔市等。

(1)八一南昌起义总指挥部旧址

展出面积达1500平方米。1927年8月1日，中国共产党在这里领导了八一南昌起义，打响了武装反抗国民党反动统治的第一枪。

(2)八一广场

八一广场上的八一南昌起义纪念塔高45.5米，上面刻有碑文和浮雕，再现了当年起义时的史迹。

(3)八大山人故居

青云谱原是一座道院，距今已有2500多年的历史，经过修复，现已辟为八大山人纪念馆。八大山人(1626～1705)原名朱耷，在绘画上独辟蹊径，成为清代水墨写意画派的大师，对后世画家影响很大。

2. 九江市

九江是长江沿岸重要港口之一，交通十分便利。著名的避暑胜地庐山、中国的第一大淡水湖鄱阳湖均在九江地区。九江古称有柴桑、浔阳、江州等名称，自秦朝设郡，至今已有2000多年的历史。九江名胜古迹众多，有烟水亭、浔阳楼、白鹿洞书院等。

(1)烟水亭

坐落于甘棠湖心，始建于唐代。公元815年，唐代诗人白居易被贬为江州司马，建亭于其上，名为“浸月亭”。北宋时改名为“烟水亭”。

(2)浔阳楼

位于市区九华门外的长江之滨。因九江古称浔阳，长江此段称浔阳江而得名。今日浔阳楼是1986年重建，占地2000平方米，楼高21米，外3层内4层，青砖黛瓦，飞檐翘角，四面回廊，古朴凝重，具有浓重的宋代江南茶楼酒肆的建筑风格。

(3)鄱阳湖

我国最大的淡水湖，烟波浩淼，水域辽阔。南北长约170千米，东西最大宽度为74千米，面积3960平方千米。湖区景色秀丽，妖娆多姿，拥有石钟山、鞋山、龙宫洞等自然景观。还有举世瞩目的候鸟保护区，位于鄱阳湖滨，保护区面积约90平方千米，区内有白鹤、白鹳、黑鹳、天鹅、灰鹤等160多种珍禽。

3.赣州

赣州地区位于江西省南部，下辖赣州市、大余、瑞金等18个县市。

赣州位于章贡二水会合处，自古为赣南重镇。城市环境优美，市内主要名胜古迹有通天岩古窟、八境台、古城墙、蒋经国先生故居等。大余县与广东省接壤，此处的梅关是古时中原地区通往岭南的要冲，目前有保存完好的古驿道。梅关一带漫山遍野盛长梅花，每当梅花盛开的季节，景色更加迷人。

通天岩石窟：位于赣州市西北12千米的水西乡境内，是一处发育较好的丹霞地貌景区。从唐朝末年起，这里便开创石窟。大量的古代摩崖造像和题刻均集中在东岩的忘归、观心、龙虎、通天、翠微五处岩穴的洞崖与峭壁之上，共计有唐宋造像358尊，题刻128品，是著名的石窟艺术宝库。由于这里的古树参天，更是风景秀丽的避暑胜地。

八境台：始建于北宋嘉佑年间，它位于赣州城东北边的城墙上，和古长城墙同时修建，发源于南岭山脉的章江和发源于武夷山脉的贡江，就在八境台下汇合成赣江。登上此台，赣州八景一览无遗，犹如身临其境，故取名为八境台。台内有赣州市博物馆，台下有八境公园。

宋代古城墙：现存的宋代古城墙，从西津门起，沿章江至八境台，然后沿贡江东河大桥头，共有3600多米。此墙是江西省现存最大的古代城墙，也是全国屈指可数的北宋砖墙之一。

郁孤台：位于赣州市西北部的贺兰山顶，约建于唐代中叶，历代文人墨客题咏很多，尤以辛弃疾的《菩萨蛮》词驰名中外。台有三层，宛若三把精致的彩伞重叠在一起，四角棱角翘起，铜铃叮当，气势非常宏伟，引人入胜。

五、浙江省

(一)浙江概况

浙江省位于我国东南沿海，地处长江三角洲南翼，东临东海，南邻福建，西接安徽、江西，北连上海、江苏。境内最大的河流钱塘江，因江流曲折，称之江，又称浙江，省以江名，简称“浙”。

浙江省地势西南部高，东北部低，自西南向东北倾斜，呈梯级下降。西南部为平均海拔800米的山区，1500米以上的山峰也大都集中在此，龙泉县境内的黄茅尖，海拔1929米，为本省最高峰。中部以丘陵为主,大小盆地错落分布于丘陵山地之间,东北部为冲积平原,地势平坦,土层深厚,河网密布。各山脉一直延伸到东海,露出水面的山峰构成半岛和岛屿。

浙江省属亚热带季风气候,四季分明,光照充足,资源丰富。全省年平均气温15℃～18℃,年平均降水量1000～2000毫米,1月、7月分别为全年气温最低和最高的月份,5月、6月为集中降雨期。

全省陆域10.18万平方千米,其中山区占70.4%,平原占23.2%,河流和湖泊占6.4%,有"七山一水二分田"之说。海域面积26万平方千米。面积大于500平方米的海岛有3061个,是全国岛屿最多的省份,其中面积495.4平方千米的舟山岛为我国第四大岛。海岸线总长6486.24千米,居全国首位。

以省会杭州为枢纽,浙江境内有沪杭、浙赣、萧甬3条铁路复线和宣杭、金(华)—温(州)2条铁路干线,总里程1185千米。公路包括高速公路四通八达。主要港口有宁波、舟山、温州、海门和乍浦港。现有萧山、宁波、温州、台州、义乌、衢州、舟山7个机场。

浙江森林覆盖率达59.4%,居全国前列。经济林以茶园、桑园、油茶林、果园为主,其中茶、桑、柑橘等中外闻名。树种资源丰富,素有"东南植物宝库"之称。野生动物种类繁多,有123种动物被列入国家重点保护野生动物名录。

浙江山川秀丽,人文荟萃。境内山陵绵延起伏,平原阡陌纵横,江河滔滔不绝,海岛星罗棋布,山、河、湖、海,滩、林、洞、泉,构成了一幅幅或雄、或奇、或险、或幽,或静若处子、或动若蛟龙,或欲比天高、或试比海深,或如泼墨山水、或似万马奔腾的美丽画卷。奇山异水,哺育出一代代杰出人物,吸引了一批批四方豪客,在浙江大地留下了一处处人文古迹。

全省有重要地貌景观800多处,水域景观200多处,生物景观100多处,人文景观100多处;有西湖、富春江—新安江、雁荡山、莫干山、普陀山、天台山、楠溪江、嵊泗列岛、双龙洞、仙都、雪窦山、浣江—五泄、江郎山、仙居等14个国家级重点风景名胜区,东钱湖、大佛寺、方岩、烂柯山等42个省级风景名胜区;有杭州、宁波、绍兴、衢州、临海5座国家级历史文化名城,省级历史文化名城12座;有省级重点文物保护单位279个;有国家级自然保护区7个,国家森林公园20个。

自然风光与人文景观交相辉映,使浙江成为名副其实的旅游胜地。以杭州西湖风景名胜区为中心,纵横交错的风景名胜,遍布全省。

浙江菜简称浙菜,是中国八大地方菜之一。由杭州、宁波、温州的地方风味组成。选料讲究,注重"细、特、鲜、嫩",烹饪独到,最擅长炒、炸、烩、溜、蒸烧方法,注重本味,讲究口味清鲜脆嫩,以纯正见长。制作精细,菜品造型细腻,秀丽雅致。

浙江的工艺美术珍品许多都是很好的旅游纪念品。主要有浙江丝绸、杭州织锦、王星记扇子、青田石雕、张小泉剪刀、东阳木雕、黄杨木雕、嵊州竹编、龙泉青瓷、龙泉宝剑、瓯绣、萧山花边、乐清剪纸、瓯塑、湖笔、仿南宋官窑瓷器、西湖绸伞、湖州双林绫绢、吴子熊玻璃雕等。

(二)重点线路

1.千岛湖一日游

早上吴山广场上车,后赴千岛湖(千岛湖——因湖内拥有1078座翠岛而得名,是国家首批4A级旅游区,也是中国最大的森林公园。千岛湖景区内碧水呈奇,千岛百姿,自然风光旖旎,生态环境佳绝，被赞誉为“天下第一秀水”，并以其自然风光、人文景观、动物野趣、休闲娱乐的丰富多彩而享誉海内外，现新增有豪华游艇、水下潜艇、直升飞机和水上休闲乐园等众多的休闲项目）。经停胡子王刀具珍珠店购物，随后抵达游船码头后，乘船游中心湖区五龙景区（锁世界、真趣园、鸟岛、渔乐桥、奇石苑）和龙山岛景区，下午适时返回杭州，品尝西湖龙井、购物，感受丝绸风采，结束愉快之旅。

2. 蒋氏奉化溪口一日游

早上杭州吴山广场，后乘旅游车赴溪口风景区，上午游览经国小洋房、文昌阁、丰镐房、玉泰盐铺等景点。下午游览千丈岩、妙高台等景点，然后适时返回杭州，蚕博馆购物，结束愉快旅行。

3. 西湖一日游

早上杭州吴山广场上车，后前往西湖风景区，游览三潭印月、岳庙、灵隐飞来峰、虎跑、黄龙洞、宋城景区，随后观看丝绸表演、购物，品西湖龙井、购物，下午适时结束游程。

4. 杭州西溪湿地一日游

早乘空调旅游车赴西湖十景之一“花港观鱼”游览，观赏乾隆皇帝当年南下江南游览花港时所提诗句“花家山下流花港，花著鱼身鱼嘬花”景观。中餐后乘车赴梅家坞品茶。下午乘车赴国内唯一的国家级湿地公园——“杭州西溪国家湿地公园”。乘船游览湿地内人文生态景观：深潭口、高庄、烟水渔庄景区。下午西溪游览后免费观看杭州丝绸表演，结束旅游行程。

5. 瑶琳仙境一日游

早上吴山广场上车后，前往桐庐，游览江南水乡民居代表——红灯笼外婆家，然后乘皮筏体验天目溪漂流，下午游览三宫六苑，国家级风景名胜区瑶琳仙境，然后适时乘车返程，品尝西湖龙井、购物，感受丝绸风采、购物，结束愉快之旅。

6. 横店影视城一日游

早吴山广场大门口上车，前往东阳横店影视城。游广州街、香港街，观黄飞鸿勇战群夷，感受旧香港风貌，亲历撕杀震天的海盗水战场景——怒海争风；华锐生物科技，中餐后游览《英雄》拍摄之地——秦王宫景区，适时返杭州，观看丝绸表演，结束愉快之旅。

7. 普陀山二日游

D1：早吴山广场正大门集合，乘旅游车赴沈家门半升洞码头，地接导游接团后快艇赴海天佛国普陀山，游览西天景区，普济寺，住普陀山。

D2：游览法雨寺、紫竹林、南海观音大佛铜像，乘船往朱家尖蜈蚣峙码头，车送至舟山特产城，车返杭州，结束愉快之旅。

8. 朱家尖、桃花岛二日游

D1：杭州乘旅游车出发，车至宁波白峰码头，做轮渡到美丽的舟山群岛，沈家门，短交至经跨海大桥至海岛公园朱家尖，游南沙景区，晚住朱家尖。

D2：早上车至沈家门民间码头，客船之桃花岛，游射雕影视城，安奇峰景区，船返沈家门。海鲜特产城自由购物。下午车返杭州，结束愉快之旅。

（三）旅游景区（点）

浙东一片，可以游水乡，谒佛国，亦可寻觅唐诗之踪。西湖、东湖、东钱湖、溪口、普陀，一路行来，水网交织，阡陌纵横，山水绵延，直通大海，沿途有中国最典型的水乡风貌；杭州灵隐寺、净慈寺，新昌大佛寺、南岩寺，宁波天重寺、阿育王寺，天台国清寺、龙兴寺，普陀普济寺、慧济寺、法雨寺，佛学深厚，慈航普度；西子湖畔、山阴道上、穿岩十九峰、谢灵运古游道、天姥石城、石梁飞瀑等，李白、杜甫、刘长卿、宋之问、元稹、王勃、贺知章、温庭筠、杜牧等400多位唐代诗人留下了一处处行踪和上千首诗作。

浙南一片，北接括苍，东临大海，以奇山异水、飞瀑流泉著称海内。温州雁荡山、楠溪江、洞头岛，台州天台山、神仙居、古长城，丽水仙都峰、石门洞、南明山，山水雄奇，名胜众多，目不暇接。

浙西一片，集天地之灵气，聚山川之精华。从杭州出发一路上行，西湖、富春江—新安江以及安徽黄山3个国家级重点风景名胜区连成一线，不愧为中国著名的黄金旅游线之一。富阳鹳山、桐庐瑶琳洞、建德小三峡、淳安千岛湖、金华双龙洞、衢州江郎山、浙西大峡谷、开化钱江源等，山水如画，美不胜收。

浙北一片，著名的京杭大运河纵贯富饶的杭嘉湖平原，这里是著名的蚕乡，是丝绸文明的发祥地之一，也是丝绸之路的起点。南浔、西塘、乌镇等江南古镇，古迹尚在，风物犹存；莫干山、龙王山、南北湖等避暑胜地，环境独特，景色宜人；海宁钱江潮、安吉竹种园、天荒坪抽水蓄能电站等，气象万千，蔚为大观。这里还与苏州、无锡、宜兴等地共同形成了古运河——太湖旅游区。

1. 杭州西湖

西湖，也称西子湖，三面云山怀抱，一面濒临城区，湖面6.3平方千米，环湖15千米。以西湖为中心的杭州西湖风景名胜区，是全国十大风景名胜之一。“人间西湖三十六，就中最好是杭州”。西湖之美，美在自然与人工的绝妙融合、湖山与人文的浑然相凝。白居易任杭州刺史时，西湖筑堤，治理西湖，也留下了“未能抛得杭州去，一半勾留是此湖”的眷恋；苏东坡任杭州通判、知州时，再度疏浚西湖，美化湖山，在筑就苏堤的同时，还留下了“水光潋滟晴方好，山色空蒙雨亦奇。欲把西湖比西子，淡妆浓抹总相宜”的千古绝句。白堤、苏堤把西湖分成外西湖、里西湖、西里湖、岳湖和小南湖五部分，孤山为西湖最大的天然岛屿，小瀛洲、湖心亭、阮公墩三个人工小岛鼎立于外西湖湖心，形成了“一山、二塔、三堤、四岛、五湖”的基本格局。西湖风景名胜区几百多处景点，其中最著名的当数“西湖十景”、“新西湖十景”和散布于湖山周围的人文景观。

“西湖十景”为：苏堤春晓、柳浪闻莺、花港观鱼、三潭印月、断桥残雪、曲院风荷、平湖秋月、雷峰夕照、双峰插云、南屏晚钟；“新西湖十景”为：云栖竹径、满陇桂雨、虎跑梦泉、龙井问茶、九溪烟树、吴山天风、阮墩环碧、黄龙吐翠、玉皇飞云、宝石流霞；“三评西湖十景”为：灵隐禅踪、岳墓栖霞、六和听涛、湖滨晴雨、钱祠表忠、万松书缘、杨堤景行、三台云水、梅坞春早、北街梦寻。“青山有幸埋忠骨”，民族英雄岳飞、于谦、张苍水，清末革命家秋瑾、徐锡麟、陶成章等，都长眠于西子湖畔。特别是西湖北侧的岳飞墓和岳王庙，将民族英雄岳飞的英名和浩然正气，长留于西湖的青山绿水之间。此外，还有灵隐寺、六和塔、保俶塔、文澜阁、放鹤亭、飞来峰、净慈寺、紫云洞、中山公园、西泠印社、抱朴道院、烟霞三洞、灵山幻境、玉泉、韬光、天竺等名胜古迹，使西湖成为名副其实的“天下第一景”。近年来，随着雷峰塔的重建、西湖南线工程的完成、西湖西进工程的推进、湖滨地区的改造和灵隐景区的扩建，杭州西湖正展现出更加旖旎、更加绚烂的风采。

阅读材料：岳庙

岳庙位于栖霞岭南麓，初建于南宋嘉定十四年（1221年），原称忠烈庙，经历了元、明、清、民国时兴时废，代代相传一直留存到现在。1978年重新整修，使岳庙更加庄严肃穆。岳庙是历代纪念民族英雄岳飞的场所。

岳飞是南宋初抗击金兵的主要将领，但被秦桧、张俊等人以“莫须有”罪名诬陷为反叛朝廷,陷害至死。岳飞遇害前在供状上写下“天日昭昭,天日昭昭”八个大字。岳飞遇害后,狱卒隗顺冒着生命危险,背负岳飞遗体,越过城墙,草草地葬于九曲丛祠旁。21年后宋孝宗下令给岳飞昭雪,并以五百贯高价悬赏求索岳飞遗体,用隆重的仪式迁葬于栖霞岭下,就是现在岳坟的所在地。嘉泰四年(1204 年)即岳飞死后63 年朝廷追封为鄂王。

游人进岳庙参观,头门是一座二层重檐建筑,巍峨庄严,继而是一个天井院落,中间是一条青石铺成的甬道,两旁古木参天。正殿重檐中间悬着一块“心昭天日”横匾,是叶剑英的手笔。大殿正中是彩色岳飞塑像,身着紫色蟒袍,臂露金甲,显示了武将的英雄气概。殿两面壁上是明代莆人洪珠写的“尽忠报国”四个大字。座像上面悬着一块“还我河山”的横匾,是岳飞手迹,左右两边各悬一块“碧血丹心”与“浩气长存”横匾。正殿后面两旁是岳母刺字等巨幅壁画,展示了岳飞保卫国家的英雄业迹。

正殿西面有一组庭园,入口处有精忠柏亭,内有枯柏 8 段,传说这棵柏树原在大理寺风波亭边上,岳飞遇害后树就枯死了,后来就移放在岳坟边上,称为精忠柏。现经鉴定,此枯柏并非南宋古柏,而是属于松柏科的植物化石,其历史有一亿二千万年以上了。入庭园,南北各有一条碑廊,北面碑廊陈列的是岳飞的诗词、奏札等手迹,南面是历代修庙的记录以及历代名人凭吊岳飞的诗词。庭园中间有一石桥名精忠桥;过精忠桥便是墓阙,造型古朴,是 1978 年重修时按南宋的建筑风格造的。墓阙边上有一口井名忠泉。进墓阙重门就是岳飞墓园,墓道两侧有石马石虎石羊各一对,石俑三对正中便是岳飞墓,墓碑上刻着“宋岳鄂王墓”,左边是岳云墓,墓碑上刻着“宋继忠侯岳云墓”,两墓保持宋代的式样。墓前一对望柱上刻有一副对联:“正邪自古同冰炭,毁誉于今判伪真”。墓阙后面两侧跪着今 4 个铸铁像,供人唾骂,遗臭万年。墓阙后重门旁有对联一副:“青山有幸埋忠骨,白铁无辜铸奸臣”。墓园一侧,另有一组庭园,现已成岳飞纪念馆,供游人瞻仰。

2. 富春江

富春江为钱塘江自建德梅城至萧山闻堰段的别称,流经建德、桐庐、富阳、萧山等四县(市、区),属富春江—新安江风景名胜区。富春江“奇山异水,天下独绝”,两岸山峦逶迤,群峰叠翠,江水澄碧,风光优美,沿途著名景点有建德的灵栖洞、大慈岩、七里扬帆,桐庐的桐君山、严子陵钓台、瑶琳仙境、大奇山和富阳的鹳山等。灵栖洞包括灵栖古洞、清风洞、霭云洞等三洞,是一组石灰岩溶洞景观,洞中石笋林立,钟乳多姿,奇景迭现,叹为观止。

大慈岩是一悬崖高位洞穴建筑,建于元代大德年间,集雄、奇、险、秀于一体,有“江南悬空寺”之称。七里扬帆也称“小三峡”,由乌龙峡、子胥峡、葫芦峡组成,是富春江的一段黄金水道,也是富春江风光的精华之一。乘帆船,逛渔村,坐牛车,体乡村之野趣;登古塔,访名胜,寻遗迹,友思古之幽情。桐君山地处富春江与分水江交汇处,传说黄帝时有一老翁采药结庐于桐阴下,为百姓治病给药,问其姓,指桐示之,故人尊其为桐君老人,山由此得名,县亦因此得名。山上一峰突现,石峦挺秀,林木葱郁,建有桐君祠、竞秀阁等,临江石崖有自唐以来的多处摩崖石刻。

严子陵钓台位于桐庐县城西南的富春山,相传为东汉名士严光(字子陵)隐居耕钓处。钓台分东西两座,东台为严光垂钓处,西台为南宋处士谢翱哭祭文天祥处。山下即为闻名东南的名胜七里滩。瑶琳仙境是我国著名的巨型石灰岩溶洞,面积 2.8 万平方米,纵深 1000 米,常年温度 18℃。洞内钟乳累累、石笋遍地、气势磅礴、造型多姿。第一厅飞瀑垂帘,宛如宫殿;第二厅峡谷幽深,玉柱擎天;第三厅云团幻影,色彩素洁;第四厅镶珠嵌宝,清泉潺潺;其他各个洞厅也各有特色。大奇山国家森林公园位于富春江南岸，与桐庐县城隔江相望，园内峰峦叠翠，怪石嶙峋，浓阴覆盖，溪瀑潺流，是享受山野氛围、体会返璞归真的好去处。鹳山位于富阳城东江畔，一山矶平地崛起，似一鹳引颈入水，故名鹳山。山中古木参天，亭台楼阁掩映其中。登“春江第一楼”，富春风光，尽收眼底；“太液池”水，终年不涸；“双郁亭”畔，有文学家郁达夫及其兄郁华烈士的遗迹。

3. 千岛湖

千岛湖即新安江水库，位于杭州淳安境内，系 1959 年新安江水电站建成后所形成的巨型人工湖泊。湖长 150 千米，最宽处 10 余千米，面积为 580 平方千米，蓄水量相当于 3000 多个杭州西湖。因湖中有大小岛屿 1078 个，故得“千岛湖”之美名。千岛湖湖水碧波荡漾，常年水温在 14℃左右；岛屿星罗棋布，岛上林木葱郁、鸟语花香。经过多年开发，各个岛屿已形成风格各异、特色鲜明的景观和旅游项目。龙山岛上重建的“海公祠”，是为了纪念曾任淳安知县的明代政治家海瑞。羡山岛是千岛湖的花木、水果基地，更有龙潭、虎穴、将军帽等景观。蜜山岛上山崖陡耸，危岩高峻，相传“一个和尚挑水喝，两个和尚抬水喝，三个和尚没水喝”的故事就发生于此。桂花岛也叫龙羊山，全岛遍桂树，还有犀牛啸天、石门通天、清波印月和望湖台、通江洞等景观。此外还开发了猴岛、鹿岛、蛇岛、鸟岛、锁岛等各类特色岛屿，开辟了民俗风情游等各色旅游项目。千岛湖的“巨网捕鱼”天下罕见，千岛湖底的淳安古城正在开发，千岛湖周围还有号称“华东第一石林”的赋溪石林、陈硕真起义遗址、方腊洞和长岭石柱、金坳幽谷、仙人潭、屏风崖等众多景点。

4. 天目山

天目山位于杭州临安城北，因东、西峰顶各有一池，宛若双眸仰望苍穹，由此得名。天目山地质古老，植被完整，是我国著名的自然保护区，也是浙江省唯一加入国际生物圈保护区网络的自然保护区。其森林景观以“高、大、古、稀、多、美”为特点。山上有木本植物 1200 多种、草本植物 1800 多种，尤以古冰川时期遗留下来的孑遗植物银杏等为著名。天目山的古柳杉群，世所罕见，最大的要七八个人合围。山上有世界最古老的银杏树、全国最高的金钱松以及有“地球独生子”之称的天目铁木等等，是名副其实的“植物王国”。天目山自古以来就是宗教名山、旅游胜地。西天目山南麓的千年古刹禅源寺，是佛教临济宗的中兴之地，被日本永源寺派奉为祖山。位于海拔 1020 米处的开山老殿，曾为浙西名刹之一。距禅源寺 1000 米处有太子庵，为南朝梁昭明太子读书咏经之处。禅源寺东侧平地突起 7 块巨石，排列如北斗，即“七星石”。七星石旁有株硕大却已枯死的柳杉，相传宋时已被称为“千秋树”，清乾隆皇帝敕封为“大树王”。此外还有倒挂莲花、仙人锯板、宝刀出鞘、蟠龙桥、雨华亭、狮子口、仙人顶、罗盘松、宝剑石等景点。东天目山旧有善照寺、昭明禅院等寺庙今存遗址；玉剑飞桥、悬崖瀑布被誉为东天目之“双绝”，另有塅岭、仙峰远眺、云海奇观、经台秋风、莲花石座、古殿栖云等景点。

5. 雪窦山

雪窦山位于奉化市西北部的四明山麓，以清幽雄奇著称于世，素有“四明第一山”之美称。雪窦山融自然景观、佛教文化、名人古迹于一体，曾被赵朴初先生称为五大佛教名山之一。山上峰峦叠翠，树木茂盛，云缠雾绕。主要景点有飞瀑如雪的千丈岩、特立独拔的妙高台、石笋林立的三隐潭，还有徐凫岩、相量岗、飞雪亭、御书亭、仰止桥、雪窦寺遗址等。其中最为惊心动魄的当推千丈岩瀑布，瀑布似玉龙如飞雪腾空出世，喷薄而下，狂野不羁。雪窦寺为浙东名刹，系弥勒道场所在地，终年香客不绝。这里也是蒋介石、蒋经国当年经常活动和避暑之地。雪窦山东南山脚，是环境优美、山清水秀的溪口镇。溪口是蒋介石的故乡。镇口有武岭门城楼雄踞，南端是“武岭头”；镇中街有一幢雕梁画栋的古雅建筑，为蒋氏故居——丰镐房。离镇1.5千米的鱼鳞岙有“蒋母墓”，系蒋介石生母王彩玉安葬之处，石牌坊、墓庐、坟墓修好如初。

6. 东钱湖

东钱湖又名“万金湖”，位于宁波鄞州区，是浙江第一大淡水湖，素有“西子风韵、太湖气魄”之美誉。东钱湖水光空濛，山色如黛，诗情画意，妙趣天成。旧有十大胜景：陶公钓矶、余相书楼、百步耸翠、霞屿锁岚、双虹落彩、二灵夕照、上林晓月、芦汀宿雁、殷湾渔火、白石仙枰。其中陶公钓矶在陶公山上，相传春秋末年越国大夫范蠡功成身退之后，改名陶朱公，隐居此山垂钓为乐，故名；霞屿为一湖中小岛，每当湖水蒸腾之时形成如烟似雾的朦胧奇景，故称霞屿锁岚；湖南面有二灵山，夕阳西斜时，红霞满天，景色奇美。东钱湖不仅擅山水之胜，更有众多人文古迹。有周穆王时的徐偃王墓，有汉代的古墓、古窑，宋代的古塔、寺院等。在保护名胜古迹的基础上，近年来又修复和新建了不少景点，如纪念曾任鄞县县令王安石的忠应庙，怀念民族英雄岳飞的岳鄂王庙，珍藏书坛巨擘墨宝的沙孟海书学院，以及周尧昆虫博物馆等。

7. 雁荡山

雁荡山风景名胜区，包括北雁荡山、中雁荡山和南雁荡山，其中尤以北雁荡山更为人熟识。因南北雁荡均山顶有湖，芦苇丛生，常有秋雁宿之，因而得名。北雁荡山位于温州乐清境内，群峰峥嵘，巨石擎天，素以峰、嶂、洞、瀑称胜，号称“东南第一名山”。有102峰、61岩、46洞、13瀑布等景点380多处，分灵峰、灵岩、大龙湫、雁湖、三折瀑、显胜门、仙桥、羊角洞等八大景区，其中被称作“二灵一龙”的灵峰、灵岩、大龙湫尤为突出，有“雁荡三绝”之誉。灵峰亦名夫妻峰、合掌峰，高大挺拔，凌空耸立，朦胧夜色中，恰似一只展翅欲飞的雄鹰；灵峰之下有观音洞，远看似乎平淡无奇，入内方见别有洞天，九层楼阁，雕梁画栋，乃晋代建筑。灵岩周围群峰环立，松柏参天，千年古刹灵岩寺隐身其中，高260米的天柱峰、展旗峰相距200米并立对峙，形成了著名的“南天门”。大龙湫瀑布高190米，自连云嶂凌空而下，春夏似银河天降，直捣潭心，声闻数里；秋冬如珠帘高悬，白雾蒙蒙，随风飘洒。中雁荡山原名白石山，也在乐清境内，分玉甑、西漈、三湖、东漈、凤凰山、杨八洞、刘公谷等七大景区，以峰雄嶂险、洞幽寺古、潭碧林翠、飞瀑流泉、湖光山色著称，被宋太宗御笔赐予“第一山”。南雁荡山位于平阳境内，以秀溪、幽洞、奇峰、石堑、景岩、银瀑为“六胜”，尤以雄伟壮观的云关峰、奇妙秀丽的锦屏峰、锋锷刺天的神剑峰、一柱擎天的华表峰、峥嵘突兀的龙角峰和映日成虹的梅雨瀑为著，更有始建于宋代的儒教会文书院、佛教观音洞、道教仙姑洞，三教融会，国内罕见。

8. 楠溪江

楠溪江位于温州永嘉境内，是浙江省第二大江瓯江的最大支流，因发源、穿梭于崇山峻岭间，河道深切，落差很大，形成了许多奇峰、峡谷、峭壁、飞瀑，并以水秀、岩奇、瀑多、村古、滩美闻名遐迩。中国山水诗鼻祖谢灵运曾任永嘉太守，留下了许多脍炙人口的山水诗，因而这里又有“中国山水诗摇篮”的美誉。楠溪江风景区面积625平方千米，分为大若岩、楠溪江及沿江农村文化、石桅岩、四海山、陡门、北坑、水岩七大景区，有800余处景点。其中大若岩历史悠久，香火旺盛，被道家称作“天下第十二福地”；石桅岩三面环溪，一峰拔起，相对高度306米，为全国岩峰之冠；狮子岩中流砥柱，犹似天然盆景；石门台一峡九瀑、姿态多变，是梯瀑叠水的佼佼者。集中反映耕读传家文化的芙蓉村、苍坡村，淳厚古朴，分别以“七星八斗”和“文房四宝”布局，同其他古村落一道，成为中国南方农村规划建筑艺术的瑰宝。楠溪江的竹筏漂流，安适恬人，堪称一绝。

9. 莫干山

莫干山位于湖州德清境内，为全国四大避暑胜地之一。因春秋末期吴王派莫邪与干将在此铸成举世无双的雌雄双剑而得名。莫干山峰峦起伏，绵延连亘，东西长约 15 千米，南北宽约 12 千米，景区总面积 43 平方千米，平均海拔 500 米，主峰塔山海拔 719 米。莫干山以竹、云、泉"三胜"和清、静、凉、绿"四优"闻名遐迩。春天山花烂漫、万紫千红，夏天清泉竞流、凉风扑面，秋天风轻云淡、寒暖适宜，冬天林寒涧瑟、琼花飞舞。盛夏平均气温比上海、杭州低 5℃ ~6℃。莫干山有 200 幢风格各异、形制美观的别墅楼阁，有西欧田园式的乡村别墅，有欧洲中世纪城堡式别墅，也有飞檐翘角的中国古典式建筑，号称"世界建筑博物馆"。莫干山有剑池、塔山、天池、芦花荡、荫山街、旭光台、仙人桥、怪石角、滴翠潭等多处景点。其中剑池为莫干山名胜之精华所在，有飞流直下，形成三叠瀑布，珠飞玉溅，惊心动魄。芦花荡中，白鹤亭亭玉立，池周花竹掩映。塔山上原有五代古塔，山因塔名，登山远眺，可见群峰历历在望，太湖若隐若现，运河绵延似带，钱塘江袅袅一线。

10. 钱江潮（右图）

钱江潮是闻名中外的自然景观，系天体引力和地球自转的离心力作用，加上杭州湾喇叭口的特殊地理形成的特大潮涌。钱塘江观潮的最佳地点，因历代江道变迁等自然原因而发生变化，自明代起，海宁盐官镇成了观潮胜地。钱江潮每天都有，一般以农历每月初一、二、三和十五、十六、十七、十八潮涌比较大。其中尤以农历七、八月间的朔望以后 2 至 3 天的潮涌为最大。

11. 五泄

五泄位于诸暨市西北。主要景观有东、西龙潭。东龙潭以瀑、潭著称，一条溪上形态各异的五级瀑布，飞流直下，奇伟壮观。五泄瀑布个性鲜明，一泄隽永奇巧，二泄珠帘飘洒，三泄千姿百态，四泄烈马奔腾，五泄蛟龙出海。西龙潭以峰、林取胜，山峰奇特、深幽、灵巧、尖峭，水自石河泻下，阔约 2 米。五泄禅院始建于唐元和三年（808），屡毁屡建。明代画家陈洪绶书写的"三摩地"石刻门额、清朝乾隆间大学士刘墉所题的"双龙湫室"匾额，至今犹在。五泄附近还有 72 峰、36 坪、25 崖、10 石、3 谷、3 涧和龙井、龙门、会仙台等景，与五泄一道构成一幅旖旎的天然风光。五泄也是著名的森林公园，有木本植物 400 余种，其中香果树、天竺桂、天目木兰、浙江楠等为国家保护树种。

12. 双龙洞

双龙洞位于金华北山西北麓，因洞口有钟乳"青龙"、"黄龙"分悬两侧，故名。此洞又被道教尊为"第三十六洞天"，所以又名洞天。双龙洞由外洞和内洞两部分组成。外洞约 1200 平方米，可容千人。洞底平坦，顶崖平如石盖，四壁石质细腻，纹如肌理。洞内泉水清澈，自东壁下小穴内潺浸流出，终年不断。内外洞之间，有一条 12 米长的水道，水面离穴顶仅 30 厘米左右。欲进内洞，人必平卧船中，方能牵引擦崖而过。内洞约 2100 平方米，满目钟乳，绮窗翠缦，琼楼玉阙。仰望洞顶，即见双龙翻腾空中。北有黄龙吐水，东有大龟小蛇狮象石。折往东北，即至龙宫。双龙洞上方有冰壶洞和朝真洞，与双龙洞合称金华北山三奇洞。冰壶洞洞口朝天，口小肚大，洞深约 120 米，入洞须沿石级扶栏而下，如入壶中，故名。洞中有瀑，飞珠溅玉；瀑下无潭，潜流四散。周围还有雷峰塔、观音井、仙牛角等景观。朝真洞亦名真人洞，洞穴曲折起伏，分为四段，有花瓶洞、螺蛳洞、石弄堂、石棋盘、一线天等景。

13. 方岩

方岩位于永康东北，因峰奇呈方形，故名。方岩风景区由方岩山、寿山、烈士陵园、杨溪和邻山等5个风景点构成，总面积约15平方千米，向以岩险、石怪、景奇、谷幽而享有盛誉。方岩山海拔400米，壁立如削，酷似擎天方柱。沿石阶盘旋而上，经“百步峻”，穿“步云亭”，便到了“飞桥”。飞桥实为在悬崖峭壁上修筑的栈道，长数百米，盘旋而上，桥面平坦，但西凭危崖，东临深壑，盘亘虚空，备极惊险。在飞桥尽头，则见崖端上巨石豁然中开，两面崖石对峙，是为“天门”。从古至今，欲登方岩山顶，惟此可入。岩顶有广慈寺、千人坑、胡公祠、天街等胜迹和蓬莱仙境等景点。置身崖顶凭栏远眺，群峰蜿蜒，云霞缥缈，人间春色尽收眼底。橙麓山下有刘英烈士墓。寿山五峰，则山形俊逸，山谷幽深。瀑布峰和石鼓寮有4条隐于岩壁间的瀑布，颇为奇特。

14. 江郎山

江郎山位于浙江省江山县城南25公里的江郎乡，是国家级的著名旅游风景区。传说是古时候三个姓江的兄弟登上山顶变成为三大巨石而形成，所以又叫江郎山。三巨石拔地冲天而起，高360余米，形似石笋天柱，形状像刀砍斧劈，自北向南呈“川”字形排列依次为：郎峰、亚峰、灵峰，人们叫“三爿石”。郎峰峭壁上有明代理学家湛若水摩崖题刻“壁立万仞”四字。江郎山不仅聚岩、洞、云、瀑于一山，集奇、险、陡、峻于三石，雄伟奇特，蔚为壮观，且群山苍莽，林木叠翠，窟隐龙潭，泉流虎跑，风光旖旎，每当云雾弥漫，烟岚迷乱，霞光陆离，常凝天山于一色，融云峰于一体。无怪唐诗人白居易赞曰：“安得此身生羽翼，与君来往醉烟霞”。大地理学家徐霞客三次游江山时都写到江郎山，他把江郎山与雁荡山、黄山和鼎湖峰进行比较，极力地赞叹江郎山“奇”、“险”、“神”。江郎山的风景迷倒了许许多多的中外游客。

15. 普陀山

普陀山位于舟山普陀区，是东海莲花洋中的一个小岛，与著名的沈家门渔港隔海相望，是我国四大佛教名山之一。该岛南北长约6千米，东西宽约3千米，面积12.5平方千米，最高处佛顶山海拔283米。这里风光秀丽，气候宜人，林幽石奇，洪波浩渺，梵宇隐然，云烟缭绕，素负“海山第一”之盛名，向以“海天佛国”、“南海胜境”著称于世。普陀山融秀丽的自然景观与悠久的佛教文化为一体。全岛有6涧、8泉、15岩、18峰、26山等风光，有百步沙、千步沙、金沙等沙滩，有潮音洞、梵音洞、炼丹洞、观音洞等洞天，有华顶云涛、朝阳涌日、磐陀夕照、宝塔闻钟、莲池夜月等景观。巍峨庄严的普济寺、法雨寺、慧济，是明末清初寺庙建筑之典型；元代古建筑多宝塔、明代的杨枝观音碑、清初从南京拆迁来的明故宫九龙殿，是观音道场的“镇山三宝”。近年来兴建的青石浮雕五百罗汉塔、33米高的南海观音露天铜像、纯紫铜铸成的正法讲寺铜大殿和重新修复的紫竹林禅院、西方庵、祥慧庵等古刹梵宇，为佛国增添了新的风采和魅力。

16. 朱家尖

朱家尖距普陀山2.5千米，隔海相望，面积约70平方千米，是普陀山的“姐妹岛”。朱家尖属亚热带海洋季风气候，冬暖夏凉，气候湿润，以独具特色的海岛自然景色见长，山、海、沙、石，洞、缝、林、礁相映成趣，被誉为“海岛生态公园”，是理想的海上旅游、休养、避暑胜地。十里金沙、千丈石崖、白山灵石、青山醉雾、海角烟涛、乌塘琴潮、春池花雨、南河夏浴、蛟龙喷水、渔湖揽月是朱家尖的十大景观。岛东南沿岸的十里金沙,由东沙、南沙、千步沙、里岙沙和青山沙"五大金沙"组成,滩面平缓宽阔,沙质细软纯清,是理想的海水浴场;沙滩之间岬角相拥,是游钓的好去处。岛东端的漳州湾,遍布乌黑发亮的鹅卵石,观乌石砾滩、听乌塘潮音、赏渔乡风情,实乃令人神往之乐事。岛北端奇峰峻峭,怪石嶙峋,有"海上雁荡"、"东海石林"之美誉。白山头一带茂密葱茏的树林中,点缀着八戒望海、石蛙观天、金鸡报晓、仙女断跳、千丈石崖、罗汉朝圣等千姿百态的奇岩怪石,巡游其间,竟有"踏遍青山入仙境"之感。朱家尖的夏令营基地,设施齐全,活动项目丰富。1999 年以来每年一届的中国舟山国际沙雕节在这里举办,吸引了国内外的众多沙雕爱好者和各方游客。新建的民航机场和连岛大桥,既方便了游客,又增添了新的景观。

17. 嵊泗列岛

嵊泗列岛位于舟山群岛最北部,长江口与杭州湾的汇合处,由 404 个大小岛屿组成,因取嵊山、泗礁两岛首字而得名。陆地面积 67.8 平方千米,其中常年住人岛屿 16 个。嵊泗风光的特色在于"海瀚、礁美、滩佳、石奇、洞幽",景观较集中的有泗礁、黄龙、枸杞、嵊山、花鸟等岛,以长滩水缓、绿华引渡、海浪雪景、雷洞遗恨、庐山林海、渔港垂钓、海豚逐浪、初阳望月、山海奇观等十景为最佳。泗礁山最高峰插旗岗海拔 217.9 米,登岗可观东海日出。基湖沙滩和南长涂沙滩,均为理想的海浴场所。黄龙岛上怪石嶙峋,有摩崖数处。枸杞岛位于泗礁山以东,因产枸杞而得名,其五里碑岗上有一巨石,上书"山海奇观"4 个大字,系明朝万历年间民族英雄戚继光部将来枸杞岛剿倭巡海时所题。嵊山岛与枸杞岛遥相对望,如一对鸳鸯。花鸟岛以洞景闻名,岛上灯塔是太平洋四大灯塔之一,也是亚洲最大的一座。嵊泗是我国著名的渔场,享有天然鱼库的美誉,盛产金钩虾米、桂花海蜒、石斑鱼等。

18. 天台山

天台山位于天台北部,系仙霞岭余脉,为我国名山之一,主峰华顶山海拔 1138 米。天台山是名僧济公的故乡、佛教天台宗的发祥地,也是日、韩佛教天台宗的祖庭。天台山自然风光优美,人文景观众多,素以"佛宗道源,山水神秀"著称于世。有华顶、琼台、赤城山、鹰窗山等奇山险峰,仙人座、吊船岩、五马隐等稀石怪岩,石梁飞瀑、铜壶滴漏、水珠帘、龙州潭飞瀑等挂川瀑布,寒岩洞、明岩洞、玉京洞等深穴幽洞,国清、塔头、高明、华顶、万年等名寺古刹,隋塔、梁妃塔、七佛塔等古塔陈楼,王羲之、顾恺之、谢灵运、李白、孟浩然、刘禹锡、苏东坡、陆游、徐霞客、袁枚等名人足迹,铜佛、铜钟、钟亭、贝叶经等文物古迹,唐碑及柳公权、米芾、董其昌等摩崖石刻。天台山的自然景观可归为大八景和小八景。大八景是:赤城栖霞、双涧回澜、华顶归云、螺溪钓艇、石梁飞瀑、琼台夜月、桃源春晓、寒岩夕照。小八景是:断桥积雪、清溪落雁、桐柏瀑布、经台观日、南屏秋色、幽溪古寺、铜壶滴漏、苍山龙湫。

19. 神仙居

神仙居景区位于仙居县城西南 20 千米处。景区内奇峰环列,山崖陡峭,基岩落石,处处成景,险峰、幽谷、秀林、奇瀑融为一体,有鬼斧神工的将军岩、威武昂扬的狮子峰、神态安详的睡美人、因风作态的飞天瀑、意境无穷的神笔画天等景点 60 多处。身临其境,置于袅袅雾霭之中,有飘飘欲仙之感。景区上游有瀑布群和龙潭群,全长 500 米的区域内拥有连续十一级飞瀑和形态各异的深潭,为国内罕见。与神仙居景区相邻,是万仞壁立、形如巨舰的景星岩景区。这里有景星望月、飞马迎客、神象守岩、空谷响铃、雄狮揽球、玉柱擎天、仙人试剑等 8 处景观。

在神仙居与仙居县城之间，永安溪自西南流向东北。其中自步路西门村至杨府石牛村段，全长12.5千米，新开辟为“永安溪漂流”。乘上竹筏，顺溪而下，时而急穿险滩，时而如履平地，碧水、蓝天、远山、田畴、村舍，组成了一幅令人心旷神怡的田园山水画卷。

20、仙都

仙都位于缙云县西北、括苍山北麓，自隋代起闻名，宋以后逐渐成为道教活动和旅游胜地。仙都风景区分布于东西长约10千米的练溪两岸，由鼎湖峰、倪翁洞、小赤壁、姑妇岩、铁城(芙蓉峡)、仙人剖瓜、马鞍等7个游览区组成，计有72奇峰、18处名胜古迹。景区内曾建有缙云堂(黄帝祠宇)、乌伤侯庙等，其中黄帝祠宇规模最大，是仙都景区的主建筑。被誉为“天下第一石”的鼎湖峰，俗称石笋，傍练溪拔地而起，高170.8米，奇特挺秀，是世界最高大柱石，也是仙都风景区的代表景点。峰顶苍松翠柏间蓄水成池，四时不竭，风激水浪，散作晴天雨点，堪称奇观。从鼎湖峰沿溪上行三四公里，步入山谷，两侧峭壁通体漆黑，整座山体如钢铁铸成的古城堡。山谷紧狭处，中裂如门，仅容一人穿过，这就是铁门峡。此峡有一夫当关，万夫莫开之势。沿练溪自北而南，可用竹筏漂流，此段水道逶迤曲折，溪流清澈见底，两岸田野山村朴素秀丽，风土人情浓郁淳厚。

(四)中心城市

1.杭州

有着2200年悠久历史的杭州是我国七大古都之一，杭州以其美丽的西湖山水著称于世，“上有天堂、下有苏杭”表达了古往今来的人们对于这座美丽城市的由衷赞美。宋代大文豪苏东坡曾写道“天下西湖三十六，就中最好是杭州”。

中国八大菜系之浙菜，“清爽别致”是其最大特色。宋代大诗人苏东坡曾盛赞“天下酒宴之盛，未有如杭城也”，且有“闻香下马”的典故。杭州的名菜举不胜举，最著名的有叫化鸡、东坡肉、宋嫂鱼羹、西湖醋鱼、龙井虾仁、西湖莼菜汤、油焖春笋等。东坡肉肥而不腻，叫化鸡香嫩爽口，西湖醋鱼鲜美可口，到杭州游览不可不尝。

在这里，人文景观丰富多彩，古代庭、园、楼、阁、塔、寺、泉、壑、石窟、摩崖碑刻遍布，或珠帘玉带、烟柳画桥，或万千姿态、蔚然奇观，或山清水秀、风情万般，尤以灵隐寺、六和塔、飞来峰、岳王庙、西泠印社、龙井、虎跑泉等最为著名。

2.宁波

宁波是改革开放以来我国首批对外开放城市，重要的港口，也是一座历史悠久的文化名城。自古以来就有“繁荣商埠，东海明珠”之美誉。宁波历史，源远流长，自唐开元二十六年(738年)设置明州，迄今已有1170多年历史，1973年发现了河姆渡遗址(河姆渡遗址不但以稻作和耜耕农业、黑陶和干栏式建筑成为它独特的文化个性，而且以它距今7000年的时间，证明这里是中华民族发祥的源头之一)。

宁波从唐代(618~907年)起就成为中国著名的国际贸易港，当时与扬州、广州并称为中国三大对外贸易港口。宋时又与广州、泉州同时列为对外贸易三大港口重镇。作为越窑青瓷的主要产地，宁波曾是海上陶瓷之路的东方起点，与日本、朝鲜和东南亚、阿拉伯各国友好往来，关系密切。第一次鸦片战争后(1842年)，宁波为当时五口通商口岸之一。现仍保存着众多的古海运码头、海关等史迹。

作为全国历史文化名城，宁波境内文物古迹众多。目前全市共有文物保护单位215处，其中全国重点文物保护单位5处，省级文物保护单位20处；省级历史文化名城1个(余姚市)，省级历史文化保护区5个。宁波文人荟萃，历史上曾有较高层次的具有地方特色的著述和学派，如四明学派、阳明学派、浙东学派，出现了虞世南、高则诚、王守仁、朱舜水、黄宗羲、万斯同、全祖望、张煌言等一批文化名人。还有民族英雄张苍水，京剧麒派祖师周信芳，著名作家殷夫、柔石、国画大师潘天寿……这块土地孕育了多少优秀儿女。宁波的藏书文化深厚，涌现过一大批藏书数万卷的藏书名楼。天一阁是国内现存最古老的藏书楼，已有400多年的历史，它是中国藏书文化的代表之作。

宁波也是一个山河锦绣的风景旅游城市，山山水水各显神姿，引人入胜。四明山奇峰280多座，奉化江、姚江汇成甬江，成为著名的三江口。宁波的风景名胜资源十分丰富，溪口—雪窦山风景名胜区为国家级风景名胜区，有幽谷飞瀑雪窦山、壁立千仞千丈岩；浙江省第一大湖东钱湖为省级风景名胜区，有“西子风韵，太湖气魄”；天童森林公园为国家森林公园，“二十里松行欲尽，青山捧出梵王宫”是它的真实写照。宁波的佛教文化举世闻名：阿育王寺珍藏着释迦牟尼的真身舍利，雪窦寺为全国佛教五大名山之一，保国寺是长江以南最古老的木结构建筑。中国古代建筑的杰作保国寺、古代水利建筑它山堰、宁海的南溪温泉、余姚的四明湖旅游度假区、象山的石浦渔港，为众多中外旅游者所向往。以镇海招宝山为代表的明、清时期抗击外来侵略的海防历史遗迹和以四明山为中心的浙东革命斗争史迹给宁波增添了凝重的人文景观。宁波还是著名的侨乡，有30多万宁波籍人士旅居在世界50多个国家和地区。他们中有一大批善于经营管理的企业家和工商巨子，海外“宁波帮”已成为连接宁波与世界各地的重要桥梁和纽带。宁波的商人从这里走向四海，从而有了“无宁不成市”这句话。

◆复习思考题：

1. 试述本区旅游环境特点。
2. 试述黄山“四绝”、杭州“双绝”。
3. 试述皖南古村落特色。
4. 为本地区佛教（九华山、普陀山）名山写一篇导游词。
5. 为本地区中心旅游城市（上海、杭州、南京等）写一篇导游词。
6. 理解：徽文化、吴越文化、海派文化。

△ 第十章

西南文化旅游区

◎ 学习目标：

1. 知识目标：掌握本区旅游环境特征；掌握本区特色的旅游资源特征；了解和掌握本区各地主要的旅游线路、旅游景区、中心城市。

2. 能力目标：培养学生运用已经掌握的知识和能力，根据地区旅游资源特色设计旅游线路。

3. 重　　点：掌握区内各省主要的特色旅游资源。

本旅游区地处我国西南边陲，包括云南、贵州、广西2省1自治区。本区地形复杂，岩溶地貌典型，气候四季宜人，动植物资源极为丰富，为旅游业发展提供了必要的条件。

第一节　区域旅游环境与资源特征

一、地形以高原、山地、盆地为主，岩溶地貌发育

本区地势由西北向东南倾斜，起伏很大，包括滇西与滇南山地、云贵高原和广西丘陵盆地。滇西与滇南山地地处青藏高原东侧，前者属于横断山脉中南部的高山深谷区，后者属于横断山脉南段的“帚状”宽谷地区。云贵高原由云南高原和贵州高原组成，边缘部分被分隔成低山丘陵。广西丘陵盆地为西北稍高、东南略低的倾斜盆地。

本区石灰岩分布面积广、厚度大、质地纯，在我国是岩溶地貌发育最好、类型最齐全的地区。在溶蚀或沉积的作用下，可溶性石灰岩层在地面和地下形成了各种奇特瑰丽的岩溶景观，如孤峰、石林、峰林、石笋、钟乳石、石琴、石幔、石柱等等，这些成为本区最主要的旅游资源。云南的石林，被称为中国四大自然奇观之一，贵州的织金洞被誉为世界奇观，广西的桂林山水享誉海内外。

二、气候类型复杂，生物资源丰富

本区位于低纬度，又受地形影响，气候复杂多样，既有热带、亚热带气候，又有高寒气候，在高原山地区域，气候垂直变化明显。云南地处低纬度高原，地理位置特殊，地形地貌复杂，主要是热带与亚热带季风气候，全省大部分地区冬暖夏凉，四季如春。贵州气候温暖湿润，属亚热带湿润季风气候，气温变化小，冬暖夏凉，又因地形的影响，一些地区气候呈现多样性，素有“一山分四季，十里不同天”的说法。广西北部属于亚热带季风气候，温暖湿润；南部为湿热的热带气候，热量和水分都非常丰富。夏季炎热，没有真正的冬季，但下雨就凉，有“四季皆为

夏，一雨便成秋”之说。

受复杂的地形条件和气候的影响，本区动植物种类很多，生物资源极为丰富。云南被誉为动植物王国，各种热带、亚热带、温带甚至寒带的动植物在此繁衍生息，高等植物种类多达1.7万种，鸟兽类中有46种为国家一级保护动物。主要特色物种有滇金丝猴，绿孔雀，浣熊，蟒，亚洲象、油棕，三七等，南部的西双版纳是我国最大的热带植物基地。贵州生物种类繁多，有1000余种野生动物，其中黔金丝猴、黑叶猴、华南虎、云豹、豹、黑颈鹤、中华秋沙鸭、金雕、蟒等14种被列为国家一级保护动物；众多植物种类中药用植物有3700余种，占全国中草药品种的80%，是全国四大中药材产区之一，“大方生漆”、“六马桐油”为贵州名优土特产品。广西动植物种类也很多，有杜仲、天麻、三七等许多名贵药材，有蕉树、铁刀木、檀木等名贵经济树种，还有众多的动物，仅一级保护野生动物就有24种，其中，白头叶猴是本区独有的物种。

三、地表及地下水丰富，水资源密布全区

本区地面及地下水非常丰富。云南是亚洲许多大江大河的发源地或上游流域区，600多条大小河流，分属于金沙江、澜沧江、怒江、伊洛瓦底江、红河、珠江六大水系。我国第六大淡水湖“高原明珠”滇池，高原湖泊洱海，世界自然遗产“三江并流”风景区，江狭水凶的虎跳峡等都是本区著名的景点。广西境内，河流众多，形成了以红水河—西江为主干流的横贯广西中部以及支流分布于两侧的树枝状水系。这些河流清澈娟秀，绕奇峰流动，构成一幅优美的山水画卷，像漓江、融水的贝江、大新的黑水河、崇左的左江、宁明的明江等。广西海岸线较长，滨海风光也优美动人，如北海的银滩旅游度假区和有“大、小蓬莱”之称的涠洲、斜阳岛屿风光。广西分布有冷、热、温、沸四种泉，其中最多的是温泉。如龙胜温泉、陆川温泉、象州温泉、全州炎井温泉。瀑布资源也很丰富，位于中越交界的归春河上游的德天瀑布闻名遐迩，其它著名的瀑布还有隆林的冷水瀑布、上思的应天府瀑布等。贵州地表河流分属于珠江和长江水系，主要河流有乌江、赤水河、清水江、洪州河、南盘江、北盘江、红水河等。贵州境内有大小瀑布400多条，北盘江支流白水河上的黄果树瀑布气势雄伟，世界闻名，赤水有“千瀑之乡”的美誉，位于黄果树瀑布上游附近的龙宫及有“高原明珠”之称的红枫湖，风景迷人。

四、多姿多彩的民族风情

从古到今，本区一直是我国少数民族聚居最集中的地区。云南是我国少数民族最多的省份，全国56个民族中，云南就有52个。云南总人口4144万，少数民族占38.07%，其中彝族、白族、哈尼族、壮族、傣族、苗族、傈僳族、回族、拉祜族、佤族、纳西族、瑶族、藏族、景颇族、布朗族、普米族、怒族、阿昌族、基诺族、蒙古族、独龙族、满族、水族、布依族等20多个少数民族的人口都超过8000人。贵州有49个少数民族，人口占全省总人口的37.8%，其中分布比较多的是苗族、彝族、侗族和瑶族等。广西聚居着壮、汉、瑶、苗、侗、仫佬、毛南、回、京、彝、水和仡佬等12个主要民族，是少数民族人口最多的省区。其中壮族人数最多，有1500多万，占到总人口数的33%。这些少数民族在长期的生产生活中，形成了各自的民族风俗，创造出了富有特色的民族文化，构成了独具优势的人文旅游资源。

本区最突出的旅游资源在于丰富多彩的民族文化与民族风情。在服饰、饮食、居住、婚礼、丧葬、礼仪、歌舞、节庆各个方面，各民族均有所不同。有的保留自己民族的特色，有的是多民族的融合，傣族的孔雀舞、象脚鼓舞，景颇族的目瑙纵歌，哈尼族的扇子舞、扭鼓舞，白族的霸王

鞭等均有代表性；壮族"吹木叶"（其他少数民族亦有）、弹七弦琴，瑶族长鼓舞、铜鼓舞，苗族赛芦笙，侗族琵琶歌，京族独弦琴、"唱哈"等，都是独具特色的民族文艺形式。2001 年，昆曲艺术被联合国教科文组织评为"人类口头和非物质遗产代表作"，标志着我国的民族民间文化保护工作开始同世界接轨。该区的少数民族工艺品精致美观，绚丽多彩，就地取材，加工精巧，民族特色浓郁，像织锦、刺绣、蜡染、大理石雕、刀鞘、竹编、东巴木雕等都是其中的佼佼者。

第二节　各省（市）重点旅游线路、旅游景区（点）、中心城市

一、云南省

（一）云南概况

云南省，简称"云"或"滇"，位于我国西南边陲，因其位于"云岭之南"而得名。战国时期，这里曾是滇族部落的生息之地。全省总面积约 39 万平方千米，西南、南、东南分别与缅甸、老挝和越南相邻。温暖湿润的气候，复杂多样的地形，特殊的地理位置，悠久的历史，造就了云南丰富的旅游资源。其中丽江古城是云南最大、最古老的民族古城，于 1997 年被联合国教科文组织批准为世界文化遗产。三江并流与石林分别于 2003 年和 2008 年被联合国教科文组织批准为世界自然遗产。

（二）重点旅游线路

1. 特色线路

（1）元阳梯田艺术游：昆明——元阳老县城
多依（观梯田）——云海日出——胜利村——全福庄——箐口民俗村——箐口蘑菇房——寨中林——保山寨——坝达梯田——元阳——建水

（2）丽江泸沽湖风光游：丽江——玉龙雪山——云杉坪——甘海子——白水河——玉水寨——东巴神园——四方街——玉泉公园
丽江——泸沽湖——蛇岛——摩梭人家——宁蒗

2. 传统线路

（1）云南风情游：昆明——世博园——金殿——世博吉鑫宴舞
西山——龙门——大观楼
石林——大理——洱海——南诏风情岛
大理三塔——大理古城——洋人街
玉龙雪山——云杉坪——甘海子——白水河——玉水山寨——东巴神园

（2）彩云之巅游：昆明——世博园——金殿——世博吉鑫宴舞
石林——西双版纳
打洛边贸——独树成林——中缅界碑——国门——缅佛寺——小勐拉集市——八角亭
勐仑植物园——澜沧江——橄榄坝集市——勐仑植物园——傣寨风光
原始森林公园——傣族泼水——抢亲活动——民族歌舞表演——大理

大理苍山洱海——小普陀——观音阁——蝴蝶泉公园——观崇圣寺三塔——大理古城——洋人街

丽江——黑龙潭公园——丽江古城——四方街

玉龙雪山——云杉坪——白水河——甘海子——东巴神园

丽江——虎跳峡——长江第一湾

丽江——泸沽湖——里务比岛——土司岛

昆明——西山——龙门——大观楼

3. 自助线路

云南环线游：从昆明出发，经过大理，游大理老城，观洱海、苍山，经过丽江、白沙壁画，欣赏纳西古乐，游玉龙雪山，前往虎跳峡、长江第一峡，从丽江前往泸沽湖，探寻摩梭人村落，游泸沽湖自然风光，返回昆明。

（三）旅游景区（点）

1. 三江并流风景区

三江并流指发源于青藏高原的怒江、金沙江（长江上游）和澜沧江（湄公河上游）三条大江在云南省西北部穿过横断山脉高大的云岭、怒山、高黎贡山中幽深的峡谷，并行奔流数百千米而不交汇的自然奇观。三江间最近处直线距离 66.3 千米，其中怒江、澜沧江最近处只有 18.6 千米的怒山相隔，形成了“四山夹三江”的典型地貌奇观。这里是我国生物种类最丰富的区域，同时也是世界上温带生物种类最丰富的区域。

“三江并流”世界遗产提名地由高黎贡山区、梅里雪山区、哈巴雪山区、千湖山区、红山区、云岭片区、老君山区、老窝山区八大片区组成。这八大片区有机地结合在一起，分别代表了不同流域、不同地理环境下的各具特色的生物多样性、地质多样性、景观多样性的典型特征，在整体价值上互为补充，在典型资源上不可替代，因此该地的旅游资源具有唯一性和完整性的特点。景区内高山雪峰横亘，海拔垂直变化较大，从 760 米的怒江干热河谷到 6740 米的卡瓦格博峰，汇集了高山峡谷、雪峰冰川、高原湿地、森林草甸、淡水湖泊、稀有动物、珍贵植物等奇观异景，具有雄、险、秀、奇、幽、奥、旷等特色。目前，这一区域内栖息着珍稀濒危动物滇金丝猴、羚羊、雪豹、孟加拉虎、黑颈鹤等 77 种国家级保护动物和秃杉、桫椤、红豆杉等 34 种国家级保护植物。

三江并流还孕育了数千年的“江边文化”。澜沧江上游的叶枝镇、金沙江上游的石鼓镇作为历史文化名镇的代表，已成为“茶马古道”上和“三江并流”区域的亮点。纳西傈僳族自治县叶枝镇，曾是滇藏“茶马古道”的主要物资集散地，融合了傈僳、藏、纳西等 9 个民族的聪明和智慧，向世人展示了具有傈僳族特色的民族文化，是全国独树一帜的宝贵历史文化遗产。石鼓镇为著名的长江第一湾所在地，是茶马古道的要津和南下大理、北进藏区的交通枢纽，是金沙江上游的一个历史文化重镇。1936 年红二方面军由此渡江北上，现已在此建立了红军渡江纪念碑和以“金沙水暖”为主题的红军渡江雕塑。1997 年，石鼓被列为爱国主义教育基地。

三江并流是云南省面积最大的景区，以其丰富壮观的景观、多彩多姿的民族风情吸引着国内外游客，1989 年经国务院批准定为第二批国家级风景名胜区。

2. 西双版纳景区

西双版纳，意思是“理想而神奇的乐土”，位于云南省西南端。景区以丰富迷人的热带、亚热带雨林、季雨林、沟谷雨林风光、珍稀动物和绚丽多彩的民族文化、民族风情而闻名于世。这里的气候“常夏无冬，一雨成秋”，森林繁茂密集，许多珍稀、古老、奇特、濒危的动植物为西双版纳所独有，因此被誉为“动植物王国”。景区多绿、多雾、多傣家民风，温馨和谐，原始的生态环境别有韵味。受泰国、缅甸的影响，西双版纳充满了佛风，佛塔寺庙与傣家竹楼、翠竹古木相互掩映，一派神圣景象。景区包括景洪市风景片区、勐海县风景片区、勐腊县风景片区，共有19个风景区，800多个景点。

西双版纳橄榄坝泼水节

西双版纳原始森林，融会了独特的原始森林自然风光和迷人的民族风情，是景区最大的综合性生态旅游景点之一。森林公园的主题为“原始森林、野生动物、民俗风情”，主要有热带沟谷雨林，孔雀繁殖基地，猴子驯养基地，大型民族风情演艺场，爱尼寨，九龙飞瀑，曼双龙白塔，百米花岗岩浮雕，金湖传说等景区。公园内森林覆盖率超过98%，品种繁多的热带植物遮天蔽日，龙树板根、独木成林、老茎生花、植物绞杀等植物奇观异景随处可见。爱尼寨的抢亲、泼水节的欢畅、各民族的歌舞表演，使游客置身于浓郁的民族风情中留连忘返。孔雀开屏迎宾，猴子与人嬉戏，黑熊、蟒蛇、蜥蜴、穿山甲等珍稀动物，让游客充分感受人与自然、人与动物的和谐融洽。

西双版纳野象谷，位于景洪以北的勐养自然保护区，这是一片上百万亩的热带雨林，区内河谷纵横，森林茂密，生长着亚洲野象、野牛、绿孔雀、猕猴等珍奇动物。由于野象的活动较为频繁，这里就成为西双版纳唯一可观赏到野象的地方。现存亚洲象近300头，经常三五成群出没在河边、密林，甚至到公路上徜徉，到人们视野内觅食、饮水、洗澡、散步、嬉戏。在野象谷，白天可观赏训练过的大象表演节目，夜晚可一睹从森林走到此地觅食的真正野象风姿。在公园中心区，沿蜿蜒小河建有高6米，宽1米、长200米的“丁”字形空中长廊，供游客在夜色中观赏野象活动，领略回归大自然的情趣。

野象谷

3. 香格里拉风景区

香格里拉景区地处青藏高原东南边缘、横断山脉南段北端，拥有雪山、峡谷、草原、高山湖泊、原始森林和民族风情等多种旅游资源，是多功能的旅游风景名胜区。景区内雪山耸峙，草原广袤，河谷深切，苍凉的茶马古道上的石门关，滇西奇观色仓大裂谷，林海中那些清幽宁静深遂神秘的高山湖泊，组成了香格里拉神奇险峻而又清幽灵秀的自然景观。世代生活于此的藏、傈僳、汉、纳西、彝、白、回等各个民族，在生活方式、服饰、民居建筑以及婚俗礼仪等传统习俗中，互相融合又彼此独立，形成了浓郁的民族风情。藏族的中甸锅庄舞，傈僳族的对脚舞，独具特色；藏族的丹巴舞、格冬节宗教色彩浓郁，耐人寻味；藏历新年、五月赛马节、傈僳族的刀杆节和纳西族的“二月初八朝白水”等民族节庆热闹非凡；藏式木碗、藏毯、铜器、银饰等手工艺品，精巧美观；藏医、藏药、东巴象形文字和原始宗教图腾等魅力无穷。

香格里拉的主要景区（点）有虎跳峡、碧塔海、松赞林寺、白水台、纳帕海、依拉草原、梅里雪山、白茫雪山、小中甸花海、香格里拉大峡谷、萨马阁自然保护区、达摩祖师洞、普达措国家森林公园。景区精华是梅里雪山，梅里雪山的精华是雨崩村。梅里雪山是著名的“日照金山”，以其巍峨壮丽、神秘莫测而闻名于世，具有巨大的观赏价值和科学考察、探险价值，但是，由于种种原因至今尚无人登上峰顶。雪山脚下雨崩村落，更是保存完好的原始藏族村落，吸引着众多的游客前去观光游览。最高峰卡瓦格博峰巍峨壮丽，海拔6740米，为藏传佛教的朝圣地，位居藏区八大神山之首，周围矗立着太子雪山、白茫雪山、哈巴雪山等。

梅里雪山

阅读材料：虎跳峡

虎跳峡位于丽江纳西族自治县，全长18千米，分上虎跳、中虎跳、下虎跳三段。峡谷垂直高差3790米，是世界上最深的峡谷之一。江流最窄处，仅约30余米，相传猛虎下山，在江中的礁石上稍一纵身，便可腾空越过，故称虎跳峡。上虎跳是峡谷中最窄的一段，江心雄踞一块巨石“虎跳石”，横卧中流，如一道跌瀑高坎陡立眼前，把激流一分为二，惊涛震天。中虎跳江面落差甚大，百米峡谷中，礁石林立，水流湍急，惊涛拍岸，“满天星”礁石区是这里最险的地方。从中虎跳过险境“滑石板”，即到下虎跳。下虎跳有纵深1公里的巨大深壑，这里接近虎跳峡的出口处，是欣赏虎跳峡最好的地方。2005年10月，虎跳峡被评为中国最美的十大峡谷之一。

（四）中心城市

1. 昆明

昆明是云南省会，全省唯一地处我国西南边陲的特大城市，是我国面向东盟的重要门户及国际旅游城市之一，也是我国著名的历史文化名城。昆明虽地处北纬亚热带，但却夏无酷暑，冬无严寒，百花盛开，气候宜人，具有典型的温带气候特点，素以“春城”享誉中外。美丽的自然风光、灿烂的历史古迹、绚丽的民族风情，使昆明跻身为全国十大旅游热点城市，首批进入中国优秀旅游城市行列。全市有石林世界地质公园、滇池、安宁温泉、九乡、阳宗海、轿子雪山等著名风景区，还有世界园艺博览园和云南民族村等100多处重点风景名胜。

石林世界地质公园，坐落在昆明南边的石林彝族自治县境内，是以岩溶地貌为主体的风景名胜区。景区面积400平方千米，包括大小石林、乃古石林、大叠水、长湖、月湖、芝云洞、奇风洞7个风景片区。景区内遍布着上百个黑色大森林一般的巨石群，有的独立成景，有的纵横交错连成一片，奇石怪峰拔地而起，参差峰峦，千姿百态，巧夺天工，被誉为"天下第一奇观"。云南石林面积之广大，保存之完好，发育之典型，年代之古老，造型之独特，类型之齐全，为世界罕见。2004年2月13日，石林成为联合国教科文组织评定的全球首批世界地质公园之一。

阿诗玛

李子营石林，主要由石林湖、大石林、小石林和李子园几个部分组成，是石林景区内单体最大，也是最集中、最美的一处。景区内，石柱、石壁、石峰千姿百态，争奇竞丽。当地流传一首打油诗："远看大石头，近看石头大。石头果然大，果然大石头。"景区多象生石，有孔雀梳翅、凤凰灵仪、象距石台、犀牛望月；有唐僧石、悟空石、八戒石、沙僧石、观音石、将军石、士兵俑、诗人行吟、母子偕游、阿诗玛等，无不栩栩如生，惟妙惟肖，令人叹为观止。有一处"钟石"，能敲出许多种不同的音调。整个李子营石林峰回路转，曲径通幽，移步易景，是一座巨大的自然石景艺术宝库，令游客流连忘返，赞不绝口。

滇池，古名滇南泽，又称昆明湖，位于昆明市西山脚下，因周围居住着"滇"部落或有水似倒流、"滇者，颠也"之说，故曰"滇池"。滇池，为我国第六大淡水湖，素有"五百里滇池"之称，是一颗璀璨的高原明珠。它既有湖泊的秀丽，亦有大海的气魄。滇池风光秀丽，碧波万顷，一日之内，随着天际日色、云彩的变化而变幻无穷，令人陶醉。游客既可环湖探访石器时代的遗址，追寻古滇王墓的踪迹，探索云南文化摇篮的奥秘；又可在岸上游览西山、白鱼口、郑和故里、盘龙古寺、官渡金刚塔等十几处名胜古迹；还可以深入环湖海口、昆阳、晋宁、呈贡、官渡、黑林铺等大小城镇考察风俗民情。滇池水域，群山环抱，河流纵横，良田万顷，人称"高原江南"。

滇池

2. 大理

大理全称大理白族自治州，地处云南省中部偏西，气候温和，土地肥沃，山水风光秀丽多姿，是西南边疆开发较早的地区之一，拥有4000多年的历史。大理有"风花雪月"的美称，即下关风、上关花、苍山雪、洱海月，是其主要的自然旅游资源。世居于此的白族、彝族等少数民族在历史的长河中，留下了众多的文物古迹。修建于明洪武十五年的大理古城，屏山镜水环境优美，古朴典雅生意盎然，成为当地历史文化的主要载体。人文古迹遍布境内，旅游景点有崇圣寺三塔，云南驿古镇，巍山古城，白族村寨周城（扎染之乡），严家院，剑川木雕，千年白族村，云龙太极图，大慈寺火葬墓群，虎头山古建筑群。大理是一个以白族为主的多民族地区，境内居住有彝、回、傈僳、苗、汉等多个民族，都具有本民族特有的风俗，绚丽多姿的民族婚礼，风趣的掐新娘活动，意味无穷的取乳名和抢名习俗，一驮谷子换一驮梨的古朴交易，简朴的回族葬礼，组成了民族风俗“大观园”。

苍山

苍山洱海风光秀美，是古今旅游者所向往的地方。苍山，又名点苍山，共有 19 座山峰，巍峨雄壮，与秀丽的洱海风光形成强烈对照。苍山景色以雪、云、泉著称。经夏不消的苍山雪，是久负盛名的大理“风花雪月”四景之最。春夏时节风和日丽，山腰以上苍翠欲滴，而山顶仍堆银垒玉，不愧是一个冰清玉洁的水晶世界。点苍山的云变幻多姿，时而淡如青烟，时而浓似泼墨。在夏秋之交，不时出现玉带似的白云横束在苍翠的山腰，长亘百里，竟日不消，妩媚动人。苍山还是一个花团锦簇的世界。不仅有几十种杜鹃，而且有珍稀的玼碧花和绣球似的马缨花等。苍山云景变幻万千，其中最有名的是“望夫云”和“玉带云”。每年冬春季节，望夫云常常出现于玉局峰顶，之后洱海随即狂风大作掀起阵阵惊涛骇浪，渔船不能出海，因此望夫云又被称为“无渡云”。玉带云不仅妩媚动人，而且按白族农谚所说，它还是丰收的预兆：“苍山系玉带，饿狗吃白米”。

洱海

洱海，古代曾被称为“叶榆泽”，是白族人民的“母亲湖”，呈狭长形，南北长 40 千米，面积约 240 平方千米，因形状像一个耳朵而得名。洱海为云南省第二大淡水湖，我国第七大淡水湖，是一个风光秀美的高原淡水湖泊。洱海是大理“风花雪月”四景之一“洱海月”的所在地。巡游洱海，岛屿、岩穴、湖沼、沙洲，林木、村舍，各具风采，令人赏心悦目，古人将其概括为“三岛、四洲、五湖、九曲”。洱海西面有点苍山横列如屏，东面有玉案山环绕衬托，空间环境极为优美，“水光万顷开天镜，山色四时环翠屏”，素有“银苍玉洱”、“高原明珠”之称。

古城大理（现大理城）简称榆城，位于南诏和大理国都城遗址的东部，是我国第一批 24 座历史文化名城之一。大理城方圆 12 里，城墙高 2 丈 5 尺，厚 2 丈；东西南北各有一城门，上有城楼，四角还有角楼。城内市井俨然，布局呈棋盘状，从南到北有 5 条街，从东到西 8 条巷。如今保存下来的还有南北城的部分城墙、南城楼(1982 年重建)。大理城古朴而幽静,城内流淌着清澈的叮咚溪水,家家户户养花植树,花果并茂,漫步在大街小巷,让人心旷神怡。

大理古城

二、贵州省

(一)贵州概况

贵州,简称"黔"或"贵",是云贵高原上的一颗明珠。境内自然风光神奇秀美,山水景色千姿百态,溶洞景观绚丽多彩,野生动物奇妙无穷,文化和革命遗迹闻名遐迩。贵州地势西高东低,高原山地居多,素有"八山一水一分田"之说。境内岩溶地貌发育非常典型,分布范围广泛,形态类型齐全,地域分布明显,构成一种特殊的岩溶生态系统。黄果树瀑布曾荣膺"中国最美的地方",荔波的喀斯特景区已入选《世界自然遗产名录》,以遵义会址和红军四渡赤水遗迹为代表的举世闻名的红军长征文化,更让人驻足凭吊,追思缅怀。贵阳因气候宜人,适合避暑消夏而成为"世界避暑之都"。另外,境内茅台镇所产的茅台酒被誉为我国的国酒,与英国威士忌、法国白兰地齐名,并称世界三大蒸馏酒。

(二)重点旅游线路

1. 特色线路

(1)马岭河漂流游:兴义——黄果树瀑布
马岭河漂流——马岭河大峡谷
婚俗博物馆——万峰林——苗族村寨

(2)贵阳民俗风情游:贵阳——甲秀楼——弘福寺
贵阳——贵定——凯里——铜鼓寨
民族村博物馆——吊脚楼
凯里——榕江——上郎德长裙苗族寨
榕江——从江——肇兴——鼓楼——风雨桥

(3)黄果树风光、红色旅游:红枫湖——自然苗族村寨
黄果树大瀑布——天星景区
息烽集中营——遵义会议会址——红军总政治部——红军烈士陵园——毛泽东旧居
黔灵山——弘福寺——甲秀楼

2. 传统线路

(1)贵州风光游:甲秀楼——弘福寺
凯里民族风情博物馆
安江铁索桥——黄平飞云崖——镇远
阳河——诸葛峡——龙王峡——西峡——水帘洞——孔雀列屏——三

叠水——青龙洞古建筑群

凯里——台江反排木鼓舞——民族博物馆

郎德上寨——麻塘

凯里——贵阳——黔灵山——花溪

（2）梵净山风光游：黑湾河瀑布群——鬼门关一鱼坳——金刀峡——镇国寺——

金顶——蘑菇石——九皇洞

梵净山——铜仁——玉屏

（3）贵阳、黄果树、杉木河风光游：黄果树——龙宫——天星桥

镇远——青龙洞古建筑群

施秉——杉木河漂流——云台山

3. 自助线路

苗侗民族风情游：起点凯里，终点黄果树，途经雷山的天然民俗博物馆，郎德，千户苗寨，国家森林公园雷公山，铜鼓（麻江农民绘画之乡），丹寨的天下鸟笼第一村卡拉，榕江三宝侗寨（侗族风情），岜沙（中国最后一个枪手部落），黎平肇兴侗寨，锦屏隆里古镇，天柱三门塘百姓宗祠，台江的反排木鼓舞，剑河温泉，古生物化石博物馆，黄果树瀑布。

（三）旅游景区（点）

1. 黄果树瀑布

黄果树瀑布，位于安顺市镇宁布依族苗族自治县，以当地一种常见的植物“黄果树”而得名。它是由18个雄、奇、险、秀风格各异的大小瀑布组成，其中以黄果树大瀑布最为优美壮观，故统称为黄果树瀑布群，被大世界吉尼斯总部评为世界上最大的瀑布群，列入世界吉尼斯记录。

景区以黄果树瀑布为中心，以瀑布、溶洞、地下湖为主体，形成了层次丰富的喀斯特山水旖旎风光。景区内瀑布成群，洞穴成串，峰峦叠翠，植被奇特，伏流、溶洞、石林、石壁、峡谷比比皆是。每到夏秋季节，瀑布如黄河倒倾，峭壁震颤，谷底轰雷，十里开外，也能听到它的咆哮，对岸观瀑亭上一副对联“白水如棉，不用弓弹花自散；虹霞似锦，何须梭织天生成”，形象而生动地概括了黄果树瀑布的壮丽景色。黄果树瀑布的形态随季节不同而有所变化，冬天水少时，它妩媚秀丽，轻轻下泻；到了夏秋，水量大增，那撼天动地的磅礴气势，令人惊心动魄。有时瀑布激起的雪沫烟雾，高达数百米，漫天浮游，竟使其周围经常处于纷飞的细雨之中。瀑布后绝壁上凹成一洞，称“水帘洞”，134米长，洞内有6个洞窗，5个洞厅，3个洞泉和2个洞内瀑布。游人穿行于洞中，可在洞窗内观看洞外飞流直下的瀑布；每当日薄西山，凭窗眺望，犀牛潭里彩虹缭绕，云蒸霞蔚，苍山顶上绯红一片，迷离变幻，这便是著名的“水帘洞内观日落”。黄果树瀑布是世界上唯一的可从上、下、前、后、左、右六个方位观看的瀑布，也是世界上唯一一个有水帘洞自然贯通且能从洞内向外听、观、摸的瀑布。瀑布底部有一深潭，是瀑布从高处泻落，成年累月，冲击形成的，传说有犀牛从潭中登岸，因此得名“犀牛潭”。

黄果树景区主要包括黄果树大瀑布景区，石头寨景区，天星桥景区，滴水滩瀑布景区，霸陵河峡谷三国古驿道景区，陡坡塘景区，郎宫景区。在瀑布群中，除了大瀑布外，还有众多的瀑布可以观赏，诸如瀑顶最宽的陡坡塘瀑布，潭面最长的螺丝滩瀑布，落差最大的滴水滩瀑布，形态最美的银练坠滩瀑布等。

黄果树大瀑布

2. 织金洞

织金洞原名“打鸡洞”、“乾宏洞”、“织金天宫”，位于织金县城东北官寨乡东街口，是我国著名的岩溶风景名胜区，与红枫湖、龙宫、黄果树大瀑布共同形成旅游黄金环线。织金洞属于高位旱溶洞，石笋、石柱、石芽等四十多种堆积物遍布洞中，形成千姿百态的岩溶景观，有“岩溶博物馆”之称。洞内地形复杂，道路纵横交错，石峰遍布，流水、间歇水塘、地下湖错置其间。雄伟壮观的“地下塔林”、虚无缥缈的“铁山云雾”、一望无涯的“寂静群山”、磅礴而下的“百尺垂帘”、深奥无穷的“广寒宫”、神秘莫测的“灵霄殿”、豪迈挺拔的“银雨树”、纤细玲珑的“卷曲石”、栩栩如生的“普贤骑象”、“婆媳情深”……一幅幅大画卷，一处处小场景，令人惊叹不已。

织金洞

织金洞最显著的特征为“大、奇、全”。“大”指织金洞的空间及景观规模宏大，气势磅礴。“奇”指景观及空间造型奇特，审美价值极高。“全”指洞内景观形态丰富，类型齐全，岩溶堆积物囊括了世界溶洞的主要堆积形态和类别。目前已开发十个景区，有迎宾厅、讲经堂、塔林洞、万寿宫、望山湖、江南泽国、雪香宫、灵宵殿、广寒宫、十万大山。瑰丽多姿的岩溶地貌风光，把织金洞映衬得气势恢宏，这是大自然赋予人类的杰作、精品。在中国国家地理“选美中国”评选活动中，织金洞位居“中国最美的旅游洞穴”榜首。

3. 龙宫

龙宫位于安顺市南郊，毗邻黄果树风景区，是贵州省接待条件最成熟、景观最精华的黄金旅游景点之一。景区以溶洞、洞穴、瀑布为主体，包括龙宫中心区、油菜湖、漩塘、蚂蟥四大片区，以全国最长、最美丽的水溶洞及多类型的喀斯特景观而被游客赞誉为“大自然的大奇迹”。龙宫是全世界水旱溶洞最多、最集中的地方，在方圆10平方千米的范围内，星罗棋布着大大小小的水、旱溶洞90余个，可分成五组溶洞，由一条暗河连接，人们习惯上称为“五进龙宫”。暗河最深处达28米，最宽处30多米，最窄处只能容一只小船通行，河水平稳凝重，幽深莫测。目前开放的溶洞为一进和二进龙宫，景致各异，是龙宫景观的精髓所在。

龙宫

一进龙宫全长840米,共有五个大厅,包括群龙迎宾厅,山水壁画厅,五龙护宝厅,水晶宫殿,高峡幽谷厅。厅内景色上下辉映,别有洞天,有从洞顶垂悬下来的钟乳石,酷似龙形,张牙舞爪;有千万年形成的石幔、石花在洞壁组成景物形象和图案,多式多样;还有丰富的钟乳石堆积物,像"龙女坐宫"、"老龙回宫"、"哪吒闹海"等。二进龙宫则分为四个大厅,洞内景观粗犷,钟乳怪诞,如刀劈斧削,潭深水幽,曲折神秘,船行其中恍如"时光隧道",妙趣横生。

龙宫景区的特色景观主要包括被游客称为"中国惟美水溶洞"的地下暗河溶洞,我国最大的洞中寺院——龙宫观音洞,我国最大的洞中瀑布——龙宫龙门飞瀑,山不转水转的漩水奇观——龙宫漩塘。龙宫观音洞,总体面积达2万多平方米,里面所有的殿堂都是天然溶洞,内有32尊人工雕刻的佛像。主殿上有一天然神似观音的钟乳石,天然佛像和人造佛像浑然一体,在国内实属罕见。龙门飞瀑,高50余米,宽26米,流水以喷泻之势钻山劈石,气势磅礴,万马奔腾,十分壮观。龙宫漩塘,是一个面积达一万余平方米的圆塘,池水不借风力,日日夜夜、年年岁岁永不停歇地沿着顺时针方向旋转着,景象珍奇,令游客陶醉。

(四)中心城市

1. 贵阳

贵阳,贵州省省会,位于云贵高原东部,因位于贵山之南而得名。贵阳夏无酷暑、冬无严寒,素有"避暑之都"之美称,在2006年"中国十佳避暑旅游城市"评选中,贵阳以"具有夏季特别是最热月平均气温舒适度的优势"荣登榜首。贵阳的岩溶地貌发育典型,具有山奇、水秀、石美、洞异的特点。它还是一个多民族杂居的城市,有汉族、布依族、苗族、回族、侗族、彝族等20多个民族。境内既有红枫湖、开阳峡谷生态公园等以山、水、林、洞为特色的高原自然风光,又有如阳明洞、青岩古镇和息烽集中营旧址等文化内涵极为丰富的人文景观,还有古朴浓郁、多姿多彩的少数民族风情。

(1)红枫湖

红枫湖,位于清镇、平坝县境内,为贵州高原人造湖之最。这是一个拥有100多个岛屿的高原岩溶湖泊,主要以岩溶地貌和湖光山色为特色。湖边有座红枫岭,深秋时节,枫叶红似火,红叶碧波,风景优美,故名"红枫湖"。放目远眺,如黛的山峰,五颜六色的楼房,鲜艳的亭子,蔚蓝的天空,淡蓝的湖水,好似一幅徐徐展开又无尽头的山水画卷。

红枫湖可分为北湖、南湖、中湖、后湖四部分。北湖以岛闻名,如鸟岛、蛇岛、龟岛……据说共有71个小岛。南湖以洞著称,像将军洞、打鱼洞、水下洞等,洞中岩溶地貌非常发育,各种怪异钟乳石令人赞叹。中湖位于北湖与南湖之间,以奇石异峰著称,山上松柏苍翠,峭壁陡岩,颇具气势。后湖湾汉众多,纵横交错,船行人移,夕阳余辉下,恰似烟雨江南,美丽如画。风景区内还建有苗寨、侗寨、布依寨,苗家的吊脚楼、侗家的鼓楼及风雨桥、布依族的石板房错落有致,别具特色。游客在此可以品尝侗家的风味,聆听侗家姑娘动人的歌声,欣赏别有韵味的民族歌舞，领略敬酒歌、拦路酒等浓郁的民族风情。

红枫湖

（2）青岩古镇

位于贵阳市南郊，方圆3平方千米。古镇始建于明朝洪武（1378年）年间，数百年来多次整修扩建，如今成了一座具有明清风格的文化古镇。朝门、腰门以及陈旧古老的石柜台和木柜台，依然保存完好。镇内祠宇林立，建有九寺、八庙、五阁、三洞、二祠、一宫、一院，共30多座庙宇祠堂，气势雄伟，雕梁画栋，工艺精妙绝伦，令人赞叹不已，其中慈云寺的石雕、寿佛寺的木雕均为贵阳市仅见的精品。小镇中除了众多的寺庙之外，还保留着一座基督教堂和一座天主教堂。

青岩古镇

2. 遵义

遵义俗称黔北，扼川黔渝交通要冲，为川黔渝门户，历来就是战争频发之地。遵义山川秀丽，风光独特，尤以山、水、林、洞为主要特色。优美的自然风光与浓厚的历史文化沉积，使之成为川渝黔金三角旅游区的重点景区。景区内有被称为“西南古代雕刻艺术宝库”的杨粲墓，被誉为“生物活化石”的国家级桫椤自然保护区，神州又一奇观赤水十丈洞瀑布等，可谓处处有佳境，步步有名胜。

遵义会议会址，位于遵义老城红旗路，原系国民党二十五军第二师师长柏辉章的私邸。这是一幢砖木结构、中西合璧的两层楼房，是当时遵义城里首屈一指的宏伟建筑，高墙垂门，巍峨壮丽。1935年1月15日至17日，著名的遵义会议就是在主楼楼上原房主的小客厅内举行的。1954年1月，遵义会议会址开始复原陈列，1957年7月1日，正式对外开放。会议室呈长方形，面积27平方米，室内陈设基本上保持了当年开会时的原貌。在大门正中高悬一巨匾，上有毛泽东主席于1964年手书的“遵义会议会址”六个大字，苍劲有力。长征精神诲育千秋，遵义会议永放光芒。1993年遵义会议会址被国家文物局遴选为“全国优秀社会教育基地”。1995年，团中央将其命名为“全国青少年教育基地”。1997年，中共中央宣传部公布为100个爱国主义教育示范基地之一。

遵义会议遗址

赤水位于贵州省西北部，是一个山川秀丽、风景优美的城市，森林覆盖率高达74.2%。赤水因美丽而神秘的赤水河贯穿全境而得名，更因中国工农红军“四渡赤水”而扬名中外。赤水风景名胜区是国务院唯一以行政区名称命名的国家级风景名胜区，拥有独特丰富的自然生态资源和历史文化资源，原始古朴，自然天成。景观以瀑布、竹海、湖泊、森林、桫椤、丹霞地貌以及原始生存环境和生存状况为主要特色，兼有古代人文景观和红军长征遗迹，享有“千瀑之市”、“丹霞之冠”、“竹子之乡”、“桫椤王国”、“长征遗址”的美誉。目前，赤水大瀑布、四洞沟、五柱峰、红石野谷、中国侏罗纪公园、燕子岩国家森林公园、竹海国家森林公园等自然景区以及大同古镇、丙安古镇、红军长征遗址等人文景区已经对外开放。大自然的鬼斧神工将赤水的丹霞地貌切割雕塑成一条条峡谷，一座座绝壁，一处处岩穴，一条条瀑布，造就了赤水这个门类齐全、质量上乘、品位高雅的自然风景区。

阅读材料：中国侏罗纪公园

中国侏罗纪公园，以赤水桫椤国家级自然保护区为载体，是世界上唯一一个以桫椤及其生存环境为保护对象的自然保护区，拥有世界上数量最多、面积最广的桫椤林区。桫椤，又名树蕨、水桫椤、刺桫椤、龙骨风，约出现在距今3亿多年前，比恐龙的出现早1亿5千多万年，是植物家族中的“祖太太”。它既是地球历史的见证，又能供科学家研究古生物、古植物、古地质、古气候、古环境的演变和进化之用，还有极高的观赏和药用价值。在赤水的每一条丹霞峡谷，几乎都分布着成片的桫椤和大量同时代的标志植物。2000年10月，国家旅游局批准在赤水桫椤国家级自然保护区内，开设“地球爬行动物时代”标志植物及其生存环境游览观光园林，并正式命名为“中国侏罗纪公园”，向中外游人推出地球侏罗纪、白垩纪自然生态景观，展示2亿年前地球的原生态自然风貌。在这里，有的祖孙三代桫椤结为一体，同生共存；有的桫椤遍身伤疤，就像蛇的鳞斑一样，所以取名“龙鳞桫椤”；鸳鸯桫椤，是两棵大小一致的小桫椤根茎紧靠一起，长大后根部成为一个不可分离的树蔸，极为罕见；还有奇特的“真假桫椤”，主干为桫椤，基部茎干又长出一株不同种的小“黑桫椤”，因二者同属不同种，故被称之为“真假桫椤”。据估计，赤水所拥有的桫椤树在15至18万株以上，所以说，走进赤水，就是走进了恐龙的后花园，走进了侏罗纪时代。

赤水河每年重阳节至第二年端午节之间，河水清澈透明，古老的茅台人利用这一时段蒸酒，酿出了如天宫玉液般的茅台。更不可思议的是，沿河北去，名酒迭出，如郎酒、泸州、藏酒、国宴酒、茅河酒、小糊涂仙、酒中酒等，所谓“一杯赤水酒，万丈英雄气”。所以又有人说：赤水河是国酒的母亲河，是中华酒文化的源头，是一条流淌着诗人豪气、英雄侠气、天地正气的“美酒河”！

三、广西壮族自治区

(一)广西概况

广西壮族自治区,简称"桂",属于山地丘陵性盆地地貌。岩溶地貌集中连片,分布于桂西南、西北、中部及东北,呈盆地状的峰林是其中的典型代表。形态最典型、风景最秀美的是桂林、阳朔一带的石灰岩峰林。广西约有10万溶洞,且景观优美,素有"无山不洞,无洞不奇"之称。在瑰丽多姿的溶洞里,石乳、石笋、石幔、石柱、石花、石莲、石林等琳琅满目,美不胜收。比较著名的旱洞型溶洞有桂林的芦笛岩、七星岩,柳州的都乐岩,武鸣的伊岭岩,北流的色漏洞、玉林龙泉洞等;水洞型溶洞有桂林冠岩、荔浦丰鱼岩、灌阳龙宫、钟山碧水岩、马山金伦洞等。广西河流众多,清澈涓秀,在地域上多与奇峰搭配,形成一派山环水绕,山水相依的秀丽景色。如举世闻名的漓江,融水的贝江、资源的资江、宜山的下枧河、大新的黑水河、崇左的左江、宁明的明江等。这里还是少数民族聚居的省份,多姿多彩的民族风情,热闹非凡的节庆活动,吸引着海内外的游客。

(二)重点旅游线路

1. 特色线路:

(1)百色风情游:澄碧湖景区——水源洞——罗妹洞——九龙柱(世界最大莲花盆)
乐业——磨里村——布柳河——乐业
乐业——大石围天坑群——百色——冒气洞——天坑东、西峰观景台——地下原始森林
百色——靖西——通灵大峡谷
德天瀑布——绿岛行云——归春界河——中越53号界碑——沙屯叠瀑——黑水河

2. 传统线路

(1)桂林山水游:桂林——七星公园
桂林山水——阳朔
叠彩山——伏波山——象鼻山——七星岩——芦笛岩

(2)南宁城市游:南宁南湖——民族文物苑——广西博物馆——药用植物园
伊岩岭——明秀园——灵水
青秀山——白龙公园

(3)北海风光游:北部湾广场——海滩公园——银滩——涠洲岛
合浦星岛——海上森林

(4)桂林龙胜游:桂林——龙胜——三江——融水

3. 自助线路

(1)边境自驾游:从南宁出发,途经宁明,凭祥,龙州,德天,到达靖西。主要景点:宁明花山崖壁画,友谊关,浦寨边贸城,法国领事馆旧址,红八军办事处,小连城,德天瀑布,靖西通灵大峡谷,靖西渠洋湖(马勒的故乡),龙帮口岸古炮台风光,旧州古城。

(2)桂西湘西民族风情游:从柳州出发,途经三江,靖州,会同,洪江,怀化,凤凰,吉首,永顺,张家界,到达长沙。主要景点:程阳桥侗族山寨,凤凰古城,沈从文故居,黄永玉故居,杨家祠堂,沱江,南方古城,黄丝桥古城,芙蓉镇风光(王村),猛洞河风光,黄石寨,金鞭溪,紫草潭,

索溪峪，南天门，天台，西海，十里画廊，天子山，贺龙公园。

（三）旅游景区（点）

1. 桂林山水

桂林漓江风景区，以桂林市为中心，北起兴安灵渠，南至阳朔，由漓江一水相连，以“山青、水秀，洞奇”闻名中外。景区千峰环立，一水抱城，洞奇石美，有“桂林山水甲天下”的美誉，其中一江（漓江）、两洞（芦笛岩、七星岩）、三山（独秀峰、伏波山、叠彩山）是桂林山水的精华所在。

漓江风景区是世界上规模最大、风景最美的岩溶山水游览区，千百年来吸引了无数的文人墨客。漓江发源于兴安县猫儿山，上游主流称六峒河，从桂林到阳朔约83千米称为漓江。漓江酷似一条青罗带，蜿蜒于万点奇峰之间，沿江风光旖旎，碧水萦回，奇峰倒影、深潭、喷泉、飞瀑参差，人称“百里漓江、百里画廊”。百里漓江大致可分为三个景区：第一景区，桂林市区至黄牛峡市区即水上游览区；第二景区，黄牛峡至水落村即漓江精华游览区；第三景区，水落村至阳朔即阳朔漓江水上游览区。唐宋八大家之一韩愈曾描述如此美景：“江作青罗带，山如碧玉簪”。

象鼻山原名漓山，又叫仪山、沉水山，位于桂林市内桃花江与漓江汇流处，因酷似一只站在江边伸鼻豪饮漓江甘泉的巨象而得名。象鼻山海拔200米，高出水面55米，是由3.6亿年前海底沉积的纯石灰岩组成的。在象鼻山的象鼻与象腿之间，有一东西穿洞为水月洞，可以泛舟穿行，每当月朗清风、水平如镜之夜，水月洞倒影，酷似一轮皎月浮江，江中二圆月并浮，一幅“水底有明月，水上明白浮，水流月不去，月去水还流”的绝妙意境，“象山水月”之称源于此。出水月洞，沿石级登山，山腰有个20多米长，左右对穿的岩洞，好似大象的眼睛，故名象眼岩，是眺望桂林风景的绝妙窗口。从山脚石级小路可以抵达山顶。景色优美的象鼻山，是桂林山水的象征和桂林城的标志，令人流连忘返。

象鼻山

九马画山位于漓江东岸画山村附近，是漓江著名的景观之一。它五峰连属，山高400余米，宽200米，临江而立，石壁如削，远望如一幅巨大的画屏，青绿黄白，众彩纷呈，浓淡相间，班驳有致，宛如一幅神骏图。细细端详，画屏中一群骏马，神态各异，或立或卧，或昂首嘶鸣，或扬蹄奋飞，回首云天，或悠然觅食……因此取名“九马画山”，简称画山。清代诗人徐沄曾赋诗赞叹：“自古山如画，而今画似山。马图呈九首，奇物在人间”。画山上究竟有多少马匹？凭人想象由你揣摩。有民谣流传：“看马郎，看马郎，问你神马几多双？看出七匹中榜眼，看出九匹状元郎。”据说1960年周总理与陈毅元帅游漓江时，面对画山揣摩了许久，周总理问陈毅看出几匹，答：8匹。陈毅问周总理看出几匹，周总理答：比你多得多。陈毅：一共9匹，哪还有多得多，周总理：还有倒影，共18匹。游客每每到此，总要细细揣摩，发挥想像力数一数。画山，堪称漓江“巨壁美”之冠。

九马画山

芦笛岩位于桂林市光明山的南侧山腰,因洞口长有一种可以做笛子的芦荻草而得名。景区由最美的溶洞——芦笛岩以及桃花江、芳莲池等水体水景和侯山组成,是一个以游览岩洞为主、观赏山水田园风光为辅的风景名胜区,被世界旅游组织推荐为“世界最佳旅游游览景区”。解放前,附近村民将此处当作躲避战乱的栖息之地,直到 1959 年,有关部门才了解到溶洞的秘密,经过勘测建设 ,1962 年景区正式对外开放。

芦笛岩

芦笛岩是一个囊状的岩洞,洞深 240 米,游程 500 米。洞内有大量奇丽多姿、玲珑剔透的石笋、石乳、石柱、石幔、石花,琳琅满目,组成了狮岭朝霞、红罗宝帐、盘龙宝塔、原始森林、水晶宫、花果山等景观,令游客目不暇接,如同仙境,被誉为“ 大自然的艺术之宫 ”。洞内景点玲琅满目、搭配和谐、毫不杂乱,令人应接不暇,有“雄狮虬龙”、“峡谷飞瀑”、“塔松磨菇”、“宝塔山城”、“水晶宫”、“珍珠金鱼”以及“丰收盛景”,几可乱真的“莲藕、白菜、萝卜、花生、豆角、丝瓜、当归、灵芝”,组合得天衣无缝,富于节奏。自开发以来,芦笛岩已经成为中外游客游览桂林时必至的旅游热点。

2. 北海银滩度假区

北海市位于北部湾畔,有众多天然优良海滩,海水温净碧透,浪软如毯,自净力强,其中最著名的就是银滩。北海银滩西起侨港镇渔港,东至大冠沙,由西区、东区和海域沙滩区组成,东西绵延约 24 千米,海滩宽度在 30 ~ 3000 米之间,总面积约 38 平方千米,平均坡度仅为 0. 05。

在阳光的照射下，洁白、细腻的沙滩会泛出银光，故称银滩。

北海银滩度假区

北海银滩度假区，陆岸植被丰富，环境优雅宁静，空气格外清新。银滩拥有高品位的石英砂，二氧化硅（石英）的含量高达98%以上，为国内外所罕见，被专家称为“世界上难得的优良沙滩”。沙子晶莹洁白，如精盐一般，游人在潮水刚退去的平坦宽阔的海滩漫步，甚至连脚印也不会留下。作为天然海滨浴场，这里的海水清澈透明，海水落潮快涨潮慢，游泳安全系数很高，沙滩自净能力强，海水透明度大于2米，水质为国家一级标准。度假区的空气中负离子含量数为内地城市的50至1000倍，是各类慢性及老年性疾病患者最适宜的疗养环境，因而被许多中外专家认为是我国最理想的海滨浴场和度假疗养胜地，有“南方北戴河”之称。北海银滩具有“滩长平，沙细白，水温净，浪柔软，无鲨鱼”的特点，可容纳国际上最大规模的沙滩运动娱乐项目和海上运动娱乐项目，是我国南方最理想的滨海浴场和海上运动场所。

（四）中心城市

1. 南宁

南宁，广西壮族自治区首府，因全市绿化覆盖率近40%，人们称之为“半城绿树半城楼”，故得名“绿都”。南宁拥有丰富的旅游资源，山、河、湖、溪与绿树鲜花交相辉映，清冽恒温的灵水、神秘的花山壁画、雄伟的德天瀑布、宁静的杨美古镇与壮族人娓娓动听的山歌构成了南宁古朴的山水人文资源。南宁还是一个以壮族为主的多民族和睦相处的现代化城市，世代居住于此的壮、汉、苗、瑶、侗、仫佬族，形成了多姿多彩的民族文化。境内接连不断的传统民俗活动，悠扬动听的民歌和抛绣球、板鞋舞、抢花炮、踩风车等民间活动让人目不暇接。每年10月末11月初，南宁会举办旅游节、民歌节等大型旅游活动，让游客亲自体验参与到这些最具地方特色的节日中来。

由于地处低纬度，南宁终年常绿，四季花开，所以这里一年四季皆宜旅游，正所谓“草经冬而不枯，花非春而常开”。木棉花、紫薇花、紫荆花、凤凰花……可以说南宁市十树九开花，一年四季，每月都有不同的树在开花，还有四季开花的市花朱槿花，造就了姹紫嫣红的南宁。每年的2~4月左右，南宁市白沙大道上木棉花盛开，好似一团团在枝头尽情燃烧、欢快跳跃的火苗，连绵几公里，非常适合开车兜风赏景。市区的绿化树大量选种果树，“果树上街”是南宁的一大特色。每年6~7月开始，大街小巷的绿化树（果树）果实开始成熟，成为南宁一道非常独特的风景。市中心商业区的新华街，街道两边种的是菠萝蜜树，大过人头的菠萝蜜，行人伸手既可摸到；人行道上数十万棵市树扁桃树，果实累累，压弯枝头，成为南宁街头的一大看点。

2. 柳州

柳州，又称龙城，是国家历史文化名城和优秀旅游城市。柳江如带，蜿蜒回流，环绕柳州半个市区，形成一个巨大的马蹄形，古代称其为“三江四合，抱城壶”，故又有“壶城”之称。柳州拥有丰富的自然旅游资源，石灰岩构成的奇山峻峰遍布境内，千姿百态，奇峰环列，风景秀丽。“山青、水秀、洞奇、石美”是对柳州自然景观的写照。柳州还是一座充满民族风情的旅游名城，壮族的歌、瑶族的舞、苗族的节和侗族的楼，堪称柳州“民族风情四绝”。这里是歌仙刘三姐的传歌胜地，山歌文化源远流长。

柳州又被誉为“中华石都”，素有“柳州石玩天下奇”的说法，盛产多种特色观光奇石。柳州拥有目前全国唯一的奇石园（箭盘山奇石园），三个石玩专业精品馆（八桂奇石馆、鱼峰公园石玩精品馆和柳侯公园盆景园石玩馆）。柳州市已成为全国和东南亚各国赏石界人士公认的“奇石城”，初步形成了东南亚最大的石玩市场，并开始出现一个独特的“石头产业”。

市区景点很多，如纪念唐代柳州刺史柳宗元的柳侯公园，湖光山色秀丽、具有浓郁的少数民族风情的龙潭公园，传说中歌仙刘三姐骑鱼上天的鱼峰公园，以岩溶洞景为主、瑰丽神奇的都乐公园，集游乐文化和科普文化为一体的雀山公园，有“柳州外滩”之称的江滨公园，具有宗教文化色彩的蟠龙山公园，中国第一座洞穴博物馆白莲洞等。柳州附近还有“世界瑶族第一乡”金秀的圣塘山万亩变色杜鹃，侗寨的古建筑风雨桥和鼓楼，象州四季如春的花池温泉，都是旅游度假的好去处。

小知识：云南十九怪

第一怪：鸡蛋用草串着卖。老乡们为了便于买主携带所购买的鸡蛋，又不被碰坏，便以竹篾或麦草贴着蛋壳编，十个为一串，挂在墙上，想吃时便吃几个拿几个。

第二怪：摘下斗笠当锅盖。云南竹林较多，因此许多用具都以竹子为原料，而锅盖就形似于内地的斗笠，便于抓拿，用此做锅盖，透气保温，做出来的饭更加清香。

第三怪：三只蚊子一盘菜。云南天气较为炎热，终年蚊蝇不绝，特别是野地与牲畜圈里的蚊子个头都比较大，故夸张说3个蚊子一盘菜。

第四怪：火车没有汽车快。由于有许多的高山峡谷，所以云南境内的铁路坡度很大、弯道较多，使得火车的速度特慢，形成了火车没有汽车快的独特景观。

第五怪：大理粑粑叫饵块。云南产大稻米，把大米蒸熟舂打后，揉制成长条形的半成品，可炒着吃、煮着吃、蒸着吃，颜色白如雪，像内地做的白米粑，当地称饵块。

第六怪：山洞能与仙境赛。云南多岩溶地形，有许多溶洞与地下河流，溶洞里千姿百态的景观，经灯光照射后如同仙境与龙宫一般，无比美丽。

第七怪：四季服装同穿戴。云南地区气候多变，夏天不热冬天不寒，昼夜温差较大，在街上四季服饰随处可见，长的、短的、厚的、薄的，绚丽多彩。

第八怪：蚂蚱能做下酒菜。云南许多地区的人都有吃虫的爱好，变害虫为佳肴，化昆虫为美味，所以昆虫都因为油煎之后，焦脆鲜香，而成为了美味的下酒菜。

第九怪：姑娘被叫做老太。云南有些地区口音姑娘不分，喊姑娘其实就是指姑与娘，而把姑姑与娘娘喊为老太，所以你问姑娘他说老太，喊老太也就是内地人所称的小姨。

第十怪：和尚可以谈恋爱。云南与几个信奉佛教的国家接壤，而佛教国家的男子上寺庙当和尚就像内地上学读书或服兵役一样，到时还可以还俗结婚生子，受其影响，边民也穿和尚服谈恋爱。

第十一怪：老太爬山比猴快。云南多高山深谷，当地的妇女们从小都勤劳，爬山越岭、种地砍柴练就了一身矫健的身板与脚劲，七八十岁的老人登山往往如履平地。

第十二怪：新鞋后面补一块。少数民族妇女在绣花鞋后面，用布巧做鞋曳，上面绣花精心点缀。既美观又有挡灰挡泥的实用价值。

第十三怪:火筒能当水烟袋。当地人抽烟所用的烟袋很像内地的吹火筒,只不过吹火筒是往外吹,而它是往里吸,烟气经过水过滤,可以减低焦油的浓度,味道更加清凉香醇。

第十四怪:脚趾常年都在外。云南到处崇山峻岭,行路较不方便,爬山跑路多了会有较多的脚汗,于是就做成浅底浅帮鞋,露出脚趾,使人感觉更加凉爽。

第十五怪:娃娃全由男人带。云南的妇女们历来勤劳,所以很多外面的活都由她们来干,而男子们相对来说却比较清闲,大多都呆在家里带孩子。

第十六怪:花生蚕豆数堆卖。旧时滇省民风纯朴,喜欢以物易物,耻言商品交易,故花生蚕豆等物品都数堆卖,人心就是一杆秤。

第十七怪:这边下雨那边晒。云南特殊的地理位置,使气候多变。相差十里便会有不同的天气景象,而同一座山的两面也是一面艳阳天,一面雨倾盆。

第十八怪:四个竹鼠一麻袋。山区竹林很多,有繁茂的竹笋。食竹笋的鼠多肥硕,形状与家鼠有很大差异。用这样的山珍待客真是赛过鸡鹅。

新十九怪:背着孩子谈恋爱。在昆明丽江有个民族是这样的,要结婚前一定要确定有小孩了,如果那个女的不能生小孩那就不能结婚。所以在婚前一定要先认识,等有小孩之后再举行婚礼。

◆复习思考题:

1. 该旅游区具有特色的自然资源是什么?据此结合实际讨论如何发展该区特色旅游业。
2. 如何充分发挥云南少数民族众多的优势,打造"民俗风情游"的旅游品牌?
3. 贵州境内溶洞数量较多,如何从长远的角度开展溶洞旅游?
4. 广西是有名的侨乡,结合实际思考该自治区发展入境旅游的条件及前景。

△ 第十一章

岭南文化旅游区

◎ 学习目标:

1. 知识目标:掌握本区旅游环境特征;掌握本区特色的旅游资源特征;了解和掌握本区各地主要的旅游线路、旅游景区、中心城市。

2. 能力目标:培养学生运用已经掌握的知识和能力,根据地区旅游资源特色设计旅游线路。

3. 重　　点:掌握区内各省主要的特色旅游资源。

本区位于我国东南沿海,东濒太平洋,南临南海,与浙江、江西、湖南和广西接壤相邻,包括福建(闽)、广东(粤)和海南(琼)三省,面积约33.2万平方千米,人口约1亿左右,是我国华侨最多的地区,素有"华侨之乡"之称。全区岭南外来文化特色突出,因此又被称为岭南文化区。

本区地形以低山丘陵为主,部分纬度偏低,气温高,长夏无冬,或夏长冬短,自然景观具有明显的南亚热带和热带特征。本区旅游资源丰富,除以岭南文化为主的人文旅游资源外,由于受到临海地理位置和地形特征影响,特色的自然旅游资源也极其丰富。该区开发历史虽然较短,却是我国经济发达地区,具有邻近港、澳、台优势的地理位置,同时独特的自然地理环境,众多的少数民族,构成本区优美的南亚热带自然风光和富有特色的民族风情,这些都为本区旅游发展提供了坚实的物质基础和客源基础,是我国旅游热点地区。

第一节　区域旅游环境与资源特征

一、地貌类型多样,海岸景观丰富

本区地处我国东南丘陵地区,地表起伏不平,地貌类型多样,山地丘陵占总面积的四分之三以上,平原狭小,多名山,花岗岩地貌分布广泛,亦有典型的丹霞地貌、岩溶地貌和熔岩地貌。闽、粤、琼三省在地质运动中发生强烈褶皱并有花岗岩侵入,故花岗岩分布普遍,是多数山体的基岩。气温高、雨量多,球状风化特征极为突出,尤以闽东沿海和闽南山地为最。许多景点以奇石为特色,如鼓浪屿的日光岩。粤北、闽西有红色砂砾岩分布,仁化丹霞山最为典型,武夷山因丹霞地貌而成为著名风景区。粤西、粤北有岩溶地貌分布,肇庆景色即为其代表。

闽、粤、琼三省面临台湾海峡和南海,海岸线漫长曲折,海岸多为岩岸,海滨风景地貌复杂多样,引人入胜的海岸风光(如浅海、沙滩、奇崖巨石、断崖绝壁海岸等),多姿多态的岛屿,神奇的海底世界景观,对游客富有强烈的吸引力。如海南天涯海角景区中的"南天一柱",其实是海岸海蚀地貌中的海蚀柱。珊瑚礁海岸则集中在海南。

二、热带、亚热带季风气候

本区位于低纬度地区，约 1/3 的陆地面积处于太阳直射范围，东濒太平洋，南临南海，西南距印度洋不远，受东南亚季风环流控制，形成典型的热带、亚热带季风气候。气温年度差小，除福建省北部以外，没有明显的四季区分，形成旱季和雨季相互交替的气候特点。每年 4 至 10 月为雨季，其余为旱季。绝大部分地区长夏无冬，春秋二季相连。夏季长达 6 ~ 10 个月，夏季温度偏高，南海诸岛大部分终年皆夏。因此，本区的春秋二季最为宜人。在长期的湿热条件下，本区自然植被有终年常绿的热带雨林、季雨林和亚热带常绿阔叶林，植物种类丰富多样。

三、旅游资源类型丰富

本区兼跨热带亚热带，背山靠海，山、海、岛自然风光齐备；人文历史古老，中原文化、古越文化、福佬文化、客家文化、华侨文化，苗、瑶、黎、高山等少数民族文化，大河文化、海洋文化、西洋文化等多种文化长期交融，使得本区旅游资源类型齐全。本区旅游资源主要表现为南国风光、丹霞地貌、康乐温泉、现代城市风貌、主题公园。

福建武夷山的生物多样性、丹霞地貌奇观、九曲溪、泰宁大金湖，将乐玉华岩溶洞，泉州清源山，平潭海坛岛，以及永定客家土楼民居，湄州妈祖庙；广东广州市的越秀山、莲花山、白云山、惠州罗浮山、南海西樵山、肇庆鼎湖山、河源大南山、韶关车八岭、仁化丹霞山、南雄恐龙遗址，清远清新温矿泉，从化温泉以及珠江口、伶仃洋、大亚湾；海南三亚的亚龙湾、天涯海角、黎苗风情，陵水南湾猴岛、兴隆热带花园、保亭七仙山、尖峰岭热带雨林等，都是高品位的生态旅游资源。本区人文景观中既有中原传统文化的印迹，也有鲜明的地方民俗文化特征，现代城市风光和人造主题公园是本区的特色。如深圳“三园”（中华民俗文化村、世界之窗、锦绣中华），以及广东其他地区的如广州东山乐园、南湖乐园、动物海洋世界、中山海山庄园、珠海农科中心；福建的马尾君山乐园、石狮海狮世界；海南的南山文化等，都是极具影响的主题公园。

四、岭南文化特色

岭南地区早在新石器时代，就广泛分布着印纹陶文化，并延续到春秋战国时期。秦后尤其是唐宋以来历代移民南迁，使中原文化与本地文化相互融合，促进了岭南文化的形成和发展。外国伊斯兰教、印度教、基督教的传入，对本地文化产生了一定的影响。中原文化和外国文化与本地文化的交融，使岭南文化表现了自己鲜明的特点。

一是建筑艺术以民族形式为主，兼容外国风格。本区园林自成岭南风格，吸收江南园林艺术，也借助国外构园手法，民居、公共设施、纪念性建筑等，也表现出以我国民族形式为主兼容外国风格的特点。如广州的庭院、惠州的西湖，借助西方园林构园方法，在中式传统建筑风格中采用了罗马式拱门和巴洛克式柱头。二是文化艺术和特种工艺，南北兼蓄，独具特色。三是地方文化艺术和民俗风情地域性特色显著。如广东粤剧、广东音乐、客家话、广州话、粤菜等，岭南文化特征鲜明，海南黎族风情十分浓郁。

五、我国著名的侨乡

本区是我国历史上旅外华侨最多的地区之一。由于闽、粤、琼是我国早期对外贸易的前沿阵地，也是历史上海外劳工最大的输出地，因此，成为华人华侨祖籍集中地地区。广东省占全国华侨一半以上，福建次之，海南也是我国著名的侨乡。广东的潮汕、梅县地区、广州附近的新会、中山等市，海南省以及福建的厦门、晋江、福清、南安等地，向来以侨乡著称。我国旅居国外的华侨和华裔分布于世界近百个国家和地区，以东南亚最多。他们久居海外，向往祖国，解放后，大量侨汇为祖国经济建设做出了贡献。他们中的许多人返乡寻根祭祖，省亲探友，同时亲眼目睹祖国的发展变化，游览祖国的名山大川，这是本区发展旅游不可忽视的一个方面。

第二节　各省(市)重点旅游线路、旅游景区(点)、中心城市

一、福建省

(一)福建概况

福建省，位于中国大陆的东南沿海，东临太平洋，和台湾省隔海相望，历来是中国与世界交往的重要门户。闽江为省内最大河流，故简称闽。该省属南亚热带湿润季风气候，自然地貌以山地与丘陵为主，占全省面积的80%以上；海岸线漫长曲折，岛屿众多，港湾错落，岛屿棋布。福建历史悠久，孕育有丰厚的“八闽”文化，是著名的侨乡。本省农林海产丰富，盛产水稻、烟、茶叶和热带水果，森林覆盖率居我国各省区首位。全省旅游资源丰富，年平均气温为17℃～21℃，全年皆宜旅游。在文化景观上受外来文化影响深远，多宗教建筑遗存。其旅游业则以发展华侨、港澳台同胞寻根祭祖旅游、宗教朝圣旅游、观光旅游为重点。福建省自然景点优越且人文景观丰富。它人杰地灵，英才辈出，历史上曾涌现出郑成功、林则徐、李纲、蔡襄等著名人物。全省还有11个国家重点风景名胜区、6个国家级自然保护区、9个国家森林公园、2个国家地质公园、45个全国重点文物保护单位。在全省逐渐形成了武夷山、鼓浪屿、妈祖文化、海上丝绸之路、客家土楼等五大旅游品牌。

自然胜景有雄奇秀美的武夷山、壁立千仞的太姥山、山明水秀的鼓山(福州)、“闽海蓬莱第一山”的清源山(泉州)、玉华洞、厦门鼓浪屿等。古迹胜地主要有泉州开元寺，莆田广化寺，福州涌泉寺，漳州南山寺，莆田元妙观，泉州清真寺和特色民居永定土楼、客家文化祖地闽西，独特的闽文化和闽越风情等。旅游资源以秀丽的山川丽水、著名的侨乡风光、众多的历史古迹、多彩的闽南文化、多姿的闽越风情为其特色。但旅游资源分布不均，主要集中在福州、厦漳泉金三角和武夷山。

(二)旅游线路

1. 闽南旅游线路

漳州(东三岛、铜山古城、百花村、白礁慈济宫等)——泉州(开元寺、安平桥等)——莆田(湄洲岛妈祖庙等)

2. 闽北旅游线路

武夷山——福州西湖——金湖——鳞隐石林——鼓山——三山鼎力

3. 闽东北亲水游线路

宁德三都澳——福鼎太姆山——周宁鲤鱼溪——屏南白水洋——古水临水宫——福州温泉

4. 客家风情旅游线路

宁化石壁——长汀——永定

5. 山水画廊观光游线路

武夷山——厦门——永定——漳州

6. 奇山异水、滨海风光旅游线路

武夷山——九曲溪——厦门——鼓浪屿——日光岩

7. 红色之旅朝圣游线路

上杭——连城——长汀——宁化——泰宁——武夷山

8. 绿色之旅生态游线路

武夷山——泰宁——将乐——沙县——永安——连城

9. 蓝色之旅休闲游线路

福州——莆田——泉州——厦门

(三)旅游景区(点)

1. 鼓山

鼓山是“外三山”之一,位于福州市东郊,主峰海拔969米,为福州最高峰,山巅有巨石如鼓,相传每逢风雨冲击,即有隆隆之声,故取名“鼓山”。鼓山山明水秀,是历史悠久的佛教圣地,素称“福州第一胜景”。全山景点以涌泉寺为中心,涌泉寺因寺中有泉涌而得名,涌泉寺布局精巧,有“闽刹之冠”之称,是我国古代“十大古刹”之一。寺前有两尊陶塔,塔高97米,塑有1038尊佛像。寺内藏经近3万册,内有珍贵的“血经”。寺东灵云洞、喝水岩一带有历代名人摩崖题刻近400方,宛若一座书法宝库,誉称“石鼓都会”。寺西有达摩壁画、千佛梵宫等景观。鼓山古迹胜景多达160多处,从山麓至寺院2 500级石磴,一里一亭,景色如画,山上有18洞,一洞一景形成“鼓山十八景”。

2. 湄洲岛

位于湄洲湾湾口,是一个南北长9.6千米,东西宽约1.3千米,面积约16平方千米的小岛。全岛林木葱郁,港湾众多,岸线曲折,沙滩连绵,风景秀丽。环岛优质沙滩长达20千米,可建海滨浴场;还有400公顷防水林带,是理想的度假胜地。岛上妈祖庙闻名海内外。妈祖是人们对“海上女神”的褒称,妈祖姓林名默,是一位普通的渔家姑娘。据史料记载,林默出生在福建省莆田市湄洲湾一个美丽的岛屿——湄洲岛,其一生奔波海上、救急扶危、护国佑民、福佑群生,航海人敬之若神。死后,她仍以行善济世为己任,拯救遇难渔船,人们最终将妈祖奉为名副其实的“海上女神”。妈祖庙宇遍世界各地,信徒1亿多人。湄州妈祖庙被尊称为“天后宫湄州祖庙”。每年朝拜的海内外妈祖信徒超过百万人次。岛上建有国家旅游度假区、妈祖朝圣区、妈祖史迹陈列馆、妈祖文化研究馆和民俗文化村等。

3. 武夷山风景名胜区

武夷山坐落在闽北武夷山市西南15千米处,是闽赣两省的界山,为纪念彭武彭夷两兄弟治水征服自然功绩而得名。山属典型丹霞地貌,是一座碧水丹山、“奇季甲东南”的名山。武夷山属中亚热带季风温润气候区,年平均气温17℃~19℃,年降水量1800mm左右,无霜期250~300天。四季常青,气候非常宜人。作为1982年国家首批公布的重点风景名胜区,武夷山素以独特的“碧水丹山”闻名遐迩,是典型的丹霞地貌风景区。

武夷山有36峰、72洞、99岩,由红色砂砾岩层叠而成。主要景点集中于闽江支流的崇阳溪和九曲溪一带,最著名的是“三三六六”,“三三”指九曲溪,“六六”指36峰。九曲溪水绕山回峰,曲曲景色不同,夹岸36峰,各峰形态迥异。游武夷山,通常优先玩九曲漂流,游一线天景区、武夷宫景区、水帘洞景区、云窝景区、桃源景区等。游人可乘竹筏溯九曲溪而上，饱览九曲风光：一曲北有大王峰，绝壁如绝壁如削；二曲西有玉女峰，秀峭挺拔；三曲小藏峰，危立溪边；四曲藏峰，下卧龙潭；五曲隐屏峰，下有疗养院；六曲仙掌峰，状如手掌；七曲北有三仰峰，翘首远望；八曲鼓子峰；九曲便到青山环抱的平原地带。此外还有九曲逍遥、一线天、虎啸岩、唐曜洞天、天心永乐禅寺、武夷宫等名胜古迹。武夷山市还是福建省的重点林区、茶区、粮区和革命老区，物产丰富，资源独特。

4. 太姥山

太姥山位于闽东北福鼎城南45千米，一面背山，三面临海，素有“山海观”之称。面积360平方千米，裸露的花岗岩形成狭谷、峭壁、深渊等多种景观，特别是具有各种民间传说的造型景石360余处。此外，珍珠泉、七龙泉、九曲泉、兰溪、九鲤溪及溪口、龙庭、赤鲤三大瀑布等泉、溪、瀑布也富有特色，是一处融山、海和人文景观于一体的景区，素以“海上仙都”著称。景区内人文景观丰富，有朱熹隐居处、郑樵讲学处、明抗倭古战场及历代摩崖石刻数十处，还有国兴寺、白云寺、瑞云寺等规模较大的寺庙。

小知识：天下第一山

汉武帝时，曾派遣侍中东方朔为天下名山授封。传说一天东方朔来到太姥山脚，天色渐暗，正愁找不到住家之际，忽见不远处有屋闪出灯光，遂循光前往借宿。当他得知这屋仅姑娘一人在家时，即欲退出，可是姑娘却坦然留客，东方朔心正自持，遂在此安住一宿。待一觉醒来，发现住的是一所小小观音院，东方朔恍然大悟。昨晚原来是太姥娘娘“显圣”，试探自己的心术德行。早晨登上山颠，放眼望去，但见海天一色，气象万千，遂于顶天石下崖壁上书写“天上第一山”，回到长安奏明汉武帝，汉武帝遂册封太姥山为天下三十六名山之首。

5. 金湖

金湖位于福建省泰宁县，是福建省最大的人工湖泊。金溪两岸的自然山水景物和人文景物连成一片，湖光山色，绮丽多姿。沿湖为丹霞地貌，群峰环抱，秀拔奇伟，有72峰、36岩，其中以三剑峰、猫儿岩、虎头岩、大赤壁、公子峰、水上一线天等为胜。景区内林木葱郁，保留部分原始植被，植物种类有102科、331种，有许多珍奇野生动物，如华南虎、云豹熊、鸳鸯等。金湖有丰富的文物古迹，如始建于宋绍兴元年（公元1146年）的甘露寺。坐落在城区内的尚书第建筑群，是中国南方保存最完整的明代民居建筑，被列为国家重点文物保护单位。

6. 鼓浪屿—万石山风景名胜区

鼓浪屿位于福建省厦门岛南部，是厦门市旅游景点中最具魅力的景观之一，是国家著名的风景区，是厦门风景名胜的代表。

鼓浪屿原名圆沙洲、圆洲仔，因海西南有海蚀洞受浪潮冲击，声如擂鼓，明朝雅化为今名。它位于厦门岛西南隅，面积只有1.78平方千米。岛上有常住人口2万多人，与厦门市区隔海相望。700米宽的鹭江把鼓浪屿与厦门本岛隔开，每日靠渡船穿梭往来于两岸。

鼓浪屿岛景色秀丽多姿，素以“海上花园”的美誉闻名中外。岛上海岸线蜿蜒曲折，坡缓沙细的天然海水浴场环布四周。山峦起伏，错落有致，最高峰海拔92.68米的日光岩是厦门市的象征。小岛四季如春，气候宜人，树木茂密，山海相拥，自然造化与人工雕琢相应成。由于历史原因，中外风格各异的建筑物在此地被完好地汇集、保留，有“万国建筑博览”之称。其中日光岩、菽庄花园、浩月园等都是岛中胜景。五老峰下有唐代南普陀寺，为闽南佛地之一。另外，琴园、鼓浪屿音乐厅、海底世界、郑成功纪念馆等也是旅游的好去处。鼓浪屿融历史、人文和自然景观于一体，为国家级风景名胜区。

7. 古船馆

古船馆又称海交馆，是中国目前唯一的海事博物馆。主体建筑为双桅船造型，形象十分鲜明。古船馆现辟有海外交通史、古外销陶瓷陈列和宗教石刻三个专题馆，陈列并展出泉州发现的海外交通史及宗教文化交流、宗教艺术重要文物近千件，生动地介绍了泉州海外交通的发生、发展、兴盛和衰落的历史过程。馆中陈列一艘出土古船，据考证，此船系南宋末年福建制造的中型远洋货船，于1974年夏从深埋2米多深的海泥中被挖掘出土。船体甲板以上部分已无存，只残留一个船底。残船身长24.2米，宽9.15米，平面近椭圆形，是一艘尖底的多桅船。

8. 开元寺

开元寺位于泉州市西先街，是福建最大的佛教寺庙之一，系全国重点文物保护单位，全国首批4A级旅游景点。建于唐，至今已有1300多年的历史。先后易名为莲花寺、兴教寺、龙兴寺，唐开元年间改称今名。

开元寺历史鼎盛时期有寺院百余所，现存寺院南北长260米，东西宽300米，占地7.8万平方米。寺院规模宏大，布局严谨，曾与洛阳白马寺、杭州灵隐寺、北京广济寺齐名。寺外正面和西面，环立白石栏杆并植刺桐树，寺内中轴线上，殿堂相接，栋宇美轮美奂。著名的东西塔分立于两侧，东塔名镇国塔，西塔名仁寿塔，均建于南宋，是我国现存最高最大的仿木结构楼阁式石塔，已成为古城泉州的标志。

9. 清源山风景名胜区

清源山风景名胜区位于泉州市北郊，距市区2.5千米，包括清源山、九日山、灵山圣墓和西北洋四大景区。清源山又称为北山、泉山、齐云山。清源山景色秀丽，文物古迹众多，自古有"闽海蓬莱第一山"之美誉。它是闽中戴云山余脉，峰峦起伏，石壁参差，望州亭巨石、罗汉峰等象形岩石遍布全山。山上水景丰富，泉、涧、潭约有135处。山上有36岩洞、18胜景，目前主要景点有老君岩、千手岩、弥陀岩、碧霄岩、南台岩、赐恩岩、清源洞等。现存完好的文物古迹有道教、佛教大型石雕7处，历代摩崖石刻近500方，元、明、清花岗岩仿木结构佛像石室3处，以及近代高僧弘一法师舍利塔等。现有中外驰名的开元寺、紫泽宫道观等。宋代老君造像是国内尚存的最大道教石雕造像，伊斯兰教的灵山圣墓被誉为"世界第三麦加圣地"。

10. 青云山

青云山，是国家级5A重点景区，位于距福建省永泰县城10多千米的岭路乡，因山峰平地拔起，矗立青云而得名。景区面积47平方千米，海拔在1000米以上的山峰有7座，最高海拔1130米。动植物资源丰富，有珍稀植物——桫椤和羚羊、猕猴等。主要旅游景点有云天石廊、火烟瀑布、十八重溪石林、藤山草场、天池和状元洞、红军洞等。目前，新开发了众多的旅游项目，如蹦极、攀岩、漂流等。

（四）旅游中心城市

1. 福州

福州市是福建省省会城市，位于福建省东部闽江下游，为福建省政治、经济、文化中心。全市人口500多万。福州历史悠久，夏代属扬州地域，殷商为七闽之地，战国时归越国，秦时为闽中郡，汉高祖封闽越王，唐玄宗时设福州都督府，为福州命名之始。福州是我国东南沿海重要商港和造船基地之一。

福州属亚热带季风气候，气候宜人，夏无酷暑，冬无严寒，年平均气温在19℃左右，最佳的旅游季节为每年的四月至十一月。福州自然环境优越,山水兼备,东有鼓山,西北有福山,西有西湖,南绕闽江,市区“三山鼎力”,气候暖湿,四季常青,宋代起大植榕树,至今榕树遍地,故有“榕城”之称。福州名胜古迹遍布,主要有林则徐祠、西禅寺、郑和纪念馆、闽江口金山塔、开元寺铁佛等。脱胎漆器、雨伞、角梳三大手工艺品,合称“榕城三宝”。福州内外都是山,民谚有“三山藏,三山现,三山看不见”的说法。风景名胜集中在内三山和外三山。内三山指的是鼎足于市内的于山、乌山和屏山。鼓山是“外三山”之一。

2. 厦门

厦门市建在福建省南部沿海的厦门岛上,是中国最早的经济特区之一,地理位置优越。它位于中国东南沿海,背靠漳泉平原,面对台湾海峡,与金门仅数千米之隔,与台湾、澎湖列岛遥遥相对。市区还包括鼓浪屿以及大陆沿岸的集美等地,“集美海堤”将厦门岛与大陆相连。厦门本岛东西宽约12.5千米,南北长约13.7千米,岛屿海岸线49千米。特别是东海岸水清浪静,沙平景美。厦门市气候宜人,常年属海洋性季风气候,冬暖夏凉,年平均气温在20℃左右。雨量适中,气候宜人。厦门市的旅游资源十分丰富,南普陀寺、鼓浪屿、集美等入选福建“十佳”风景区。

厦门岛丘陵起伏,东南的五老峰五峰并列,高耸天际,构成“五老凌霄”胜景;峰麓的南普陀寺是建筑考究的千年古刹,佛门圣地,藏经丰富。鼓浪屿有“海上花园”之称,其面积1.71平方千米,与厦门市隔一鹭江海峡,岛上层峦叠嶂,林木葱郁,建筑精巧别致,环境幽雅,是避暑、疗养和游览的胜地。日光岩海拔96米,为全岛最高点,其上有明代民族英雄郑成功操练水师的“水操台”旧址,并建有郑成功纪念馆。

3. 泉州

泉州市是一座有2000多年悠久历史的文化名城。因气候温暖湿润,古时称“温陵”。又因历史上曾环城遍植刺桐树和城形似鲤鱼,而又有“刺桐城”及“鲤城”之称。泉州市是著名侨乡,又是重要的台湾同胞祖籍地。泉州所产蜜饯、木偶雕刻、刺绣、竹编等驰名全国。

泉州市枕山面海,海岸线曲折,特殊地势造就了天然良港。自古以来就是重要的对外交通贸易港口,是“海上丝绸之路”的起点之一。早在南朝时,就与国外有通商往来。唐代时是中国四大商港之一。宋、元时期盛况空前。马可·波罗在他的游记中曾称泉州为“世界最大的贸易港”。对外交通贸易的兴盛促进了经济文化的交流,泉州的宗教文化也很发达,历史上遗留下来的许多中外宗教文物古迹,在宗教史上居有重要地位,泉州也因此博得“宗教博物馆”的美称。泉州市拥有众多的文物古迹和风景名胜。其中清源山为国家重点风景名胜区,还有开元寺、安平桥、洛阳桥、古船馆、伊斯兰教圣墓等。惠安女习俗、安溪茶文化也独具特色。

4. 漳州市

漳州市,位于福建省东南部,是中国历史文化名城之一,是闽南水陆交通中心和九龙江流域物资集散中心,总面积1.26万平方千米,是著名的侨乡和台居地。旅居海外的华侨、港澳同胞有70万人,台湾人口中1/3的人祖籍是漳州,是侨、台胞寻根祭祖的府地。漳州平原土壤肥沃,盛产花木、水果,享有“四时有不凋谢之花,八节尽长青之果”盛誉。特产有水仙花、茶花、兰花等“三大名花”和芦柑、荔枝、香蕉、龙眼、柚子、菠萝等“六大名果”;水仙花是中国十大传统名花之一,也是福建省的省花、漳州的市花,名闻海内外,有“凌波仙子”之称。名胜古迹众多,主要景点有芝山、南山寺、赵家堡、万松关、云洞岩、仰文楼、木棉庵等,其中以南山寺最为著名。南山寺始建于唐玄宗开元年间(公元713~741年)。现存建筑为清光绪重修,寺宇宽旷,殿堂高大，雄伟壮丽，别具一格，是闽南著名古刹。

5. 集美

集美是闽南的著名侨乡，是爱国华侨领袖陈嘉庚的故乡。到集美，最值得看的有两点：一是看闽南建筑与侨乡成就，二是感受陈嘉庚先生艰苦朴素的创业精神。在厦门大桥上可以看到由集美各学院组成的集美大学，遍布在学校内的楼宇厅阁、绿树红瓦、龙脊凤檐充满闽南侨乡建筑特色。

集美鳌园是我国爱国华侨陈嘉庚兴建的一座典雅园林，面积共8990平方米，园内建筑富有民族特色，又吸收西方建筑形式，由陈嘉庚先生陵墓、集美解放纪念碑和门廊三部分组成。集美为厦门的文化教育中心，有集美学校、厦门大学，都是陈嘉庚先生投资兴建或创办的学府。

二、广东省

(一) 广东概况

广东位于我国大陆最南部，相传古为百越(粤)之地，故简称粤。土地面积18万平方千米，省会广州。境内居民以汉族为主体，并有瑶、畲等少数民族，为著名侨乡。

广东省属南亚热带、热带湿润季风气候，景观以独特的热带风光和别具一格的"岭南文化"吸引众多游客，另外先行开放区，发达的经济以及都市风貌也是该省特色旅游资源，特别是深圳人造景观的成功，极大地推动了该省旅游业的发展，故其旅游业以发展都市风光旅游、人造景观旅游和观光度假旅游为重点。以广州为旅游中心城市，深圳、珠海、韶关、肇庆为重点旅游城市。本区历史文化悠久，更是中国近代革命史上的重要基地，不仅有勃勃涌动的商潮，而且有湖光山色的秀丽，丹霞风采绚丽、星湖隽秀多姿。光孝寺、佛山祖庙、南越王墓，昭示了本区文物古迹的灿烂光彩。本区现有6个国家历史文化名城，3处国家级风景名胜，1处国家级旅游度假区，以及以"世界之窗"、"锦绣中华"为代表的一大批主题公园。著名的风景名胜有肇庆星湖、从化温泉、仁化丹霞山、南海西樵山、博罗罗浮山、西江羚兰峡、北江飞来峡等。主要的文物古迹有光孝寺、南华寺、开元寺、庆元寺、佛山祖庙、南越王墓、孙中山故居、陈家祠等。主要的革命遗址有农民运动讲习所旧址、黄花岗七十二烈士墓等。主要的体育文化游览地有深圳"世界之窗"、"民俗文化村"、"锦绣中华"等。

(二) 重要旅游线路

1. 粤中旅游线

七星岩——鼎湖山——白云山——从化温泉——南海西樵山——佛山祖庙

2. 粤东旅游线

惠州——梅州——潮州——汕头

3. 现代都市旅游线

广州——深圳——珠海——佛山

(三) 旅游景区(点)

1. 虎门

虎门销烟池在东莞市太平镇口，南临珠江，北靠牛背山，西为镇口关隘。

19世纪30年代英国、葡萄牙等国武装走私鸦片进入我国南方边陲。清道光帝接受林则徐禁烟奏折，特派林则徐赴广州查办，迫使外国鸦片商在虎门交出了鸦片2万多箱，共重1175吨。为了销毁这些害人的毒品，特意筑了两个大池子，长宽各45米。池底平铺石板，四周栏桩钉板,池旁开一涵洞,池后通一水沟。当时(1839 年 6 月 3 日到 25 日)销烟池中的池板、木桩等遗物现陈列在池旁的鸦片战争博物馆里,销烟池旁立有“鸦片战争虎门人民抗英纪念碑”,一座与虎门销烟池相距不远的虎门沙角炮台,是珠江出海口穿鼻洋的咽喉处。它北通黄埔,形势险要,称为“虎门要塞”。中英鸦片战争期间,虎门炮台屡屡击退来犯的英国侵略军,在中国近代史上写下了光辉的一页。虎门要塞现仍保留着沙角炮台和威远炮台,可供参观和凭吊。

2. 肇庆七星岩

七星岩又名星湖,地处广东省肇庆市北郊,湖区面积 500 万平方米,约相当于两个颐和园的昆明湖大小,为石灰岩峰林型山水风景。7 座石灰岩山峰散布湖中,错落有致,形如北斗七星。七星岩湖面宽阔,七座苍翠的山岩,矗立湖滨,排列如同北斗。岩内多溶洞,岩壁上留有许多题刻。星岩景区风光绝美,人称“山似桂林,水如杭州”。

3. 鼎湖山

鼎湖山地处肇庆市区东北。因山顶有湖,传说黄帝曾赠鼎于此,故名。鼎湖山群峰竞秀,古木参天,苍翠欲滴,以丛林古刹、飞瀑流泉著称。与全球同纬度地区较为干旱的普遍现象相比,显得十分独特,被称为“北回归线上的绿洲”。当地拥有极为丰富的动植物资源,有沙椤、水松、扁藤等 2000 多种植物,太阳鸟等 170 多种鸟类、30 多种兽类,这里已被联合国教科文组织定为“世界人与生物圈计划保护区”。散布在庆云寺周围的数千亩自然林,属南亚热带常绿季雨林型,具有独特的岭南景色。山间古刹庆云寺为岭南四大名刹之一。全山可分为天溪、云溪、天湖三大景区,人工建筑掩映于山光水色之间,景色秀美。景区内环境优良,溪水长流,瀑布跌水众多,空气清新,负离子浓度极高,是旅游度假的理想之地。

4. 锦绣中华

锦绣中华坐落于深圳湾畔,是目前全世界面积最大、内容最丰富的实景微缩景区,全园占地 30 万平方米,分为主点区和综合服务区两部分。近百处景点大致按全国版图位置分布,宫肆庙塔、亭台楼阁一应俱全。“锦绣中华”82 个景点中的多数景点按 1∶15 的比例制作,超过一般为 1∶25 的国际惯例。这些景点可以分为三大类:古建筑类、山水名胜类、民居民俗类,安置在各景点上的陶艺小人达 5 万多人。整个景区是中国悠久历史和壮丽河山的缩影。园内综合服务区名叫苏州街,将传统文化和饮食、娱乐业集合为一体,与北京颐和园的苏州街异曲同工。在这里,游客还可聆听古代编钟的动人乐章,观看 360°全景环幕电影的瑰丽画面。

5. 世界之窗

世界之窗规模巨大,占地约 48 万平方米,将世界各国的奇观、历史遗迹、古今名胜、自然风光、居民、雕塑、绘画以及民俗风情、民间歌舞表演等融于一园,是一大型的文化旅游景点。全园分为世界广场、现代科技娱乐区、世界雕塑园、国际街、亚洲区、非洲区、欧洲区、美洲区、大洋洲区等共九大景区 118 个景点。全园荟萃了全球各大洲建筑艺术的精华,金字塔、泰姬陵、埃菲尔铁塔、凯旋门、悉尼歌剧院等景点分别按不同的比例仿建。景区中心为世界广场,每到夜晚,华灯齐放,以各民族歌舞表演为主的“狂欢之夜”艺术巡游欢快热烈，令人陶醉。

6. 从化温泉

从化温泉景区位于粤北从化市中部，分为河东、河西两区。这里冬暖夏凉，年平均气温 21℃。山清水秀，景色宜人，并拥有水量充沛、水温宜人的含氡温泉，是驰名中外的风景名胜区和疗养度假胜地。尤其"沙滩泉"，沙面浮薄烟，拂开细沙即遍渗泉水，人可埋身沙中做"温泉浴"。来此洗温泉浴的同时，主要观赏其"三瀑一湖"美景，即香粉瀑、飞虹瀑、百丈飞涛和天湖。

7. 丹霞山风景名胜区

丹霞山风景名胜区位于广东省仁化、曲江两县境内，共分为四个景区，即主峰景区、翔龙湖景区、锦江景区和阳元山景区。风景区内红色沙砾岩层形成的独特地貌，奇峰林立，丹崖赤壁，地学中的"丹霞地貌"一词源出于此。

丹霞山是红砂岩峰林地貌，到处悬崖峭壁，景色奇特。它以顶平、身陡、麓缓、岩石裸露的地形特点而成为地貌学专用名词"丹霞地貌"的命名地，又被称为中国"红石公园"。丹霞山的自然风光集雄、险、秀、幽于一身，为岭南第一奇山，居广东四大名山（丹霞山、罗浮山、西樵山、鼎湖山）之首。丹霞山多茂密的亚热带常绿阔叶树林，红岩绿树，景色绚丽。区内绵江蜿蜒穿行于峰峦之间，岩穴古洞、流泉飞瀑处处可见。

丹霞山自然风光秀美，景点多达百余处。著名景点有僧帽峰、仙山琼阁、童子拜观音等。另外，丹霞山还曾是佛教圣地，有一些佛教建筑以及古山寨、洞穴岩居、岩墓群等。还有舜帝南巡奏韶乐胜迹及丰富的摩崖石刻等人文景观。风景区外围地区有金鸡岭、九泷十八滩、南皋寺、古佛寺、马坝人出土遗址等自然、历史遗迹。

8. 西樵山风景名胜区

位于广东省南海市西南部，国家重点风景名胜区和国家森林公园，广东省的四大名山之一，以火山地貌景观为主。西樵山是七、八千万年前由海底火山喷发岩浆、岩块、火山、火山灰形成的死火山，山体外陡内平，状若莲衣复合，大秤峰居群峰之首，九龙岩、冬菇石、石燕石等峰岩形态万千。西樵山岩石，节理发育，裂隙纵横，富有潜水，形成多处水景，有 232 口泉眼，28 处瀑布。西樵山山上有湖，湖里有山，水在山中，山在水里，自然风光清幽秀丽，并有南海观音文化苑、黄大仙圣镜园、黄飞鸿狮艺等人文景观。早在旧、新石器时代西樵山就有人类活动，留下历代地下采石场等许多历史遗迹，史学界称为"西樵山文化"。明朝中叶成为南国理学名山，保存有"云泉仙馆"、"白云古寺"大量摩崖石刻等文物古迹。

（四）旅游中心城市

1. 广州市

有花园之称的南国名城广州市，坐落在三角洲北端。广州城的历史最早始于秦始皇三十三年，至今已有 2100 多年。广州又名穗，别称羊城，据传说古时有五位仙人，穿五色衣，骑五色羊，携谷穗降临广州，并祝福"愿此阛阓，永无饥荒"。现五羊纪念石雕立于越秀公园内山冈上，造型含蓄，富有诗意，被视为广州市徽。广州市是华南最大的工商业城市，经济发达，商贸繁荣，又是我国重要的对外贸易中心之一，被称为中国的"南大门"。素有"花城"美誉的广州拥有宜人的气候和美丽的市容，四季花香不绝，终年万紫千红。

广州作为我国历史文化名城，名胜古迹遍及市区。东晋始建的光孝寺，现为全国重点文物保护单位；南朝始建、宋代重建的六榕寺，以花塔著名，登塔顶可俯瞰全市风光；唐代建的怀圣寺是我国最早的清真寺之一，具有伊斯兰教建筑风格；耸立于越秀山顶的镇海楼，建于明朝，现为广州博物馆，楼内展出的古广州城区变迁示意图，展示了广州城垣发展的历史。此外，还有陈家祠堂(陈氏书院)、岭南第一楼等。广州是个具有革命传统的英雄城市，供人凭吊的纪念地很多，如黄花岗、红花岗、烈士陵园、中山纪念堂等。广州地处祖国“南大门”，毗连港澳和深圳、珠海经济特区，与港澳、海外联系便捷，是我国南方最大的面向国际市场的对外口岸，也是外来游客进入我国的重要口岸之一，还是全国华侨最多的城市之一。这些都为广州市的经济发展和旅游业发展提供了最有利的条件。

2. 深圳市

深圳市地处珠江口东岸，距广州约150千米，南连香港新界，横跨深圳河上的罗湖桥，成为香港入境的主要通道。深圳面积2000平方千米，靠山临海，地形复杂，有山地、丘陵和平原，海岸线长195千米，东南海岸曲折陡峭，海湾内岛屿星罗棋布，西南海岸分布着广阔的浅海、滩涂。气候温和，雨水充沛，农业生产基础较好。

改革开放以来，一日千里的现代化建设，极大地改变了深圳的面貌，全城到处是林立的高楼，深圳为我国最早的经济特区、新型的现代化城市。深圳以其优越的地理位置和自然条件，发展与国际间的经济交流，取得了显著成效。作为“中国旅游之窗”，其旅游业更具有“外向型”和“开放型”的特点。主要旅游景点为：“五湖四海”、两大民族旅游景点和一大“窗口”。“五湖”为西丽湖、香蜜湖、石岩湖、东湖和银湖；“四海”为海上世界、深圳湾大酒店、小梅沙海滨度假营和大梅沙海滨旅游区；两大民族旅游景点分别为“锦绣中华”微缩景区和“中国民俗文化村”；一大“窗口”为闻名遐迩的“世界之窗”。“锦绣中华”、“世界之窗”和“中国民俗文化村”等微缩景区，以及西丽湖放养式动物园等一批不同档次的旅游景点，成为吸引港澳同胞的旅游胜地。

3. 珠海市

珠海市位于珠江口西岸，北近广州，南邻澳门，东与香港隔海相望。背山面海，海滨地区港湾相连，湾上绿树成荫，风光绮丽，具有“城市连风景，风景连城市”的南国乡土特色。全市共有146个海岛，素有“百岛之市”的美誉。自设立特区以来，利用优美的自然风光和南临澳门、接近香港的自然条件，大力发展出口加工业和旅游业，建成了一批大型园林式宾馆、海滨度假村，以及石景山游乐中心、海滨公园和具有广东园林风格的九州城购物中心等旅游活动设施和服务设施。

4. 汕头市

位于潮汕平原、韩江三角洲西侧，是广东省第二大城市，粤东、闽西南的门户，历来是华侨出入的重要口岸，著名的侨乡。海岸线长128千米，曲折并多岛屿，海滨有良好的天然浴场。主要景点有妈屿、青云岩、海门莲花峰、海潮古刹西岩、文光塔、灵山寺等。礐石是汕头市著名风景区，群山多姿，怪石遍布，峡谷清幽，林木葱郁；妈屿岛上建有妈祖庙，祭祀传说中的护海水神。

5. 韶关

韶关最负盛名的景点是南华寺和风采楼。南华寺是一座具有1500多年历史的佛教名寺，是禅宗六祖慧能弘扬“南宗禅法”的发源地，始建于南北朝梁武帝天监元年(公元502年)，现为全国重点文物保护单位。南华寺建筑雄伟，有国内罕见的木雕罗汉、唐代千佛袈裟、清代千佛、宋代灵照塔、武则天圣旨、卓锡泉、六祖真身像、万斤重的大铜钟和名人碑刻等名胜古迹。

三、海南省

(一)海南概况

海南省包括海南岛和西沙、南沙、中沙诸群岛,陆地总面积3.5万平方千米,另有海洋国土面积200万平方千米,是我国最大经济特区和最年轻的省份。海南省是仅次于台湾岛的全国第二大岛,是中国陆地面积最小、海洋面积最大的省。海南省处于热带季风性气候,四季长青,遍地皆绿,森林覆盖率超50%,尤其是"椰风海韵"的热带海滨风光,可谓中国之最。地形由中心向四周逐级下降,地貌类型有山地、台地、平原、海滨等。全岛1600千米的海岸线有一半属可供开发利用的优质海滨沙滩,如亚龙湾、大小东海、石梅湾、桂林洋、高隆湾等,由阳光、沙滩、海水、椰树构成丰富的海滩旅游资源,适于发展海滨休闲度假旅游。此外,还有众多温泉、雄伟神秘的五指山、奇特的古火山溶洞以及历史文化古迹、特区城市风貌共同构成海南丰富的旅游资源。

(二)重要旅游线路

1. 东海岸海滨旅游线

海口——琼海——万宁——三亚

2. 黎苗民族风景旅游线

海口——五指山——三亚

3. 热带风光环岛旅游线

海口——东寨港——文昌县——清澜椰林——琼海市——万宁县——陵水县——三亚市

(三)旅游景区(点)

1. 五指山

五指山位于海南岛中部,主峰高达1879米,为海南最高峰。因长期受侵蚀切割,山峰呈锯齿状、形似五指,故取名五指山。山为热带林木覆盖,遍布奇花异草,有闻名于世的南药沉香、槟榔、益智、木灵芝、金不换等30多种植物。登山可体验早凉、午热、夕暖、夜寒"一日四季"的气候。林中相对湿度达90%以上,日间浓雾弥漫,如霏霏细雨,入夜常有阵雨。林中多有野生动物和长臂猿、梅花鹿等出现。既是不朽良树的绿色宝库,又是珍禽异兽的天然王国。这里是我国黎、苗等少数民族的主要原居区,民族风情独特。

2. 海南热带野生动植物园

位于琼山市东山镇,是一座具有访野生概念,集动物观赏保护、繁育、科研、观赏为一体的热带动物园,占地1.3平方千米,有行车观赏区、步行观赏区、湖边度假区、中心服务区等。其中动物观赏区87公顷,园内自然放养珍禽猛兽及热带珍惜濒危动物200余种。游客可乘车在行车观赏区观非洲狮、虎、黑熊等猛兽在自然状态下的风采,也可在步行区观赏亚洲象、长颈鹿、鳄鱼、河马、巨蜥、长蟒、矮马等,还可置身于人造猴山和群猴嬉戏,在无支撑结构的百鸟园中漫步。

3. 亚龙湾(右图)

亚龙湾,位于三亚市东南28千米处,1992年更为现名。亚龙湾是海南省最南端的一个半月形海湾,是我国唯一具有热带风情的国家级旅游度假区,全长约7.5千米,是海南名景之一。亚龙湾沙滩绵延7千米且平缓宽阔,浅海区宽达50~60米。沙粒洁白细软、海水澄澈晶莹,而且蔚蓝,能见度7~9米。海上可开展多种水上运动,海底世界资源丰富,有珊瑚礁、各种热带鱼、名贵贝类等。年平均气温25.5℃,海水温度22℃~25.1℃,终年可游泳,被誉为"天下第一湾"。1995年建成的亚龙湾中心广场上有27米高的图腾柱以及三个雕塑群。

4. 南山

南山文化区位于三亚南山,是集佛教文化、民俗风情、热带海洋风光和历史古迹为一体,用于旅游度假、学术交流、文化考察多功能大型文化旅游区。共建有三大主题公园:南山佛教文化区、中国福寿文化园和南海风情文化园。南山佛教文化园,是一座展示中国佛教传统文化,富有深刻哲理寓意,能够启迪心智、教化人生的园区;中国福寿文化园,是一座集中华民族文化精髓,突出表现和平、安宁、幸福、祥和之气氛的园区;南海风情文化园,是一座以南山一带蓝天碧海、阳光沙滩、山林海礁等景观为独特魅力,突出展现中国南海之滨自然风光和黎村苗寨文化风情,同时兼容一些西方现代文明的园区。

5. 天涯海角风景区

天涯海角风景区地处市区西南海滨,前海后山,风景独特。因海南岛曾是封建王朝流放罪臣的地方,古人到此,远望海天茫茫,遥想中原如梦,常有身在地角天边的感触,天涯海角因而得名。步入游览区,沙滩上那一对拔地而起的高10多米,长60多米的青灰色巨石赫然入目。两石分别刻有"天涯"和"海角"字样,意为天之边缘,海之尽头,它已成为海南省的标志性景观。这里融碧水、蓝天于一色,烟波浩瀚、帆影点点、椰林婆娑、奇石林立,如诗如画。

6. 博鳌亚洲论坛永久会址景区

博鳌,是著名的国际会议组织——"亚洲论坛"永久性会址所在地。景区里宏伟气派的现代建筑、智能化的会议设施、动静相宜的高尔夫球场、河海交融的绮丽风光、古老动人的美丽传说演绎着人与自然的和谐。博鳌旅游风景区水中有岛,岛中有水,秀丽景色和名胜古迹集于一地,被人们誉为奇妙的南国风光画卷。开发区分别为博鳌滨海旅游开发区和博鳌水城国际会展休闲度假区。"亚洲论坛"永久性会址就坐落于博鳌水城国际会展休度假区中。主要景点有:万泉河入海口、海南首个可以近距离观赏一流高尔夫球场景观的景区、博鳌亚洲论坛展览馆、龙颈穴、博鳌亚洲论坛国际会议中心等。

7. 东山岭风景区

东山岭风景区,在万宁市东2千米处,由3座山峰相依而成,海拔184米。形似笔架,历史上又称笔架山,是海南开发较早的旅游景点之一,自然风光秀丽,人文景观奇特。电视连续剧《红楼梦》片头中有一块神姿仙态的"飞来石",它就位于被称为"海南第一山"的东山岭上。东山岭遍山都是奇石,"一线天"胜景之处的风动石重达百余吨,能在海风的吹拂和人力的推摇下产生晃动。岭上还有多处古迹和庙宇,均为省重点保护文物。其中潮音寺被海外侨胞所重视。

(四)中心城市

1. 三亚市

三亚市,地处海南岛最南端,是我国东南沿海对外开放黄金海岸线上最南端的对外贸易重要口岸,是中国通向世界的门户之一,聚居着以黎族、苗族、回族为主的少数民族。它拥有全海南岛最美丽的海滨风光,是一个充满神奇色彩的避寒胜地,被称为"东方夏威夷"。当地的经济支柱是得天独厚的旅游业，还有农业。该区主要旅游景点有猕猴岛、珍珠养殖场、天涯海角、鹿回头和大小东海、亚龙湾、南山文化区等。

2. 海口市

海口，是海南省省会，隔琼州海峡与雷州半岛相望，地处热带滨海，热带资源呈现多样性，富有海滨风光景观。全城遍植椰树，终年常绿，又称“椰城”。其风光秀丽、名胜古迹多，加之近年新开发了不少旅游区和景点，游览内容十分丰富。众多景区各具一定特色，热带野生动植物园、火山口国家地质公园等一批新景区的建成，标志着海南正在发展成为集观光游览、度假休闲、疗养健身、商务会展、文化娱乐为一体的多功能、综合型全国热带海滨休闲旅游胜地。该游览区主要的游览名胜古迹有五公祠、海瑞墓、东坡书院、琼台书院等人文景观和假日海滩、马鞍山火山口、红树林、东郊椰林等自然景观。

◆复习思考题：

4. 本区发展旅游业最显著的优势是什么？
5. 本区主要的自然与人文旅游景点有哪些？
6. 查阅资料，并结合实际，探讨如何从可持续发展的角度来发展海南省的旅游业。

△ 第十二章

西北文化旅游区

◎ 学习目标：

1. 知识目标：掌握本区旅游环境特征；掌握本区特色的旅游资源特征；了解和掌握本区各地主要的旅游线路、旅游景区、中心城市。

2. 能力目标：运用已经掌握的知识和能力，根据地区旅游资源特色设计旅游线路。

3. 重　　点：掌握区内主要的特色旅游资源。

阅读材料：国家5A级景区——新疆葡萄沟

新疆三美："千年胡杨、葡萄飘香、人们勤善"，新疆知名度最高的葡萄沟风景区位于吐鲁番市东北15千米，火焰山西侧的一个峡谷中，葡萄沟长8千米，宽约500米，是国家5A级景区。峡谷两岸绿树葱葱，桑、杏、桃、梨、杨、柳、榆、槐错落有致；两岸无数清泉汇集成纵横交错的水区，以盛产优质葡萄而闻名中外。

这里主要种植无核白葡萄，还有马奶子、红葡萄、喀什哈尔、日加干、琐琐等多个品种。其果实呈球形、卵形、椭圆形等，有的葡萄晶莹如珍珠，有的鲜艳似玛瑙，而有的绿若翡翠。那五光十色、翠绿欲滴的鲜葡萄，令人垂涎不止。尤其是这里生产的无核白葡萄，皮薄、肉嫩、多汁、味美，营养丰富，素有"珍珠"美称，其含糖量高达20%～24%，超过美国加利福尼亚州的葡萄，居世界之冠。用无核白鲜葡萄晾制的葡萄干，含糖量高达60%，被人们视为葡萄中的珍品。随着葡萄种植业的发展，这里建起了现代化葡萄酒厂，生产各种葡萄酒、葡萄罐头。特别是这里出产的干白葡萄酒，甘甜爽口，清香宜人，回味无穷，深受国内外宾客的青睐。

葡萄沟、神话故事中传说的火焰山、充满古代人民智慧的地下水利工程坎尔井，以及历史最为久远、保存最为完成的生土建筑交河故城等众多独具特色的著名景点，每年都吸引着众多国内外游客。

本旅游区包括甘肃省、宁夏回族自治区、新疆维吾尔自治区三个省（自治区），总面积约206万平方千米，人口约7450万。这里地处我国西北，是一个少数民族聚居的区域。其拥有丰富的物产、独特的自然环境、悠久的历史文化、多姿的民族风情、众多的名胜古迹，是我国独具魅力的文化旅游区。

第一节 区域旅游环境与资源特征

一、旅游自然地理环境

(一)高山与盆地相间,沙漠与绿洲相辉

西北地区地形地貌复杂多样,有茫茫的大草原,巨大的盆地,平坦的高原、众多的谷地,神秘的沙漠戈壁,皑皑的冰川雪地,生机勃勃的绿洲。地形大势东西呈现出两种不同的特征。东部是较为平坦的高原和河套平原,西部可以概括为"三山夹两盆"的地势特征。即北部的阿尔泰山与中间的天山之间为准噶尔盆地,南面的昆仑山及阿尔金山与天山之间是塔里木盆地。

(二)温带大陆性干旱气候

本区属典型的温带大陆性干旱气候,地处欧亚大陆内陆,四周又有山地、高原阻挡,湿润的海洋气流难以到达,终年盛行温带大陆气团,于是形成了冬冷夏热、干燥少雨的温带大陆性干旱与半干旱气候。其日照时间长,气温变化大,干燥少雨、风沙大。白天气温高,夜间气温低,沙漠地区日温差高达30℃,极端最高气温(吐鲁番48℃)与极端最低温(富蕴 -52℃)均出现于本区,呈现出"早穿棉袄午穿纱,晚上抱着火炉吃西瓜"的奇特景观。

(三)丰富的地方土特产

由于日照充足,有利于农产品尤其是瓜果糖分的积累,使本区的瓜果质量上乘,闻名中外。新疆的自然条件利于种植棉花,维吾尔族先民在1000多年前就开始植棉,其中长绒棉质地优良,最为有名。新疆"八大怪"指的是新疆有名的特产:和田的无花果、吐鲁番的葡萄干、库车的杏脯、阿克苏的鹰嘴豆、罗布泊的罗布麻茶、伊犁的奶酪、哈密的哈密瓜干和喀什的巴旦木,另外,新疆长绒棉、若羌大枣、西红柿等农产品品质优异。甘肃的白兰瓜、黄花菜、黑瓜子、百合、苦水玫瑰、敦煌李广杏、安西西瓜等久负盛名。

药材也是本区的重要土特产,甘肃盛产有九百余种中草药,陇南山区是一座天然的药材宝库,野生药材中的甘草、当归、大黄、党参、黄芪等产量品种大,质量好,为全国之冠。特别是岷县的当归,为全世界公认的地道药材,具有养血、调经、去瘀生新等多种功能,实为妇女不可缺少的良药。近年来用当归作基本原料的各种酒类、饮料、食品、化妆品等层出不穷。这些珍贵药材已成为甘肃大宗出口的拳头产品。宁夏的枸杞、干草、贺兰石、滩羊皮、发菜被誉为宁夏的"红、黄、蓝、白、黑"五宝。

此外,工艺品新疆和田玉、甘肃酒泉夜光杯、天水雕漆、洮砚,宁夏仿古地毯、贺兰石刻等也深受中外游客的喜爱。

二、旅游人文环境特征

(一)悠久的丝路文化

西北地区是古"丝绸之路"的主要通道。在"丝绸之路"所经之处,留下了数量众多、种类丰富的文物古迹。著名的有临洮秦长城遗址,汉代阳关、玉门关,明代的嘉峪关,敦煌莫高窟、麦积山石窟、炳灵寺石窟、克孜尔千佛洞,楼兰古城、米兰古城、高昌故城、交河故城等。

(二)多姿多彩的民族风情

西北地区是我国少数民族分布最多的地区。居住着蒙、回、维吾尔、哈萨克、乌兹别克等40多个少数民族。众多的民族,不同的民风民俗构成了不同的民族风情。维吾尔族能歌善舞,民族乐器有几十种之多,其中独他尔和热瓦甫是最常用的独奏、合奏乐器。达甫鼓是用手指敲击的一种羊皮鼓,用于舞蹈和音乐合奏的伴奏。维吾尔族舞蹈的群众性很强,以轻巧、优美的舞姿和快速旋转、多变的艺术特点而著称。"赛乃姆"(集体舞)是最普遍的民间舞蹈形式,即兴表演,有时独舞,有时二人对舞,三五人或十几人同舞也很常见。大型活动时,还会出现百人共舞的壮观场景。舞蹈者情绪热烈,观众拍手、呐喊助威。在农村、乡镇,每逢节日、婚礼、欢送宾客等喜庆场合,都要唱歌跳舞。"木卡姆"是维吾尔族的一种综合艺术形式,包含有器乐演奏、歌舞和说唱等内容。在维吾尔族民间生活中,还有一种具有独特风格的传统的娱乐形式"麦西热甫",将歌舞和民间游戏很好地结合了起来,深受维吾尔族群众的欢迎。

还有欢乐剽悍的民间文体活动"刁羊"和"姑娘追"。回族、维吾尔族等穆斯林清真食品别具风味。一年一度的"那达慕大会"是蒙古族的盛会。所有这些,体现出西北地区少数民族热情、奔放、欢乐、勇敢、能歌善舞的民族风情。

阅读材料:"姑娘追"

"姑娘追"哈萨克语称"克孜库瓦尔",它是哈萨克青年们最喜爱的一种马上体育游戏,也是男女青年相互表白爱情的一种别致方式,常在喜庆时举行。

关于"姑娘追",有许多美丽的传说,其中有这样一个故事:从前有一只白天鹅化为女子,和一位猎人结为夫妻,成为哈萨克人的始祖。他俩结婚那天,骑着两匹白色的骏马,像白天鹅一样,飞来飞去,互相追逐。据说这就是姑娘追最早的由来。

"姑娘追"一般在夏秋季节繁花争艳的草原上举行,远近牧民都骑马前来参观。活动一开始一对对未婚青年男女向指定地点并辔慢行。去时,小伙子可向姑娘任意笑谑或求爱,姑娘只能默默倾听,不能生气;返程,小伙子必须策马急驰,姑娘则在后挥鞭追打。姑娘若追上小伙子可任意鞭打,有时还将帽子抽落在地,惹得观众一阵哄笑。如果姑娘对小伙有情,则会鞭下留情,只见鞭子在小伙子头上转圈虚晃,却不见鞭梢落身,或姑娘故意将鞭抽打到小伙子坐骑的马屁股上。场面热烈,妙趣横生。

(三)主要旅游资源

1. 独特的自然景观

(1)沙漠戈壁景观

本区是我国沙漠的主要分布地区,主要包括塔克拉玛干沙漠、古尔班通古特沙漠、腾格里沙漠、毛乌素沙漠等。沙漠地区由于风力大,形成了风蚀地貌和风积地貌景观。

(2)荒漠绿洲景观

绿洲又称"沃洲",是指在干旱荒漠地区,水源充足,土壤肥沃,农业发达的地区。在西北地区盆地边缘的冲积平原,依靠高山冰川雪水灌溉,成为水草肥美、农业发达的绿洲。新疆天山南北的阿克苏、阿拉尔、库车、吐鲁番、乌鲁木齐、塔城、伊宁,南疆的喀什、和田,河西走廊的张掖、临泽、高台、酒泉、武威、敦煌等都是西北著名的绿洲。这些"不是江南胜似江南"的绿洲,犹如荒漠地区的粒粒明珠。

(3)草原景观

本区内蒙古高原北部和中部属典型的温带草原,水草肥美、景色宜人,羊群如流云飞絮,呈现出“天苍苍,野茫茫,风吹草低见牛羊”的美丽画卷。在绿草如茵的草原上骑马、骑骆驼,到牧民帐篷里做客,参加牧民的各种娱乐活动,体验牧民生活,是本区新奇的旅游活动。

天山草原是新疆的主要天然放牧场。天山草原以其面积广大,水源充足,牧草繁茂,气候适宜而著称。天山草原的牧草,种类繁多,生长茂密,品质优良,养育了千万头牲畜,有名的伊犁马、巴里坤马、焉耆马、新疆黄牛和新疆细毛羊等优良品种。

(4)雪山森林景观

在西北内陆盆地周围的阿尔泰山、天山、博格达峰、昆仑山等高大山岭上,发育着成千上万条现代冰川,巍巍雪山,气势磅礴,既是西北地区重要的旅游资源,也是一座座固体水库,暖季融化,给荒漠绿洲带来勃勃生机。还有具有顽强生命力和神秘色彩的胡杨林和阿勒泰、巴里坤的原始森林等都是西北地区重要的旅游资源。

2. 众多的历史古迹

西北地区文物古迹数量巨大、种类丰富。有古长城、古道、古城堡、烽燧,以及艺术荟萃的石窟、佛龛和文物等等。它们是西北地区最重要的旅游资源。

第二节　各省(市)重点旅游线路、旅游景区(点)、中心城市

一、宁夏回族自治区

(一)宁夏概况

宁夏回族自治区简称宁,首府银川。是我国五个少数民族自治区之一。自治区位于西北地区东部,黄河上中游,周边与甘肃省、内蒙古自治区、陕西省毗邻。疆域南北狭长,相距450千米,东西相距约250千米,面积6.6万平方千米,人口587.71万人。宁夏有35个民族,主要有汉、回、满、东乡、蒙古族。

宁夏地势南高北低,呈梯状下降,境地迭起,平原错落,丘陵连绵,沙丘、沙地散布。全境由北向南分为贺兰山山地,银川平原、灵盐台地、山地与山间平原、黄土丘陵和六盘山山地等六个地貌区。

贺兰山位于自治区西北部,山体东北—南西走向,中段为国家级自然保护区,北段是自治区重要煤炭基地。山体绵延近200千米,最高峰敖包疙瘩海拔3556米,面积约2000平方千米。

银川平原包括黄河冲积平原和贺兰山山前洪积倾斜平原,土地肥沃,沟渠纵横,有“塞上江南”之美称。

宁中山地与山间平原,山地与平原相间分布,平原海拔1300~1500米,山地海拔1500~2600米,面积约90000平方千米。

宁南黄土丘陵大部分地区海拔在2000米左右,黄土覆盖深厚,气候为半干旱区,降水集中且年际变化大,沟壑十分发育。

六盘山位于自治区南端,一般海拔2100~2900米,最高峰马万山海拔2954米,气候阴湿,降水较丰,植被状况较好,是自治区三大天然林区之一,是国家级自然保护区。

宁夏属温带大陆性气候,具有日光充足、干旱少雨、风大沙多、温差大等特点。气温南低北高,降水南多北少。

野生动物有哺乳类、两栖类、爬行类、鸟类、鱼类等经济动物,有51种国家保护的珍贵稀有动物。宁夏境内有国家保护的珍贵稀有动物51种,其中黑鹳、中华秋沙鸭、金钱豹等8种为国家一类保护动物,马鹿、岩羊、蓝马鸟、红腹锦鸡等43种为国家二类保护动物。野生植物有917种药用植物,有14种国家保护的珍贵稀有植物,还有纤维植物、观赏植物等经济植物。

宁夏的主要旅游资源为草原沙漠景观、黄河水利、西夏文物古迹等。

(二)重要旅游线路

宁夏以蜚誉海内外的"大漠、黄河、西夏、回乡及中国旅游最后处女地"为亮点,具有自然风景和人文景观交相辉映的旅游资源,旅游景点主要分布在银川、中卫、固原一线。代表旅游线路为神奇宁夏经典三日游:

D1:中卫——通湖草原——中卫:乘车前往腾格里沙漠腹地——"沙漠中的伊甸园"通湖草原(含歌舞篝火晚会、蒙古族风情接待仪式),这里可充分感受到蒙古族人民的好客,接受下马酒、哈达的的欢迎,也可自费骑马、射箭等,体验蒙古族男子三项"那达慕",晚餐后,观看蒙古族独具特色的文艺晚会——篝火晚会,体验异域风情。晚会结束后,乘车返中卫市。

D2:中卫——沙坡头——西夏王陵——银川:早餐后——沙坡头旅游南区(自费:鸣沙山滑沙、羊皮筏子漂流黄河、飞跃黄河等娱乐项目)——沙坡头北区大漠营地(自费:骑骆驼漫游原始腾格里沙漠,乘沙漠飞狐体验沙海冲浪等娱乐项目),午餐后,乘车返回银川,途中游览参观素有"东方金字塔"之称的西夏帝王陵墓群——西夏王陵。宿银川。

D3:银川——沙湖——影视城——贺兰山岩画——枸杞园——银川:早餐后——沙湖生态旅游区游览湖水、沙山、芦苇、飞鸟、游鱼、荷塘在毛乌素大漠之上营造出中国绝无仅有的胜地——午餐后,参观因张艺谋、陈凯歌、谢晋等导演在此取景拍摄《红高粱》、《牧马人》、《乔家大院》等著名影片的华夏西部影视城(含明清两座城堡),后参观"北方岩画代表"——贺兰山岩画——拜寺口西夏双塔,了解古代先民所崇拜的图腾文化的深层含义。后乘车返回银川,途中参观宁夏万亩枸杞观光园,了解宁夏"五宝"。晚餐后散团,结束愉快的宁夏之旅。

(三)旅游景区(点)

1. 贺兰山自然保护区

贺兰山地跨宁夏、内蒙古两自治区,座落在北温带草原向荒漠过渡地带,位于银川平原与阿拉善高原之间,山势呈现西南东北走向,中部峤峦重叠,沟谷狭窄,地形险要,两端坡缓而干旱,海拔1400~3500米之间,主峰沙锅洲高达3556米。它阻隔了腾格里沙漠东移和西伯利亚寒流的侵袭。

贺兰山东南坡属宁夏部分,具有温带干旱、半干旱山地森林植被景观,分布有维管束植物690种,如青海云杉、油松、灰榆、虎榛子、杜松等构成森林植物群落的主要成分,其中国家重点保护的有5种。有陆栖脊椎动物170多种,列为国家重点保护野生动物有金钱豹、马鹿、麝、蓝马鸡、黑鹳、大鸨等。

这个保护区完整地包括了贺兰山山地生态系统,不仅有效地保护了自然资源,提高了保护区的生态价值和科研价值,而且为该地区的水源涵养产生了巨大的效能。

2. 六盘山自然保护区

六盘山山势挺拔宏伟,景色秀丽多姿,每到春夏季节,山花遍野,林木成荫,气候宜人,青山绿水,风景如画。1988年被定为国家级自然保护区,划定自然保护区面积2.67万公顷。六盘山自然景观景点繁多,老龙潭、凉展峡、二龙河、荷花苑、秋千架等旅游景点开发前景广阔。

3. 沙湖旅游区

沙湖位于平罗县西大滩镇南3千米，距银川市57千米。沙湖原名前进湖，1989年开发为旅游区，因湖的南边有300余公顷沙丘，故命名为沙湖。沙湖湖水洁净，林草葱茏，湖光沙色，绿波荡漾，一丛丛芦苇千姿百态，错落有致，芦花摇曳，景色怡人。高大沙丘横亘湖南，碧水黄沙，既有江南水乡景色，又有塞外大漠风光。自辟为旅游胜地后，每到夏秋季节，游客络绎不绝，累计接待数百万区内外游客，已成为我国的重要旅游景点之一。

4. 沙坡头旅游景区

沙坡头位于中卫县城西南15千米黄河左岸，腾格里沙漠东南边缘，包（头）兰（州）铁路和黄河通过自然保护区内。1983年批准为自治区级自然保护区。这里有中国最大的天然滑沙场——“沙坡鸣钟”；有总长820米、横跨黄河的“天下黄河第一索”沙坡头黄河滑索；有黄河文化的代表——古老水车；有世界第一条成功横穿沙漠铁路——包兰铁路；还有黄河上最古老的交通工具————羊皮筏子；可以骑骆驼遨游沙海，徒步或自驾穿越腾格里沙漠到达沙漠中的伊甸园——通湖草原，体验挑战生命禁区的快意感觉；乘坐沙海冲浪车，咫尺之间领略大漠孤烟、长河落日的奇观。同时，沙坡头自然保护区还有保护、研究沙生植被、湿生植被、人工植被、野生动植物等物种资源的作用。

沙坡头旅游景区是国家首批5A级旅游景区、国家级自然保护区，是中国三大鸣沙沙坡鸣钟所在地。沙坡头的治沙成果在1994年被联合国授予“全球环保500佳”单位的荣誉称号，被世人称为“沙都”。沙坡头品牌的知名度、美誉度与日俱增，中外游客发出了“游遍中国万里路，长忆宁夏沙坡头”、“黄山游罢不望岳，宁夏游完不望沙”的由衷感慨。

5. 青铜峡旅游区

该旅游区主要包括青铜峡水利枢纽工程和一百零八塔等景点。

（1）青铜峡水利枢纽工程

青铜峡水利枢纽工程在青铜峡市南青铜峡黄河之上，建于1958～1967年，它以灌溉为主，同时兼有发电、防洪、防凌等多功能，有力地促进了工农业的发展，使塞上江南更加美丽富饶。

（2）一百零八塔

一百零八塔位于青铜峡市峡口山黄河西岸一个陡峭的山坡上，由108座白塔组成的塔群。塔群自上而下按一、三、五、七奇数排成十二行，形成一个巨大的三角形塔群。该塔是我国古塔建筑中唯一总体布局为三角形的大型塔群。

（四）中心城市——银川

银川是自治区首府，交通便利，曾是西夏王都，人文旅游景观众多，主要有西夏王陵、贺兰山石画、海宝塔、玉皇阁、承天寺塔、南关清真寺等。

1. 西夏王陵

位于银川市西约30千米的贺兰山东麓，为西夏历代帝王陵墓所在地，陵区范围南北10千米，东西4千米。整个陵区随地形起伏错落排列着9座（其中1座已毁）西夏帝王的陵园和70余座陪葬墓。陵园仿宋陵而建，每个陵园都是一个独立而完整的建筑群体。陵园四周有神墙，四角建角楼，由南往北依次排列着门阙、碑亭、外城、内城、献殿、灵台。

西夏王陵多次被盗掘，但灵台、鹊台、角楼、神墙仍在。这些残存的建筑遗址和碑刻对研究西夏文化有重要的价值。

2. 南关清真寺

南关清真寺位于银川市老城南门外，始建于明代，所有建筑皆土木结构，后被毁。现寺为1980年重建，占地2074平方米，具有阿拉伯建筑风格，是银川最具象征性的建筑之一。寺院绿色穹顶，浑圆厚重，直插云天，四角四个小穹顶，彼此呼应。整个寺院分上下两部分，总高约22米，上院大礼拜殿，长宽各21米，可容纳千人作礼拜，下院是男女沐浴室、下礼拜殿和阿訇住房，以回廊相连。大殿内用汉白玉镶嵌成多圆心的复叶形券壁龛，上刻古兰经文，大殿上悬挂19盏大宫灯，每天有众多的穆斯林上寺做礼拜。

3. 海宝塔

海宝塔位于银川市北郊，公元5世纪初西夏国王赫连勃重建。塔寺坐西向东，塔身为砖砌的楼阁式建筑，塔通高53.9米，共11层，塔身为正方形，四面中间又各突出一脊梁，从外看有十二棱角，风格独特，为我国楼阁式塔中所仅见。登上塔顶，俯瞰四视，远眺山河，巍巍贺兰山，滔滔黄河水，塞上江南景色尽收眼底，令人感慨万千。

三、甘肃省

（一）甘肃概况

甘肃省简称甘或陇，省会兰州。位于我国西北，旧以甘州（张掖）、肃州（酒泉）两地首字而得名。全省面积39万多平方千米，人口2593万，有汉、回、藏、东乡、蒙古、土、裕固、保安、满、撒拉、哈萨克等民族。

甘肃省资源丰富，土特产众多。著名的土特产有兰州百合、白兰瓜等，最著名的是酒泉夜光杯。唐代诗人王翰《凉州词》中写道：“葡萄美酒夜光杯，欲饮琵琶马上催，醉卧沙场君莫笑，古来战场几人回。”夜光杯成为旅游者喜爱的旅游纪念品。

甘肃小吃有兰州拉面、清汤牛肉面、臊子面、浆水面、酿皮子、油炒粉、手抓羊肉、千层牛肉饼、高三酱肉等。

甘肃省山川秀丽，历史悠久，是古丝绸之路的重要通道，文物古迹众多，旅游资源非常丰富。有浓厚的历史文化（尤其是石窟艺术）、特殊的旅游产品以及草原与大漠风光。主要旅游景点有敦煌莫高窟、麦积山石窟、嘉峪关、鸣沙山和月牙泉、玉门关和阳关、张掖大佛寺、崆峒山等。

（二）重要旅游线路

1. 兰州、张掖丹霞地貌、黄河石林三日游

D1：兰州/张掖（旅游汽车）宿：张掖

早兰州乘车赴张掖，途径河西走廊重镇——武威市，参观中国旅游标志的“铜奔马”的出土地——雷台公园，午餐后汽车赴张掖。

D2：张掖丹霞地貌（旅游汽车）宿：武威

早餐后乘车前往丹霞地貌地质公园，是我国干旱地区最典型的丹霞地貌。张掖丹霞地貌，举世罕见，彩色丘陵其色彩之缤纷、观赏性之强、面积之大冠绝全国。被《中国国家地理》杂志评为“中国最美的七大丹霞地貌之一”。全天游览。下午返回武威。

D3：武威——黄河石林——兰州（旅游汽车）

早餐后汽车赴景泰黄河石林参观游览，黄河石林风景独特，景色宜人。黄河石林堪称中华

自然奇观。下午汽车返回兰州,结束愉快旅程。

2. 兰州——嘉峪关——敦煌火车双卧四日游

D1:外地——兰州(宿火车)

兰州火车站或机场市内大巴车站(东方大酒店门口)接,可自费游览黄河风情线——黄河母亲像、水车园、中山桥、白塔山公园。感受母亲河——黄河的伟大与沧桑。晚乘火车赴素有"西北钢城"之称的嘉峪关市。

D2:嘉峪关——敦煌(宿敦煌)

早抵达,后游览万里长城的最西端——嘉峪关城楼;万里长城第一关,素有"天下雄关""长城主宰"之美誉,气势雄伟壮阔、布局精巧绝伦。感受这座气宇轩昂关城的百年沧桑。下午汽车赴敦煌沿途观赏祁连雪山、雅丹地貌风光、大漠风光。晚逛沙洲夜市,品味敦煌这座丝路佛国的兴衰荣辱。

D3:敦煌——兰州(宿火车)

早游览沙泉共处、妙造天成的的沙漠奇观——鸣沙山,五色彩沙、风吹沙鸣、天地奇观、月牙泉,党河故道,因酷似一弯月牙而得名;中餐后游览佛教艺术宝库——莫高窟,晚乘火车返回兰州。

D4:兰州返回

早抵达兰州后散团,结束愉快旅程。

3. 兰州一日游

早指定地点集合:登上有"拥抱金城"之雄姿的白塔山,俯瞰兰州全景,下山后步行穿过天下黄河第一桥中山桥——古水车园,参观古水磨——乘羊皮筏子黄河漂流——黄河母亲雕塑像留影——陇翠堂/渭河源,购买葫芦微雕艺术品等土特产,行程结束后散团。

(三)旅游景区(点)

(1)敦煌莫高窟

莫高窟俗称千佛洞,位于敦煌东南鸣沙山东麓的断崖上,始建于前秦建元二年(366年),共分上下五层,南北长约1600米。现保存有北魏、西魏、北周、隋、唐、五代元各代壁画和塑像的洞窟492个,壁画总面积45000平方米,彩塑像2415身,另有数以万计的彩塑佛像。它是世界上现存最宏大的佛教艺术宝库。其雕塑、壁画记录了我国古代与各国交往的场面,既有重要的历史价值,又反映出高度的想像力和极高的艺术价值。敦煌莫高窟是敦煌文化和艺术的中心,中外学者研究敦煌艺术而形成了一个专门的学科"敦煌学",吸引了世界各地的学者和游人。

2. 嘉峪关

嘉峪关位于嘉峪关市西南,是万里长城西端的终点,建于明洪武五年(1372年),城南为祁连山,城北为戈壁滩,地势险要,自古为军事要地。关城呈梯形,周长733米,面积3.3万平方米,城墙高10米。西面城门刻有"嘉峪关",西门外有一石碑,上刻有"天下雄关"四字。

3. 鸣沙山和月牙泉(见右图)

该景区位于敦煌市城南6千米。鸣沙山因沙动有声而得名,人从沙顶滑落,沙粒会发出美妙的声响。夜晚还可看到沙粒摩擦闪烁的火花。天气晴朗时,沙响如笙竹管弦之音,犹如奏乐,故称"沙岭晴鸣"。

月牙泉位于鸣沙山北麓一块绿色的小盆地中,因湖面形似一弯新月,故称"月牙泉"。南北宽约54米，东西长约218米，平均水深5米。月牙泉被鸣沙山四面环抱，但风沙起飞，也不落入泉中，始终清澈见底，久雨不溢，久旱不涸，成为沙漠奇观。

4. 玉门关和阳关

玉门关位于敦煌西北75千米处，阳关位于敦煌西南70千米处，都曾是历史上著名的城关，一南一北遥相呼应，是古代通往西域、印度、欧洲的重要关卡。汉武帝为防匈奴的侵扰，沿张掖、武威、酒泉的北面，东连秦长城，西沿长城到敦煌郡的龙勒县，并在长城的尽头建了玉门关和阳关。阳关以西就是丝绸之路南道，向西直达地中海。故有“劝君更饮一杯酒，西出阳关无故人”之句。关隘已被毁，只有一个汉代烽燧矗立在一座红色的砂石岩山峰上，但留下了大量的汉代文物。大风过后，常有兵器、陶器、货币、生活用具等文物发现，成为“古董滩”。玉门关呈方形，四垣保存较为完整，汉代在关外构筑的长城遗址犹存。

5. 兴隆山

兴隆山位于榆中县南部，自古以来因景色奇美，被誉为“甘肃之名山，兰郡之胜景”，有“陇右第一名山”之称。兴隆山也是道教名山，史载3000多年的西周就有人在此修行，唐宋时期殿宇林立，有“洞天福地”之称。

6. 崆峒山

位于平凉市境内，为六盘山支峰，海拔2133米，山上峰奇石怪，洞府通幽，曲径玲珑。这里山川险要，相传是文成子修炼得道之处，因其名取道家空空洞洞清净自然之意，有“道家第一名山”的称号。崆峒山名胜古迹众多，现存有唐盘龙石柱，宋石经幢，元代碑记，明代凌空塔等。

7. 麦积山石窟(见右图)

麦积山石窟位于天水市东南30千米处的麦积山上，石窟开凿于十六国时期的后秦，后经各朝代不断开凿、重修，成为我国著名的四大石窟之一。石窟大多凿于20～80米的悬崖峭壁上，有洞窟194个，保存有7000多尊泥塑、石雕，1300多平方米的壁画。泥塑造型千姿百态是麦积山石窟艺术的主要特征，有“东方雕塑馆”之称。

8. 夏河拉卜楞寺

位于夏河县境内，拉卜楞藏语“佛宫”之意，指大活佛的府邸。建于清康熙四十八年(1709年)，是藏传佛教(喇嘛教)格鲁派六大主寺之一。寺内有铜佛像2.9万尊，还有无数的壁画、堆绣、卷轴佛画等，珍藏藏经经典6万多册，木刻经板7万多块，文物数万件。

(四)中心城市——兰州市

兰州位于中国陆域版图的几何中心，在大西北处于“座中四连”的独特位置。市区南北群山对峙，东西黄河穿城而过，蜿蜒百余里。城市依山傍水而建，层峦叠嶂，既体现了大西北的浑壮雄阔，又展现了江南的清奇秀丽。

兰州西汉时设立县治，取“金城汤池”之意而称金城。隋初改置兰州总管府，清康熙时隶属甘肃行省，省会由陇西迁至兰州。1941年正式设市，1949年8月26日兰州解放。

兰州是闻名全国的“瓜果城”。兰州百合，瓣大肉厚，香甜可口，是高级滋补营养品；兰州的玫瑰花，花大色艳，玫瑰油产量占全国的80%；兰州的黑瓜子，板大形正，被称为“兰州大片”，畅销海内外；兰州的白兰瓜、黄河蜜，清香溢口，素有“赏景下杭州、品瓜上兰州”的赞誉。

兰州历史悠久，自然风光独特，人文景观丰富，民族风情多姿，形成了丰富多彩的旅游资源。以兰州为中心的“丝绸之路”大旅游区内，有敦煌莫高窟、夏河拉卜楞寺、天水麦积山石窟、平凉崆峒山、永靖炳灵寺等著名历史古迹。兰州有天下“黄河第一桥”——中山铁桥，有“陇右第一名山”4A 级景区——兴隆山，有国家级森林公园——吐鲁沟、石佛沟、徐家山，以及五泉山、白塔山等自然风景区。近些年，兰州依据独特的城市环境建设的“百里黄河风情旅游线”，融“丝路文化、黄河文化、民族文化”为一体，已逐渐成为兰州特色和代表城市形象的重要标志景观和旅游热点。

兰州市由西向东，主要景点有水车园，白马浪，白云观，黄河母亲塑像，黄河铁桥，亲水平台，黄河码头，儿童公园，绿色公园，水车博览园等。

四、新疆维吾尔自治区

（一）新疆概况

新疆维吾尔自治区简称新，首府乌鲁木齐。地处我国西北边疆，面积 160 多万平方千米，是我国面积最大的一个省区，人口 1905 万，居民以维吾尔族为主，同时包括汉、哈萨克、回、蒙古、俄罗斯、塔吉克、乌兹别克等 10 多个民族。

新疆的地形特点为“三山夹两盆”。天山山脉横卧中部，将新疆分隔成南疆和北疆两大部分。南疆有昆仑山和喀喇昆仑山，帕米尔高原，在喀喇昆仑山上有世界第二高峰乔戈里峰，海拔 8611 米。南疆有我国最大的内陆盆地塔里木盆地，面积 50 多万平方千米。盆地中部是我国最大的沙漠塔克拉玛干沙漠，盆地边缘是冲积平原，依靠高山冰川雪水灌溉，成为明珠般的绿洲。北疆有阿尔泰山和准噶尔盆地。

新疆属大陆性气候，以天山为界，南北疆气候差异明显。北疆为干旱、半干旱气候，南疆为干旱气候，降雨量少，年温差、日温差极大。

新疆资源丰富，著名的土特产有新疆细羊毛、鄯善哈密瓜、吐鲁番葡萄、和田地毯、天山雪莲花、英吉沙小刀、葡萄干、巴旦木、冬虫夏草、罗布麻茶等。

新疆交通以公路为主。铁路有兰新线等重要干线，乌鲁木齐有直达北京、上海、郑州、西安、成都、兰州的列车。航空运输航线长达 4412 千米，是我国境内航线最长的一个省区。乌鲁木齐国际机场已开通香港、莫斯科等航班。国内可通兰州、西安、北京、上海等城市。

（二）重点旅游线路

1. 吐鲁番一日游

乌鲁木齐市——吐鲁番：早餐后赴中国气温最高的（夏季地表温度多在 80 度）火州——吐鲁番，途经亚洲最大的风力发电站——达坂城风力发电站，观戈壁风光、盐湖，抵达吐鲁番葡萄沟；参观我国古代伟大水利工程——坎儿井，参观维吾尔古村与古老的高昌故城。

2. 民俗风情之旅

D1：接机，入住乌鲁木齐酒店。

D2：乌市——吐鲁番（单程 190 千米）宿：乌鲁木齐

早在指定地点集合出发。乘车经“白水涧道”赴“火洲”吐鲁番，沿途参观亚洲最大的风力发电站，中国死海——盐湖，到达达坂城古镇参观抵达吐鲁番，参观古代西域三十六城郭诸国之一的军师前国都城——交河故城，是目前世界上保护最好的生土建筑城市。重现西域古老文化的维吾尔族古村，展示维吾尔人历史变迁、生产劳动、民古建筑、风土人情、宗教信仰等风貌。参观坎儿井,午餐后游览西游记中描述的八百里火焰山,葡萄王国——葡萄沟,种植百种葡萄,历史悠久,在国内外享有较高的声誉。

D3:吐鲁番——库尔勒(单程380千米) 宿:库尔勒

早乘车赴全国最大的内陆淡水湖泊——博斯腾湖,游览具有新疆夏威夷美称——金沙滩。芦苇丛生的湖边,一群群的野鸭游弋湖中、又细又软的白沙仿佛厚厚的海绵。可享受太阳浴,游泳,自费乘船去参观鸟岛。自费品尝野生烤鱼。后游览古丝绸之路的咽喉——铁门关。晚可到库尔勒的母亲河——孔雀河边欣赏美丽的夜景。

D4:库尔勒——库车(单程300千米) 宿:库车

早餐后乘车前往罗布人村寨。西气东输的起点——轮南油田。看车在浩瀚的塔克拉玛干沙漠里穿行,感受沙漠公路的壮观——胡杨林自然保护区——游览克孜尔千佛洞。库车大寺是新疆第二大清真寺,该寺建于1559年,由楼梯、宣礼楼、礼拜大厅、小礼拜寺、拱顶门楼、望月楼、宿舍和宗教法庭等组成,后来又经过历次扩建和修缮,才形成现在的形式和规模。

D5:库车——阿克苏(单程300千米) 宿:阿克苏

早乘车赴神秘的天山神秘大峡谷,它是天山支脉克孜利亚山中的一条峡谷,红褐色岩石经过大自然亿万年的风刻雨蚀之下形成的,红褐色的山体群直插云天、在阳光照射下犹如一簇簇燃烧的火焰。午餐后前往阿克苏,途观天山神木园、戈壁瀚海自然景观。

D6:阿克苏——喀什(450千米) 宿:喀什

早乘车前往喀什,参观我国最大的清真寺——艾提尕尔清真寺——香妃墓——游览我国西北地区最大的国际贸易市场喀什大巴扎等,体验浓郁的维吾尔民族风情。

D7:喀什——达瓦坤沙漠(130千米) 宿:喀什

早乘旅游空调车赴中国沙漠风光旅游之乡——达瓦昆沙漠,观浩瀚的沙漠风光,沙海环绕的沙漠湖令您感叹大自然的造物神奇,抵达沙漠可自费驾沙漠越野车环游沙漠或骑马骑骆驼进沙漠游览,高空滑沙,也可坐游艇游沙湖。晚车返回喀什。

D8:喀什——和田(600千米)宿:和田

早乘车赴羊脂玉的故乡——和田,沿途观莎车王陵、阿曼尼沙汗墓,参观百年核桃树王,无花果树王,晚住和田。

D9:和田——乌鲁木齐 宿:乌鲁木齐

早乘机飞回乌市,乘车赴素有"天山璀璨明珠"之称——天山天池乘坐区间车或缆车,到达景区,游览天池八景:悬泉飞瀑、南山望雪、石门一线、龙潭碧月、定海神针、西山观松、顶天三石和海峰晨曦。此八景的《天池八景诗》由当代诗人谢玉康所作。其中,南山望雪是天池八景的最后一景。午餐后,自由活动,可参加游船和快艇,拜访传说中西王母故居——王母庙,道教圣地——福寿观,返回乌市参观二道桥国际大巴扎,这里是乌鲁木齐最古老的维吾尔族自由贸易商圈,精美绝伦的民族工业品、货真价实的手工小刀都令人爱不释手,川流不息的当地民族、喷香扑鼻的风味小吃都令你流连忘返!可自费参加大巴扎自助餐及歌舞。

D10:送团,结束愉快的行程,返回温暖的家。

3. 喀纳斯自驾游经典线路

D1:抵达乌鲁木齐 宿:乌鲁木齐

乌鲁木齐接机,如果飞机到的早下午可以自由逛二道桥国际大巴扎,在这里可以自由购买新疆少数民族特产及工艺品,感受新疆少数民族风情,晚上可以自由逛乌鲁木齐五一星光夜市，品尝新疆风味小吃。

D2：乌市——布尔津（773 千米）宿：布尔津

早乘车沿 216 国道经北屯至布尔津，沿途观奇特火烧山景观、古尔班通古特沙漠风光，穿越卡拉麦里有蹄类自然保护区，晚抵达布尔津，可以逛布尔津夜市。

D3：布尔津——喀纳斯（160 千米）宿：喀纳斯

早乘车赴我国唯一的南西伯利亚区系动植物分布区——喀纳斯景区，途观“金山”——阿尔泰山自然景色及美丽的山间草原风光，“银水”——额尔齐斯河风光，著名的月亮湾、卧龙湾、鸭泽湖，观喀纳斯图佤人村落，体验蒙古族风情。抵喀纳斯后可自费乘船游湖，观赏喀纳斯湖。

D4：喀纳斯湖 宿：喀纳斯

游观鱼亭，看喀纳斯湖全景。四周雪峰皑皑，艳花彩蝶、湖光山色，浑然一体，让人美不胜收，更令人叫绝的是喀纳斯水色时而碧绿、时而蔚蓝、时而灰青，一日数变。

D5：喀纳斯——克拉玛依（558 千米）宿：克拉玛依

早起观晨间喀纳斯美景，可以摄影，游玩，午饭后驱车前往克拉玛依，观石油之城。

D6：克拉玛依——乌鲁木齐（386 千米）结束愉快旅程。

（注：更多的新疆旅游线路，请登录新疆旅游网 http://www.xjtour.com/）

（三）旅游景区（点）

1. 火焰山

火焰山位于吐鲁番盆地中部，吐鲁番市以东 40 千米处，东西长约 98 千米，南北宽约 9 千米。山体由红色岩石构成，在烈日下如燃烧的烈火，山上寸草不生，夏季气温高达 47℃，地表温度达 80℃，故名火焰山。《西游记》中描写的孙悟空三借芭蕉扇的故事，就发生在这里。在火焰山下有一条长 8 千米宽约 1 千米的林荫峡谷，就是著名的葡萄沟。沟内以盛产葡萄，尤以无核白葡萄最好。吐鲁番葡萄含糖量居世界之冠，被誉为“中国的绿珍珠”。

2. 坎儿井

吐鲁番盆地四周多为干燥的戈壁滩，但地下蕴藏着丰富的水。为更好地利用好宝贵的水资源，人们在山脚下按一定间隔挖一排竖井，深达十几米甚至几十米，然后再在井底挖暗渠，连通竖井与农田，进行灌溉，这就是坎儿井。它是我国著名的水利工程之一，充分体现了劳动人民的聪明智慧。

3. 高昌故城

位于吐鲁番市东 40 千米处，全国重点文物保护单位，始建于公元前 1 世纪，汉称高昌壁，6 世纪为高昌国王都，唐为“西洲”，是“丝绸之路”北道重镇，后因战火连绵，约于 15 世纪废弃。现高昌故城遗址保存完好。

4. 艾提尕尔清真寺

艾提尕尔清真寺位于喀什市中心，是我国最大的清真寺，是新疆伊斯兰教活动中心，有“小麦加”之称，始建于 1442 年。该寺系阿拉伯式建筑，由礼拜殿、教经堂、门楼、水池等组成，总面积约 16800 平方米，高大的寺门两侧矗立着两座 18 米高的塔楼。礼拜殿可同时容纳六七千名穆斯林作礼拜。

5. 香妃墓

香妃墓位于喀什市东北郊约 5 千米处,占地面积 30 亩,相传为清乾隆黄帝爱妃——香妃的坟墓,是一座典型的伊斯兰教陵墓。陵墓由门楼、小礼拜寺、大礼拜寺、教经堂和主墓室五部分组成。民间传说之一是香妃自幼体有异香,被乾隆黄帝选为妃子,赐号“香妃”,因不服京城水土病故,乾隆下令 124 人抬运她的棺木,历时 3 年回乡安葬。但据今人考证,真正的香妃墓在河北清东陵,喀什的香妃墓仅是她的衣冠冢。

6. 楼兰古城遗址

位于罗布泊西部,古丝绸之路的要冲,建于公元前 176 年,消亡于公元 630 年,共 800 多年的历史。楼兰古城是西域 36 国之一的楼兰王国前期的重要政治、经济中心,后为沙漠湮没。楼兰古城突然神秘地消失,吸引着无数的学者、探险家去探寻,20 世纪初其遗址被发现。现存楼兰古城遗址呈不规则的方形城,城墙为夯筑,城东有一座佛塔,高约 10.4 米,是全城最高大的建筑物。在城内还发现了大量的汉、唐文物。

7. 哈纳斯自然景观保护区

哈纳斯自然景观保护区位于新疆阿尔泰山中部的布尔津县境内,布尔津河源头地带,距阿勒泰市西北 265 多千米处,面积 5588 平方千米。自然保护区以哈纳斯湖为中心,主要为保护野生动物及其生态环境。哈纳斯又名喀纳斯,蒙古语意“美丽而神秘”,与蒙古、俄罗斯、哈萨克斯坦三国交界,一位联合国环境保护官员说:“哈纳斯是当今地球上最后一个没有被开发利用的景观资源,开发它的价值在于证明人类过去那无比美好的栖身地。”

哈纳斯湖为复合冰川融汇而成,湖面海拔 1374 米,湖长 25 千米、最深 176 米,湖周植物茂密,是鱼类和水禽栖息繁衍的理想场所。湖四周雪峰耸峙,绿坡墨林,艳花彩蝶,湖光山色,美不胜收。

哈纳斯湖是我国唯一的南西伯利亚区系动植物分布区,生长有西伯利亚区系的落叶松、红松、云杉、冷杉等珍贵树种和众多的桦树林,已知有 83 科 298 属 798 种。有兽类 39 种,鸟类 117 种,两栖爬行类动物 4 种,湖中鱼类 7 种,昆虫类 300 多种。马鹿、貂熊、雪豹、雪兔、紫貂、石貂、岩雷鸟、林蛙等珍稀动物在此出没。湖中有哲罗鲑、细鳞鲑、北极烟、江鳕、西伯利亚齿编等冷水鱼。许多种类的花木鸟兽在全疆乃至全国都是绝无仅有的。

哈纳斯为避暑和游览胜地,主要的景点有:哈纳斯湖、月亮湾、卧龙湾、土瓦人村落等。

8. 塔克拉玛干沙漠

塔克拉玛干沙漠,维吾尔语意“进去出不来的地方”,人们通常称它为“死亡之海”。它位于南疆塔里木盆地中心,整个沙漠东西长约 1000 余千米,南北宽约 400 多千米,总面积 337600 平方千米,是中国最大的沙漠,仅次于非洲撒哈拉大沙漠,是世界第二大流动沙漠。

在世界各大沙漠中,塔克拉玛干沙漠是最神秘、最具有诱惑力的一个。沙漠中心是典型大陆性气候,风沙强烈,温度变化大,全年降水少。这儿风沙活动频繁,沙丘形态奇特,最高达二百五十米。最奇妙的是两座红白分明的沙丘,名圣墓山。山顶经风蚀而形成“大蘑菇”。由于地壳的升降运动,红砂岩和白石膏构成的沉积岩露出地面,形成红白鲜明的景观。沙漠四周,沿叶尔羌河、塔里木河、和田河和车尔臣河两岸,生长发育着密集的胡杨林和树柳灌木(右图胡杨林),形成“沙海绿岛”。特别是纵贯沙漠的和田河两岸,长生芦苇、胡杨等多种沙生野草,构成沙漠中的“绿色走廊”,“走廊”内流水潺潺,绿洲相连。林带中住着野兔、小鸟等动物,亦为“死亡之海”增添了一点生机。考察还发现沙漠中地下水储存量丰富,且利于开发。有水就有生命,科学考察推翻了“生命禁区论”。

浩翰沙漠中，迄今发现的古城遗址无数，尼雅遗址曾出土东汉时期的印花棉布和刺绣。

9. 硅化木园林公园

硅化木又称古树化石，它是1.5亿多年前侏罗纪松柏、苏铁、银杏、真蕨、种子蕨等15种以上古乔木的遗骸。由于年代久远和地质变迁，树木物质与外界硅化物发生置换反应，使得这些巨大的古树硅化成了坚硬发亮的石头后得以保存至今。新疆奇台县奇特的古化石群作为“新疆一绝”吸引着众多国内外科学家和游客纷至沓来。（见右图）

（四）中心城市

1. 乌鲁木齐市

乌鲁木齐市位于新疆中部，蒙语意为“优美的牧场”，是自治区的首府，天山北麓的边塞明珠。城市建筑别具风格，充满了伊斯兰民族特色。主要旅游景点有红山公园、天山天池等。

（1）红山公园

红山屹立于乌鲁木齐市区中心，因山体呈赭红色，故名。红山海拔910米，山势陡峭，气势雄伟，山上有九级宝塔一座，称镇龙塔。后新建龙泉阁、远眺楼等，登山远眺，可饱览乌鲁木齐市全景，是乌鲁木齐市的象征。

（2）天山天池

位于乌鲁木齐市东110千米的博格达峰西北坡，海拔1980米，面积4.9平方千米，最深处达100多米。天池是我国著名的高山湖泊，是传说中西王母宴请周牧王之地，古称“瑶池”、“龙潭”。湖水清澈碧透，博格达峰倒映湖中，湖光山色宛若仙境。

2. 喀什

喀什市于1952年建市，1984年被定为国家乙级对外开放城市，1986年被国务院命名为新疆境内唯一一座国家级历史文化名城，2004年被评为中国优秀旅游城市。是南疆西部重要的经济、政治、文化、信息中心。2010年5月17日至19日，中央新疆工作座谈会议在北京召开，会议决定举全国之力建设新疆，设立喀什经济特区，率先在新疆进行资源税费改革。5年后全区人均GDP将达全国平均水平。

喀什的古老人文景观和独特自然景观交相辉映，旅游资源十分丰富。喀什葛尔胡杨有闻名遐迩的阿帕克霍加墓（香妃墓）、艾提尕尔清真寺、班超纪念公园、玉素甫·哈斯·哈吉甫墓、叶尔羌汗国遗址、穆罕默德·喀什噶里墓、高台民居、莫尔佛塔、唐王城、石头城等历史遗址，是追寻西域历史文化变迁的好去处。有世界第二高峰乔格里峰和号称“冰山之父”的慕士塔格峰以及原始胡杨林等多种自然景观和原始风光，大漠、绿洲、冰河、雪岭、原始森林在这里都可以领略到。

小知识：喀什大巴扎

喀什大巴扎又称中西亚国际贸易市场，位于喀什市东北角的吐曼河东岸，占地面积130亩，是喀什市乃至全新疆规模最大的园林化综合性市场。

巴扎，系维吾尔语，意为集市。大巴扎，即大集市贸易场所。新疆喀什，是我国古丝绸之路上的一历史文化名城，是丝绸之路上的商品集散地。当年由西安出发的商旅，无论走天山南路抑或走天山北路，均在此地汇合。

这里的巴扎迄今已有两千多年的历史，古代有“亚洲最大集市”之称。许多外国旅游者把这个巴扎称为“中亚的物资博览会”。大巴扎由衣料、服装、百货类、手工业产品类、皮毛、靴鞋类、牲畜、套具类、木料、家具类、修理服务类和旧货类等专业市场组成。市场设有5000多个摊位，有近万种商品，每天人流量达10余万。商品种类齐全，品种繁多，大到牛马、骆驼，小至针、线、扣，应有尽有。

自从红其拉甫岸和吐尔尕特口岸相继开放后，打开了国际商品的通道，大批外国游客和商贾、商团，络绎不绝，带来大量异国商品参加贸易，也从大巴扎采购许多中国商品。

阅读材料：新疆部分少数民族风情一览表

民族	分布地区	语言文字	信仰	主要节日	特色食品
维吾尔族	大部分在南疆，全疆分布	维吾尔文	伊斯兰教	古尔邦节，肉孜节，诺鲁孜节	烤全羊，抓饭，馕，馓子，薄皮包子，烤羊肉串
哈萨克族	主要分布在北疆	哈萨克文	伊斯兰教	古尔邦节，肉孜节，诺鲁孜节	熏马肉，熏马肠，玛奶子，奶疙瘩，手抓肉，那仁
回族	全疆分布	通用汉文	伊斯兰教	古尔邦节，肉孜节	九碗三行子，拉面，油塔子
蒙古族	大部分在北疆	托忒蒙文，胡都木蒙文	藏传佛教	春节，麦德尔节，那达慕	奶酒，骆驼奶，手抓肉，清水煮羊肉，忌讳虾、蟹、鱼等
柯尔克孜族	大部分在南疆，部分在北疆	柯尔克孜文	伊斯兰教	古尔邦节，肉孜节，诺鲁孜节	炖马肉，炖牛肉，炖羊肉，鲜马奶，库尔达克
锡伯族	大部分在北疆	锡伯文，兼通汉文，维吾尔文	黄教，萨满教	春节，4.17西迁节	粘饭，白血肉肠，手抓肉
塔吉克族	大部分在南疆帕米尔高原	塔吉克语，通用维吾尔文	伊斯兰教	古尔邦节，肉孜节，巴罗提节（灯节），播种节	奶，奶茶，奶粥，奶面片，奶面糊
乌兹别克族	全疆分布	乌兹别克语，通用维吾尔文	伊斯兰教	古尔邦节，肉孜节	馕，手抓肉，霍尔炖
满族	大部分在北疆	普遍使用汉语，汉文	佛教，萨满教	春节	奶制品，萨其马，粘食，白血肉肠，手抓肉，酸菜炖粉条
达翰尔族	大部分在北疆	本民族语言，通用汉语	佛教，萨满教	春节	奶酒，手抓肉
塔塔尔族	分布在北疆及乌鲁木齐地区	通用维吾尔文和汉语	伊斯兰教	古尔邦节，肉孜节	抓饭，手抓肉，库尔达克
俄罗斯族	分布在北疆及乌鲁木齐地区	俄语，通用汉语	东正教	圣诞节	俄式糕点，土豆烧牛肉

◆复习思考题：

1. 名词解释："丝绸之路"、坎儿井 、"绿洲"

2. 课堂讨论专题：

结合西北地区旅游资源的特点和当前人们的旅游消费趋势，谈谈怎样促进本区旅游业的发展？

(1) 试述西北旅游区旅游资源的基本特征。

(2) 西北旅游区的主要旅游景点有哪些？

3. 实训题：

(1) 以"丝绸之路"为主题，写一篇导游词。

(2) 以"民族风情"为题，写一篇新疆民族风情导游词。

△ 第十三章 蒙古族游牧文化旅游区

◎ 学习目标：

1. 知识目标：掌握本区旅游环境特征；掌握本区特色的旅游资源特征；了解和掌握本区各地主要的旅游线路、旅游景区、中心城市。

2. 能力目标：培养学生运用已经掌握的知识和能力，根据地区旅游资源特色设计旅游线路。

3. 重　点：掌握区内主要的特色旅游资源。

本区位于我国北部边疆。该区疆域辽阔，地跨我国东北、华北、西北，地形以高原为主，地势高而平坦，起伏缓和。整个区域属于典型的中温带季风气候，具有降水量少而不匀、寒暑变化剧烈的显著特点。该区旅游资源丰富多样，其中尤以豪放的蒙古民族风情最为突出。通过学习，主要了解该区区域旅游环境，掌握旅游资源特征及其发展旅游业的优势，熟悉主要旅游景点及旅游城市。

第一节　区域旅游环境与资源特征

一、美丽的草原风光

草原是本旅游区最主要的自然景观，主要分布于大兴安岭以西，阴山、贺兰山以北的内蒙古高原及其边缘地带的丘陵山地及鄂尔多斯高原等地，面积 88 万多平方千米，占全国草场总面积的 1/4 多，居我国五大牧区之首。境内草原包括呼伦贝尔草原、科尔沁、锡林郭勒草原、乌兰察布草原及鄂尔多斯草原，地势平坦，沃野千里，天高云淡，空气清新，特别是夏天的草原，阳光明媚，绿草茵茵，野花缤纷，无限的原野上骏马奔驰，牛羊成群，构成一幅幅“天苍苍，野茫茫，风吹草低见牛羊”的独特画卷。人们在这里可以充分领略那种宽广、宏大、天地人合一的感觉，对于那些来自人口密集区的游客更具有特殊的吸引力。

呼伦贝尔草原位于大兴安岭西麓的高原上，拥有明镜般的湖泊，银光闪闪的河流，气势磅礴的山岭，绿草如茵的原野。科尔沁，蒙古语意为“带弓箭的卫队”，主要包括大兴安岭东南部浅山丘陵、辽嫩平原、西辽河平原等地区。锡林郭勒草原是内蒙古重要的传统天然草原，世界著名的天然草原之一，主要分布在大兴安岭南段西麓以西、阴山山地北麓以北、集宁——二连浩特铁路以东、中蒙边境以南的广大区域内。乌兰察布草原东起集宁——二连浩特铁路，北至中蒙边境，西止巴彦淖尔高原东侧，南接阴山山地北麓。鄂尔多斯草原位于阴山山地以南，三面为黄河所环绕。

二、浓郁的蒙族风情

本旅游区是我国少数民族聚居的大区，主要以蒙古族为主体，汉族占多数，包括达斡尔、鄂温克、鄂伦春等49个民族。在长期的生活中，各民族都保留着自己独特的风俗习惯、宗教信仰、语言文字和生产生活方式，形成了绚丽多姿的少数民族风土人情。

蒙古族作为该区主要的少数民族，长期在辽阔的草原上从事畜牧业活动，过着逐水草而居的游牧生活，形成了特有的游牧文化，在饮食起居、待客礼仪、音乐舞蹈以及喜庆佳节等各个方面都体现出本民族长期以来形成的独特风格。蒙古族最隆重的祭祀活动是“祭敖包”，是蒙古族古代延续下来的祭祀祖先、天地、神灵的活动。蒙古包，蒙古族人的住所，是草原牧区最喜欢的居住用具，也是外地游人最感兴趣的下榻场所。蒙古族的哈达，以白布帛或丝绸为主，长短不一，一段约一尺二寸至一尺五寸长，两端有半寸许的丝脱出。献哈达是蒙古族迎送客人、馈赠礼品、年节交往中的礼节，有时还伴随吟唱和祝词，更显敬重的气氛。手扒羊肉是草原上蒙古民族简便实惠的待客食品，食用时不用餐具，用手扒着吃，更显蒙古族的豪爽好客。还有热闹非凡的那达慕大会，刚劲雄健、豪放酣畅的蒙古舞，曲调高昂悠扬的蒙族民歌，蒙古族的马头琴，构成了蒙古族绚丽多彩的生活景观，吸引着众多来自全国各地的游人。

（一）节庆祭奠活动

1. 祭成吉思汗陵

这是蒙古民族隆重庄严的祭祀活动，简称祭成陵，开始于成吉思汗三子窝阔台时代。忽必烈即位后，正式颁发圣旨，规定祭奠成吉思汗先祖的各种祭礼。现今，鄂尔多斯伊金霍洛旗的成吉思汗陵祭典，就是根据历史的记载而进行的。祭成陵包括平日祭、月祭和季祭三类，由达尔扈特人主持举行。平日的祭祀是在朝圣者选择的吉日良辰，或是司祭的牙门图德根据拜谒者的要求认为可行的日子进行的一种祭奠。月祭从正月至十二月，每月都在固定的日期进行的祭奠。季祭指春祭、夏祭、秋祭、冬祭。每次祭奠都举行隆重的祭奠仪式，供奉的祭品齐全，有整羊、圣酒和各种奶食品等。成吉思汗祭祀在内容上主要是表达对长生天、祖先、英雄人物的崇拜，在形式上主要有牲祭、火祭、奶祭、酒祭和歌祭等。

祭成吉思汗陵

春季的查干苏勒定大祭，也叫“马奶祭”，是元世祖忽必烈钦定的四时大祭中的春季大祭奠，定于每年阴历三月二十一日，是各种祭奠中规模最大的一次，届时，来自各地的蒙古族人以及各盟旗派出的代表都会前往参加成陵祭奉。“苏勒定”指的是成吉思汗战旗上的铁矛头，传说成吉思汗死后，灵魂就附在这把苏勒定上，它对于蒙古族人来说是非常神圣的，传说中阴历三月二十一日是成吉思汗立战功的日子，所以人们选择这一天祭奠成陵来表达他们对成吉思汗的敬仰与崇拜。举行祭奠时，人们挤下九十九匹白骒马的乳汁，盛在宝日温都尔（圣奶桶）里，用九眼吉祥勺沾取马奶，向苍天祭洒。夏季的淖尔大祭，定于阴历五月十五日，是钦定夏季大祭奠。对于蒙古族牧民来说,夏季是一个奶食品开始像湖泊一样丰盛的季节,因此他们就把第一批挤下的奶汁向苍天和圣主成吉思汗祭献,并祈求草原为他们带来更加丰富的物产,因此也叫夏季湖泊大祭。秋季的需日格(禁奶)大祭,在阴历九月十二日举行,也是忽必烈钦定的四季大祭之一。按达尔扈特长者的说法,从这天开始,母马不再挤奶,马驹都去掉嘴上的禁奶叉,脱去头上的笼头,自由吮吃母亲的奶汁。冬季的达斯玛(摇篮)大祭,每年阴历十月初三举行,是忽必烈钦定的冬季大祭。

2. 那达慕大会

蒙古语"那达慕"意思是娱乐、游艺、玩,定于每年农历六月初四举行。届时,牧区方圆数百里的牧民穿起节日的盛装,骑着骏马或乘坐汽车、勒勒车络绎不绝地前来参加,丰收的喜悦溢于言表。那达慕以旗县、苏木(区乡)、嘎查(村屯)为单位举行,包括大、中、小三种类型。大型那达慕,摔跤选手为512名,骏马300匹左右,会期7~10天;中型那达慕,摔跤手256名,马100~150匹,会期5~7天;小型那达慕,摔跤手64名或128名,马30或50匹左右,会期3~5天。无论何种民族与宗教信仰的人,均可报名参加。

那达慕大会

那达慕大会形成于700多年前,历经风雨,一直在锡林郭勒草原上流传和发展,深受各族群众的喜爱,具有广泛的群众性和娱乐性,文化内涵极为广泛深刻,现已成为蒙古族文化传统的重要载体。盛会上,主要进行男子"三艺"——摔跤、赛马和射箭的竞技赛。摔跤是蒙古族特别喜爱的一种体育活动,也是那达慕大会上必不可少的比赛项目,有其独特的服装、规则和方法,因此也叫蒙古式摔跤。蒙古人从小在马背上长大,对马有特殊的感情,驯练烈马,精骑善射被牧民看作绝技。赛马包括快马赛,走马赛,颠马赛三种类型。射箭是蒙古族传统的又一项目,也是那达慕大会最早的活动内容之一。除此之外,现在大会还增加了马球、马术、田径、球类比赛、乌兰牧骑演出等新的内容。此时的草原牧草茂盛、牛羊肥壮,正是丰收季节,牧民需要出售牲畜和畜产品、购买生活用品和生产资料,又因草原辽阔,牧民聚在一起的机会不多,所以,那达慕大会自然也就成了物资交流的大会。晚上,还举行各种形式的文艺活动,热闹非凡。2006年,该民俗经国务院批准列入第一批国家级非物质文化遗产名录。

3. 敖包会

"敖包"是蒙古语的音译,意思是"堆子",它是由人工堆积起来的石堆或土堆,一般建在山顶或丘陵之上,沙漠中则用柳条堆成,当作道路或界域的标志,后来逐步演变成了祭祀山神和路神的地方。在祭祀活动中,敖包是祭祀天神、自然神或祖先、英雄人物的祭坛。现在,敖包的垒建形式有了许多创新,出现了砖砌敖包、水泥敖包、琉璃敖包等各式各样的敖包。在驰名中外的内蒙草原文化节中,敖包文化是必不可少的内容。

祭敖包是古老神奇的蒙古高原上最常见,而且最隆重热闹的祭祀活动。祭祀时,敖包上要插树枝，上挂五颜六色的布条或写有经文的纸旗。传统的祭祀礼仪一般有 4 种，即：血祭、酒祭、火祭、玉祭，但不论哪种，都要请喇嘛焚香点火，诵经念咒。人们从左向右按照顺时针方向围着敖包转 3 圈，有的要向堆上扔几块小石头，祈神降福，保佑人畜兴旺。仪式结束后，就会举行传统的赛马、射箭、摔跤、唱歌、跳舞等娱乐活动，姑娘和小伙子则借此机会躲进草丛里，谈情说爱，互诉衷肠，这就是那首海内外尽人皆知、人人能唱的"敖包相会"。不过，现在游客们参与的"祭敖包"往往是为了旅游的需要而举行的，礼仪也就更为简单了。

祭敖包

那么，古老、辽阔的蒙古高原上的敖包究竟起源于什么呢？一些学者认为，"祭敖包"是萨满教的源头。有的学者认为，敖包文化作为中国古代北方游牧民族的活化石，是从初民时代人们信仰留存到今天的见证。从象征意义上说，石堆可能代表高山，敖包上的树或树枝可能代表森林，是天地山川神祇的栖息之地，亦是祖先魂灵要回去的圣地。更多的学者认为，它的初始意义，便是路标，是人们为了在茫茫草原上辨方向、求生存而动用的智慧之举。后来，逐渐演化为一种图腾，崇拜它，信仰它，对它许心愿，祈求幸福，这便成为人们在生存之外求发展的愿望……就这样，敖包作为一种文化现象，越积淀越深厚，越流传越久远。现在的敖包已经具有浓郁的旅游文化的色彩，吸引着无数的海内外游客。

（二）别具特色的衣、食、住、行

1. 衣

蒙古人一年四季都穿蒙古袍和靴子，并配以腰带和帽子。蒙古袍是古代牧民长期生活实践的产物，袍子领高袖长，可以保护脖子手腕不被蚊虫叮咬；袍身松弛宽展，既能在马上运动自如，又可裹住膝盖脚腕不受风寒。季节不同，袍子的类型也不同，一般都是春秋穿夹袍，夏季着单袍，冬季着棉袍（用羊毛、驼绒制作）或皮袍（用羊皮制作）。在过去，王公贵族喜欢用绸缎等上等衣料缝制长袍，穷人们则穿粗布缝制的袍子。腰带是蒙古族服饰重要的组成部分。讲究的男子穿长袍时会配上用三四米长的绸缎或棉布制成的精细的腰带，并在腰带右侧佩挂一把别致的蒙古小刀，腰带左侧挂烟荷包及打火用具，显得英健而骁勇。蒙古族男女衣着款式相似，都穿长袍。男袍多为蓝、棕色，而妇女的袍子多为红、绿、蓝等鲜艳的颜色。长袍的领口、袖口、胸襟、下摆均有搭配刺绣。稍有不同的是，妇女喜欢穿三件长短不一的衣服，第一件为贴身衣，袖长至腕，第二件外衣，袖长至肘，第三件无领对襟坎肩，钉有直排闪光纽扣，格外醒目。

蒙古族妇女爱好装饰，喜欢留长辫，有的梳两根，也有的梳十几根，并在发辫上用绸、缎、绢做成长穗，也可挂附金圈、银圈、铜片、碧玉、珊瑚。蒙古族靴子分皮靴和布靴两种，做工非常精细，靴帮处都有精美的图案。戴帽子是蒙古族的习惯，男子的帽子颜色多为蓝、黑褐色，也有的用绸子缠头。女子多用红、蓝色头帕缠头，冬季和男子一样戴圆锥形帽。以玛瑙、翡翠、珊瑚、珍珠、白银等珍贵原料做成的首饰也是美丽的蒙古族人们的所爱。

蒙古袍

随着时代的发展，草原人们的生活发生了巨大变化，各种服装已进入草原，但是，袍服已经成为蒙古族的文化遗产，也成为了蒙古族人民的民族意识和民族观念的象征。

2. 食

蒙古族一直具有“马背上的民族”之称，长期的游牧生活使他们形成了以肉、奶制品为主包括面食、茶食在内的饮食习惯。

“红食”是指以肉类为原料做出的食品，主要以牛羊肉为主。常见的著名食品有烤全羊、烤羊腿、手抓羊肉、大炸羊。手抓羊肉是把宰杀、剥皮后洗净的全羊切成几大块放在清水里煮，开上两滚即离火起锅，持蒙古刀，手把着带骨肉边割边吃，最大限度地保留了肉的鲜嫩和营养。热情好客的蒙古人用美味的手抓羊肉，斟在金杯银碗中的美酒，手中长长的哈达以及动人的敬酒歌，款待远方的贵客，以表达自己的诚挚之情。

奶食品被称为“白食”，主要有六种：白油、黄油、奶皮子、奶豆腐、奶酪、奶果子。黄油、白油、奶皮子为牛奶中的精华，具有独特的纯香味，营养丰富，最为贵重，常是招待贵宾的佳品。

面食主要指“炒米”，是一种适于游牧民族的食品，也是蒙古族人们日常生活不可缺少的传统食品。人们用炒米做“崩”，加羊油、红枣、糖等拌匀，捏成小块，当做饭吃。

蒙古族人们饮品以奶茶、酸奶、奶酒为主。奶茶又叫蒙古茶，是蒙古民族最喜好的饮料。制作时，将砖茶捣成碎末，加水熬煮，待茶水卷着茶沫哗哗响起时，倒进鲜牛奶反复熬，闻见香味，奶茶即成。酸奶，即发酵后的其格（马奶）以及发酵后的塔日嘎（牛、羊奶），极富营养且能解热止渴。奶酒，又叫蒙古酒，是把发酵的奶放入锅中慢火熬煮、蒸馏后即酿成透明醇香的奶酒，常被用来招待尊贵的客人。马奶酒性温，有驱寒、舒筋、活血、健胃等功效，被称为紫玉浆、元玉浆，是“蒙古八珍”之一。

3. 住

蒙古族特有的典型居住形式——蒙古包，是一种帷幕式的住所，圆形，圆顶，用一层或两层羊毛毡覆盖，古代又被称之为“穹庐”、“毡幕”、“毡帐”、“毡房”、“毡包”。“敕勒川，阴山下，天似穹庐，笼盖四野……”中所提到的“穹庐”，就是对蒙古包的一个生动的写照。从广义上推算，蒙古包至少也有4000多年的历史了。

蒙古包由天窗、骨架、毡墙和门组成。天窗，蒙古语称“陶脑”，位于蒙古包顶中央，可以排烟、通气、照明、采光。骨架，包括顶部的伞形骨架和周围的木制骨架，分别用柳条和粗柳木编制，皮条连接而成，可以折叠。毡墙是将围毡覆盖在骨架之外，再用马鬃马尾绳拴好拉紧即成，围毡一般3～4块，长12米。包门是由木制门框和用柳条和马鬃、马尾绳编织而成的门帘组成,高1米,宽0.6米,因为冬季多刮西北风,为避寒气,包门一般向南或东南开。蒙古包的独特造型,具有计时功能,这是蒙古包与其他任何居室相区别的一大特点。从日出到日落,阳光从日月形的天窗射入蒙古包内,牧民可以根据太阳光线照射的不同位置,把一昼分为12~14个小时,以便准时安排生产和生活。包内地上的铺设,因贫富而异。一般牧人多用牛羊皮或一层毛毡子铺垫;富户会在一二层毡子上面再铺一层花毯。包内西北面放置装有佛龛、佛像、祭品的佛匣子,北面放置床桌,西南面悬挂牧人所用的马鞭和其他骑马工具,东边一般放置竖柜,东南面则放置炊具。

蒙古包是适应游牧生活而出现的一种独特的具有鲜明民族风格的建筑。由于经常逐水草放牧,所以蒙古包搭拆容易,搬运方便,蒙古族妇女通常在几小时之内便可以完成搭包拆包的工作。蒙古包像个圆锥体,能够比较好地起到防风、防雪、防雨作用。围墙的羊毛毡虽显粗糙,却能避风雨,御寒暑。因此,包内冬暖夏凉,住起来特别舒适。解放后,随着社会经济的快速发展,蒙古族牧民逐步结束了游牧生活,有的甚至改住起脊房屋。

4. 行

草原特有的"勒勒车"是一种蒙古式的牛车,又名辘轳车、罗罗车、牛牛车,由于牧民吆喝牲口时常发出"勒勒"的声音,所以得名"勒勒车"。在两千余年的历史长河中,勒勒车一直是草原牧民最重要的交通运输工具,有"草原之舟"之称,在生产生活中发挥着巨大的作用。

勒勒车是牧民流动的家,"行则车为室,止则毡为庐",常常是一家人住在里面。为了适应牧区冬天雪深过膝、夏季草深、沼泽地多的环境,聪明的蒙古先人制造了轻便灵活、双轮大、车身小的勒勒车,借此顺利通过牧草繁茂的草场,积雪深厚的雪野,泥泞的沼泽以及崎岖的坡道。勒勒车主要以桦木为造车原料,车瓦、辐条、轮心、车轴、车辕、车架全用桦木做成,质地坚硬,着水受潮不易变形,有时也可见到用松木、柳木、榆木、柞木、樟木等做成的勒勒车。全车不用铁件,便于制造和修理。勒勒车载重数百斤乃至上千斤,牧民们拉水、拉牛粪、搬家、运送燃料及婚丧嫁娶、运输生活日用品、赶那达慕大会等等多离不开它。有时可见一人驾驭三五辆,甚至十余辆或者几十辆勒勒车,故有"草原列车"之称。解放后逐渐用轴承胶皮铁轮代替了木制的车轮。

勒勒车

随着经济的发展和社会的进步,勒勒车逐渐退出了历史舞台,除少数偏僻地区还有牧民使用外,目前草原上已难以见到勒勒车。虽然勒勒车制作技艺并不复杂,但是掌握这一技艺的艺人多数已白发苍苍,而年轻的牧民对勒勒车的制作技艺又不大了解,因此勒勒车制作技艺后继乏人,面临着消亡的危险。政府非常重视这一问题,2006年,蒙古族勒勒车制作技艺经国务院批准列入第一批国家级非物质文化遗产名录。

三、浩瀚的黄沙大漠

该区处于蒙古高原东南部,其地貌、气候、土壤、植被等自然因素的区域差异性非常显著。西部地区由于深居亚欧大陆内部,海洋湿润气流难以到达,故而形成极端干旱的荒漠环境。广袤无垠的沙漠,各种风姿卓越的新月形沙丘、格状沙丘、鱼鳞状沙丘、金字塔沙丘等等,奇特的沙生植物,都给荒凉的沙漠增添了迷人的色彩。阿拉善与鄂尔多斯一带为沙漠区,其中著名的有巴丹吉林沙漠、腾格里沙漠、乌兰布和沙漠、毛乌素沙漠、库布齐沙漠。沙漠中大量的盐湖和绿洲,成为大漠独特的景观。沙鸣是大自然不可多得的美妙乐章,伊克昭盟的响沙湾以此而著名。

第二节　各省(市)重点旅游线路、旅游景区(点)、中心城市

一、旅游中心城市——呼和浩特

呼和浩特,蒙古语意为“青色的城”,简称“青城”,因最初建城时城墙用青砖砌成,远望一片青色,故得此名,又因城内召庙云集,又称“召城”,是我国北疆的历史文化名城,也是一座具有鲜明民族特点和众多名胜古迹的塞外名城。独特美妙的自然风光,丰富多彩的民族文化,历史积淀深厚的古迹名胜,绚丽多姿的蒙古歌舞,精彩纷呈的蒙古式摔跤,都让游客心旷神怡,流连忘返。

1. 昭君墓

昭君墓,因被覆芳草,碧绿如茵,又称“青冢”,位于呼和浩特市南大黑河畔,是史籍记载和民间传说中汉朝明妃王昭君的墓地。昭君墓始建于2000余年前的西汉时期,系人工积土夯筑而成,墓体状如覆斗,高达33米,底面积约13000平方米,是我国最大的汉墓之一。在历史的长河中,最初的古墓已经被毁,现在的昭君墓是20世纪70年代重新修筑的。

历史上,王昭君是一位献身于中华民族友好事业的伟大女性。当时,北方匈奴首领呼韩邪单于主动对汉称臣,请求和亲,以结永久之好。王昭君挺身而出,慷慨应诏。昭君出塞后,汉匈两族团结和睦,国泰民安,展现出欣欣向荣的和平景象长达50年,顺应了时代的发展趋势,满足了汉族和匈奴族人民的生活要求。相传,昭君去世后,汉匈人民都非常悲痛,纷纷赶来送葬,人们用衣裳襟包着土,一包一包地填在她的坟上;由于送葬的人成千上万,络绎不绝,每个人都想多捧几包土寄托自己的哀思,所以到最后竟垒成了一座形似小山的坟墓。现代史学家翦伯赞赞美:“王昭君已经不是一个人物,而是一个象征,一个民族友好的象征;昭君墓也不是一个坟墓,而是一座民族友好的历史纪念塔”。1963年,董必武老先生参观昭君墓时,高度评价了昭君人微言轻和亲使者的功劳,并写下诗一首:“昭君自有千秋在,胡汉和亲识见高。词客各抒胸臆懑,舞文弄墨总徒劳。”

今天的昭君墓,青冢兀立、巍峨壮观,远远望去,显出一幅黛色朦胧、若泼浓墨的迷人景色,宛如北方草原上一颗璀璨的明珠。历史上被文人誉为“青冢拥黛”的昭君墓,现已成为呼市八景之一,名扬天下。

昭君墓

2. 大召寺

大召寺,位于呼和浩特市玉泉区大召前街，是由明代蒙古土默特部落的首领阿拉坦汗主持创建的,蒙语称“伊克召”意为“大庙”。1580 年建成后,明廷赐寺名为弘慈寺,由于召中供奉银制释迦牟尼像,所以当时也称银佛寺,后大部分毁于清初战火,只剩银佛寺等庙宇未毁,清重修后改弘慈寺为无量寺。大召寺是呼和浩特最早兴建的喇嘛教寺院,也是蒙古少有的不设活佛的寺庙。后清初康熙皇帝曾在此住过几日,所以又被看做康熙皇帝的家庙。

大召寺

大召寺的建筑物现存有山门、过殿、经堂、九间楼及佛殿等,其中经堂和佛殿紧紧相连在一起,通称为大殿,佛殿内有造像和壁画。那座释迦牟尼银佛像历经四百年的苍桑变化,至今依然保存完好。寺内“银佛、龙雕、壁画”被称为大召寺三绝。

二、重点旅游景区(点)介绍

(一)鄂尔多斯景区

1. 成吉思汗陵

成吉思汗陵

成吉思汗陵,简称“成陵”,是“一代天骄”成吉思汗的陵墓。这是一座衣冠冢,坐落在鄂尔多斯市伊金霍洛旗甘德利草原上,主体建筑由三座雄伟的蒙古包式的大殿和与之相连的廊房组成。整个陵园的造型,犹如展翅欲飞的雄鹰,极显蒙古民族独特的艺术风格。

陵园内,三座宫殿一字排开,肃然屹立,明黄的墙壁,朱红的门窗,顶部金黄色的琉璃瓦在阳光照射下,熠熠闪光。中间正殿高达26米,平面呈八角形,重檐蒙古包式穹庐顶,上覆黄色琉璃瓦,房檐则为蓝色琉璃瓦。大殿中央为成吉思汗的汉白玉雕像,高5米,身着盔甲战袍,腰佩宝剑,相貌英武,后殿为寝宫,安放着四个黄缎罩着的灵包,包内分别供奉成吉思汗及其三位夫人的灵柩。东西两殿为不等边八角形单檐蒙古包式穹庐顶,亦覆以黄色琉璃瓦。东殿安放着成吉思汗的第四子拖雷(元世祖忽必烈之父)及其夫人的灵柩。西殿供奉着象征着九员大将的九面旗帜和“苏勒定”。这里每年都要举行隆重的祭奠“苏勒定”大会。

2. 响沙湾

响沙湾,又名“银肯”响沙,位于鄂尔多斯市达拉特旗中部,库布其沙漠的东端,属于沙漠类自然风景区。这里沙丘连绵分布,景色壮观,嫩黄色的沙漠,一望无垠,高大的沙丘呈月牙形状,约有80多米高,金黄色的沙坡掩映在蓝天白云下,造就了一个特别明丽、幽静和空旷的世界。响沙湾沙高110米,宽400米,坡度为45度角倾斜,形成一个巨大的沙丘回音壁,从沙丘的顶部向下滑会响起“嗡嗡”之声。这是一处珍稀、罕见、宝贵的自然旅游资源,有“世界罕见,中国之最”之说 。

响沙湾居我国各响沙之首,被称为“响沙之王”。从外表来看,这里的黄沙与别处并无两样,但如果捧上一把干沙用力一搓就会发出“呱呱”类似青蛙的鸣叫;在沙坡上滑行时,就会发出像飞机掠顶而过的轰响声,真可谓“人动声移、人停声止”,好像是一曲惊雷贯耳、激昂澎湃的交响乐。沙响妙音四季皆不同,春如松涛轰鸣,夏似虫鸣蛙叫,秋比马嘶猿啼,冬则如雷鸣划破长空。响沙湾的沙鸣奇迹至今仍是一个谜团,科学工作者对此进行过多次科学考察,提出“筛匀汰净理论”、“摩擦静电说”、“地理环境说”、“共鸣箱”理论等等,莫衷一是。

响沙湾拥有罕见而神奇的响沙景观,浩瀚的库布其大漠风光,世界第一条沙漠索道,我国最大的骆驼群,我国一流的蒙古民族艺术团,几十种惊险刺激独具沙漠旅游特色的活动项目。游客在此可以乘坐沙漠观光索道,鸟瞰沙漠的壮观景象,滑沙与沙共舞,也可以骑骆驼,乘沙漠冲浪车、沙漠滑翔伞和沙漠太空球,近距离亲近沙漠。响沙湾不仅是神秘的自然奇观,更是一个欢乐的沙漠世界。1984年,响沙湾被内蒙古自治区辟为旅游景点,2009年被评为国家5A级景区。

(二)呼伦贝尔景区

呼伦贝尔景区,东邻黑龙江省,西、北与蒙古国、俄罗斯接壤,是中俄蒙三国的交界地带,与俄罗斯、蒙古两国的边境线长达1723千米。呼伦贝尔是最适合人类生存的一片“绿色净土”,是大自然馈赠给人类的“天然别墅”。这里的绝大部分森林、草原、湖泊等自然生态环境仍保持着淳朴的原始古貌。呼伦贝尔草原是世界四大草原之一,广袤无垠,有“北国碧玉”之美誉。这里的大草原、大森林、大水域、大冰雪、大口岸、大民俗、大空调、大氧吧共同组成呼伦贝尔大旅游区。呼伦贝尔景区是国家旅游局认定的全国六大重点旅游开发区,也是国家级草原旅游重点开发区。

1. 呼伦贝尔大草原

呼伦贝尔草原位于大兴安岭以西,因草原上呼伦湖、贝尔湖而得名,东西300千米,南北

200 千米，天然草场占总面积的 80%。草原地势东高西低，海拔 650 至 700 米，水草丰茂，河流纵横，大小湖泊，星罗棋布。在 2000 多年的历史长河里，呼伦贝尔草原以其富饶的自然资源孕育了我国北方诸多游牧民族，因此被誉为“中国北方游牧民族成长的摇篮”。

呼伦贝尔草原

呼伦贝尔草原是内蒙古草原风光最为绚丽的地方，拥有草场、森林、湖泊以及河流。辽阔无边的大草原像是一块天工织就的绿色巨毯，绿波千里，一望无垠，真可谓“千里草园铺翡翠”。而绿草与蓝天相接处，牛羊相互追逐，微风吹过，马群、牛群、羊群如流云飞絮，点缀其间，牧人举鞭歌唱，处处可见“风吹草低见牛羊”的美丽画面，令人心旷神怡。这是世界上最美、最大、最没有污染的几大草原之一，草原上 120 多种营养丰富的牧草，使其成为内蒙古主要的畜牧区。

在草原旅游，人们可以骑马乘驼畅游草海，欣赏星星点点的蒙古包上升起的那缕缕炊烟；也可以坐“勒勒车”环湖漫游，感受草原上的鸟语花香；还可以临湖垂钓，入林狩猎，尽享草原风光。除此之外，呼伦贝尔草原声名远扬，还有三个原因：首先，这里曾是一代天骄成吉思汗的家园；其次，这里草场质量极好，生长的牧草可远销东南亚；最后，这里盛产体格高大壮健的三河马和三河牛。

2. 满洲里

满洲里市位于呼伦贝尔大草原的腹地，是我国最大的沿边陆路口岸。这是一座独领中俄蒙三国风情、中西方文化交融的口岸城市，居住着蒙、汉、回、朝鲜、鄂温克、鄂伦春、俄罗斯等 20 多个民族。浓厚的民族文化，浓郁的异域风情，美丽的自然风光，共同构建了这颗魅力无穷的“北疆明珠”。

俄罗斯套娃广场，是全国唯一一个以俄罗斯传统工艺品——套娃为主题的旅游休闲娱乐广场。广场主体建筑是一个高 30 米的巨型套娃，建筑面积 3200 平方米，是目前世界上最大的套娃，内部为俄式餐厅和演艺大厅。套娃外部彩绘是代表着中俄蒙三国的美丽女孩，突出体现了满洲里三国风情兼具的特色。主体套娃周围有 8 个功能性套娃、200 个代表全世界不同国家和地区的小套娃和 30 个表达友谊、关爱和祝愿的俄罗斯复活节彩蛋。在广场音乐喷泉的周围，设计了代表中国传统文化的十二生肖和西方占星文化的十二星座。夜色中的套娃广场，在近千盏彩灯的映射下，流光溢彩，仿佛一个五彩缤纷的童话世界。俄罗斯套娃广场将中俄蒙三国风情和东西方文化完美地融合在一起，是集旅游观光和趣味性、娱乐性为一体的满洲里标志性旅游景点。

套娃广场

3. 呼伦湖

呼伦湖，又名达赉湖，是我国五大淡水湖之一，方圆八百里，碧波万顷，像一颗晶莹硕大的明珠，镶嵌在呼伦贝尔草原上。呼伦湖水天一色，烟波浩渺，原始而粗犷，秀丽且洁净，静若处子微波荡漾，动如蛟龙惊涛拍岸。呼伦湖包括八个著名景区：水上日出，湖天蜃楼，石桩恋马，玉滩淘浪，虎啸呼伦，象山望月，芦荡栖鸟，鸥岛听琴。水上日出使人感到心旷神怡；芦苇王国的乌兰诺尔观鸟，如入神话般的境界；游览"湖中柱石"、"老虎嘴"、"象鼻山"这些大自然的杰作，令人惊叹不止。湖畔居住着勤劳质朴的新巴尔虎蒙古族牧民，蒙古包、勒勒车、羊群，还有牛、马、骆驼和牧羊犬，同蓝天、白云构成了一幅幅绝妙的风景画。绮丽的自然风光和多彩的民族风情，使呼伦湖成为著名的旅游胜地。

呼伦湖水域宽广，沼泽湿地连绵，草原辽阔，食饵丰富，鸟类栖息环境优良，是我国东部内陆鸟类迁徙的重要通道。春秋两季，南来北往的候鸟种类繁多，主要有天鹅、雁、鸭、鹭等，其中多属珍稀禽类，是一个硕大的鸟类博物馆。此外，湖中还盛产秀丽白虾。

呼伦湖

小知识：满洲里口岸

满洲里第五代国门，坐落于满洲里市区以西中俄两国铁路连接点中方一侧，与俄罗斯国门相对应。第五代国门是目前我国陆路口岸最大的国门，总长105米，宽46.6米，高43.7米，过桥高16.9米，两条宽轨和1条准轨从国门下穿过与俄罗斯铁路接轨，被誉为"北方第一门"。登上国门二层，俄罗斯后贝加尔斯克市的风貌和满洲里市的全景尽收眼底。国门对面不远处是俄罗斯的国门，国门上"РОССИЯ"六个硕大的金色字母，格外引人注目，俄罗斯国徽镶在国门北侧的立柱上方。新国门不仅是满洲里的标志，也是中俄蒙边境上中华民族文明富裕的象征。国门内红色后代旅游展厅是国内唯一一个以红色后代为背景建成的旅游展厅，现已成为满洲里市著名旅游景点、爱国主义教育基地之一，以国门为核心的红色旅游成为满洲里市的独特旅游品牌。

（三）巴丹吉林沙漠景区

巴丹吉林沙漠，位于阿拉善右旗北部，面积 4.7 万平方千米，是我国第三、世界第四大沙漠。这里是世界惟一一片高大沙山群分布密集的沙漠，中心为复合型沙山，海拔在 1200 ~ 1500 米之间，沙山相对高度可达 500 多米，号称世界沙山之王。沙漠西北部 1 万多平方千米的地域至今尚无人类的足迹，中心还有很多神秘现象有待人们的发掘。

巴丹吉林沙漠以"沙峰、鸣沙、湖泊、奇泉"而著名。位于巴丹吉林沙漠腹地的必鲁图沙峰，海拔 1617 米，相对高度 500 米，有"沙海珠穆朗玛峰"之称，多少年来鲜有外人登攀。沙漠中一百多个湖泊星罗棋布，湖泊中芦苇丛生，水鸟嬉戏，鱼翔潜底，享有"漠北江南"之美誉。最令人匪夷所思的是湖水中的石头上有一泉眼，泉水向上喷到 8.9 厘米高，后自由折下，在微风中跳动。沙漠东部和西南边沿，茫茫戈壁一望无际，形状怪异的风化石林、风蚀蘑菇石、蜂窝石、风蚀石柱、大峡谷等地貌令人叹为观止。曼德拉山岩画，被称为"美术世界的活化石"，生动记录了当时人们狩猎和畜牧生活的情景。因此，巴丹吉林沙漠不仅是旅游者的理想天堂，还被联合国列为世界文化遗产之一，吸引了全世界众多学者和探险家们。

（四）大青沟自然保护区

大青沟，位于辽阔的科尔沁草原西部沙海，是一条长达 24 千米的沙漠大沟，被称为"沙漠绿色大峡谷"。这里树木葱郁，鲜花盛开；沟底一条长长的溪流，清澈透明；两岸树草丛生，正可谓"林密泉水涌，花香野果稠，玉盘滴翡翠，本是神工琢。"

大青沟

景区内古树参天，林海莽莽；林下遍生奇花异草，林间栖息珍禽异兽。据统计，这里生长着 700 多种植物，有黄菠萝、水曲柳、核桃楸、朝鲜柳、樟子松、五加、野大豆等国家级保护植物；170 多种动物，如野猪、狍子、狼、黄羊、蛇、秃鹫、雕、鹰、灰鹤等，是沙漠中一个天然的动植物宝库。春天百花齐放，夏天绿树成荫，秋天枫叶似火，冬天云雾蒸腾，各具特色。处处可见的泉子，日夜不息，源源不断地流淌，汇成小河，冬暖夏凉，即使是冬天零下 30 度的时候，泉水也流不断，冻不结。

大青沟旅游区包括原始森林景区、三岔口景区和小青湖景区。在原始森林景区，生长着很多奇花异树。像两棵根须相连、枝干相依、心手相牵的"夫妻树"，让人感慨爱情与亲情的伟大；在同根上长出的 5 根茁壮的枝干，被称为同根生、共命运的"兄弟树"，象征着各民族和谐共处，团结一致。大、小青沟的河水汇合一处，就是三岔口景区。在这里，人们可以乘上橡皮筏顺着弯弯曲曲的青沟，穿越两岸的丛林漂流而下，体会一下"沉舟侧畔千帆过，病树前头万木春"的意境，感受一次山不转水转，水不转人转的浪漫情怀。小青沟与大青沟相比，在长度和深度等方面都略逊一筹，但它以湖光水韵见长。沟内涓涓泉水汇集形成小青湖，湖面蜿蜒，呈

"S"形,长3千米,面积400亩,湖的最深处有20米。湖中有树枝水草和芦苇,非常适合鱼类生长。由于泉水没有受到污染,小青湖里的鱼肉质细密,味道鲜美。景区已开发较多的旅游景点及项目,如青沟远眺,佛光普照,绿野试马,蒙古式狩猎,原始森林览胜,天然沙滩浴场,漂流探险,草原牧歌,沙漠探险,小青湖垂钓,草原篝火等,人们在此既能够欣赏宜人的景色、奇特的地貌和古朴自然的草原风光,还能体会这里浓郁的民族风情和优雅的休闲环境。

小知识:大青沟有三奇、三怪

美丽的大青沟有三奇、三怪。"三奇"即"寒冬流水长绿色,夏日炎炎细雨落,荒漠中有个生态沟。"第一奇为"寒冬流水长绿色":大青沟里千百眼泉子有涌不完的泉水,而且在流水中还长有山芹菜等绿色的植物。第二奇为"夏日炎炎细雨落":说的是在盛夏时节,沟外烈日炎炎,而沟内却会下起毛毛细雨,令人感叹称奇。第三奇"荒漠中有个生态沟"是说在这八百里沙海中,很不协调地出现这样一条动植物种类繁多的生态协调的大青沟,这是非常奇特的现象。那么"三怪"都有什么呢?那就是"看不见乌鸦飞,听不见蛤蟆叫,羊山登修筑两样巢"。第一怪,"看不见乌鸦飞",是说大青沟里有96种鸟类,可谓种类繁多,可就是没有乌鸦。这一直是个谜。第二怪,"听不见蛤蟆叫",是说大青沟里有碗口大小的蛤蟆,但是人们从来没有听到过蛤蟆的叫声,而小青沟里的蛤蟆却时常叫个不停。第三怪,"羊山登修筑两样巢"?羊山登是一种鸟,在大、小青沟内都有,但是它们在大青沟和小青沟修筑的窝是不一样的。在大青沟里是在树上筑巢,而在小青沟却是在沟坡上筑巢。

◆复习思考题:

1. 该区的区域旅游特色是什么?
2. 该区有哪些独具特色的人文旅游资源?
3. 结合实际,探讨如何从长远的角度发展该区的旅游业?

△ 第十四章

青藏文化旅游区

◎ 学习目标：

1. 知识目标：掌握本区旅游环境特征；掌握本区特色的旅游资源特征；了解和掌握本区各地主要的旅游线路、旅游景区、中心城市。

2. 能力目标：培养学生运用已经掌握的知识和能力，根据地区旅游资源特色设计旅游线路。

3. 重　　点：掌握区内各省区主要的特色旅游资源。

本旅游区包括青海省和西藏自治区，位于我国西南部的青藏高原。该区民族分布情况复杂，除了藏族和汉族以外，还有回族、土族、蒙古族、门巴族等 30 多个民族。这里有独特的自然景观，多彩的民族风情，古老的宗教文化。通过学习，可以了解旅游区整体的区域旅游环境，掌握重点旅游城市及景区，理解宗教对于旅游区旅游业发展的重要作用。

第一节　区域旅游环境与资源特征

一、世界屋脊，江河源头

该旅游区地形以高原为主体，整体地势较高，平均海拔在 4000 米以上，有“世界屋脊”之称。区域内分布着很多座海拔七千米以上的高峰，地势高峻，气势雄伟。昆仑山、喀喇昆仑山、唐古拉山、冈底斯山、念青唐古拉山以及喜马拉雅等山脉雪线以上终年积雪，山岳冰川形态丰富，冰川面积占我国冰川总面积的 80%，为世界上中纬度冰川分布最广的地区，千奇百怪的冰蚀地貌和冰碛地貌具有很好的景观美学价值。

该区还是亚洲重要的大江大河源区，长江、黄河、印度河、恒河等著名大河均发源于此。江河纵横，河床宽阔，河水清澈见底。湖滨河畔牧草丰美，牛羊遍野，蓝天白云，雪山碧水，一派明媚的高原风光。

二、藏传佛教，藏乡风情

藏传佛教，也称藏语系佛教，以大乘佛教为主，是佛教传入西藏后与苯教相互融合斗争而形成的。因藏语尊称僧侣为喇嘛（意为上师），故又称喇嘛教。藏传佛教始于 7 世纪中叶松赞干布时期，10 世纪后半期喇嘛教正式形成。此后的几百年间，各具特色的教派陆续形成，但普遍信奉喇嘛教法中的密宗。随着喇嘛教在西藏的发展，上层喇嘛逐步掌握地方政权，最后形成了独特的藏传佛教。藏传佛教教义特征为：大小乘兼学，显密双修，见行并重，并吸收了苯教的某些特点。传承方式既有师徒传承方式,如宁玛派(红教)、噶举派(白教)、格鲁派(黄教);也有家族传承方式,如萨迦派(花教),但最具特色的还是活佛转世制度。"政教合一"是喇嘛教的另一大特点。历史上,藏传佛教的多数派别都和一定的政治势力(包括地方实力集团或家族势力)结合在一起,形成政教合一制度,教依政而行,政持教而立,彼此依存。这不仅深刻地影响了高原游牧文化的形成、发展、风格、特色,甚至也牵制区域的政治、经济乃至整个社会历史的发展进程。1959 年,西藏民主改革时此制度被废除。现在,青藏地区分布着大大小小的寺庙,数量很多,主要有:布达拉宫、大昭寺、小昭寺、塔尔寺、扎什伦布寺、哲蚌寺、桑耶寺、萨迦寺以及著名的文成公主庙等。千姿百态的佛像,精美的雕刻、壁画、堆绣、唐卡、泥塑、酥油花,各种工艺品和质朴精美的法器,琳琅满目的嘛呢经轮,都带给游人一种神秘的感觉。

青藏地区以藏族为主,土族、撒拉族、门巴族、珞巴族等都是高原上独有的少数民族,拥有相对原始完整的民风民俗。藏医藏药、天文历算、歌舞戏剧、文字藏画等都有独特的风格和高原特色。藏族文学生动活泼,民间故事充满奇情异彩,藏族民歌激越嘹亮,藏族人民能歌善舞,歌曲旋律抑扬顿挫,舞步刚劲豪放,具有鲜明的民族特色。藏族男女都蓄辫、穿氆氇长靴或牛皮长靴,常常袒露右肩,便于活动,喜食酥油糍粑、青稞酒和奶油茶。为了迁移方便,牧民住在牦牛毡帐篷里。藏民节庆活动较多,藏历元旦青年男女穿着盛装互相拜年,并到寺院朝拜祈祷,各大寺院都举行法会,夜晚则千家万户点燃酥油灯;七月"望果节",农民巡游田间,尽情歌舞。

三、冰雪地热,水火共存

由于青藏地区海拔较高,座座山峰直入云天,所以该区分布着面积广大的现代冰川,自然景观与南北极相似,被称为世界"第三极",自然环境非常恶劣。另一方面,青藏地区地壳不稳定,构造运动强烈,大量热能随着强烈频繁的岩浆活动不断从地下深处上升,储存于地下含水层,在适当的条件下,就以各种形式显示于地表,成为汽泉、热泉、沸泉、喷泉、水热爆炸等。青藏地区是我国地热资源最丰富的地区,共有 1000 余处地热区,遍及整个高原,真可谓"百里草原遍热泉,千里热湖映雪山,蓝天万里高飞雁,浩茫热气弥宇间"。雅鲁藏布江中上游河谷地带由于地处板块缝合线位置,拥有地球上已发现的 20 多种地热类型,我国大陆上第一座湿蒸汽型电站羊八井就位于此。在拉萨市西北约 90 千米的山间盆地中,星罗棋布地分布着温泉、热泉、沸泉、喷气孔、水热爆炸穴等。这里的热水湖最为壮观,湖面水温 45℃,喷射气柱可高达 50~60 米,堪称一绝。

四、天路快车,沟通雪域

西藏,一个神奇而美丽的地方,境内地势险峻,高山大川阻隔了它与祖国内地的联系。为了加强与内地的联系,1950 年,全长 4360 余千米的川藏公路和青藏公路建成通车,西藏人民彻底摆脱了千百年来人背畜驮的极其落后的交通方式。1985 年,青藏公路全线黑色路面铺筑工程顺利竣工,成为"世界屋脊上的苏伊士运河"。青藏公路(青海西宁——西藏拉萨)是西藏与祖国内地联系的重要通道,承担着西藏 85% 以上进藏物资和 90% 以上出藏物资的运输任务,在西藏经济发展和社会稳定中发挥着重要作用,被誉为西藏的"生命线"。青藏公路全长 1160 千米,为国家二级公路干线,最高行车速度 60 千米/小时,全线平均海拔在 4000 米以上,共修建涵洞 474 座,桥梁 60 多座。沿途的景色独具魅力,从水草丰美的青海湖到茫茫戈壁,从巍峨的昆仑山到藏羚羊徘徊的可可西里,从长江源纪念碑到藏北草原,从纯净如玉的纳木错湖到地热蒸腾的羊八井……，都让人们魂牵梦萦，还有那耀眼的雪山，深透的蓝天，卷舒的白云，成群的牛羊。

为了满足经济发展的迫切要求，1958 年青藏铁路一期工程（西宁——格尔木）开始动工，1984 年全线通车，全长 814 千米。二期工程从格尔木到拉萨，1142 千米，2001 年 6 月开工，2006 年 9 月 1 日正式建成通车，全线与青藏公路手拉手相伴。这是我国在新世纪之初做出的战略决策，是西部大开发的标志性工程。由于跨越了世界上最高的高原，这条铁路也被人们称作“天路”。

青藏铁路的建成，加快了青藏两省区的经济、社会发展，加强了国内其它地区与西藏的联系，促进了藏族与其他各民族的文化交流，增强了各民族的团结。

第二节　各省（市）重点旅游线路、旅游景区（点）、中心城市

一、青海省

（一）青海概况

青海，简称青，地处青藏高原东北部，因境内有我国最大的内陆高原咸水湖——青海湖而得名。该省海拔较高，大部分地区在 3000～5000 米之间。地势西高东低，地形复杂多样。青海属高原牧区，牧区内草原广袤，牧草丰美，是我国著名的牧区之一。该省还是国家重点自然保护区，有野生动物 250 多种，其中野骆驼、野牦牛、野驴、藏羚、盘羊、白唇鹿、雪豹、黑颈鹤、苏门羚、黑鹳都是国家级保护动物。该区旅游资源相当丰富，有号称“百鸟王国”的青海湖鸟岛，被誉为“高原的西双版纳”的孟达自然保护区，藏传佛教著名寺院湟中塔尔寺，伊斯兰教西北四大清真寺之一的东关大寺，阿尼玛卿大雪山等，都是登山旅游的好去处。青海省，这个神秘而诱人的地方，仿佛一块未经雕琢的玉石，粗拙中透出珠光宝气，平静中显出神奇风采。

（一）重点旅游线路

1. 特色线路

（1）玉树赛马会藏族风情游：西宁——塔尔寺——日月山——青海湖——黄河源头第一县（玛多）

玉树（参观玉树赛马会、领略藏族风情）

结古寺——新寨嘛尼堆——文成公主庙——天葬台

（2）神秘青藏高原游：塔尔寺——日月山——藏族家访

青海湖——鸟岛

茶卡盐湖——戈壁风光

雪山——长江第一桥

温泉——唐古拉山和格拉丹东雪峰

羊八井——拉萨布达拉宫——大昭寺——罗布林卡——八角街

色拉寺——哲蚌寺

2. 传统线路

（1）青海风光民俗游：塔尔寺——北禅寺

日月山——藏族家访——沙岛

青海湖——鸟岛

金银滩——清真寺

坎布拉森林——丹霞地貌——尼姑寺

(2)互助土族风情游

青海自然风光游:塔尔寺——日月山——青海湖

鸟岛——海晏金银滩草原(著名作曲家王洛宾创作《在那遥远的地方》时生活过的地方)

西宁乘汽车赴宝库风景区(看野牦牛、鹿)

3. 自助线路

(1)宗教朝圣游:起点西宁,途经湟中,贵德,坎布拉,李家峡,化隆,循化,同仁,到达甘肃夏河。主要景点:北山寺,塔尔寺,贵德古城,玉皇阁,清黄河,扎仓温泉,坎布拉国家森林公园,南宗寺,南宗尼姑寺,藏传佛教后弘期"三贤哲"修行处,李家峡水库,夏琼寺,十世班禅和喜饶嘉措大师的故居,街子清真寺,骆驼泉,隆务寺,隆务镇上街,吾屯上庄寺,吾屯下庄寺,郭麻日寺,热贡艺术,拉卜楞寺。

(2)世界屋脊汽车探险线:起点西宁,途经青海湖,茶卡,都兰,格尔木,昆仑山,五道梁,沱沱河,唐古拉那曲,到达拉萨。主要景点:塔尔寺,日月山,青海湖,茶卡盐湖,贝壳山,察尔汗盐湖,一步天险,昆仑神泉,西大滩冰川,昆仑山口,可可西里,索南达杰保护站,长江第一桥,长江源,唐古拉山口,布达拉宫。

(三)旅游景区(点)

1. 青海湖

青海湖古称"西海"、"卑禾羌海"或"鲜海",位于青海省东北部,是我国最大的内陆湖泊,也是我国最大的咸水湖。湖的四周被巍巍高山环抱,湖边则是广袤平坦、苍茫无际的千里草原,而烟波浩淼、碧波连天的青海湖,就像是一盏巨大的翡翠玉盘平嵌在高山、草原之间,构成了一幅山、湖、草原相映成趣的壮美风光和绮丽景色。人们在此不仅可以观赏高原牧区风光,还可以乘马骑牦牛,漫游草原,攀登沙丘,或到牧民家里品尝奶茶、酥油、炒面和青稞美酒等藏族特色食品,领略藏族牧民风情。青海湖盛产肉嫩味鲜的湟鱼。

青海湖

鸟岛又名小西山或蛋岛(因鸟蛋遍地而得名),位于布哈河口以北 4 千米处。鸟岛全长 1500 米,东头大,西头窄长,形似蝌蚪。这里地势平坦,气候温和,三面绕水,环境幽静,水草茂盛,鱼类繁多,独特的地理条件和优越的自然环境有利于鸟类的繁衍生息。鸟岛是亚洲特有的鸟禽繁殖所，是我国八大鸟类保护区之首。春暖花开之际，成群的雁、鸭、鹤、鸥等候鸟从南方迁徙至此，开始衔草筑巢；五六月间鸟蛋遍地，幼鸟成群，热闹非凡，此时岛上有 30 余种鸟，数量达 16.5 万余只；秋高气爽，群鸟翱翔蓝天，游弋湖面；寒流将至，鸟儿开始陆续南迁。美丽的青海湖鸟岛，是鸟儿的乐园，鸟儿的天堂。随着旅游业的兴旺发展，幽美壮丽的鸟岛风光，奇特的水禽生活，吸引着众多的游人前来游览观光。但是由于全球气候变暖以及环境的破坏，青海湖的水面在不断的降低，鸟儿生活的空间受到威胁。为了保护美丽的鸟岛及宝贵的鸟类资源，1975 年青海省在此建立了鸟岛自然保护区，1980 年又被列为国家级自然保护区，鸟岛资源受到了较好的保护。

鸟岛

2. 可可西里自然保护区

可可西里

从地域上划分，可可西里包括西藏羌塘自然保护区、新疆阿尔金山自然保护区、新疆北昆仑自然保护区以及青海三江源自然保护区和青海可可西里自然保护区。这里气候严酷，自然条件恶劣，人类无法长期居住，被誉为“生命的禁区”，因此，可可西里成为了野生动物的乐园。目前，可可西里是世界上原始生态环境保存最完美的地区之一，也是目前我国建成的面积最大、海拔最高、野生动物资源最为丰富的自然保护区之一。

可可西里自然保护区位于青海西南部的玉树藏族自治州境内，西与西藏相接，南同格尔木唐古拉乡毗邻，北和新疆维吾尔族自治区相连，东至青藏公路，总面积 4.5 万平方千米。保护区平均海拔在 4600 米以上，积雪常年不化，形成了 2000 平方千米的现代冰川，著名的有布喀达坂冰帽冰川、马兰山冰川、岗扎日冰川等，成为名副其实的“中华水塔”。保护区内大量的山谷冰川，地表冻丘、冻帐、石林、石环、多彩的高原湖泊，盐湖边盛开的朵朵“盐花”，这些奇特的自然景观以及现代冰川下热气蒸腾、水温高达 90℃ 的沸泉群有机地组成了本区特有的旅游资源。另外，可可西里保护区动物种群密度大，数量较多，有 23 种哺乳动物，其中 11 种是青藏高原特有种，像藏羚羊、野牦牛、藏野驴、白唇鹿、雪豹都属于国家一级保护动物；鸟类 48 种，其中青藏区种类 18 种，金雕、黑颈鹤属于国家一级保护动物；鱼类有裸腹叶须鱼、小头裸裂尻鱼等 6 种，均为高原特有种。本区特有的生物种类不但是我国的珍稀物种，而且也为世界所瞩目，无论在学术和自然保护上均处于一个重要的位置。

（四）中心城市——西宁

西宁，古称“湟中”，地处青藏高原河湟谷地，是一座具有2000多年历史的高原古城，是古“丝绸之路”南路和“唐蕃古道”的必经之地，自古就是西北交通要道和军事重镇，素有“海藏咽喉”之称。随着青藏铁路建成通车，西宁成为青藏高原铁路中心枢纽，同时也成为青藏高原的东方门户。西宁属大陆高原半干旱气候，夏季平均气温17～19℃，气候宜人，是消夏避暑胜地，有“中国夏都”之称。西宁有汉、回、藏、土、蒙古、撒拉等34个民族，佛教、伊斯兰教、道教、基督教、天主教五大宗教并存，具有多民族聚集、多宗教并存的特点。源远流长的历史文化，得天独厚的自然资源，绚丽多彩的民俗风情，使西宁成为青藏高原上一颗璀璨的明珠。

西宁

1. 塔尔寺

原名塔儿寺，位于湟中县莲花山山坳中，是我国藏传佛教格鲁派（俗称黄教）创始人宗喀巴大师的诞生地，也是藏区黄教六大寺院之一。塔尔寺始建于公元1379年，距今已有600多年的历史。寺内主要建筑有大金瓦寺（殿）、小金瓦寺（殿）、花寺、大经堂、九间殿、大拉浪、如意塔、太平塔、菩提塔、过门塔，共1000多座院落，4500多间殿宇僧舍，规模宏大，宫殿、佛堂、习经堂、寝宫、喇嘛居住的扎厦以及庭院交相辉映，形成了错落有致、布局严谨、风格独特、集汉藏技术于一体的宏伟建筑群。大金瓦寺，位于寺中心，绿墙金瓦，灿烂辉煌，是该寺的主建筑。寺内佛像造型生动优美，超然神圣。

由于塔尔寺是宗喀巴大师的降生地，历代帝王非常重视，曾多次赐赠匾额、法器、佛像、经卷、佛塔等物，所以，该寺文物极为丰富，琳琅满目的法器、千姿百态的佛像和浩瀚的文献藏书，加上富丽堂皇的建筑，使寺院成为一座艺术的宝库。栩栩如生的酥油花，绚丽多彩的壁画和色彩绚烂的堆绣被誉为“塔尔寺艺术三绝”，驰名中外。另外，寺内还珍藏了许多佛教典籍和历史、文学、哲学、医药、立法等方面的学术专著。现在，经过政府的多次修建，塔尔寺比从前更加壮观，成为青海省最主要的旅游胜地和西北地区的佛教中心。

塔尔寺

2. 东关清真大寺

东关清真大寺，位于西宁市东关大街，与西安化觉寺、兰州桥门寺、新疆艾提尕尔清真寺并称为西北四大清真寺。寺庙始建于明洪武年间，距今已有600多年的历史，是西宁市规模最大、保存最完整的古代建筑。这是一座融塔、墙、殿为一体的伊斯兰建筑，每逢礼拜、三大宗教节日，数以万计的穆斯林汇集于此举行隆重的聚礼活动。同时，这里还是伊斯兰经学研究的最高学府，培养造就了一大批伊斯兰教学者，在海内外享有盛誉。

东关清真大寺

东关清真大寺整体建筑雄伟壮观，融合了我国古老的建筑艺术和伊斯兰教的特色，主要包括前三门、中五门、宣礼塔、大殿。前三门即大寺的原正门，座南朝北，是一大两小的绿色西式大门，高十米，宽十五米，门顶横幅匾额上镶有金光闪闪的“西宁东关清真大寺”八个大字。进了前三门，在数十阶花岗石的台墩上耸立着五个平顶拱形门，称为中五门，也称重门。两侧耸立着两座高大的鸣经楼，也叫宣礼塔，塔顶有两个非常精致的小经筒，据说是湟中塔尔寺赠送的宝物。该寺正中是教徒进行礼拜的大殿，面积约1102平方米，里面放置金光灿灿的藏式镏金宝瓶，为大寺所独有。此大殿为我国古代宫殿式建筑，外形宏伟壮观，内部清静素雅。南北两侧是两座两层的厢楼，与大殿紧相毗邻，浑然一体，十分协调，组成了该寺建筑的主体。整个大寺飞檐斗拱，雕梁画栋，描金涂彩，显得艳丽华贵，蔚为壮观。现在，东关清真大寺已经成为四方人士游览的重要场所。

二、西藏自治区

（一）西藏概况

西藏，简称藏，地处世界上最大最高的青藏高原，平均海拔4000米以上，南与印度、尼泊尔、锡金、不丹、缅甸等国接壤。西藏以藏族为主体，还有汉族、回族、门巴族、珞巴族等。西藏拥有世界上独一无二的旅游资源，既包括独特的高原雪域风光，又有妩媚的南国风采，还有藏族生活习俗，这些都使西藏具有独特的魅力。

（二）重点旅游线路

1. 特色线路

（1）拉萨、纳木错朝圣游：拉萨——雅鲁藏布江

布达拉宫——大昭寺——八角街——哲蚌寺——色拉寺

纳木错——拉萨——八角街

（2）历史遗迹、后藏风貌游：布达拉宫——大昭寺一八角街

拉萨一曲水大桥——岗巴拉山——羊卓雍湖——卡若冰川——江孜古城——自居塔——宗山炮台——日喀则

扎什伦布寺——雅鲁藏布江——拉萨

（3）湖光、林海风光游：拉萨布达拉宫——错高湖

林芝——尼洋河(观赏千年古柏英姿,领略西藏江南风光)

(4)珠峰自然风光游:拉萨布达拉宫——罗布林卡

拉萨——羊卓雍错——卡若拉冰川——宗山古堡——江孜古城抗英遗址——日喀则——协格尔

定日——珠峰大本营(瞻仰珠峰全貌,体验极地生活)

定日——日喀则——扎什伦布寺

日喀则——拉萨——大昭寺——八角街

2. 传统线路

(1)西藏风光游:拉萨——布达拉宫——大昭寺——八角街

藏北草原——羊八井(欣赏羊八井地热蒸汽田产藏北草原风光,洗温泉、骑马等)

(2)藏东环行游:拉萨——堆龙德庆——羊八井地热——当雄大草原——念青唐古拉山那曲——怒江河源

巴青——丁青——类齐寺——小恩达遗址——伊日温泉——马查拉溶洞

昌都强巴林寺——卡若遗址——昌都民族手工厂

昌都——澜沧江——察雅寺——邦达草原——八宿寺

八宿——然乌错——帕隆藏布

扎木镇——通麦——麦长青温泉——雅鲁藏布大拐弯——高温泉华——南迦巴瓦峰——加拉白垒峰——易贡湖——色季拉山

八一镇——巴松湖——娘普景区——米拉山——拉萨

3. 自助线路

川藏北线驾车游:起点拉萨,途经当雄,那曲,巴青,丁青,昌都,妥坝,江达,德格,新露海,甘孜,康定,到达雅安。沿途主要景点:羊八井地热区,纳木错,那曲草原,念青唐古拉山脉,藏北草原,丁青画乡,澜沧江上游,类乌齐寺,强巴林寺,卡若遗址,达马拉山,金沙江大桥及河谷,藏东谷地,印经院,雀儿山,新露海,白利寺,塔公寺,塔公草原,跑马山,泸定铁索桥,二郎山隧道,雅安碧峰峡。

(三)旅游景区(点)

雅鲁藏布江大峡谷 雅鲁藏布大峡谷位于雅鲁藏布江下游,北起米林县的大渡卡村(海拔2880米),南到墨脱县巴昔卡村(海拔115米),全长504.9千米,平均深度2800米,最深处达6009米,是世界第一大峡谷。峡谷内冰川、绝壁、陡坡、泥石流和巨浪滔天的大河交错一起,环境十分恶劣,许多地区至今仍无人涉足,堪称“地球上最后的秘境”,也是青藏高原最具神秘色彩的地区。

雅鲁藏布江横切高山,形成了壮观奇特的大拐弯,这里也成为青藏高原最大的水汽通道。诸多因素造就了这个世界上珍奇的自然奇观,使它拥有最有特点的生态旅游资源。其基本特点可以用高、壮、深、润、幽、长、险、低、奇、秀十个字来概括。峡谷具有从高山冰雪带到低河谷热带季雨林等9个垂直自然带,集聚了多种生物资源,拥有青藏高原已知高等植物种类的2/3,已知哺乳动物的1/2,已知昆虫的4/5,以及我国已知大型真菌的3/5,堪称世界之最。

雅鲁藏布江大峡谷

(四)中心城市——拉萨

拉萨古称"惹萨",地处河谷冲积平原,是世界上海拔最高的城市之一,有"日光城"之称。相传公元七世纪,松赞干布用山羊背土填卧塘,建造大昭寺和小昭寺,又在红山建造布达拉宫,显赫中外的高原名城从此形成,"惹萨"也逐渐变成了人们心中的"圣地",成为当时西藏宗教、政治、经济、文化的中心。在藏民的心目中,严格意义上的拉萨是指大昭寺和围绕大昭寺而建立起来的八廓街,只有到了大昭寺和八廓街,才算到了真正的拉萨。如今的拉萨到处是一片片掩映在绿树中的新式楼房,唯八廓街一带飘扬着经幡,荡漾着桑烟。来自藏区各地的人们,穿着本民族的传统服装,从不离手的转经筒和念珠,表明佛教早已融入他们的日常生活。拉萨周围地热温泉遍地,具有较高的经济价值和医疗作用,堆龙德庆县的曲桑温泉、墨竹工卡县的德中温泉享誉整个藏区。

1. 布达拉宫

布达拉宫屹立在拉萨市区西北的红山上,在当地信仰藏传佛教的人们心中,红山犹如观音菩萨居住的普陀山,因而藏语称之为布达拉(普陀之意),布达拉宫由此得名。布达拉宫初建于公元七世纪,是松赞干布为迎娶文成公主而兴建的,17 世纪重建后,布达拉宫成为历代达赖喇嘛的冬宫居所,同时也是西藏政教合一的统治中心。布达拉宫海拔 3700 多米,建筑总面积 13 万余平方米,主楼高 117 米,看似 13 层,实际 9 层。其中宫殿、灵塔殿、佛殿、经堂、僧舍、庭院等一应俱全,是当今世界上海拔最高、规模最大的宫殿式建筑群。

布达拉宫

整座宫殿主体建筑包括白宫和红宫。东部的白宫为历代达赖喇嘛生活起居之地,有各种殿堂长廊,摆设精美,布置华丽。红宫居中,供奉佛像,松赞干布像,文成公主和尼泊尔尺尊公主像数千尊,以及历代达赖喇嘛灵塔,配以彩色壁画,金碧辉煌。其中最高宫殿名叫萨松朗杰(意为胜三界),供奉有清乾隆皇帝画像和"万岁"牌位。西部白色的僧房,为达赖喇嘛服务的亲信喇嘛居住。在红宫前还有一片白色的墙面为晒佛台,这是佛教节庆之日,用以悬挂大幅佛像的地方。布达拉宫中还收藏了无数的珍宝,堪称是一座艺术的殿堂。作为藏传佛教的圣地,每年到布达拉宫的朝圣者及游客不计其数。

神圣独特的布达拉宫,凝结了藏族劳动人民的智慧,目睹了汉藏文化的交流,以其辉煌的雄姿和藏传佛教圣地的地位成为了藏民族的象征。1994 年,布达拉宫被列为世界文化遗产。

2. 大昭寺

大昭寺是一座位于拉萨市中心的藏传佛教寺院,始建于七世纪吐蕃王朝,据说是为了供奉释迦牟尼八岁等身像而修建的。后经历代扩建,目前占地 25100 余平方米。现在大昭寺内供奉的是释迦牟尼十二岁等身像,而八岁等身像于八世纪被转供奉在小昭寺,后毁于"文化大革命"时期。由于建造时曾以山羊驮土,因而最初大昭寺曾被命名为"羊土神变寺"。

大昭寺

大昭寺融合了藏、唐、尼泊尔、印度的建筑风格,是西藏现存最辉煌的吐蕃时期的建筑,现已成为藏式宗教建筑的千古典范。大昭寺的布局方位与汉族寺院不同,其主殿坐东面西,高四层,两侧列有配殿,寺院内主要有释迦牟尼殿、宗喀巴大师殿、松赞干布殿、班旦拉姆殿(格鲁派的护法神)、神羊热姆杰姆殿、藏王殿等等。寺内各种木雕、壁画精美绝伦。大昭寺是西藏重大佛事活动的中心,在藏族人心中其地位并不亚于布达拉宫。经常有朝拜者在大昭寺门口磕长头,在弥漫着酥油香气的寺庙内虔诚地参拜转经,还有更多的人每天围绕着大昭寺转经,所以有"去拉萨没去大昭寺就等于没去拉萨"的说法。该寺院在藏传佛教中拥有至高无上的地位。2000 年,大昭寺作为布达拉宫的扩展项目被列为世界文化遗产。

小知识:西藏 2010 年将重点保护八个藏戏民间流派

西藏从今年起将划拨专项经费全面保护非物质文化遗产重点项目,21 个国家级和自治区级非物质文化遗产项目已被列入首批保护计划,其中八个藏戏流派的保护被列为重点项目。此次被列入重点保护计划的八个藏戏流派有拉萨堆龙德庆县觉木隆藏戏、日喀则地区南木林县湘巴藏戏、山南地区乃东县雅砻扎西雪巴藏戏,昌都地区察雅县湘堆藏戏等。每个项目都将获得 20 多万元的保护经费,用于保护藏戏队伍、培养年轻传承人以及完善现有传习设施等。

具有 600 多年历史的藏戏被誉为"西藏文化活化石"。2006 年,藏戏经国务院批准被列入第一批国家级非物质文化遗产名录。2009 年,藏戏成功入选联合国教科文组织人类非物质文化遗产代表作名录。

自 2005 年西藏全面启动非物质文化遗产保护工程以来,国家和自治区先后投入 1000 多万元开展藏戏艺术的全面普查、研究、保护和传承工作,恢复了一大批民间藏戏班,巩固和发展了藏戏传承艺人队伍,出版了大量藏戏艺术研究书籍和影像产品,藏戏艺术的研究、保护和传承工作取得显著成果。

◆复习思考题：

1. 该旅游区的区域旅游环境及资源特征是什么？
2. 结合实际，设计一条从北京经过青海再到西藏的宗教旅游路线（七天）。

△ 第十五章

港澳台旅游区

◎ 学习目标:

1. 知识目标:掌握本区旅游环境与旅游资源情况;掌握本区三地特色的旅游景区(点);

2. 能力目标:培养学生设计旅游线路的能力;

3. 情感目标:从“一国两制”的成功实践深刻理解邓小平理论,从而实现包括台湾在内的祖国和平统一的伟大构想。

本旅游区包括香港、澳门地区和台湾省,本区位于我国南部南亚热带、热带地区,面对广阔海洋,背靠祖国大陆,是我国面向世界、沟通海外的重要窗口,在行政管理体制上均具有一定的特殊性。香港与澳门分别于1997年、1999年回归祖国,实现了“一个国家,两种制度”的构想。香港位于珠江口的东侧,与深圳相望,由香港岛、九龙、新界和附近的200多个岛屿组成,澳门位于珠江口西侧,与珠海市接壤,水通香港,包括澳门半岛、凼仔岛、路环岛,面积近18平方千米。台湾以台北为旅游中心城市,台中、嘉义、台南、高雄为重要旅游城市。本游览区四面环海,景色秀丽,气候宜人,旅游资源丰富,有秀美的风光和众多的古迹。

这三个行政区中除台湾面积较大,旅游资源较丰富外,香港和澳门地域狭小,旅游资源贫乏,但其凭借各自优越的条件,如优越的地理位置、活跃的进出口贸易、自由港地位和便利交通等方面优势,该区旅游业独具特色,以吸引国际游客为主,成为旅游热点地区。

第一节　区域旅游环境与资源特征

一、优越的临海位置,多优良海港

本区背靠祖国大陆,面临浩瀚的太平洋,位置恰处于以东亚、东南亚以及大陆旅游为中心的中间位置,北有日本、朝鲜,西有祖国大陆,南有菲律宾、印度尼西亚,西南有马来西亚、泰国以及新加坡,是远东若干国际航线的汇合地。作为环球旅行的游客,前往上述国家和地区时,游客均可在港澳台作停留观光。另外,香港通常是美国、欧洲的一些国家以及澳大利亚等国家到中国旅游的第一站。

香港地区南临南中国海,澳门地区地处珠江三角洲的西岸,台湾省四面环海,海岸线曲折,不乏优良港口。如,香港地区的维多利亚港、南北有高山为天然屏障东西由鲤鱼门、尖沙咀紧扼咽喉，港内航道水深平均超过 10 米，是得天独厚的天然良港。澳门地区无深水港，但供游船停靠的浅水港众多。台湾省北通东海、南接南海，长约 200 海里、平均宽度 101 海里，是中国海上与国际海上的交通要道，沿岸港口较多，如，台湾省的高雄港、基隆港都是优良海港。

这些港口城市海天一色，自然景观壮美，滨海地带又有宽广笔直、水清沙白的海岸，成为游客向往的旅游地。香港地区的浅水湾，水清沙细、滩床宽阔、平缓、浪小，是理想的海水浴场。台湾省北部海岸的天然奇景，具有“海上龙宫”的雅号。

二、物产富饶

台湾由于气候条件优越，作物可一年三熟，是富饶的宝岛。农产品以水稻、甘蔗、茶叶最为著称，水果品种繁多，以香蕉、凤梨、柑橘、木瓜等为主。森林覆盖率达 50% 以上，生物资源非常丰富，植物类型复杂多样，仅树种就有 3 900 多种，盛产红木、樟木、台湾杉。花卉种类繁多，其中兰花更为驰名，多达上百种，是亚洲有名的天然植物园。台湾盛产蝴蝶，有“蝴蝶王国”之称。（下图台湾蝴蝶、兰花）

台湾地下矿藏丰富，现已探明的各种矿藏有 200 多种。台湾四面环海，又处暖流与寒流的交汇地，海产十分丰富，一向是我国重要产区。鱼类多达 500 多种，其中以鲷鱼、鲔鱼、鲨鱼、鲣鱼、鰛鱼最多。此外，台湾出产海盐也久负盛名。从鹿港到安平之间的沿海地区是海盐的主要产区。

三、热带、亚热带季风气候，多台风

港澳地区属亚热带湿润季风气候，夏天炎热且潮湿，冬天凉爽而干燥。5～9 月间多雨，有时雨势颇大。台湾省属热带和亚热带气候，但因四面环海，受海洋性季风调节，终年气候宜人，冬无严寒、夏无酷暑，四季树木葱茏、百花芬芳。旅游业的淡季与旺季差别较小，一年四季都适合旅游，春秋两季最佳，冬季更是我国避寒疗养的旅游中心。

台风是本区气候的又一大特点。每年 6～10 月台风次数最为频繁。港澳台地区夏季都有台风经过，其中台湾地区是我国受台风影响最多的省份，附近海面为夏季台风的主要通道，常导致水、风灾害，给游客带来不便。

四、中西融合，多姿多彩

历史上，港澳台三地曾经被外国殖民者统治。其中，香港沦为英国殖民地长达 150 年之久,1997 年回归;澳门正式沦为葡萄牙殖民地也达百年之久,受葡文化影响更是有 400 余年,直到 1999 年回归。台湾历史上也被欧洲殖民帝国统治达 40 年,甲午战争后,又被日本帝国主义统治。在被殖民帝国长期统治过程中,本地传统文化与外来文化经历了冲突与融合,形成了中西文化交融的特色形态。主要表现在:语言交融,方便交流;节日融汇,缤纷多彩;宗教信仰,兼容并蓄;建筑合璧,风格多样。

五、一国两制,经济发达

现阶段祖国大陆与台湾省尚未统一,香港、澳门是我国的两个特别行政区,现行的社会制度不同。

香港、澳门回归后,在"一国两制"的政策下,享有"港人治港、澳人治澳"、高度自治的权利,经济和社会迅速发展,都是全球最富裕城市之一。台湾省经济是一个典型的出口导向型经济体系,20 世纪 80 年代,台湾省与香港地区一起跻身成为"亚洲四小龙"之列。

港、澳、台地区市场繁荣。香港拥有自由港的便利条件,完全市场化操作的经营体制,商品琳琅满目,号称"购物天堂"。澳门也因低税率政策和以出口为目标的生产,不但商品繁多,而且价格便宜,购物魅力也无可阻挡。台湾岛是我国的宝岛,台湾特产与中华传统手工艺品极受游客欢迎。

小知识:中国的香港、澳门特别行政区

根据中英关于香港前途的《联合声明》中规定,特别行政区的政府和立法机关由当地人组成,除了由中央人民政府负责外交和国防事务外,特别行政区可享有高度的自治权。根据"一国两制"方针,现行的社会、经济制度及生活方式将维持 50 年不变,社会主义制度和社会主义政策将不会在特别行政区内实行。

香港清代属广东省新安县(今深圳),1842 年鸦片战争后,英国先后通过三个不平等条约占去了包括香港岛、九龙、新界三部分的今香港地区,租期为 99 年。1997 年中国政府正式收回香港,并设立中华人民共和国香港特别行政区,由特区政府进行管辖,实现了港人治港,"一个国家,两种制度"的构想。特别行政区的管理使香港成为东西方国家交往的桥梁,并从而促进旅游业的发展。

澳门旧属广东香山县(今珠海市),16 世纪被葡萄牙借口以曝晒水浸货物的理由而占领。据 1987 年中葡联合声明,于 1999 年 12 月 20 日回归祖国,设立中华人民共和国澳门特别行政区。

六、交通运输便利

本区不仅是远东贸易航空航线的枢纽,同时又是进出中国大陆的主要门户。特别是香港和台湾省的交通非常发达,海陆空并驾齐驱,众多的国际航空和航海线路在此交会,具有较好的通达性。

香港地区的交通可以用快捷、方便和便宜来形容。无论对内或对外交通都达到世界一流水平。对外,香港的公共交通系统发达,达到国际最高水平。位于大屿山赤鱲角的香港国际机场已五度蝉联全球最佳机场,飞行网遍及世界 160 多个主要城市;九广铁路每天均有直通火车往返广州、东莞、佛山、上海及北京；国内每日均有来自广东省各城市的直通巴士前往香港；从珠江沿岸城市出发的旅客，可选择经水路来港。香港维多利亚港为世界上最繁忙、高效的海港之一，与世界116个国家和地区有班船往来。市内主要交通工具有：地铁、电车、渡轮、巴士、的士。另外，香港还有山顶缆车、小巴、轻铁等交通工具，为市民及游客提供全面的网络交通覆盖。由于使用方法便捷，收费亦便宜，利用公共运输来往观光点实在是最方便不过。香港面积不大，加上交通方便，指示清楚，所以游客在港，要到香港岛、九龙、新界或大屿山都十分容易。

澳门地区交通也非常便利。半岛内的主要交通工具有出租车、公共汽车、三轮车和自行车。对外有澳门国际机场，与珠海、广州、江门有直通大巴，也十分便捷。

台湾省海陆空交通系统相当完整，已形成了航空、海运、铁路、公路多层次立体交通网络。台湾铁路交通大动脉是连接基隆、高雄两港的南北铁路干线。有2个国际机场和14个民航机场，5个国际港口；海上和空中航线繁多，可达世界五大洲。现有公路由环岛公路、横贯公路和南北高速公路形成主要干线公路网，各级公路覆盖了除高山地区外的全省各地，人们出行十分方便、快捷，极大地方便游客进出各旅游景点。

七、得天独厚的旅游条件

香港是个“弹丸之地”，提供的资源并不丰富，但经过香港特区政府以及包括旅游业在内的社会各界及相关人士的大力支持和努力开发，已形成了具有许多吸引力的旅游资源。香港拥有极其完善城市基础设施和旅游服务设施、世界一流的旅游接待服务。在众多的旅游服务中，酒店服务是最直接、最具代表性的服务，香港的酒店服务堪称世界一流，许多酒店在世界级的酒店评选中荣获最佳酒店称号。香港是个自由港，当局不设销售税及工商增值税，商品价廉物美，游客可以比较便宜的价格买到各国不同特色和世界新式流行的商品。还有特殊的历史使香港成为东西方文化的交融地，风土人情别具特色。丰富的娱乐设施，多样化的美味佳肴，对世界各地的旅游者很有吸引力。

悠久的文化历史，华洋共处的社会结构、风土人情和城市建筑使澳门遍布名胜古迹。中西文化在这里很好地融合在一起，当地人戏称为“咸淡文化”。浓郁的文化色彩对外来旅游者具有极大的吸引力。澳门独特的自然、人文景观是其旅游业发展的重要资源条件。

台湾省南北长近400千米、东西宽140余千米，汇集了平原、丘陵、山地及热带、亚热带、温带（山地）的自然风光。台湾省岛的东西两面还点缀着澎湖、小琉球、兰屿、绿岛等各具特色的海上离岛风景区。阳明山的花季、阿里山的林涛、玉山的松林雪景、蝴蝶纷飞的“西太平洋海上乐园”（兰屿），都是台湾宝贵的自然旅游资源。中华民族对台湾的开发和保卫，有许多可歌可泣的事迹，也留下了不少的文物古迹，台南的赤嵌楼、安平古堡、淡水的红毛城，历经沧桑今犹在，成为了历史的见证。主要居于山地的高山族同胞，大都保留着自己独特的传统风俗和人情风尚，台湾称之为山地文化。此外，国民党当局当年逃台时携带了大批珍贵文物，等等，所有这些旅游资源，对于与中国文化渊源相联的日本游客和东南亚游客及视中国为神秘之国的西方旅游者，不能不说是一种强大的吸引力量。

第二节　重点旅游线路、旅游景区(点)、中心城市

一、香港

(一)香港概况

香港特别行政区位于我国广东省南部珠江口外东侧,素有“东方明珠”之称。全境包括香港岛及附近小岛、九龙、新界三部分组成,总面积1104多平方千米,人口680多万。香港交通发达,经济繁荣,是全世界著名的自由港。境内商店云集,酒楼遍布,素有“购物天堂”和“美食之都”的盛誉。主要繁华市区集中在维多利亚湾两岸的港岛北部和九龙半岛南部。香港岛北部的中区又称中环,是香港的金融中心,区内银行、商号、股票交易所、酒店林立。九龙半岛南部尖沙咀是九龙最繁华的地区,是著名的商业区,这里大厦如林,酒楼密集、超级市场和摊贩市场并存,东、西文化兼蓄,被称为购物者的天堂,观光者的乐园。

香港自秦朝起明确成为当时的中国领土,直至19世纪中叶清朝战败后,领域分批被割让及租借于英国,1842~1997年6月30日,香港是英国的殖民地。1997年7月1日,香港回归中国,实行一国两制,保持资本主义制度和原有的生活方式,并享受外交及国防以外所有事务的高度自治权,也就是“港人治港、高度自治”。

香港地区自然风光和名胜古迹等旅游资源相当贫乏,但其内容广泛的游乐活动场所众多,素有“购物天堂”之称,发展旅游的条件十分优越。中环一带林立的现代化楼宇是这个国际金融中心、贸易中心、信息中心和航运枢纽的标志。特殊的历史背景,又使香港显现出中英合璧的独特风采。太平山、海洋公园等地是香港主要旅游景区,著名的景点有宝莲寺(香港最大佛寺之一)、天坛大佛、黄大仙祠、沙田赛马场(世界最先进、香港最大的赛马场)、太空馆(世界上最先进的太空科学展览馆之一)、浅水湾海滨浴场、“宋城”、海洋公园、万佛寺、太平山、集古村等。

(二)旅游线路

1. 香港岛万象之旅:

太平山顶——浅水湾——海洋公园——香港仔——香港会展中心——维多利亚公园

2. 九龙半岛感受之旅:

黄大仙——油麻地及旺角——香港科学馆——建东海滨——太空馆

黄墟/金鱼街/雀岛花园——花园街购物——黄大仙祠——太空馆/科学馆/尖沙嘴购物——庙街夜市

3. 离岛风情体验之旅:

大屿山——长洲岛——南丫岛

4. 香港岛一日游:

海洋公园——浅水湾——铜锣湾——太平山顶——兰桂坊

（三）旅游景区（点）

1. 太平山山顶公园

太平山顶，又称维多利亚峰或扯旗山。它是香港最高点，海拔 554 米，位于香港岛西部，一直是香港的标志。此处为港岛最富盛名的豪华高级住宅区；也是香港最著名的游览胜地之一。山上建有山顶公园。登临山顶，可以俯瞰香港全貌，绕山顶一周步行约需 1 小时。香港夜色举世闻名，从山上俯瞰维多利亚湾两岸流光溢彩，璀璨夺目。到山顶观赏香港夜景已成为外地游客香港之行的必备节目之一。

2. 浅水湾

浅水湾，位于港岛南部，是香港最具代表性的美丽海湾。浅水湾的海岸线为一湾澳形状，海岸线同时具有岩岸与沙湾的特质，左半边为岩岸，有许多凸出的巨岩；右半边是沙滩，浪平沙细、滩床宽阔、坡度平缓、海水温暖。沙湾附近仍有许多礁石；特别的是，在浅水湾可以观察到极为稀少、可贵的"藻礁"地形，让民众在亲水之际也能了解大自然的奥秘。

浅水湾的秀丽景色，使它成为港岛著名的高级住宅区之一。区内遍布豪华住宅，其中包括香港巨商李嘉诚、包玉刚的豪华私宅。这些依山傍水的建筑，构成了浅水湾独特的景区。

3. 海洋公园（见右图）

位于香港南部香港仔海洋公园道的海洋公园，是亚洲最著名的海洋博物馆和现代化娱乐中心之一，占地 170 英亩，于 1997 年成开放。建筑分布于南望山及黄竹坑谷地，拥有东南亚最大的海洋水族馆及主题游乐园。前者有海洋动物表演馆、海涛馆和海洋馆三大场馆。表演馆建有巨型水池，池周围设有容纳 3 000 多名观众的看台，可欣赏海豚、海狮和食人鲸等跳高、钻圈、顶球、跳水等各种精彩表演。海洋剧场内的海豚和海狮表演已成为香港旅游的代表性景观。后者设计巧妙，汇集世界风景、园林精华，园内还设有摩天轮、过山车等游乐设施。香港海洋公园，不仅可以看到趣味十足的露天游乐场、海豚表演，还有千奇百怪的海洋鱼类、高耸入云的海洋摩天塔，更有惊险刺激的月矿飞车、极速之旅，堪称科普、观光、娱乐的完美组合。

4. 集古村

集古村在海洋公园南侧，占地 1 万平方米，有夏、商、周、秦等王朝陈列馆，汉代古村镇，魏晋南北朝石窟，唐、宋、辽、金、元各代陈列馆，明代郑和宝船，清代宫殿和园林，展览总馆、戏院及旧香港简介等，是一座反映中国古代上下五千年文化的旅游地。

5. 宋城

宋城位于香港九龙荔枝角，占地 5500 平方米，是仿北宋首都汴京（今开封）而建，以宋代著名画家张择端《清明上河图》为蓝本。入门为一座雄伟的大城门，由两个身穿宋代战袍的士兵把守。城楼雕梁画栋，展出古代兵器。城内小河贯通南北，两岸绿柳垂杨，店铺林立，有香店、茶寮、二郎神庙、酒坊、住宅等。街上行人，亦按各自身份，穿上宋代衣冠，恰似当年汴京繁华景象。整个宋城古色古香，动静结合，具有浓厚的东方色彩。

6. 荃湾寺庙群

荃湾寺庙群位于新界荃湾一带,有东普陀、西方寺、竹林禅院和圆玄学院等。

7. 大屿山

大屿山是香港境内最大的岛屿,地广人稀,自然风景极为优美,沙滩和名胜众多,是一个冬夏皆宜的郊游之地。主要景点有梅窝、东涌、宝莲禅寺、天坛大佛等。

宝莲寺,有"南天佛国"之称,为香港四大禅林之首。寺内建有多个具中国传统特色之建筑,如,重檐歇山顶式建筑的大雄宝殿和庄严威武的天王大殿、白色牌坊和木鱼峰山腰的法华塔等。

禅寺牌坊正对的木鱼山顶上,有一座新建的世界最大的铜佛像,称为天坛大佛。该释迦牟尼佛像由中国航天科技部设计制作,总高度近 34 米,重 250 吨,由 200 块青铜铸件砌成,佛回淘金 4 斤余,为一结合宗教艺术和尖端科技的结晶品,堪称当今世界上最大的露天青铜佛像,是我国东、西、南、北、中"五大佛"中的南方大佛。

8. 黄大仙祠

黄大仙祠,又名啬色园,始建于 1921 年,是香港香火最旺的庙宇之一。除主殿大雄宝殿外,祠旁还设有小园林、三圣堂、从心苑。祠庙设计色彩丰富、建筑雄伟、金碧辉煌,极富中国传统寺庙建筑的特色。祠内的九龙壁仿建北京故宫九龙壁建造的,色彩生动、精致华美。壁上刻有中国佛教协会主席的题诗,增添了黄大仙祠的中国传统特色。黄大仙祠崇奉道、佛、儒三教,三圣堂内奉有吕洞宾、观音菩萨和关帝,孔子的画像,是集道、佛、儒于一体的典型寺庙。

9. 尖沙咀

尖沙咀,位于九龙半岛的南端,是九龙区内主要的商业中心、旅游区和购物天堂。尖沙咀特色建筑是在新世界中心面向维多利亚港一面的尖沙咀海滨长廊,设有模仿美国荷里活的香港星光大道。在海滨长廊可以欣赏到维多利亚夜景。尖沙咀西北部,是香港人休闲时常去的九龙公园。

10. 香港迪斯尼乐园

2005 年 9 月 12 日开业的香港迪斯尼乐园是全球第五个及中国境内第一个迪斯尼乐园,位于香港的大屿山,占地面积 126 公顷,园内包括四个主题区:美国小镇大街、探险世界、幻想世界、明日世界。到访香港迪斯尼乐园的游客将会暂时远离现实世界,走进缤纷的童话故事王国,感受神秘奇幻的未来国度及惊险刺激的历险世界。香港迪斯尼乐园除迪斯尼经典故事及游乐设施外,香港迪斯尼乐园还配合香港的文化特色,构思出一些专为香港而设的游乐设施、娱乐表演及巡游。在乐园内还可寻得迪斯尼的卡通人物米奇老鼠、小熊维尼、花木兰、灰姑娘、睡公主等。

11. 维多利亚港

维多利亚港是位于香港的香港岛和九龙半岛之间的港口和海域,是中国的第一大海港,也是世界第三大海港,仅次于美国的旧金山和巴西的里约热内卢。当年英国占领这个海港时,正是维多利亚女王在位,由此得名。

维多利亚港水面宽阔,景色迷人。海港的西北部有世界最大的集装箱运输中心之一的葵涌货柜码头,繁忙的渡海小轮穿梭于南北两岸之间,渔船、邮轮、观光船、万吨巨轮和它们鸣放的汽笛声,交织出一幅美妙的海上繁华景致。一百多年来,维多利亚港的角色远远超越了一个普通的港口。维多利亚港一带在位置及地貌上来说都是香港的中心,它是香港重要的天然资源,也是香港市民生活中的一部分。维多利亚港是每个来香港旅游的人都必去的地方,是香港最具代表性的地区之一。

12. 太空馆(见右图)

太空馆位于九龙尖沙咀区南部,占地 8 万平方米,是世界上最先进的太空科学展览馆之一。该馆分东西两部分。东部是一幢两层楼高的半圆形建筑物,楼下有 3 个展览厅,展出银河系各星球的图表、资料和最新天气讯息,录像机不停地向游人播放火箭升空、太阳、月亮及太空搜索的图像。二楼是一个可容 320 名观众的天象演示厅,可放映全天域天象影片,观众观看天象犹如身临其境。西部是一座方形建筑物,内有演讲厅,还有太空厅,供游人观看太空图文资料和进行太空趣味问答。

二、澳门

(一)澳门概况

澳门特别行政区位于广东省南部珠江口外西侧,北邻珠海,东望香港。澳门由澳门半岛、迷仔岛、路环岛组成,总面积因沿岸填海造地而一直扩大,已由 19 世纪的 10.28 平方千米逐步扩展至今日(2007 年)的 29.2 平方千米,全区人口 549200 人(2008 年 7 月)。

澳门原属于广东香山,6 世纪起,澳门被葡萄牙租借。1999 年 12 月 20 日,葡萄牙结束了对澳门的统治,澳门回归祖国怀抱。澳门地域狭小,人口密度极大。市区街道不宽,但十分整洁,建筑风格中西合璧,多姿多彩。

澳门三面环海,属海洋性气候,景色旖旎,四季温暖宜人,全年均可旅游。东西文化的融合共存使澳门成为一个独特的城市,既有古色古香的传统庙宇,又有庄严肃穆的天主圣堂,还有众多的历史文化遗产,以及沿岸优美的海滨胜景。澳门是世界上庙堂密度最大的地区,共有庙宇 30 多座,且各具特色。博彩是澳门经济的重要支柱,因之而起的特殊旅游业也十分兴盛。当地宾馆酒店众多,街道均以中文和葡文标名。著名的赌场葡京大酒店是澳门的标志性建筑。弹丸之地的澳门有三多:宾馆酒店多,达 110 余家,年均入住 300 万人次;庙宇多,共有 60 余处,普济禅院、莲峰庙、妈阁庙为最大最古的 3 处;博物馆多,许多博物馆虽然面积不大,但展品却极具特色,被称为袖珍知识殿堂。主要名胜有明代创建的妈祖阁庙和普济禅院(观音堂)、莲峰庙三大古庙和白鸽巢公园、卢家花园两个名园。此外,还有孙中山纪念馆、大三巴牌坊(澳门的标志)、松山灯塔、西望洋山圣母教堂、东望洋山、葡京游乐场、大炮台、黑沙湾天然海浴场等。

(二)旅游线路

半岛活力之旅:大巴山牌坊——妈祖阁庙——东望洋山——大炮台——澳督府

（三）旅游景区（点）

1. 妈祖阁庙

妈祖阁庙又称天后庙，曾是澳门渔民求神保佑的圣地。天后娘娘现仍被视为澳门居民的守护神，天后的生日农历3月23日是澳门一大节日。这里依山面海，古树参天，风景优美，与澳门多数庙宇佛道不分、和谐共处的情况一样，天后庙内既供奉天后，又供奉观音，还供奉有孔明。游客到此，可从香烟缭绕中了解特殊的澳门民俗。天后生日时，这里通宵达旦热闹非常。妈祖阁庙对面有著名的海事博物馆。

2. 观音堂

观音堂又称普济禅院，是澳门最大的佛教寺院，有400多年的历史，建筑气势雄伟，保存着明清南方庙宇特色，院内有亭台楼阁、回栏曲折、古树婆娑，殿堂内珍藏着许多名人字画、佛像、经卷以及一些有价值的历史文物。1844年7月14日在该堂签署了中美第一个不平等条约《中美望厦条约》。

3. 东、西望洋山

东望洋山又名松山，海拔91米，耸立于澳门东部。登顶可远眺九洲洋，是澳门半岛的最高山冈，也是澳门的地理坐标。山上有一座东望洋灯塔，建于1865年，曾为远东第一灯塔，也是澳门的标志。100多年来该灯塔为航海人导航，向澳门四周25海里范围循环照射，现已成为观光点。灯塔一侧是始建于1626年具有葡萄牙修道院特色的圣母雪地殿教堂。站在东望洋山上，整个澳门尽收眼底。

西望洋山与东望洋山遥相对望，因山顶建有一座天主教堂，故又俗称主教山。西望洋山教堂已有约380年历史。建筑古朴庄重，周围古树葱茏，环境极为幽静，是澳门主要旅游点之一。西望洋山位置优越，欧式豪华别墅散布多其间，为澳门贵族生活区。

4. 卢氏花园

卢氏花园是澳门三大名园（卢园、张园、庚园）之首，该园设计仿照苏州园林，极富江南园林景色。

5. 大三巴牌坊

大三巴牌坊，是澳门最具代表性的名胜古迹。澳门拥有众多西式的天主教堂，其中，圣保罗教堂建造时代最为久远，也最著名。大三巴牌坊原来是圣保禄教堂（我国古称三巴寺）的前壁，教堂于1835年间被大火焚毁，前壁耸立，因形如中国式牌坊而得名。大三巴牌坊为优质花岗岩建筑，由30多根古希腊式圆形石柱组成。壁上雕像多姿多彩，十分精美，既展现了欧式建筑风格，又继承了东方文化传统，体现着中西文化结合的特色，被称为“立体的圣经”，是远东著名的石雕宗教建筑。夕阳西下时,是大三巴牌坊最佳观赏时间,因为阳光可以清晰地将浮雕细部勾勒出来。大三巴牌坊后面的圣保禄教堂原址已被改建为天主教博物馆,展室设于地下。

6. 大炮台

大炮台又名圣保禄炮台、中央炮台或大三巴炮台。坐落在大三巴牌坊侧,是澳门主要名胜古迹之一。大炮台是澳门众多炮台中规模最大、最古老的炮台,1617 年始建,1626 年建成。大炮台本属教会所有,为保护圣保罗教堂内的教士而兴建,用以防范海盗,后转为军事设施区。炮台上有大片空地,绿草如茵,古树参天。炮台上置有不少古迹文物和历史性建筑物,如炮台上的古塔,便是当年耶稣会的会址之一。建于空地中心的南欧式平方建筑,现在是气象台的办公室。

7. 凼仔岛(见右图)

凼仔岛介于澳门半岛与路环岛之间,东西长约 4 千米,面积 6.2 平方千米。北有澳凼大桥与澳门半岛相连;南有公路长堤与路环岛相接,风景名胜以澳凼大桥最胜。

澳凼大桥介于澳门半岛与凼仔岛之间,为跨海钢筋混凝土大桥。桥身造型简朴秀丽,屹立于浩瀚大海中,气势雄伟。每当夜晚,茫茫海空中却有桥上灯光点璀璨夺目,酷似镶嵌于长桥上的一长串海上明珠,令人神往,已成为澳门一大胜景。

澳门国际机场位于凼仔岛以东的海面,机场主体建于移山填海的人工岛上,但有跨海大桥与凼仔岛相连。机场于 1995 年 11 月建成,现已开辟了通向国内外 20 多个城市的航线。

8. 葡京娱乐场

葡京娱乐场,是澳门地区最大的一间赌场,是澳门“东方的蒙地卡罗”地位确立的标志性建筑。娱乐场位于葡京酒店的左边,是一座三层圆柱形建筑,入夜时由霓虹灯组成的皇冠形门额别具特色。娱乐场中央大厅内设有几十张赌台,中西式赌法应有尽有,场内人头涌动但秩序井然,常常令初临者大为惊愕。

9. 路环岛

路环岛在澳门三大地域中位置最南,但有一条 2225 米长的路凼公路与凼仔岛相连。岛上地形以山地为主。塔石塘山海拔 174 米,为全澳高峰。该岛开发较晚,风景名胜多具野趣,为澳门的新兴旅游胜地。

妈祖巨像是为迎接澳门回归,澳门人民于 1998 年在塔石塘山顶塑造有高 19.99 米,重 500 吨,由 1220 块汉白玉石嵌成的妈祖像,为世界妈祖像之最,象征着澳门回归,人民吉祥如意。

黑沙海水浴场位于路环岛东南的黑沙湾,北距澳门半岛 5.6 千米。海湾开阔,沙滩面坡度平缓,沙粒细滑,以颜色黝黑闪烁发光而得名。岸边密林苍翠,水质清澈,碧海蓝天与清山掩映,自然环境清幽。在其附近已建有黑沙游乐中心,为澳门的著名海水浴场。

郊野公园建于路环岛塔石塘山,为一座山青水秀的园林式大公园。有各种游乐设施,每到假日游人如织。

三、台湾省

(一)台湾概况

台湾省简称台,位于我国东南海面上,西隔台湾海峡与福建省相望,东临太平洋。包括台湾岛及澎湖列岛、兰屿、钓鱼岛、赤尾屿等大小岛屿80余个,总面积3.6万平方千米,其中台湾岛为中国第一大岛。台湾本岛海岸线长达1600多千米,为海岛型省,是我国东南海上屏障和重要门户。有台北、新北、高雄、台中、台南、基隆、新竹、嘉义等知名城市,人口2千余万,汉族约占总人口的98%。

台湾地貌类型复杂,山地面积大,且由于构造运动强烈,又有喀斯特地貌与海蚀地貌,山水胜境多,阿里山、五山、大屯火山群以及形状独特的珊瑚石灰岩地貌景观,十分诱人。东部海岸的断崖和海蚀洞穴,西部海岸的海滨浴场和海岸富于造型之美的海滨地貌景观,以及西部山麓丘陵地带的"泥灿"、"火焰山"、珊瑚、石灰等造型奇特的地貌景观,极富吸引力。由于处于亚欧板块和太平洋板块的接触地带,属于环太平洋火山地震带的一部分,因此火山地貌景观典型,地热资源丰富,是全国温泉密度最高的省份。其中北投、阳明山、关子岭和四重溪温泉号称台湾"四大温泉"。现已开发的温泉有40余处,大多与风景名胜区有关,台湾省的温泉度假区也构成旅游一大特色。

台湾地跨北回归线,又有台湾暖流影响,属南亚热带和北热带湿润季风气候。除北部山地外,气候特点是夏季长达7至10个月,终年暖热多雨,夏秋多台风。气候类型决定了台湾生物资源非常丰富,植物类型复杂多样,花卉种类繁多。其中兰花最为驰名,多达100余种,是亚洲有名的天然植物园。

台湾自古就是中国领土不可分割的一部分,与祖国大陆的渊源关系深厚而久远。本区历史悠久,人文旅游资源丰富,众多的庙宇古迹和特种建筑成为本区旅游热点。主要风景区和旅游景点多分布在台北、台中、台南、台东四个风景区,有著名的台湾八景:大屯春色、双潭秋月、阿里云海、玉山积雪、安平古堡、澎湖夜火、鲁阁幽峡、清水断崖等。台湾有"五岳、三尖、十峻、十崇、九嶂、八十四峰",名山众多。台湾海滨风光秀丽。北部有山地岬湾海岸,东部有世界罕见的典型断层海岸,南部是珊瑚礁海岸,西部海岸多为沙质和泥质海岸,具有开辟理想的海滨浴场条件。

(二)旅游线路

1. 北部火山温泉及滨海旅游线:

台北市——大屯火山群——北投温泉

2. 中部自然景观旅游线:

台中——日月潭——阿里山——玉山

3. 南部名胜古迹热带风光旅游线:

台南市——安平古堡——郑成功庙——莲池潭

4. 台湾自然与民情之旅:

金门县——南投县——澎湖县

5. 台湾体会之旅：

台北市——高雄市——台中市——台南市

（三）旅游景区（点）

1. 台湾故宫博物院

台湾故宫博物院，位于台北市郊阳明山脚下双溪至善路2段221号，始建于1962年，1965年落成，1966年启用，原名中山博物院，后改为国立故宫博物院。占地16公顷，建筑设计吸收了中国传统的宫殿建筑形式，淡蓝色的琉璃瓦屋顶覆盖着米黄色墙壁，洁白的玉石栏杆环绕在青石基台之上，气势宏伟，庄重典雅，富有民族色彩。院内收藏自北平（今北京）故宫博物院运走的一部分历代文物珍品及取自沈阳故宫（今沈阳故宫博物院）、热河行宫（今承德避暑山庄）的旧藏，以及海内外各界人士捐赠的文物精品，共藏有文物64万余件。所藏的商周青铜器，历代的玉器、陶瓷、古籍文献、名画碑帖等皆为稀世之珍。

2. 大屯火山群景区

大屯火山群，位于台湾岛北部，面积430平方千米，地域覆盖了台北市和台北县，为台湾八景之一——“大屯春色”的所在地。它是由众多火山、温泉、喷气孔构成的独特的火山地貌景观，是台北最著名的火山区。在台北市北面16千米处，火山群由16个火山喷发口造成的圆锥形山体组成。大屯山居于群山之中，海拔1000多米，顶上呈漏斗状的火山口，直径360米，深60米。雨季积水成湖，旧有“天池”之称。其东北的小观音山（1072米）火口最大，东西1100米，南北1300米，深达300米。各火山已无喷发活动，但多硫气孔和温泉。大屯山东南的七星山，是大屯火山群中最新的火山，山顶上巨大的爆裂火口仍不断吐出硫气浓烟。大屯火山群与北投温泉、士林、阳明山构成台湾北部著名风景区。

3. 北投温泉区

北投距台北市西北12千米，南临淡水河，温泉密布，素有“温泉之乡”的美誉。北投温泉为硫磺泉，泉温可达40℃～68℃。林中有中和寺、玉泉宫、善化寺等。这里引湿泉水为塘，曲径环绕，亭榭小桥点缀其间，布景玲珑，引人人胜“北投温瀑”更是奇景。在北投公园北隅，有瀑布落差达20余米。瀑布从巨岩上直泻下来，水花四溅，飘洒成雾。瀑布色呈微黄，热气丝丝升起，若烟若汽；溅起的水珠沾于皮肤，温热若汤；伸手探瀑，炎热非常，不可久浸。原来这是溪谷上游滚热的温泉水汇聚至巨岩上方，跌落岩下而成，虽然高仅20余米，但景致潇洒，不能不说是人间稀有的奇景。

从温瀑侧旁密林中盘山而上，直走到瀑布源头，便到了驰名中外的“北投地热谷”。居高俯瞰谷中，可见一个大洞，状若大井，涌出热滚滚的泉水，犹如山东济南趵突泉大泉口。涌泉较水平面高出一二尺，旋转若轮。洞口喷出高约三四十米的白烟柱，喷声响若奔雷，声震数里。

4. 台北 101 大厦

台北 101 大厦,位于台北市信义区,紧邻台北市政府大楼,是台北市的新地标。这栋总高达 508 米的建筑,融合东方古典文化及台湾本土特色,造型宛若劲竹,节节高升、柔韧有余。另外运用高科技材质及创意照明,以透明、清晰营造视觉穿透效果。建筑主体分为裙楼(台北 101 购物中心)及塔楼(企业办公大楼)。

台北 101 大楼有地上 101 层、地下 5 层,主要用于购物中心,办公,观景。夜间的台北 101 外观会打上灯光,以彩虹七种颜色为主题,每天更换一种颜色,如星期一是红色、星期二是橙色等等,每天落日时间开始点灯,至晚上 10 点关闭。

(5)日月潭

台湾省天然湖泊很少,最大和最有名的就是日月潭。日月潭位于台湾省中部南投县,是玉山和阿里山涧的断裂盆地积水而形成的构造湖,是台湾最大的天然湖,面积 7.7 平方千米,湖周 35 千米,湖面海拔 760 米,湖最深处 27 米。日月潭中有一个小岛,远看好像浮在水面上的一颗珠子,故名"珠子屿",现在也叫华岛。以此岛为界,岛北为日潭,岛南为月潭,因轮廓近似日月,故而得名。湖水四周绿山环抱,湖水澄碧,因湖中的天然小岛,圆若明珠,形成"青山拥碧水,明潭抱绿珠"的美丽景观。在著名的"台湾八景"中,"双潭秋月"即日月潭,它以绝绝胜景被誉为台湾八大景中最佳的一景。

日月潭四周的群山中还有多处名胜古迹。潭北山腰有文武庙,潭南青龙山中有玄中寺、玄奘寺,潭西有孔雀园。

(6)阿里山风景区

阿里山风景区位于嘉义县东北,是由大武峦山、尖山、塔山、祝山等几座山组成,阿里山脉是其中的一支,南北长 300 千米。这里的森林、云海和日出被称为阿里山三大奇观,"阿里云海"被列为"台湾八景"之一。从台中的嘉义县有铁路直达海拔 2000 多米的阿里山风景区。阿里山景色优美、气候凉爽,是台湾著名的风景游览区和最佳避暑胜地。日出、云海、铁路、森林与晚霞合称阿里山五奇。

阿里山最高峰海拔为 2905 米。红桧、扁柏、亚杉、铁杉和姬松被誉为著名的"阿里山五木"。还有塔山断崖、千年古木等奇观。其中"阿里山神木"是一棵树龄达 3000 多年的红桧,高 53 米,树干胸围 19 多米。另有一株"三代同堂"的红桧,第一代已逾千年,枯而复活,树中生树,故名"三代木",实为世上罕见。

阿里山风景区中有慈云寺、树灵塔、受镇宫、姐妹潭以及高山博物馆、高山植物园等名胜和景点。慈云寺中供奉着 1918 年泰国国王所赠的释迦佛像。这里面临深谷,在此观赏云海、晚霞,景色极佳。姐妹潭是一大一小相距不过百米的两个小湖,环湖树木倒影如画,有凉亭小桥点缀其间。高山植物园内集阿里山花草树种之大全,高山博物馆则向人们展示阿里山各种鸟兽、草木和矿物的标本以及高山族同胞的服饰用品和阿里山的历史资料。

(7)太鲁阁

太鲁阁,是台湾东部山区最著名的风景胜地,位于立雾溪的下游,靠近中横公路的入口处。太鲁阁也是原住民的语言,意思是“伟大的山脉”。

太鲁阁公园位于台湾中东部,又称“鲁阁幽峡”,以峡谷及山岳为主要地形特色,峡谷地形以立雾溪最具代表性。百万年来,丰沛的立雾溪水不断向下侵蚀,切开了厚度超过1000米的大理石层,形成了今日中横公路太鲁阁到天祥间垂直壁立的U形峡谷,造就出公园中最撼人心弦的地景。

(8)玉山风景区

玉山风景区位于嘉义、南投、高雄三县交界处的北回归线上,主峰海拔3952米,为中国东部最高峰,虽居热带和亚热带,但常年积雪,色白如银,以“奇峰、云瀑、林涛、积雪”四景闻名,同时也是冬季滑雪的好场所。玉山群峰西接阿里山,东与中央山脉高峰大水窟山、秀姑峦山等相望,气势磅礴,冠绝东南,是登山游览胜地。风景区内还有亚洲黑熊、台湾猕猴、穿山甲等多种珍贵稀有野生动物。“玉山积雪”亦是台湾八景之一。

(9)蝶谷

高雄的美浓和六龟都是台湾省的蝴蝶之乡,每年的蝴蝶产量在200万只以上,用蝴蝶制成的标本、蝴蝶画是当地的特产。美浓的蝴蝶翠谷,每年的3~5月是蝴蝶的盛产期,届时成千上万的鲜黄小蝶,在清晨的阳光下绕着溪畔飞行宛如缕缕浮云,片片彩霞,在空中袅袅飘动,十分壮观。六龟彩蝶谷,森林茂盛,终年青翠。每年冬季,以紫蝶为主的大量蝴蝶从各处飞跃山野,群聚到谷中避风过冬,它们栖息于谷内的树枝与树叶上,偶遇惊动,马上万蝶飞舞,在透过树梢的阳光照耀下,发出闪闪紫光,景观迷人。

(10)兰屿

兰屿是台湾东部的一个小岛。因岛上安山岩含大量硫化铁而呈赤红色,远望如红色人头,故旧称红头屿;又因岛上盛产名贵的蝴蝶兰,后改名为兰屿。与鼓浪屿、江心屿、东门屿并称“中国四大名屿”。该岛周长约38千米,面积约46平方千米,为台湾第二大岛,仅次于澎湖岛。其东南端约4.8千米处有小兰屿,面积仅1.6平方千米,因缺乏淡水、食物而不宜人居。全岛由火山岩构成,丘陵绵亘,溪流呈辐射状,海岸蜿蜒曲折。该岛邻近菲律宾北部的巴丹群岛,地处台湾本岛与菲律宾之间的过渡地带,气候潮湿多雨,覆布热带雨林,是典型的热带岛屿。岛上风景优美,一派热带风光,有世外桃源之称。在兰屿上,住有2000多名雅美族居民,他们仍然保留着传统和原始的生活习性,他们性格温和、忠厚纯良、能歌善舞。

(11)澎湖列岛

澎湖县位于台湾海峡中流,是台湾海峡两岸海上交通的咽喉,西距厦门75海里,东距台湾岛24海里,是著名的渔港。全县由澎湖本岛及周围64个岛屿组成,统称澎湖列岛,是台湾惟一全部以岛屿组成的县,县治设在马公市。

澎湖岛原为火山喷出之熔岩台地,既无高山,也无河川,不宜耕种,但渔产丰富,且品类繁多。入夜后,渔船上和岸上的灯火与天空的繁星交相辉映,景色别有情趣,成为台湾著名八景之一——“澎湖渔火”。桃色珊瑚和澎湖纹石为其特产,用以加工制成的戒指、项链、耳环、领带夹等饰物畅销海内外。

(12)台北阳明山

阳明山是台北著名的风景区,距台北市16千米,群山簇拥巍然矗立,气象万千,是重要的游览地。阳明山又名草山,因山上产茅草而得名。它属于台北大屯火山群,温泉潺潺,瀑布声声,花红草绿,风景如画。山上遍植樱花、梅花、杜鹃花、山茶花,每到春季百花盛开时,前来游览的人络绎不绝。山腰间,有一座阳明山公园,园中绿草如茵,繁华点缀,姹紫嫣红。还有不少奇木古树,穿插其间,致使林泉并美。园中两个鱼池称东鱼国,一池红色鲤鱼,一池青色草鱼,遨游于花石假山之间。游人投食,群鱼竞跃。山下石阶小径,曲折盘旋。路旁树伞如盖。再往前直至潭谷崖,背靠两条对称的飞瀑——阳明瀑、泓龙瀑,俯瞰脚下的台北市,真是美不胜收。

小知识:台湾八景

大屯春色、双潭秋月、阿里云海、玉山积雪、安平古堡、澎湖渔火、鲁阁幽峡、清水断崖。

(四)中心城市

1. 台北市

台北市是台湾第一大城市,三面环山,一面依水,风光秀丽。境内著名的旅游景点有:台湾故宫博物院、中山博物院、省历史博物馆、中山公园、圆山运动园、台北公园、乌来瀑布、银河洞、广明岩、福隆海滨浴场、碧潭、野柳、台北城门、孔子庙、金龙寺、指南宫(台湾最著名的道观)和龙山寺等。

2. 台中市

台中市是台湾第三大城市。主要名胜古迹有中山公园、宝觉寺等。这里也是佛教文化的中心,历年佛法大会都在宝觉寺举行。

3. 台南市

台南市依山傍海,居台湾本岛西南部。台南是台湾开发最早的、最古老的著名文化城市,现在是台湾第四大城市,地势东部高耸,西部平坦,位于台湾省最大平原嘉南平原之中心。全市位于北回归线以南,属热带,气候温和,农产丰富。

台南市是台湾最古老的城市,名胜古迹数量为台湾之冠。全市有寺庙160多座,基督教和天主教堂40多座。人称"五步一神,三步一庙"。主要名胜古迹有法华寺、开元寺、弥陀寺、竹溪寺、安平古堡、赤嵌楼等。法华寺、开元寺、弥陀寺、竹溪寺合称台南四大古刹。其中竹溪寺建于清康熙二十三年(公元1684年),后人为纪念郑成功建的"延平郡五祠"。祠中陈列有郑成功遗物及汉族移民开发台湾的古迹文物。安平古堡是台湾历史最悠久的一座古城镇,也是台湾八景之一。古堡内现存有古老的街市房舍、古灯塔、古寺庙和亿载金城等古迹。台南孔子庙始建于南明永历十九年(公元1665年),是本省最早建立的文庙,也是保存最完好的文庙。内有清朝诸黄帝御笔匾额数块,每年孔子诞辰都在这里举行祭孔大典。

4. 高雄市

高雄市位于台湾岛的西南,地处嘉南平原与屏东平原之间,面临台湾海峡南口。高雄市是台湾最大的港口城市,也是岛上仅次于台北市的第二大城市。高雄市是座美丽的城市,全年长夏无冬，一派热带风光。名胜古迹有万寿山公园、西子湾浴场（台湾省最大的海水浴场）、左营莲池潭、佛光山、半屏山、莲池潭风景区内有仿山东曲阜孔庙格局兴建的台湾最大孔庙。佛光山是台湾最著名佛教圣地，寺庙建筑庄严，大多为印度风格的佛堂，颇有特色。

◆复习思考题：

1. 本区发展旅游业最显著的优势有哪些？
2. 香港的旅游特色有哪些？
3. 简述阿里山和日月潭的特色。

△ 参考文献

1.《国家地理系列》编委会. 游遍中国. 北京，蓝天出版社. 2009
2. 郑辽吉等. 中国旅游地理. 北京，中国科学技术出版社. 2008
3. 邱云美. 中国旅游地理. 北京，人民邮电出版社 . 2006
4. 杨宇等. 中国旅游地理. 大连，大连理工大学出版社. 2009
5. 石高俊 . 中国旅游资源. 南京，江苏教育出版社. 1999
6. 百度网站:http://www. baidu. com/index. php? tn = site888_pg

读者反馈意见

亲爱的读者：

感谢您对《中国旅游地理》的学习和热爱！为了今后能给您提供更优质的服务，请您抽出宝贵时间填写下面意见反馈表，以便我们更好地对本教材做进一步的改进。同时如果您在使用本教材的过程中遇到了什么问题，或者有什么好的建议，也请您来信、来电告诉我们。

地址：北京市丰台区科学城南极星大厦 108 室

电话：010－83794590 /83794403

电子邮箱：caikai6223@263. net　QQ：649319527　1694299827

网址：WWW. KFHWH. CN

教材名称：《中国旅游地理》

个人资料：

姓名：＿＿＿＿＿年龄：＿＿＿＿＿所在院校/专业＿＿＿＿＿＿＿＿

文化程度：＿＿＿＿＿＿通讯地址：＿＿＿＿＿＿＿＿＿＿＿＿

联系电话：＿＿＿＿＿＿电子信箱：＿＿＿＿＿＿＿＿＿＿＿＿

您使用本书是作为：□指定教材、□选用教材、□辅导教材

您对封面设计的满意度：

□很满意、□满意、□一般、□不满意　改进建议＿＿＿＿＿＿＿＿＿＿

您对本书印刷质量的满意度：

□很满意、□满意、□一般、□不满意　改进建议＿＿＿＿＿＿＿＿＿＿

您对本书的总体满意度：

从语言质量角度看：□很满意、□满意、□一般、□不满意

从科技含量角度看：□很满意、□满意、□一般、□不满意

本书最令您满意的是：

□指导明确 □内容充实 □讲解详尽 □实例丰富

您认为本书在哪些地方应进行修改？（可附页）

＿＿＿＿＿＿＿＿＿＿＿＿＿＿＿＿＿＿＿＿＿＿＿＿＿＿＿＿＿＿

＿＿＿＿＿＿＿＿＿＿＿＿＿＿＿＿＿＿＿＿＿＿＿＿＿＿＿＿＿＿

您希望本书在哪些方面需进行改进？（可附页）

＿＿＿＿＿＿＿＿＿＿＿＿＿＿＿＿＿＿＿＿＿＿＿＿＿＿＿＿＿＿

＿＿＿＿＿＿＿＿＿＿＿＿＿＿＿＿＿＿＿＿＿＿＿＿＿＿＿＿＿＿